计算机科学导论

主　编　郑逢斌
副主编　乔保军　阎朝坤
　　　　苗　茹　田军锋

河南大学出版社
·郑州·

图书在版编目(CIP)数据

计算机科学导论/郑逢斌主编. —郑州:河南大学出版社,2016.8(2025.8重印)
ISBN 978-7-5649-2513-0

Ⅰ.①计… Ⅱ.①郑… Ⅲ.①计算机－高等学校－教材 Ⅳ.①TP3

中国版本图书馆 CIP 数据核字(2016)第 200397 号

责任编辑:郑 鑫 阮林要
责任校对:柳 涛 李亚涛
封面设计:郭 灿

出 版	河南大学出版社
	地址:郑州市郑东新区商务外环中华大厦 2401 号 邮编:450046
	电话:0371－86059701(营销部) 网址:hupress.henu.edu.cn
排 版	郑州市今日文教印制有限公司
印 刷	开封日报社印务中心
版 次	2016 年 8 月第 1 版 印次 2025 年 8 月第 8 次印刷
开 本	787mm×1092mm 1/16 印张 24
字 数	614 千字 定价 49.00 元

(本书如有印装质量问题,请与河南大学出版社营销部联系调换)

前　　言

本书针对高校信息类专业的需求和特点组织编写，由浅入深，简明而严谨地阐述了计算机的基本概念和工作原理，力求学生可以清晰理解计算机体系，引导学生对计算机科学技术的基础知识及专业研究方向有一个概括而准确的了解，从而为系统地学习计算机其他专业课程奠定基础。

全书共分两部分。第一部分为基础知识，包括11个章节。第1章对计算机的发展历史、分类、应用领域等方面进行介绍，同时说明了计算机科学与技术专业的学科基础。第2章主要介绍数值型数据和非数值型数据的编码、表示和运算。第3章介绍计算机的体系结构，包括计算机主要组成、CPU的结构、存储设备、输入输出系统等。第4～7章分别阐述计算机软件系统基础、程序设计基础、算法设计与数据组织，并对计算机科学中的组成原理、系统结构、程序设计、操作系统、算法和数据结构、数据库系统等基本概念、基本原理和操作进行了全面细致的分析和论述。第8～10章主要介绍计算机多媒体技术、计算机网络基础和网络安全概念以及软件工程相关技术，使得学生在掌握了基本的计算机知识之后对高层次、难度大的计算机技术有更进一步的了解。第11章从5个方面对目前计算机领域的新技术进行介绍，主要包括云计算、大数据、物联网、虚拟现实和移动计算，使得学生能够及时了解计算机行业发展的新动向，为以后就业科研打下良好的基础。第二部分为实验指导，本书共安排了8个实验内容，涵盖计算机基础操作到程序设计，给学生提供了详细的实验步骤，以提高学生的动手能力。

全书内容新颖，讲述深入浅出，细致、全面，且尽可能多的囊括信息类新技术。本书配有大量的习题及实验指导《计算机科学导论实验指导书》，供学生上机实验使用。

本书由乔保军、阎朝坤、苗茹、田军锋合作完成，其中乔保军编写了第1章；阎朝坤编写了第3、4、10、11章；苗茹编写了第5、6、7章；田军锋编写了第2、8、9章，以及实验1～7。全书由郑逢斌统一审稿和定稿。

本书的出版得到了河南大学出版社的大力支持和帮助，编者在此致以衷心的感谢。

由于作者水平有限，书中难免有不妥之处，敬请读者批评指正。

编者

2016年8月

目　　录

第 一 部 分

第 1 章　绪论 …………………………………………………………………………（1）
　1.1　计算机的产生 ………………………………………………………………（1）
　1.2　计算机的发展 ………………………………………………………………（2）
　1.3　计算机的分类 ………………………………………………………………（4）
　1.4　计算机的应用领域和发展趋势 ……………………………………………（6）
　1.5　计算机的特点 ………………………………………………………………（8）
　1.6　著名的计算机组织团体和计算机科学家 …………………………………（10）
　1.7　计算机科学及研究的领域 …………………………………………………（13）
　1.8　计算机奖项 …………………………………………………………………（16）
　本章小结 …………………………………………………………………………（16）
　习题 ………………………………………………………………………………（17）
第 2 章　数据存储与表示 ……………………………………………………………（18）
　2.1　数据的表示形式 ……………………………………………………………（18）
　2.2　数值数据 ……………………………………………………………………（20）
　2.3　数值型数据在计算机中的表示 ……………………………………………（25）
　2.4　非数值型数据在计算机中的表示 …………………………………………（31）
　2.5　计算机内存中数据解释 ……………………………………………………（35）
　本章小结 …………………………………………………………………………（37）
　习题 ………………………………………………………………………………（37）
第 3 章　计算机硬件系统 ……………………………………………………………（38）
　3.1　计算机硬件系统 ……………………………………………………………（38）
　3.2　中央处理器 …………………………………………………………………（40）
　3.3　存储设备 ……………………………………………………………………（47）
　3.4　输入输出设备 ………………………………………………………………（53）
　3.5　主板 …………………………………………………………………………（59）
　3.6　总线 …………………………………………………………………………（63）
　3.7　微型计算机的主要性能指标 ………………………………………………（65）
　本章小结 …………………………………………………………………………（66）
　习题 ………………………………………………………………………………（66）

第4章 计算机软件系统基础 (67)
4.1 计算机软件系统 (67)
4.2 操作系统概述 (68)
4.3 常用的操作系统 (78)
4.4 Windows 7 操作基础 (84)
4.5 计算机应用软件 (103)
本章小结 (104)
习题 (104)

第5章 计算机程序设计基础 (105)
5.1 程序设计语言 (105)
5.2 程序设计基础 (110)
5.3 结构化程序设计方法 (117)
5.4 程序设计流程 (131)
本章小结 (139)
习题 (139)

第6章 算法设计与数据组织 (140)
6.1 基本概念 (140)
6.2 线性表 (146)
6.3 树和二叉树 (160)
6.4 图 (164)
6.5 算法设计技术 (167)
本章小结 (172)
习题 (172)

第7章 数据库系统 (174)
7.1 概述 (174)
7.2 常见的数据库管理系统 (179)
7.3 关系数据库应用 (182)
7.4 数据库系统的应用 (186)
本章小结 (187)
习题 (188)

第8章 多媒体技术基础 (189)
8.1 多媒体概述 (189)
8.2 多媒体系统的组成 (193)
8.3 媒体信息处理技术 (197)
本章小结 (203)
习题 (203)

第9章 计算机网络基础 (204)
9.1 计算机网络概述 (204)
9.2 计算机网络的组成和分类 (209)
9.3 计算机网络的体系结构 (215)

9.4 互联网应用……………………………………………………………………(218)
9.5 无线通信技术…………………………………………………………………(228)
9.6 网络安全概述…………………………………………………………………(231)
9.7 网络信息安全技术……………………………………………………………(233)
本章小结……………………………………………………………………………(243)
习题…………………………………………………………………………………(243)

第 10 章 软件工程………………………………………………………………………(244)
10.1 软件危机和软件过程………………………………………………………(244)
10.2 软件过程模型………………………………………………………………(247)
10.3 软件工程方法学……………………………………………………………(252)
10.4 标准建模语言………………………………………………………………(253)
10.5 软件项目管理………………………………………………………………(255)
本章小结……………………………………………………………………………(257)
习题…………………………………………………………………………………(257)

第 11 章 计算机领域新技术……………………………………………………………(258)
11.1 云计算………………………………………………………………………(258)
11.2 大数据技术…………………………………………………………………(262)
11.3 物联网………………………………………………………………………(266)
11.4 虚拟现实……………………………………………………………………(272)
11.5 移动计算……………………………………………………………………(275)
本章小结……………………………………………………………………………(279)
习题…………………………………………………………………………………(280)

第 二 部 分

实验 1 熟悉 Windows 7 系统 ……………………………………………………………(281)
实验 2 Word 使用 …………………………………………………………………………(295)
实验 3 Excel 使用 …………………………………………………………………………(313)
实验 4 PowerPoint 使用 …………………………………………………………………(326)
实验 5 程序设计初步 ……………………………………………………………………(337)
实验 6 数据库应用初步 …………………………………………………………………(344)
实验 7 TCP/IP 配置与常用网络命令 …………………………………………………(348)
实验 8 网页制作 …………………………………………………………………………(363)

参考文献 ……………………………………………………………………………………(375)

第 一 部 分

第 1 章 绪 论

计算机作为一种通用的电子数字计算工具,它的产生和发展不是一蹴而就的,而是经历了漫长的历史过程。在人类文明的发展历史长河中,科学家们经过艰难的探索,发明了各种各样的"计算机",这些"计算机"顺应了当时历史的发展,发挥了巨大的作用,推动了社会的进步,也推动了计算机技术的发展。计算机经历了从简单到复杂、从低级到高级的发展过程。

计算机是一种能按照事先存储的程序,自动地、高速地、精确地进行大量数值计算,并且具有存储能力、逻辑判断能力、可靠性能的数字化信息处理的现代化智能电子设备。

1.1 计算机的产生

1. ENIAC 的产生

1946 年 2 月,人类历史上第一台电子数字计算机 ENIAC(Electronic Numerical Integrator And Computer)在美国宾夕法尼亚大学莫尔学院诞生,它的全称是"电子数字积分和计算机"。该计算机由 18800 多个电子管、1500 多个继电器等元器件组成,占地 170 多平方米,重 30 多吨,耗电量每小时 150 千瓦,总投资 40 多万美元。这样的一个"庞然大物",如图 1.1 所示,每秒能完成 5000 次加法、300 多次乘法运算,比当时最快的计算工具快 300 倍,但是它的功能远不如现在的几十元一个的函数计算器,计算机的程序通过"外接"线路实现,并未采用"程序存储"方式,但是它将科学家们从繁重的计算中解放出来了。ENIAC 计算机于 1945 年年底宣告完成,1946 年 2 月 15 日正式向世人发布,它标志着人类计算工具的历史性的变革。

ENIAC 奠定了电子计算机的发展基础,开辟了一个计算机科学技术的新纪元。有人将其称为人类第三次产业革命开始的标志。

图 1.1 ENIAC

2. 冯·诺依曼思想的提出

1944 年夏天,冯·诺依曼加入了莫尔小组的研发工作,经过对 ENIAC 的不足之处认真分析和讨论,冯·诺依曼提出了重大的改进理论。

研究小组在冯·诺依曼的主持下承担了新型计算机 EDVAC 的研究任务,EDVAC(全称是 Electronic Discrete Variable Automatic Computer)意即"离散变量自动电子计算机",这就是人们所说的冯·诺依曼式计算机,根据图灵提出的存储程序式计算机的思想,研究小组完成了 EDVAC 设计方案报告的初稿。1945 年 6 月,一个全新的存储程序式通用电子计算机的设计方案 EDVAC 诞生了。

冯·诺依曼思想的核心要点是:

① 计算机的基本结构应由五大部件组成:运算器、控制器、存储器、输入设备和输出设备,并描述了这五部分的职能和相互关系。

② 计算机中应采用二进制形式表示数据和指令。

③ 提出了"二进制"与"存储程序"的设计思想。

该计算机采用"二进制"代码表示数据和指令,并提出了"存储程序"的概念,指令和数据一起存储。这个概念被誉为"计算机发展史上的一个里程碑"。它奠定了现代计算机的基础。

它标志着电子计算机时代的真正开始,指导着以后的计算机设计。也是当今几乎所有电子计算机的基本工作原理。人们把根据冯·诺依曼原理制造的计算机被称为冯·诺依曼结构计算机。

一切事物总是在发展着的,随着科学技术的进步,今天人们又认识到"冯·诺依曼机"的不足,它妨碍着计算机速度的进一步提高,而提出了"非冯·诺依曼机"的设想。

1.2 计算机的发展

计算机是二十世纪最辉煌的成就之一,在计算机出现以来的 60 多年间,其发展的速度非常迅速,渗透人类社会的范围非常广泛,现代社会正朝着高度信息化、自动化方向发展。随着计算机硬件的不断成熟,成本不断降低,计算机的硬件是支持计算机本身不断升级改造的根本力量,作为计算工具的物质基础,按照采用的电子器件划分,大致可将计算机的发展划分为四个阶段。

1.2.1 第一代计算机(1946~1957年)

1946年ENIAC的面世代表了计算机发展史上的里程碑,其主要特征是主要逻辑元件采用电子管。这一代的计算机也称为电子管计算机。这个时期计算机的主存储器先采用汞延迟线,后采用磁鼓;输入设备采用穿孔卡片。编制程序使用的语言是机器语言和汇编语言,主要用于数值运算。

第一代计算机体积大、运算速度低、存储容量小、可靠性低,几乎没什么软件配置,主要用于科学运算。尽管如此,对以后计算机的发展却产生极其深远的影响。这一代计算机的代表是UNIVAC-Ⅰ,有一定批量生产的计算机是IBM公司的IBM701(1952年)及后续的IBM703,IBM704等。

图1.2 电子管

电子管虽然使人们进入了电子时代之门。但今天,我们已经不再生产电子管收音机和电子管计算机了。因为随着科技的进步,发明创造也不断推陈出新,到了20世纪40年代晶体管出现后,它以体积小、功耗低、可靠性高、寿命长等特点,迅速取代了电子管在电子时代的地位,成了电子科技发展的支柱。不过,如果我们看看周围,还是能发现以电子管为主要部件的产品,微波炉就是一例。

最早发现微波加热现象的斯宾瑟是美国军方的一位工程师。他在一个试验室参观磁控电子管的一个试验时,发现口袋中的糖果融化了。他决定试验一下是不是磁控电子管产生的微波的效应。于是他就拿一袋爆米花靠近磁控电子管,发现爆米花爆开了。第二天他又拿了个鸡蛋进行试验,发现鸡蛋也被加热了。于是,他就把它发现的加热食品的新方法进行改进,这就是人们所说的微波炉。今天的微波炉,比起斯宾瑟刚发明时,可谓花样百出,但千变万变,里面的磁控电子管不变,它还是微波炉的主要器件。流水淘沙不暂停,前波未灭后波生。随着科技的进步,电子管这个百岁"老人",也失去了往日的辉煌。但人们永远不会忘记这项曾为人类文明发展做出巨大贡献的发明。

1.2.2 第二代计算机(1958~1964年)

1948年,晶体管发明代替了体积庞大的电子管,电子设备的体积不断减小。1956年晶体管在计算机中使用,晶体管和磁芯存储器导致了第二代计算机的产生。这一代的计算机也被称为晶体管计算机。这个时期计算机的内存储器主要采用磁芯体;外存采用磁带或磁盘,利用I/O处理机提高了输入输出能力。

晶体管代替电子管,不仅使计算机的体积大大减小,同时也增加了计算机的稳定性,提高了计算机的运算速度,并开始有了系统软件。除应用科学计算外,它还开始应用于数据处理和工业控制等方面。其代表机型有IBM7090、IBM7094。

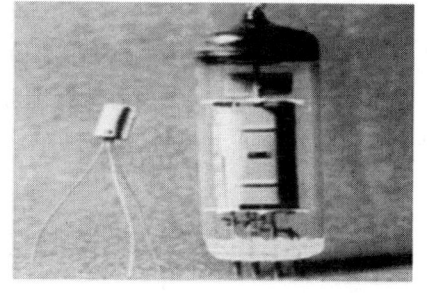

图1.3 用于计算机的晶体管和电子管

1.2.3 第三代计算机(1965~1970年)

1958年集成电路(Integrated Circuit,IC)产生了,将三种电子元件结合到一片小小的硅片上。更多的元件集成到单一的半导体芯片上,计算机体积变得更小、功耗更低、速度更快。其主要特征用半导体中、小规模集成电路作为元器件代替晶体管等分立元件,用半导体存储器代替了磁芯存储器,使用微程序设计技术简化了处理机的结构,又进一步减小了计算机的体积,并使计算速度和存储容量大大提高。例如80386微处理器,在面积约为10mm×10mm的单个芯片上,可以集成大约32万个晶体管。软件方面则广泛引入多道程序、并行处理、虚拟存储系统和功能完备的操作系统,同时还提供了大量的面向用户的应用程序。

1.2.4 第四代计算机(1972年至今)

大规模集成电路(LSI)可以在一个芯片上容纳几百个元件。其主要特征是使用大规模、超大规模集成电路。计算机的体积更小、功能更强、造价更低。1977年超大规模集成电路面世,一个硅晶片中已经可以集成15万个以上的晶体管,到后来的(Ultra Large-Scale Integration,ULSI)将数字扩充到百万级,直至1993年随着集成了1000万个晶体管的16M FLASH 和256M DRAM 的研制成功,进入了特大规模集成电路 ULSI(Ultra Large-Scale Integration)时代。特大规模集成电路的集成组件数在 10^7~10^9 个之间,而功能和可靠性不断增强。

集成电路的集成度从小规模到大规模、再到超大规模的迅速发展以及广泛应用,完善的系统软件、丰富的系统开发工具和商品化的应用程序的大量涌现,以及通信技术和计算机网络的飞速发展,极大地推动了社会经济的发展,促进了信息时代的加速到来。

1.2.5 新一代计算机

新一代计算机过去习惯上称为第五代计算机,是对第四代计算机以后的各种未来型计算机的总称。新一代计算机的体系结构将改变传统的冯·诺依曼结构,它是一种具有知识存储和知识库管理功能,具有利用已有知识进行推理判断、联想和学习的功能的新型智能化计算机系统。新一代计算机要达到的目标相当高,它牵涉到很多高新技术领域,比如微电子学、计算机体系结构、高级信息处理、软件工程方法、知识工程和知识库、人工智能和人机界面(理解自然语言、处理声音、光、像的交互)等。新一代电子计算机是从20世纪80年代开始研制的,至今尚无突破性的进展,但我们相信新一代计算机的诞生必将对人类的发展产生更加深远的影响。

新一代计算机可以高程度地模拟人脑,具有学习和推理能力,具有知识处理功能,所以新一代计算机也被称为"知识信息处理系统"。已经实现的非传统计算技术有超导计算、量子计算、生物计算、光计算等。未来的计算机可能是超导计算机、量子计算机、生物计算机、光计算机或纳米计算机、DNA计算机等。

1.3 计算机的分类

由于计算机科学技术的迅速发展,计算机已经形成一个庞大的体系。按照不同的分类标准,计算机具有不同的分类。这些分类的标准只是相对的,只能就某一时期而言。

1. 按照用途分类

根据功能和用途,计算机可分为通用计算机(General Purpose Computer)和专用计算机(Special Purpose Computer)。

(1) 通用机是为解决诸如科学计算、学术研究、工程设计、数据处理、自动控制、辅助设计等多方面问题而设计的。例如平时我们购买的品牌机、兼容机都是通用计算机。其功能多、配置全、用途广、结构复杂,因而价格也偏高。

(2) 专用机是指为解决专门问题而设计的计算机,所以专用计算机能高速度、高效率地解决特定问题,具有功能单纯、使用面窄甚至专机专用的特点。模拟计算机通常都是专用计算机,在军事控制系统中被广泛地使用,如飞机的自动驾驶仪和坦克上的兵器控制计算机。当前,用于弹道控制、地震监测等方面的计算机多为专用机。

2. 按综合性能指标分类

按照计算机的主要技术指标,如字长、运算速度、主频、存储容量、输入/输出能力、外部设备配置、软件配置等,可分为巨型机(Supercomputer),大型机(Mainframe),小型机(Minicomputer),微型机(Microcomputer),工作站(Workstation)等类型。

(1) 巨型机

巨型机是一种超大型电子计算机,通常指运算速度每秒超过1亿次的超大型计算机。具有很强的计算和处理数据的能力,其主要特点表现为高速度和大容量,配有多种外部和外围设备及丰富的、高功能的软件系统,主要应用于复杂的科学计算及军事等专门领域。如大范围天气预报、原子核的探索、研究洲际导弹和宇宙飞船等,依靠巨型计算机能较顺利地完成。例如我国研制的"银河"和"曙光"系列计算机就属于这种类型。

(2) 大型机

大型机包括通常所说的大型机、中型机。该类计算机运算速度高、存储空间大。通常用于大型企业、商业管理或大型数据库管理系统,也可作为大型系统的主服务器。

(3) 小型机

小型机机器规模小、结构简单、设计试制周期短,便于及时采用先进工艺。这类机器由于可靠性高,对运行环境要求低,易于操作且便于维护,用户使用机器不必经过长期的专门训练。因此小型机对广大用户具有吸引力,加速了计算机的推广普及。

小型机应用范围广泛,如用在工业自动控制、大型分析仪器、测量仪器、医疗设备中的数据采集、分析计算等,也用作大型、巨型计算机系统的辅助机,并广泛运用于企业管理以及大学和研究所的科学计算等。

(4) 微型机

微型机也称个人计算机,1971年,美国的Intel公司成功地在一个芯片上实现了中央处理器的功能,制成了世界上第一片4位微处理器MPU(Microprocessing Unit),也称Intel 4004,并由它组成了第一台微型计算机MCS－4,由此揭开了微型计算机大普及的序幕。由大规模集成电路组成的、体积较小的电子计算机。它由微处理机(核心)、存储片、输入和输出片、系统总线等组成,其特点是体积小、灵活性大、价格便宜、使用方便。

(5) 工作站

工作站主要是用于计算机辅助工程设计的、具有高质量图形特性和良好人机交互作用的高性能台式计算机,简称工作站。也用于需要有良好图形显示性能的商业和办公室自动化等其他方面。

3. 计算机语言的发展

第一代：机器语言，每条指令用二进制编码，效率很低，难读、难懂、难修改。

第二代：汇编语言，用字符、符号编程，与具体机器指令有关，执行效率较高。

第三代：高级语言，面向用户，每一种语言，都有自己规定的专用符号、语法规则和语句结构。高级语言与自然语言更接近，而与硬件功能相分离，彻底脱离了具体的指令系统，便于掌握和使用。如 FORTRAN、COBOL、BASIC、PASCAL、C 等都属于高级语言。

第四代：面向对象程序设计语言，新一代的程序开发语言，使程序的编写和重用更加容易。C++、Java、C#等。

1.4 计算机的应用领域和发展趋势

随着计算机技术的飞速发展，其应用领域已经渗透到社会的各行各业，对人类社会的发展产生巨大而深刻的影响。按照应用领域划分，计算机的主要用途有以下几个方面。

1. 科学计算和科学研究

科学计算是计算机应用的一个非常重要的领域，也是应用最早的领域。所谓科学计算是指使用计算机来完成科学研究和工程技术中所遇到的数学问题的计算。例如数学、化学、物理、地理学、天文学、航天飞行、人造卫星的研制、海洋工程、环保与气象、国防工业、水利水电、生物信息学等方面的计算都可能要归结到一些数学模型的计算，这些模型的内容复杂、结构庞大、计算精度高、计算量大等特点，所以必须以计算机为工具来计算才能快速、准确地得到满意的结果，并节约了大量的时间、人力和物力。

例如，法国天文学家 Delaunay 为了用天体力学的方法求解月球的运动轨迹，花了 10 年的时间去求解一个摄动级数展开式。后来为了验证结论，又花了 10 年功夫，整整 20 年的"笔"和"纸"的辛劳，于 1867 年公布了他的研究成果并出版了专著，其中记述了计算月球轨迹运动的 Delaunay 公式，这个公式证明长达 400 页。100 多年后的 1970 年，美国波音科学实验室的三位青年学家用计算机代数的算法，在一台小型计算机上仅花了 20 个小时的时间验算了 Delaunay 公式，并发现 Delaunay 公式有三处错误。

2. 信息传输和信息处理

信息传输是在计算机内部的各部件之间、计算机与计算机之间、计算机与其他设备之间等进行数据传输的方式。信息处理是使用计算机对各种数据进行输入、分类、加工、整理、合并、统计、制表、检索及存储等一系列活动的统称，又称为数据处理。例如，高招信息管理、档案管理、银行业务、情报检索、企业管理、办公自动化、交通调度、市场预测等都有大量的数据处理工作。

目前，信息处理已成为当地计算机的主要任务，是现代化管理的基础，广泛地应用于办公自动化、企事业计算机辅助管理与决策、情报检索、图书管理、电影电视动画设计、会计电算化等行业。信息正在形成独立的产业，多媒体技术使信息展现在人们面前的不仅是数字和文字，也有声情并茂的声音和图像信息。

3. 生产过程的自动化控制和管理自动化

使用计算机进行自动化控制和管理自动化可大大提高控制的实时性和准确性，提高劳动效率、产品质量,降低成本,缩短生产周期。实时控制也称过程控制,实时控制能及时地采集检测数据,使用计算机快速地进行处理并自动地控制被控制对象的动作,实现生产过程的自动化。目前被广泛用于操作复杂的钢铁企业、石油化工工业、医药工业等生产中,计算机是生产自动化的基本技术工具,它对生产自动化的影响有两个方面:一是在自动控制理论上,二是在自动控制系统的组织上。生产自动化程度越高,对信息传递的速度和准确度的要求也就越高,这一任务靠人工操作已无法完成,只有计算机才能胜任。

使用计算机进行自动化控制和管理自动化能大大提高控制的实时性和准确性,提高劳动生产率、产品质量,降低成本,缩短生产周期。

4. 计算机辅助设计/辅助制造/辅助教学

(1) 计算机辅助设计(Computer Aided Design,CAD):利用计算机的高速处理、大容量存储和图形处理功能,辅助设计人员进行产品设计。不仅可以进行计算,而且可以在计算的同时绘图,甚至可以进行动画设计,使设计人员从不同的侧面观察了解设计的效果,对设计进行评估,以求取得最佳效果,大大提高了设计效率和质量。

(2) 计算机辅助制造(Computer Aided Made,CAM):在机器制造业中利用计算机控制各种机床和设备,自动完成离散产品的加工、装配、检测和包装等制造过程的技术,称为计算机辅助制造。近年来,各工业发达国家又进一步将计算机集成制造系统(CIMS-Computer Integrated Manufacturing System)作为自动化技术的前沿方向,CIMS是集工程设计、生产过程控制、生产经营管理为一体的高度计算机化、自动化和智能化的现代化生产大系统。

例如利用计算机在服装设计上进行自动裁床、服装纸样的制作,然后利用计算机自动控制技术完成服装的熨烫、黏合等。

(3) 计算机辅助教学(Computer Aided Instruction,CAI):通过学生与计算机系统之间的"对话"实现教学的技术称为计算机辅助教学。"对话"是在计算机指导程序和学生之间进行的,它使教学内容生动、形象逼真,能够模拟其他手段难以做到的动作和场景。通过交互方式帮助学生自学、自测,方便灵活,可满足不同层次人员对教学的不同的要求。

此外还有其他计算机辅助系统:如利用计算机作为工具辅助产品测试的计算机辅助测试(CAT);利用计算机对学生的教学、训练和对教学事务进行管理的计算机辅助教育(CAE);利用计算机对文字、图像等信息进行处理、编辑、排版的计算机辅助出版系统(CAP);计算机管理教学(CMI)及其他一些如上图所示的辅助应用等。

5. 娱乐

随着计算机、网络、多媒体、动画、计算机视觉等技术的不断发展,计算机能够以图形、图像、声音、文字等形式向人们提供最新的娱乐方式,计算机娱乐已经成为人们日常生活的一个组成部分。

网络游戏,英文名称为Online Game,又称"在线游戏",简称"网游"。它是以互联网为传输媒介,以游戏运营商服务器和用户计算机为处理终端,以游戏客户端软件为信息交互窗口的旨在实现娱乐、休息、交流和取得虚拟成就的具有可持续性的个体性多人在线游戏。例如,《英雄联盟》、《地下城与勇士》、《穿越火线》、《魔兽世界》、《反恐精英》等。

"动漫"是动画和漫画的合称与缩写。从传统的基于电影、电视、光盘、出版物等单向传播的动漫产业主体类型,到以互联网和移动互联网为载体的交互式传播,以及线下的体验式传播的类型延伸,使动漫产业的整体发展拓展了新的空间。

网络文学,是指新近产生的,以互联网为展示平台和传播媒介的,借助超文本链接和多媒体演绎等手段来表现的文学作品、类文学文本及含有一部分文学成分的网络艺术品,其中,以网络原创作品为主。由于借助强大的网络媒介,网络文学具有多样性、互动性和知识产权保护困难的特点。其形式可以类似传统文学,也可以是博文、帖子等非传统文学载体。实时回复、实时评论和投票是网络文学的重要特征。但是由于网络文学传播的便捷,导致知识产权不易得到保护。

微博,是微博客(MicroBlog)的简称,是一个基于用户关系的信息分享、传播以及获取平台,用户可以通过 WEB、WAP 等各种客户端组建个人社区,以 140 字左右的文字更新信息,并实现即时分享。美国的 twitter 是最早也是最著名的微博,2009 年 8 月,中国新浪推出"新浪微博"内测版,成为门户网站中第一家提供微博服务的网站,使微博正式进入中文主网主流人群的视野。2011 年 10 月,中国微博用户总数达到 2.948 亿,成世界第一大国。

微信由腾讯公司推出,提供类似与 Kik 免费即时通信服务的免费聊天软件。用户可以通过手机、平板等快速发送语音、视频、图片和文字。微信提供公众平台、朋友圈、消息推送等功能,用户可以通过摇一摇、搜索号码、附近的人、扫二维码等方式添加好友和关注公众平台,同时微信可以将内容分享给好友以及将用户看到的精彩内容分享到微信朋友圈。目前流行的智能手机操作系统如 Android、iOS、Windows Phone、BlackBerry 等都有对应的微信版本。2016 年 3 月底,微信注册用户已有 6.97 亿,成为亚洲地区最大用户群体的移动即时通信软件。

6. 人工智能

人工智能(Artificial Intelligence,AI)是用计算机模拟人类的智能活动,判断、理解、学习、图像识别、问题求解等。它是计算机应用的一个崭新领域,是计算机向智能化方向发展的趋势。现在,人工智能的研究已取得不少成果,有的已开始走向实用阶段。例如,能模拟高水平医学专家进行疾病诊疗的专家系统、具有一定思维能力的智能机器人等。

例如指纹识别。北京大学相关专家对数字图像的离散几何性研究,成功研制了适于民用身份鉴定的全自动指纹鉴定系统,以及适于公安刑事侦破的指纹鉴定系统,从而开创了我国指纹自动识别系统应用的先河。北大指纹自动识别系统的推出,将我国公安干警从指纹查对的繁重人工处理中解放出来。

7. 计算机网络

所谓计算机网络,就是利用通信设备和线路将地理位置不同的、功能独立的多个计算机系统互联起来,以功能完善的网络软件实现网络中资源共享和信息交换的系统。人们熟悉的全球信息查询、邮件传送、电子商务等都是依靠计算机网络来实现的。计算机网络已进入千家万户,给人们的生活带来了极大的方便。

8. 计算机发展趋势

计算机的发展朝着微型化、巨型化、网络化、智能化和新型计算机等方向发展。

1.5 计算机的特点

电子计算机是能够高速、精确、自动地进行科学计算及信息处理的现代化电子设备。它与过去的计算工具相比,有以下几个主要特点。

1. 运算速度快

电子计算机能以极高的速度进行运算和逻辑判断,这是电子计算机最显著的特点。从本质上讲,计算机是通过一系列非常简单的算术运算、逻辑运算及逻辑判断来解决各种复杂问题的。由于计算机运算速度快,而使得许多过去无法快速处理好的问题能够及时得到解决。如天气预报,需要迅速分析处理大量的气象数据资料后,才能作出及时的预报。如用手摇计算机,则往往要花一两个星期时间,以致达不到预报的目的,而使用一台中型电子计算机,只需几分钟就完成了。

2. 计算精度高

电子计算机具有过去计算工具所无法比拟的计算精度,一般可达到十几位,甚至几十位、几百位以上的有效数字的精度。事实上,计算机的计算精度可由实际需要而定。这是因为在计算机中是用二进制表示数据,采用的二进制位数越多越精确,因此人们可以用增加位数的方法来提高计算精度。当然,这将使设备变得复杂,或使运算速度降低。

1949 年,美国人瑞特威斯纳(Reitwiesner)用 ENIAC 把圆周率算到小数 2 037 位,打破了商克斯(W Shanks)花了 15 年时间、于 1873 年创下的小数 707 位的记录。1973 年,有人用计算机进一步把圆周率算到小数 100 万位。这样的计算精度是任何其他计算工具所不可能达到的。

3. 具有逻辑判断和"记忆"能力

人是有思维能力的,而思维能力本质上是一种逻辑判断能力。计算机借助于逻辑运算,可以进行逻辑判断,并根据判断结果自动地确定下一步该做什么,从而使计算机能解决各种不同的问题,具有很强的通用性。1976 年,美国数学家阿皮尔(K Apple)和海肯(W Haken)用计算机进行了上百亿次的逻辑判断,通过对 1 900 多个定理的证明,解决了 100 多年来未能解决的著名数学难题四色问题。

计算机的存储系统由内存和外存组成,具有存储和"记忆"大量信息的能力,现代计算机的内存容量已经达到几 G,而外存也有惊人的容量。

正因为电子计算机具有"记忆"和逻辑判断的能力,因此它能先把输入的程序和数据存储起来,在运行时再将程序和数据取出,进行翻译、判断、执行,从而实现工作自动化。

4. 可靠性高

随着微电子技术和计算机技术的发展,现代电子计算机连续无故障运行时间可达到几十万小时以上,具有极高的可靠性。例如,安装在宇宙飞船上的计算机可以连续几年时间可靠地运行。计算机应用在管理中也具有很高的可靠性,而人却很容易因疲劳而出错。另外,计算机对于不同的问题,只是执行的程序不同,因而具有很强的稳定性和通用性。用同一台计算机能解决各种问题,应用于不同的领域。

微型计算机除了具有上述特点外,还具有体积小、重量轻、耗电少、维护方便、可靠性高、易操作、功能强、使用灵活、价格便宜等特点。计算机还能代替人做许多复杂繁重的工作。

5. 适用范围广,通用性强

计算机能够在各行各业得到广泛的应用,原因之一就是具有很强的通用性。计算机可以将任何复杂的信息处理任务分解成一系列的基本算术运算和逻辑运算,反映在计算机的指令操作,按照各种规律要求的先后次序把他们组织成各种不同的程序,存入存储器中。在计算机的工作过程中,这种程序指挥和控制计算机进行自动、快速的信息处理,并且十分灵活、方便、易于变更,这就使计算机具有极大的通用性。同一台计算机,只要安装不同的软件或连接到不同的设备上,就可以完成不同的任务。

1.6 著名的计算机组织团体和计算机科学家

著名的计算机团体主要有以下几大组织。

1. 国际标准化组织(International Organization for Standardization)

国际标准化组织简称 ISO,是世界上最大的非政府性标准化专门机构,其成员由来自世界上 100 多个国家的标准化团体组成,是国际标准化领域中一个十分重要的组织。ISO 的任务是促进全球范围内的标准化及其有关活动,以利于国际产品与服务的交流,以及在知识、科学、技术和经济活动中发展国际的相互合作。它显示了强大的生命力,吸引了越来越多的国家参与其活动。

ISO 与国际电工委员会(IEC)有密切的联系,中国参加 IEC 的国家机构也是国家技术监督局。ISO 和 IEC 作为一个整体担负着制订全球协商一致的国际标准的任务,ISO 和 IEC 都是非政府机构,它们制订的标准实质上是自愿性的,这就意味着这些标准必须是优秀的标准,它们会给工业和服务业带来收益,所以他们自觉使用这些标准。ISO 和 IEC 不是联合国机构,但它们与联合国的许多专门机构保持技术联络关系。ISO 和 IEC 有约 1000 个专业技术委员会和分委员会,各会员国以国家为单位参加这些技术委员会和分委员会的活动。ISO 和 IEC 还有约 3000 个工作组,ISO、IEC 每年制订和修订 1000 个国际标准。标准的内容涉及广泛,从基础的紧固件、轴承各种原材料到半成品和成品,其技术领域涉及信息技术、交通运输、农业、保健和环境等。每个工作机构都有自己的工作计划,该计划列出需要制订的标准项目(试验方法、术语、规格、性能要求等)。

2. 美国电气和电子工程师协会(Institute of Electrical and Electronics Engineers)

美国电气和电子工程师协会(IEEE)是一个国际性的电子技术与信息科学工程师的协会,是世界上最大的专业技术组织之一。1963 年 1 月 1 日由美国无线电工程师协会(IRE,创立于 1912 年)和美国电气工程师协会(AIEE,创建于 1884 年)合并而成,它有一个区域和技术互为补充的组织结构,以地理位置或者技术中心作为组织单位(例如 IEEE 费城分会和 IEEE 计算机协会)。IEEE 在 150 多个国家中它拥有 300 多个地方分会。透过多元化的会员,该组织在太空、计算机、电信、生物医学、电力及消费性电子产品等领域中都是主要的权威。专业上它有 35 个专业学会和两个联合会。IEEE 发表多种杂志、学报、书籍和每年组织 300 多次专业会议。IEEE 定义的标准在工业界有极大的影响。

学会成立的目的在于为电气电子方面的科学家、工程师、制造商提供国际联络交流的场合,为他们交流信息。并提供专业教育和提高专业能力的服务。

IEEE 定位在科学和教育,并直接面向电子电气工程、通讯、计算机工程、计算机科学理论和原理研究的组织,以及相关工程分支的艺术和科学。为了实现这一目标,IEEE 承担者多个科学期刊和会议组织者的角色。它也是一个广泛的工业标准开发者,主要领域包括电能、能源、生物技术和保健、信息技术、信息安全、通讯、消费电子、运输、航天技术和纳米技术。在教育领域 IEEE 积极发展和参与,例如在高等院校推行电子工程课程的学校授权体制。

IEEE 制定了全世界电子和电气还有计算机科学领域 30% 的文献，另外它还制定了超过 900 个现行工业标准。IEEE 由 37 个协会组成，还组织了相关的专门技术领域，每年本地组织有规律的召开超过 300 次会议。IEEE 出版广泛的同级评审期刊，是主要的国际标准机构（900 现行标准，700 研发中标准）。

3. ACM 美国计算机协会（Association for Computing Machinery）

1947 年，即世界第一台电子数字计算机（ENIAC）问世的第二年，ACM 即成为第一个，也一直是世界上最大的科学教育计算机组织。它的创立者和成员都是数学家和电子工程师，其中之一是约翰·迈克利（John·Mauchly），他是 ENIAC 的发明家之一。他们成立这个组织的初衷是为了计算机领域和新兴工业的科学家和技术人员能有一个共同交换信息、经验知识和创新思想的场合。几十年的发展，ACM 的成员们为今天我们所称之为"信息时代"作出了贡献。他们所取得的成就大部分出版在 ACM 印刷刊物上，并获得了 ACM 颁发的在各种领域中的杰出贡献奖。

ACM 组织成员大部分是专业人员、发明家、研究员、教育家、工程师和管理人员；三分之二以上的 ACM 成员，又是属于一个或多个 SIGs（Special Interest Group）专业组织成员。他们都对创造和应用信息技术有着极大的兴趣。有些最大的最领先的计算机企业和信息工业也都是 ACM 的成员。

ACM 就像一个伞状的组织，为其所有的成员提供信息，包括最新的尖端科学的发展，从理论思想到应用的转换，提供交换信息的机会。正像 ACM 建立时的初衷，它仍一直保持着它的发展"信息技术"的目标，ACM 成为一个永久的更新最新信息领域的源泉。ACM 颁发图灵奖给计算机领域做出杰出贡献的人士。该奖项被称为计算机领域的诺贝尔奖。2000 年，华人姚期智由于在计算理论方面的贡献而获得图灵奖。

ACM 国际大学生程序设计竞赛（英文全称：ACM International Collegiate Programming Contest，ACM－ICPC 或 ICPC）是由美国计算机协会（ACM）主办的，一项旨在展示大学生创新能力、团队精神和在压力下编写程序、分析和解决问题能力的年度竞赛。是世界上公认的规模最大、水平最高的国际大学生程序设计竞赛。赛事由各大洲区域预赛和全球总决赛两个阶段组成。各预赛区第一名自动获得参加全球总决赛的资格，决赛安排在每年的 3—4 月举行，而区域预赛一般安排在上一年的 9～12 月举行。

ACM－ICPC 以团队的形式代表各学校参赛，每队由至多 3 名队员组成。每位队员必须是在校学生，有一定的年龄限制，并且每年最多可以参加 2 站区域选拔赛。

比赛期间，每队使用 1 台电脑需要在 5 个小时内使用 C、C++、Pascal 或 Java 中的一种编写程序解决 7 到 13 个问题。程序完成之后提交裁判运行，运行的结果会判定为正确或错误两种并及时通知参赛队。而且有趣的是每队在正确完成一题后，组织者将在其位置上升起一只代表该题颜色的气球，每道题目第一支解决掉它的队还会额外获得一个"FIRST PROBLEM SOLVED"的气球。

最后的获胜者为正确解答题目最多且总用时最少的队伍。每道试题用时将从竞赛开始到试题解答被判定为正确为止，其间每一次提交运行结果被判错误的话将被加罚 20 分钟时间，未正确解答的试题不计时。

与其他计算机程序竞赛（例如国际信息学奥林匹克，IOI）相比，ACM－ICPC 的特点在于其题量大，每队需要在 5 小时内完成 7 道或以上的题目。另外，一支队伍 3 名队员却只有 1 台电脑，使得时间显得更为紧张。因此除了扎实的专业水平，良好的团队协作和心理素质同样是获胜的关键。

4. 中国计算机学会(CCF)

中国计算机学会(CCF)成立于1962年,是中国计算机科学与技术领域群众性学术团体,属一级学会,独立法人单位,是中国科学技术协会的成员。学会的宗旨是团结和组织计算机科技界、应用界、产业界的专业人士,促进计算机科学技术的繁荣和发展,促进学术成果、新技术的交流、普及和应用,促进科技成果向现实生产力的转化,促进产业的发展,发现、培养和扶植年轻的科技人才。学会具有广泛的业务范围,包括学术交流、科学普及、技术咨询、教育评估、优秀成果及人物评奖、刊物出版、计算机名词标准化等。学会与国际许多相关学术组织有密切的合作,如IEEE-CS、ACM、IFIP等。学会下设9个工作委员会,33个专业委员会,这些专业委员会涵盖了计算机研究及应用的各个领域,学会自己编辑出版的刊物有《中国计算机学会通讯》,由不同单位编辑出版的学会刊物有14种。

在计算机发展的历史长河中,许多计算机学家为之贡献了自己全部的心血,主要的计算机学家分别在软件、硬件和通信方面等作出了重大贡献,简单介绍如下。

1. 冯·诺依曼(John Von Neumann)

美籍匈牙利裔科学家、数学家,被誉为"计算机之父"。冯·诺依曼由ENIAC机研制组的戈尔德斯廷中尉介绍参加ENIAC机研制小组后,1945年他们在共同讨论的基础上,发表了一个全新的"存储程序通用电子计算机方案"——EDVAC(Electronic Discrete Variable Automatic Computer的缩写)。在这一过程中,冯·诺依曼显示出他雄厚的数理基础知识和综合分析的能力,充分发挥了他的顾问作用。冯·诺依曼以"关于EDVAC的报告草案"为题,起草了长达101页的总结报告。报告广泛而具体地介绍了一个全新的存储程序通用电子计算机方案,从计算机的逻辑图式和功能部件以及相互间的作用与关系等,整个设计都是在冯·诺依曼思想的指导下完成的。这份报告是计算机发展史上一个划时代的文献,它向世界宣告:电子计算机的时代开始了。EDVAC方案明确奠定了新机器由五个部分组成,包括:运算器、逻辑控制装置、存储器、输入和输出设备,并描述了这五部分的职能和相互关系。报告中,冯·诺伊曼对DVAC中的两大设计思想作了进一步的论证,为计算机的设计树立了一座里程碑。

设计思想之一是二进制,他根据电子元件双稳工作的特点,建议在电子计算机中采用二进制。报告提到了二进制的优点,并预言,二进制的采用将大简化机器的逻辑线路。现在使用的计算机,其基本工作原理是存储程序和程序控制,它是由世界著名数学家冯·诺依曼提出的,被人们称为"计算机之父"。

程序内存是冯·诺依曼的另一杰作。通过对ENIAC的考察,冯·诺依曼敏锐地抓住了它的最大弱点——没有真正的存储器。ENIAC只在20个暂存器,它的程序是外插型的,指令存储在计算机的其他电路中。这样,解题之前,必须先将所需的全部指令,通过手工把相应的电路联通。这种准备工作要花几小时甚至几天时间,而计算本身只需几分钟。计算的高速与程序的手工存在着很大的矛盾。

针对这个问题,冯·诺依曼提出了程序内存的思想:把运算程序存在机器的存储器中,程序设计员只需要在存储器中寻找运算指令,机器就会自行计算,这样就不必每个问题都重新编程,从而大大加快了运算速度。这一思想标志着自动运算的实现,标志着电子计算机的成熟,已成为电子计算机设计的基本原则。冯·诺依曼还积极参与了推广应用计算机的工作,对如何编制程序及高数值计算都作出了杰出的贡献。

2. 阿兰·麦席森·图灵(Alan Mathison Turing)

图灵,英国数学家、逻辑学家,他被视为计算机科学之父、人工智能之父,是计算机逻辑的奠基者,提出了"图灵机"和"图灵测试"等重要概念。人们为纪念其在计算机领域的卓越贡献而设立"图灵奖"。

1936年,图灵向伦敦权威的数学杂志投了一篇论文,题为"论数字计算在决断难题中的应用"。在这篇开创性的论文中,图灵给"可计算性"下了一个严格的数学定义,并提出著名的"图灵机"(Turing Machine)的设想。"图灵机"不是一种具体的机器,而是一种思想模型,可制造一种十分简单但运算能力极强的计算装置,用来计算所有能想象得到的可计算函数。"图灵机"与"冯·诺伊曼机"齐名,被永远载入计算机的发展史中。1950年10月,图灵又发表了另一篇题为"机器能思考吗"的论文,成为划时代之作。也正是这篇文章,为图灵赢得了"人工智能之父"的桂冠。

3. 克劳德·香农(Claude Elwood Shannon)

克劳德·香农,美国数学家,现代信息论的著名创始人,信息论及数字通信时代的奠基人。1948年香农长达数十页的论文"通信的数学理论"成了信息论正式诞生的里程碑。在他的通信数学模型中,清楚地提出信息的度量问题,他把哈特利的公式扩大到概率 pi 不同的情况,得到了著名的计算信息熵 H 的公式:$H=\sum -p_i \log p_i$。如果计算中的对数 log 是以 2 为底的,那么计算出来的信息熵就以比特(bit)为单位。今天在计算机和通信中广泛使用的字节(Byte)、KB、MB、GB 等词都是从比特演化而来。"比特"的出现标志着人类知道了如何计量信息量。香农的信息论为明确什么是信息量概念作出决定性的贡献。

4. "巨型机之父"——西蒙·克雷

谁最早提出了超级计算机的概念?至今存在很大的争议。有人说是最早开发集成电路的肖克利在自己的工作日记中透露了超级计算机的构思,也有人说是当时为军方服务的 LawrenceLivermore 国家实验室的想法。但从真正意义上来说,研发出符合超级计算机定义产品的人应该是西蒙·克雷(S. Cray)博士,此人后来被西方称为"巨型机之父"。西蒙·克雷1925年9月出生在美国威斯康星州的一个工程师世家。克雷先后在工程研究学会和雷明顿·兰德公司从事计算机研究。在那里,他设计出他的第一台计算机 ERA1101。1963年8月,克雷终于从"密林"深处复出,把一台被他亲切称作"简单的蠢东西"——CDC6600超级计算机公布于世。CDC6600是真正意义上的超级计算机,共安装了35万个晶体管,运算速度为1Mflops。至1969年,克雷研制的CDC6600以及改进型CDC7600巨型机共售出150余台。

1.7 计算机科学及研究的领域

美国计算机协会(ACM)成立于1947年,但一场老问题的争论仍在继续。计算机科学是科学还是工程学科?或者只是一门技术、一个计算商品的研制者和销售者?学科的智力本质是什么?它将持续兴旺下去或者在我们的下一代衰落下去?计算机科学和工程目前的核心课程是否反映了这一领域?怎样把理论,和实验室的工作集成在计算课程中?各核心课程培养计算方面的能力吗?

1.7.1 计算机科学的定义

建议一种面向技术的学科描述,其基础是数学和工程。计算机科学注重分析和抽象;计算机工程注重抽象和设计。这里,计算学科(discipline of computing)一词用来包括计算机科学和工程。

学科的第一个含义,是指学术的分类,指一定科学领域或一门科学的专业分支,如自然科学中的物理学、生物学,人文社会科学中的史学、教育学等,而计算机学科是最近几十年来围绕计算机的制造和应用而迅猛发展的学科,社会各行各业的强烈需求和计算机的广泛适用性以及其他学科的发展等等奠定了计算机科学坚实的基础。

计算机是本世纪最重大的科学技术成就之一,它已成为现代化国家各行各业广泛使用的强有力信息处理工具。计算机使当代社会的经济、政治、军事、科研、教育、服务等方面在概念和技术上发生了革命性的变化,对人类社会的进步已经并还将产生极为深刻的影响。目前,计算机是世界各发达国家激烈竞争的科学技术领域之一。

电子计算机虽然叫做"计算机",它的早期功能主要也确实是计算,但后来高水平的计算机已远远超越了单纯计算的功能,还可以模拟、思维、进行自适应反馈处理等等,把它叫做"电脑"更为合乎实际。由于电子计算机功能的飞跃性发展,应用于生产和生活的各个方面,直接和显著地提高了生产、工作和生活的效率、节奏和水平,在软科学研究和应用中它也起着关键作用,因此它已被公认是现代技术的神经中枢,是未来信息社会的心脏和灵魂。在这种背景下,从对计算机的技术研究,又上升到了对计算机的科学研究,于是,计算机科学逐渐建立起来了。

计算机科学是一门包含各种各样与计算和信息处理相关的系统性学科。

计算机科学是这样一门学科,它寻求为计算机设计、计算机程序设计、信息处理、问题的算法解和算法过程本身等主题建立科学的基础。它既是当今计算机应用的支柱,又是今后应用的基础。

还可以这样认为:计算机科学是研制并利用计算机完成数据处理任务所涉及的理论、方法和技术的学科。完成这个学科任务,要研究基本理论、揭示基本规律,也要解决能够在计算机上实现的技术方法、理论支持技术、技术体现理论,两者相辅相成、互相融合是计算机科学的特点。因此,计算机科学的特征是科学性和工程性并重,理论性和实践性相结合。在短短的几十年里,计算机科学就发展成为众多分支领域、内容非常丰富、应用极其广泛的学科。

计算机科学研究备受全世界各国政府的重视,许多国家都制定了长期发展规划。许多著名的计算机公司,如 IBM 公司,AT&T 的贝尔(Bell)实验室都对计算机科学的发展做出了重要的贡献。

1.7.2 计算机科学的研究领域

目前,计算机科学的研究领域可以概括为以下七个方面:

1. 计算机系统结构的研究

传统的计算机系统基于冯·诺依曼的顺序控制流结构,从根本上限制了计算过程并行性的开发和利用,迫使程序员受制于"逐字思维方式",从而使程序复杂性无法控制,软件质量无法保证,生产率无法提高。因此,对新一代计算机系统结构的研究是计算机科学面临的一项艰巨任务。人们已经探索了许多非冯·诺依曼结构,如并行逻辑结构、归约结构、数据流结构等。

智能计算机以及其他新型计算机的研究也具有深远的意义,例如光学计算机、生物分子计算机、化学计算机等处理方法的潜在影响是不可忽视的。计算机构造学正在发展着。

2. 程序设计科学与方法论的研究

冯·诺依曼系统结构决定了传统程序设计风格的缺陷,逐字工作方式,语言臃肿无力,缺少必要的数学性质。新一代语言要从面向数值计算转向知识处理,因此新一代语言必须从冯·诺依曼设计风格中解放出来。这就需要分析新一代系统对语言的模型设计新的语言,再由新的语言推出新的系统结构。

3. 软件工程基础理论的研究

软件工程的研究对软件生存期作了合理的划分,引入了一系列软件开发的原则和方法,取得较明显的效果。但未能从根本上解决"软件危机"问题。

软件复杂性无法控制的主要原因在于软件开发的非形式化。为了保证软件质量及开发维护效率,程序的开发过程应是一种基于形式推理的形式化构造过程。从要求规范的形式描述出发,应用形式规范导出算法版本,逐步求精,直至得到面向具体机器指令系统的可执行程序。由于形式规范是对求解问题的抽象描述,信息高度集中,简明易懂,使软件的可维护性得到提高。

显然,形式化软件构造方法必须以科学的程序设计理论和方法为基础,以集成程序设计环境为支持。近年来这些方面虽取得不少进展,但距离形式化软件开发的要求还相差甚远。因此,这方面仍有不少难题有待解决。

4. 人工智能与知识处理的研究

人工智能的研究正将计算机技术从逻辑处理的领域推向现实世界中自然产生的启发式知识的处理,如感知、推理、理解、学习、解决问题等。为了建立以知识为基础的系统,提高解决问题的综合能力,以启发式知识表达为基础的程序语言和程序环境的研究就成为普遍关心的重要课题。

人工智能还包括许多分支领域,如人工视觉、听觉、触觉以及力觉的研究,模式识别与图像处理的研究,自然语言理解与语音合成的研究,智能控制以及生物控制的研究等。总之,人工智能向各方面的深化,对计算机技术的发展将产生深远的影响。

5. 网络、数据库及各种计算机辅助技术的研究

计算机通信网络覆盖面的日趋扩大,各行业数据库存的深入开发,各种计算机辅助技术如CAD(CAD－Computer Aided Design 计算机辅助设计)、CAM (computer Aided Manufacturing,计算机辅助制造)、CAT(Computer Aided Translation 计算机辅助翻译)、CAE(Computer Aided Engineering 计算机辅助工程)、CIM(Computer Integrated Manufacturing 计算机集成化制造)等的广泛使用,也为计算机科学提出许多值得研究的问题。如编码理论,数据库的安全与保密,异种机联网与网间互联技术,显示技术与图形学,图像压缩、存贮及传输技术的研究等。

6. 理论计算机科学的研究

自动机及可计算性理论的研究,例如图灵机的理论研究还有许多工作可作。理论计算机科学使用的数学工具主要是信息论、排队论、图论、符号逻辑等,这些工具本身也需进一步发展。

7. 计算机科学史的研究

在计算机科学的发展史上,有许多对认识论、方法论是很值得借鉴的丰富有趣的史料,它们同样是人类精神宝库的重要财富。

计算科学作为一个学科的新思路,即在揭示内容时,强调基本概念、原理和特性。同时,也建议按照其他学科的教育模式重新设计本学科的核心课程。先讲解有用特性的存在性,然后进行培养能力的实践。

1.8 计算机奖项

1.8.1 图灵奖

图灵奖是美国计算机协会于1966年设立的,又叫"A·M·图灵奖",专门奖励那些对计算机事业作出重要贡献的个人。其名称取自计算机科学的先驱、英国科学家艾伦·图灵,这个奖设立目的之一是纪念这位科学家。

图灵奖对获奖者的要求极高,评奖程序极严,一般每年只奖励一名计算机科学家,只有极少数年度有两名在同一方向上作出贡献的科学家同时获奖。因此,尽管"图灵"的奖金数额不算高,但它却是计算机界最负盛名的奖项,有"计算机界诺贝尔奖"之称。

1.8.2 IEEE-CS 的计算机先驱奖

IEEE—CS 的计算机先驱奖(Computer Pioneer Award)设立于1980年。如果把 ENIAC 的诞生当做计算机历史的起点,到1980年时,它已走过了36年的历史,可谓"人到中年"。36年间,计算机本身经历了巨大的发展变化,性能的提高以若干个数量级计。大、中、小、巨、微各个档次的计算机百花齐放,在各个领域、各个部门发挥着巨大的作用,推动着社会文明和人类进步,把人类由原子能时代带入了信息时代。人们当然不会忘记,在这一巨大的、前所未有的科技成果背后,是无数科学家和工程技术人员奉献的智慧、创造才能和辛勤努力,尤其是其中的佼佼者所作出的关键性贡献。IEEE—CS 为此作出决定,建立计算机先驱奖以奖励这些理应赢得人们尊敬的学者和工程师。同其他奖项一样,计算机先驱奖当然也有严格的评审条件和程序,但与众不同的是,这个奖项规定获奖者的成果必须是在15年以前完成的。这样一方面保证了获奖者的成果确实已经得到时间的考验,不会引起分歧;另一方面又保证了这个奖的得主是名副其实的"先驱",是走在历史前面的人。

本 章 小 结

本章从计算机的产生出发,对计算机发展和分类作了比较感性的阐述,并从扩充学生知识面的角度考虑,对计算机科学进一步简单明了的介绍。

习 题

1. 简述计算机发展史。
2. 计算机的特点有哪些?
3. 根据你的了解,查阅资料,中国的计算机科学家有哪些? 并在哪些方面有重大贡献?

第 2 章 数据存储与表示

　　计算机的基本功能是对数据进行计算和处理加工。计算机可以输入数据、处理数据、存储数据和输出数据,数据是对客观事物的属性的描述。人类用文字、图表、数字表达和记录着世界上各种各样的信息。在计算机中处理的时候,首先要解决的一个问题是如何表示信息。从计算机应用的角度看,计算机既能处理数值类型的信息,又能处理非数值类型的信息。现在可以把这些信息都输入到计算机中由计算机来保存、计算和处理。

2.1　数据的表示形式

　　信息和数据是计算机中常用的两个概念。
　　信息是用文字、数字、符号、声音、图形、图像和视频等方式表示和传递的数据、知识和消息。一般来说,信息既是对各种事物的变化和特征的反映,又是事物之间相互作用和联系的表征。人通过接受信息来认识事物,从这个意义上说,信息是一种知识,是接受者原来不了解的知识。数据是信息的载体。数字、文字、符号、声音、语言、图形、图像等都是不同形式的数据。信息是有意义的,而数据则没有。
　　信息在计算机内部具体的表示形式就是数据。它分为数值型数据与非数值型数据(如字符、图像等),这些数据在计算机中都是以二进制形式来表示、存储和处理的。通常在计算机中如果不严格区分,信息与数据两个词常常被互换使用。
　　计算机要解决的现实问题是如何在计算机中表示信息,可以归纳这样一个重要的概念:信息表示数字化。这是了解计算机工作原理的基础。从硬件的角度,信息的表示问题涉及采用何种形式的信号。计算机内部采用数字型电信号表示各类信息,便于传送和处理加工。从软件的角度,信息的表示问题涉及采用何种格式表示各类数据或程序。
　　而对硬件而言,电子装置可以有两种状态,如开关的"开"和"关",电路的"通"和"断"。通常情况下我们用"0"和"1"这两个符号分别表示这两种状态。而"0"和"1"只是两个标识符号,如整数里的"0"和"1",或者字符"a"和"b",而不是对应的数字概念。当然如果用符号"0"和"1"分别表示数字 0 和数字 1,那它们就是数字 0 和数字 1 了。
　　作为标识符号,单个的符号"0"和符号"1"只能表示两个最基本的符号或状态。但是,就像 26 个英文字母可以组合出英语的所有文字一样,如果我们把若干位这样的符号组合起来,也可以表示数字、字符、汉字、图像等各种形式的数据。
　　像十进制一样表示数字时,可用 0~9 十个数字来表示十进制的数据,而计算机中的所有数据都是采用的二进制形式表示的,即:用符号"0"和"1"分别表示数字 0 和数字 1 时,就可以构造"逢二进一"的二进制计数系统了。
　　在计算机系统内部,数值运算是以二进制数字的形式来表示和处理的,而非数值型信息是以二进制编码的形式来表示和处理的。

采用二进制而不采用人们熟悉的十进制来存取和处理数据，主要的原因有：

1. 可行性

只有 0、1 两个数码，采用电子器件很容易物理上实现。

2. 可靠性

只有两种状态，在传输和处理时不容易出错，工作可靠，抗干扰能力强。

3. 简易性

二进制的运算法则比较简单，使得计算机的运算器结构简化，控制简单。

4. 逻辑性

0、1 两种状态代表逻辑运算中的"假"和"真"，便于用逻辑代数作为工具研究逻辑线路。

在计算机中只能识别二进制数码信息，因此，一切字母、数字、符号等信息都必须用二进制特定编码来表示；信息才能传送、存储和处理。计算机中信息的表示如图 2.1 所示。

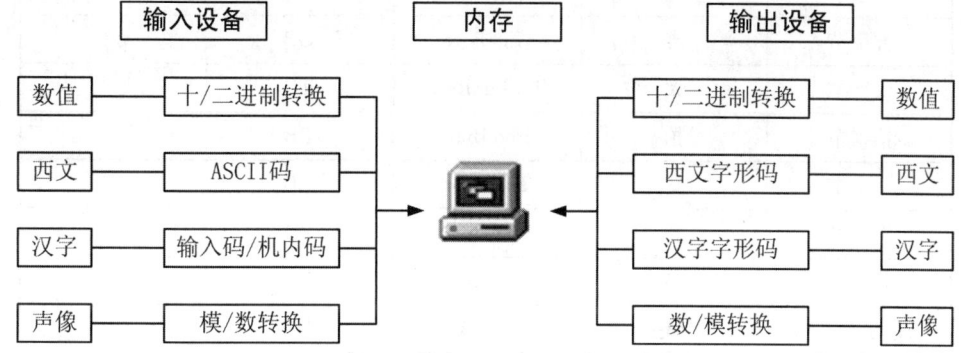

图 2.1　计算机中信息的表示

计算机中数据的表示经常用到下面有关计算机中数据的单位几个概念：

（1）位。一个二进制代码称为一位，记为 bit，读作比特，是计算机存储数据的最小单位。一个二进制位只能表示 0 或 1 两种状态，要表示更多的信息，就要把多个位组合成一个整体，一般以 8 位二进制组成一个基本单位。

（2）字节。字节是计算机数据存储和处理的最常用的基本单位。字节（Byte），简记为 B，规定一个字节为 8 位，即 1B=8bit，每个字节由 8 个二进制位组成。计算机的存储器通常是以多少字节来表示容量的。

（3）字、字长。字（Word）是计算机进行数据处理时，一次存取、加工和传送的数据长度。一个字通常由一个或若干个字节组成。字长是计算机能一次直接处理的二进制数据的位数。所以，它决定了计算机数据处理的速度，是衡量计算机性能的一个重要指标，计算机字长越长，反映出它的性能越好。常见的有 8 位、16 位、32 位、64 位等。

（4）地址。为了便于存放、查找和使用，每个存储单元必须有唯一的编号，称之为地址。通过地址可以找到数据所在的存储单元，读取或存入数据。

还有其他的衡量数据容量的单位。

KB，千字节，简称 KB，1KB=2^{10}B=1024B。

MB，兆字节，简称 MB，1MB=2^{10}KB=2^{20}B。

GB，千兆字节，简称 GB，1GB=2^{10}MB=2^{30}B。

TB，太字节，简称 TB，1TB=2^{10}GB=2^{40}B。

PB,拍字节,简称 PB,1PB=2^{10}TB=2^{50}B。
EB,艾字节,简称 EB,1EB=2^{10}PB=2^{60}B。
ZB,泽字节,简称 ZB,1ZB=2^{10}EB=2^{70}B。
YB,尧字节,简称 YB,1YB=2^{10}ZB=2^{80}B。

计算机存储容量的中文单位、中文简称、英文单位、英文简称和存储容量单位之间的转换如表 2.1 所示。

表 2.1 计算机存储容量详细表

中文单位	中文简称	英文单位	英文简称	进率(byte=1)
位	比特	bit	b	0.125
字节	字节	Byte	B	1
千字节	千字节	KiloByte	KB	2^{10}
兆字节	兆	MegaByte	MB	2^{20}
吉字节	吉	GigaByte	GB	2^{30}
太字节	太	TrillionByte	TB	2^{40}
拍字节	拍	PetaByte	PB	2^{50}
艾字节	艾	ExaByte	EB	2^{60}
泽字节	泽	ZettaByte	ZB	2^{70}
尧字节	尧	YottaByte	YB	2^{80}
千亿亿亿字节	千亿亿亿字节	BrontByte	BB	2^{90}

2.2 数值数据

计算机只认识二进制编码形式的指令和代码。因此,包括数字、字符、声音、图形、图像、视频等都必须经过某种方式转换成二进制的形式,才能提供给计算机进行识别和处理。但二进制数书写冗长,所以为书写方便,一般用十六进制数或八进制数作为二进制数的简化表示。但是为了适应人的习惯,数值型数据在输入输出设备上仍采用人们十分熟悉的十进制。下面将对计算机中的各种数据表示进行详细叙述。

2.2.1 数制

数是生活中常用的。在日常生活中人们最熟悉的是十进制数,但除了十进制外,其他进制也在生活中使用。而计算机中常用的进制是二进制、八进制、十六进制和十进制数制。

日常生活中数值计算采用的是十进制计数,而在计算机内所有的数据都是以二进制代码的形式存储、处理和传送的。但是在输入/输出或书写时,为了用户的方便,也经常用到八进制和十六进制。

在生活中常见的十进制系统中,进位原则是"逢十进一"。由此可以推知,在二进制系统中,其进位原则是"逢二进一";在八进制系统中,其进位原则是"逢八进一";在十六进制系统中,其进位原则是"逢十六进一"等。为了弄清进制概念及其关系,有必要掌握各种进位制的数的表示方法以及不同进制的数的相互转换的方法。

在进位计数的数制系统中,如果只用 R 个基本符号(如 0,1,2,…,R-1)来表示数值,则称其为"基 R 数制"。在进制中,基和位权这两个基本概念对数制的理解和多种数制之间的转换起着至关重要的作用。

(1) 基数:称 R 为该数制的"基数",简称"基"或"底"。例如,十进制数制的基 R=10。

(2) 位权:数值中每一个固定位置对应的单位称为"位权",简称"权"。它以数制的基为底,以整数为指数组成。例如,十进制数制的位权为…,10^2,10^1,10^0,10^{-1},10^{-2},…。

对十进制数,可知 R=10,它的基本符号有 10 个,分别为 0,1,2,…,9。对二进制数制,则 R=2,其基本符号为 0,1。

进位基数的编码符合"逢 R 进位"的原则,各位的权是以 R 为底的幂,一个数可按权展开成多项式形式。

【例 2.1】十进制数 $349.34 = 3 \times 10^2 + 4 \times 10^1 + 9 \times 10^0 + 3 \times 10^{-1} + 4 \times 10^{-2}$。

因此,可将任意数制的数 K 表示为如通式(2-1)所示:

$$K = K_{n-1} \times R^{n-1} + K_{n-2} \times R^{n-2} + \cdots + K_1 \times R^1 + K_0 \times R^0 + K_{-1} \times R^{-1} + K_{-2} \times R^{-2}$$
$$+ \cdots + K_{-m} \times R^{-m} = \sum_{i=n-1}^{-m} K_i \times R^i \tag{2-1}$$

式中 i 表示数位;m,n 表示正整数;R 表示基数;K_i 表示第 i 位数码。

总之,位置计数法(带权记数法)的数制均有以下几个主要特点:

1. 数码个数等于基数,最大数码比基数小 1;
2. 每个数码都要乘以基数的幂次,而该幂次是由每个数所在的位置决定的,即"位权"。
3. 低位向高位的进位是"逢基数进一"。

在计算机中常用的数制有二进制、八进制、十六进制和十进制,它们的基、位权及其基本符号如表 2.2 所示。

表 2.2 各种进制的基数、位权及其符号

进制名称	数 R	位权	基本符号
二进制	2	…,2^2,2^1,2^0,2^{-1},2^{-2},…	0,1
八进制	8	…,8^2,8^1,8^0,8^{-1},8^{-2},…	0,1,2,3,…,7
十进制	10	…,10^2,10^1,10^0,10^{-1},10^{-2},…	0,1,2,3,…,9
十六进制	16	…,16^2,16^1,16^0,16^{-1},16^{-2},…	0,1,2,3,…,9 A,B,C,D,E,F

2.2.2 数制的表示

数制的表示方法有很多种,常用的有:

1. 下标法

用小括号将要表示的数括起来,然后在右括号外的右下角写上数制的基数 R。一般我们用 $()_{角标}$ 表示不同进制的数据。

【例 2.2】$(1056.78)_{10}$,$(756)_8$,$(1101.0101)_2$,$(23DF)_{16}$ 分别表示十进制数,八进制数,二进制数和十六进制数。

2. 字母法

在所表示的数的末尾加上相应数制字母。对应的进制与字母如表2.3所示。

表2.3 进制与字母

进制	二进制	八进制	十进制	十六进制
所用字符	B	O 或 Q	D	H

注：八进制用"O"表示，即 Octal 字头，为避免将字母"O"与数字"0"相混淆，将"O"改为用"Q"。

【例2.3】 1011.01B,678Q,156D（通常D可省略），79DH 分别表示一个二进制数、八进制数、十进制数和十六进制数。

3. 进制间的基本关系

下面是四位二进制数与其他数制的基本关系，如表2.4所示。

表2.4 四位二进制数与其他数制的对照

二进制	十进制	八进制	十六进制
0000	0	0	0
0001	1	1	1
0010	2	2	2
0011	3	3	3
0100	4	4	4
0101	5	5	5
0110	6	6	6
0111	7	7	7
1000	8	10	8
1001	9	11	9
1010	10	12	A
1011	11	13	B
1100	12	14	C
1101	13	15	D
1110	14	16	E
1111	15	17	F

2.2.3 数制之间的转换

任何一个数字，既可以表示为十进制的形式，也可以表示为二进制等其他进制的形式。人们习惯了十进制的表示形式，十进制描述虽然符合习惯被人接受，却很难与计算机结构直接关联，因为十六进制数与二进制数之间的四位对应一位的特殊关系，十六进制描述有些内容，如地址、代码等信息时，更方便更有利于结合计算机硬件结构来进行理解。所以引入十六进制作为过渡，就能较好地解决人与计算机之间的沟通问题。但二进制的表现形式的数字对计算机来说最适合，这就产生了不同进制数之间的转换问题。

在进行数制之间转换时需要考虑计数制的运算规则。

进位计数制有两个共同点,即按基数来进位与借位:用位权值来计数。

所谓按基数进位与借位,就是在执行加法与减法时,要遵守"逢 R 进一,借一当 R"的规则。

1. 其他进制转换为十进制

具体转换方法:相应位置的数码乘以对应位的权值,再将所有的乘积进行累加,即得对应的十进制数,对任意的 R 进制数可以表示为通式(2-1):$K_{n-1} \times R^{n-1} + K_{n-2} \times R^{n-2} + \cdots + K_1 \times R^1 + K_0 \times R^0 + K_{-1} \times R^{-1} + \cdots + K_{-m} \times R^{-m}$。

【例 2.4】分别把 $(1101.1)_2$ 和 $(653)_8$ 转化为十进制数。

解:$(1101.1)_2 = 1 \times 2^3 + 1 \times 2^2 + 0 \times 2^1 + 1 \times 2^0 + 1 \times 2^{-1} = 8 + 4 + 0 + 1 + 0.5 = 13.5$

$(653)_8 = 6 \times 8^2 + 5 \times 8^1 + 3 \times 8^0 = 384 + 40 + 3 = 427$

2. 十进制转换为 R 进制数

十进制数转换为 R 进制数分整数转换与小数转换两种情形。

(1) 十进制整数转换为 R 进制整数

① 将这个十进制数除以 R,得到一个商数和余数;再将得到的商数除以 R,又得到一个商数和余数;这样一直继续下去,直到商数等于 0 为止。

② 第一次得到的余数是对应 R 进制数的最低位,最后一次得到的余数为对应的 R 进制数的最高位,其他余数依次类推。

这种转换方法称为"除 R 反向取余法"。

(2) 十进制小数转换为 R 进制小数

首先不断地对前次得到的积的小数部分乘 R 并列出该次得到的整数数值,直到小数部分乘积为 0,然后按从前向后的次序排列。

这种方法简称"乘 R 取整法"。

【例 2.5】将十进制数 100.375 转换为二进制数。

因为 $(100)D = (1100100)B$,$(0.375)D = (0.011)B$。

具体步骤如下:

整数部分除2取余, 并逆序输出	小数部分乘2取整, 并顺序输出

2⌋100 余数
2⌋ 50   0
2⌋ 25   0
2⌋ 12   1   逆序输出
2⌋ 6   0
2⌋ 3   0
2⌋ 1   1
     0   1
	0.375 整数
	 × 2
	     0.750 0
	 × 2
	     0.50 1 顺序输出
	 × 2
	     0 1

所以将整数和小数合并在一起,$(100.375)D = (1100100.011)B$。

但是在十进制小数转换为二进制小数过程中,有时会出现乘积的小数部分总不等于 0 的情况,如 $(0.4435)_{10}$ 就不能在十步内使乘积的小数部分等于 0;甚至还会出现循环小数的情况,如 $(0.6)_{10} = (0.100110011001\ldots)_2$。

在上述两种情况下,乘 2 过程的结束由所要求的转换精度确定。

【例 2.6】 将 $(0.2)_{10}$ 转换成二进制小数。

具体步骤如下:

$$
\begin{array}{lll}
0.2 \times & 2 = 0.4 & 0 \\
0.4 \times & 2 = 0.8 & 0 \\
0.8 \times & 2 = 1.6 & 1 \\
0.6 \times & 2 = 1.2 & 1 \\
0.2 \times & 2 = 0.4 & 0 \\
0.4 \times & 2 = 0.8 & 0 \\
0.8 \times & 2 = 1.6 & 1 \\
0.6 \times & 2 = 1.2 & 1 \\
\end{array}
$$

……(直至满足需要精度为止)

$(0.2)_{10} = (0.001100110011\cdots)_2$

3. 二进制与八进制、十六进制数之间的转换

二进制数、八进制数、十六进制数实质上都是同一类数,它们可视为本质相同的数的不同表示,其间的相互转换也十分简单。

(1) 二进制转换为八进制和十六进制的具体转换方法

由 3 位二进制数组成 1 位八进制,4 位二进制数组成 1 位十六进制数。对于同时有整数和小数部分的数,则以小数点为界,对小数点前后的数分别向左向右进行分组处理,不足的位数用 0 补足,对整数部分的 0 补在数的左边,对小数部分则将 0 补在数的右边。

可以将二进制转换为八进制称为"三位一并法",二进制转换为十六进制称为"四位一并法",这样才不至于发生差错。

【例 2.7】 $(1\ 011.101\ 1)_2 = (001\ 011.101\ 100)_2 = (13.54)_8$

【例 2.8】 $(11\ 0110\ 1110.1101\ 01)_2 = (0011\ 0110\ 1110.1101\ 0100)_2 = (36E.D4)_{16}$

(2) 八进制和十六进制转换为二进制的具体方法

十六进制数转换成二进制数时,方法为以小数点为界,向左或向右每一位十六进制数用相应的四位二进制数取代,然后将其连在一起即可。注意:整数部分的最高有效位"1"前面的若干个"0";小数部分的最低有效位"1"后面的若干个"0"无意义,在结果中可以舍去。

【例 2.9】 $(175.4E)_{16} = (0001\ 0111\ 0101.0100\ 1110)_2 = (101110101.0100111)_2$

$(A3B.C)_{16} = (1010\ 0011\ 1011.1100)_2 = (1010\ 0011\ 1011.11)_2$

同样八进制数转换为二进制数时,以小数点为界,向左或向右每一位八进制数用相应的三位二进制数取代,然后将其连在一起即可。

【例 2.10】 $(175.4)_8 = (001\ 111\ 101.0100)_2 = (1111101.01)_2$

可以将十六进制转换为二进制称为"一分为四",八进制转换为二进制称为"一分为三"法。

(3) 八进制和十六进制之间相互转换的具体方法

八进制数转换成十六进制数:首先将八进制数转换成二进制数,然后将转换成的二进制数以小数点为界,对小数点前后的数分别向左向右进行分组处理,不足 4 位的位数用 0 补足,对整数部分的 0 补在数的左边,对小数部分则将 0 补在数的右边。

十六进制数转换成八进制数:首先将十六进制数转换成二进制数,然后将转换成的二进制数以小数点为界,对小数点前后的数分别向左向右进行分组处理,不足 3 位的位数用 0 补足,对整数部分的 0 补在数的左边,对小数部分则将 0 补在数的右边。

【例 2.11】 $(175.4E)_{16} = (0001\ 0111\ 0101.0100\ 1110)_2$
$= (101110101.0100111)_2 = (101\ 110\ 101.010\ 011\ 100)_2$
$= (566.234)_8$

$(5073.6)_8 = (101\ 000\ 111\ 011.110)_2 = (101000111011.11)_2$
$= (1010\ 0011\ 1011.1100)_2 = (A3B.C)_{16}$

2.3 数值型数据在计算机中的表示

计算机中用到的数据在计算机内部都是用二进制表示的,计算机只能识别二进制数码。在实际应用中,计算机除了要对数码进行处理外,还要对其他信息(如语言、符号、声音、图像、视频等)进行识别和处理,因此必须先把信息编成二进制数码,才能让计算机接受。这种把信息编成二进制数码的方法,称为计算机的编码。

对于数值数据和非数值型数据需要采用不同的编码方式。

在计算机中参与运算的数有两大类:无符号数和有符号数。

2.3.1 无符号数

无符号数是指没有符号的数,即非负整数,机器字长中的全部数位均用来表示整数值的大小,相当于数的绝对值,例如 1001 0110B 表示十进制数 150。当存放有符号数时,则需留出位置存放符号。因此在机器字长相同时,无符号数和有符号数所对应的数值范围是不同的

字长为 n 位的无符号数表示范围是 $0 \sim (2^n - 1)$。例如机器字长为 16 位,则无符号数的表示范围为 $0 \sim 65535$。

2.3.2 有符号数

1. 真值和机器数

有符号数是指将符号数字化后放在有效数位的前面组成的数。数据有正负之分,这种带符号的数据我们通常在绝对值前加"+"、"-"符号来表示。但在计算机中,这种符号计算机无法理解,可将"+"、"-"符号分别用"0"和"1"代替,也就是将数的符号数字化。这种在机器中使用的包括符号在内的数字化的数称为机器数,而把它所代替的实际值称为机器数的真值。

在选择机器数的表示方式时,需要考虑以下几个因素:①要表示的数的类型(小数、整数、实数和复数);②可能遇到的数值范围,因为机器数的位数一般是固定的;③数值精确度;④数据存储和处理所需要的硬件代价。

在计算机中机器数的表示,通常把最高位作为符号位,并规定用"0"表示正数,用"1"表示负数,其余位作为数值位。

设 8 位二进制有符号数的表示示例如下:

真值 $(+0010)_2$ 机器数 0000 0010
真值 $(-1100)_2$ 机器数 1000 1100
真值 $(+0.1011)_2$ 机器数 0.000 1011(实际上在计算机中小数点是不出现的,即 0000 1011。)

机器数表示法运算带来问题复杂性：

【例 2.12】 (-5)+4 的运算,结果应为-1。

$$
\begin{array}{r}
10000101 \\
+\ 00000100 \\
\hline
10001001
\end{array}
\quad
\begin{array}{l}
\cdots\cdots\cdots\text{5 的机器数} \\
\cdots\cdots\cdots\text{4 的机器数} \\
\cdots\cdots\cdots\text{运算结果为-9}
\end{array}
$$

为了便于运算,引入了多种编码表示方式,也是为了区别符号和数值,二进制在计算机中的表示形式通常有原码、反码、补码三种表示方法,其实质是对负数表示的不同编码,对于正数这三种情况都一模一样。

2. 原码

原码表示法是最简单的机器数表示法,用最高位表示符号位,符号位"0"表示该数为正,符号位"1"表示该数为负。数值部分就是原来的数值,即真值的绝对值,所以原码表示又称为带符号的绝对值表示。以下数据均用 8 位来表示。

一般用 X 表示真值,$[X]_原$ 表示原码,则：

$X=+1001$,$[X]_原=0000\ 1001$,$X=-1001$,$[X]_原=1000\ 1001$

$X=+0.1001$,$[X]_原=0.1001000$,$X=-0.1001$,$[X]_原=1.1001000$

用原码表示时,0 的原码不唯一,有两种表示形式。

若是整数即：$X=+0$,$[X]_原=0000\ 0000$,$X=-0$,$[X]_原=1000\ 0000$

若是小数即：$[+0]_原=0.000\ 0000$,$[-0]_原=1.000\ 0000$

事实上数的真值和原码之间的对应关系很简单：$[X]_原=$符号位$+|X|$,如上例所示。

原码表示方法简单,与真值的转换方便。在做乘除法运算时,可将符号位和数值位分开处理。结果数的符号可用参加操作的两个操作数符号进行异或运算求得,结果数的数值可由操作数原码的数值部分按乘除规则运算获得。因此原码适合用于乘除运算；但当两个数做加法运算时,如果两个数码符号相同,则数值相加,符号不变；如果两符号不同,数值部分实际上相减,这时必须比较哪个数绝对值大,才能决定哪一个数为被减数。所以不便于加减运算。

3. 反码

反码的符号位表示法与原码相同,用最高位表示符号位,符号位"0"表示该数为正,符号位"1"表示该数为负；与原码不同的是,反码数值部分的形式和它的符号位有关。正数的反码的数值和原码的数值相同,而负数反码的数值则是原码的数值按位求反。以下数据均用 8 位来表示。

一般用 X 表示真值,$[X]_反$ 表示反码,则：

$X=+1001$,$[X]_反=0000\ 1001$,$X=-1001$,$[X]_反=1111\ 0110$

用原码表示时,0 有两种表示形式,即：$X=+0$,$[X]_反=0000\ 0000$,$X=-0$,$[X]_反=1111\ 1111$

4. 补码

补码是应用最广泛的一种机器数的表示方法。补码可以把二进制的负数转换为正数,使减法转换为加法,它不必判断数的正负,只要将符号位也参与运算,就能得到正确的结果。从而使正负数的加减运算统一化成补码的加法运算,简化了判断过程；从而提高计算机的运算速度,并节省设备开销。

补码是在"模"和"同余"的概念下导出的。"模"是指一个计量系统的计量范围,即产生"溢出"的量。

在计算机中,机器能表示的数据位数是一定的,其运算都是有模运算。如果是 n 位整数,其模为 2^{n+1}。如果是 n 位小数,其模为 2。若运算结果超出了计算机所能表示的数值范围,则只保留它的小于模的低 n 位的数值,超过 n 位的高位部分就自动舍弃了。

一般用 X 表示真值,$[X]_补$ 表示补码。

补码定义:任意一个 X 的补码为 $[X]_补$,可以用该数加上其模 M 来表示。

$[X]_补 = X + M$

定点小数表示:$N_s. N_1 N_2 \cdots N_n$

定义:$[X]_补 = \begin{cases} X, & 0 \leq X < 1 \\ 2+X, & -1 \leq X < 0 \end{cases}$ $(MOD\ 2)$

定点整数表示:$N_s N_1 N_2 \cdots N_n$

定义:$[X]_补 = \begin{cases} X, & 0 \leq X < 2^n \\ 2^{n+1}+X, & -2^n \leq X < 0 \end{cases}$ $(MOD\ 2^{n+1})$

由于正数的补码就是正数本身,下面详细介绍负数求补码的方法,所有例子数据均用 8 位来表示。

(1) 由定义求

例如小数:$X = -0.1101001$

$[X]_补 = 2 + X = 10 + (-0.1101001) = 1.0010111$

例如整数:$X = -1101001$

$[X]_补 = 2^8 + X = 100000000 + (-1101001) = 10010111$

反过来,由补码求真值,只要将公式进行交换即可。

(2) 由原码求补码

除符号位以外,其余各位求反,末位加 1。

例如小数:$X = -0.0101011$

解:$[X]_原 = 1\ 0101011$

$[X]_补 = 1\ 1010100 + 1 = 1\ 1010101$

(3) 由 $[X]_补$ 求 $[-X]_补$

连符号位一起各位求反,末位加 1。

例如整数:$[X]_补 = 11010101$

解:$[X]_补 = 1\ 1010101$

$[-X]_补 = 0\ 0101010 + 1 = 0\ 0101011$

(4) 由 $[X]_补$ 求 $[X/2]_补$

将 $[X]_补$ 的符号位和数值位一起向右移动一次,符号位移走后保持原来的值不变。

例如整数:$[X]_补 = 10101000$

解:$[X]_补 = 1\ 1010101$

$[X/2]_补 = 1\ 1010100$

由补码求真值的步骤如下:

① 首先判断补码表示数的正负。最高位表示符号位,若为 0 表示为正数;若为 1 表示为负数。

② 根据正负求真值。若最高位(即符号位)为 0,则表示正数,其真值与原码真值相同;若最高位为 1,则表示负数,其真值绝对值为补码按位(包括符号位)求反后再在最末尾加 1。

例如整数:$[X]_补 = 1\ 000\ 0000$

解：首先$[X]_{补}$最高位为1,所以它表示的是负数。然后求其绝对值,将其八位全部取反,得到0 1111111,然后加1,得到1 0000000。将该数看作无符号数,值为128,故$[X]_{补}=1\ 000\ 0000$的真值是-128。

用补码表示时,0只有表示一种形式,即：$X=+0$,$[X]_{反}=0000\ 0000$;$X=-0$,$[X]_{反}=0000\ 0000$,即$[+0]_{反}=[-0]_{反}=0000\ 0000$

以上0的原码、反码、补码的表示注意区分。

特别注意：-128的8位补码是1000 0000,最高位的1既是符号位又是数值位,-128的数值位为8位,对应二进制码是1000 0000,取反为0111 1111,然后再加1则变为1000 0000。可以对比一下-127的8位补码,-127表明该数是负数,所以最高符号位为1,127的数值位为7位二进制形式为111 1111,取反为000 0000,再加1则变为000 0001,再加上符号位则变为1000 0001。用8位来表示数据,-128没有原码和反码,因为原码和反码只能表示-127到-0,0到127,-128的补码是10000000。

字长为$n+1$位的有符号数补码表示范围是$-2^n \sim 2^n-1$。例如机器字长为16位,则有符号数的补码表示范围为$-32768 \sim +32767$。

表2.5给出了8位二进制在不同编码规则下对应的真值。

表2.5　8位二进制在不同编码下表示真值

二进制编码	无符号数	有符号数（原码）	有符号数（反码）	有符号数（补码）
00000000	0	0	0	0
00000001	1	1	1	1
…	…	…	…	…
01111110	126	126	126	126
01111111	127	127	127	127
10000000	128	-0	-127	-128
10000001	129	-1	-126	-127
…	…	…	…	…
11111110	254	-126	-1	-2
11111111	255	-127	-0	-1

2.3.3　定点数和浮点数

计算机处理的数值数据大多数都带有小数,小数点在计算机中通常有两种表示方法,一种是约定所有数值数据的小数点隐含在某一个固定位置上,称为定点表示法,简称定点数,其中定点数又分为有符号定点数和无符号定点数；另一种是小数点位置可以浮动,称为浮点表示法,简称浮点数。

定点数可以是原码、反码或补码形式。浮点数的尾数也可以用原码和补码来表示,在不同的标准中有定性的规定。例如,在IEEE754标准中浮点数的尾数用原码来表示。

1. 定点数表示法

所谓定点格式,即约定机器中所有数据的小数点位置是固定不变的。在计算机中通常采用两种简单的约定：将小数点的位置固定在数据的最高位之前,或者是固定在最低位之后。一般常称前者为定点小数,后者为定点整数。小数点"."实际上是不表示出来的,是事先约定好固定在那里的。对一台计算机来说,一旦确定了一种小数点的位置,整个系统就不再改变。

定点小数若是纯小数,约定的小数点位置在符号位之后、有效数值部分最高位之前。若 $n+1$ 位数据 x 的形式为 $x=x_0x_1x_2x_3\cdots\cdots x_n$(其中 x_0 为符号位,$x_1\sim x_n$ 是数值的有效部分,也称为尾数,x_1 为最高有效位),则在计算机中的表示形式如图 2.2 所示。

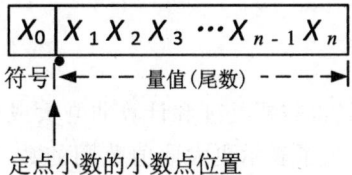

图 2.2 定点小数的表示形式

对于不带符号位的定点纯小数(即小数点位于机器数的最左边的数),字长为 n 位的机器所能表示的机器数 x 的范围是:$2^{-n}\leqslant x\leqslant 1-2^{-n}$,如图 2.3(a)、(b)所示:

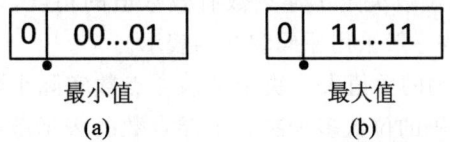

图 2.3 无符号定点小数的最小值和最大值形式

定点小数若用原码表示,对有符号数 $x=x_0x_1x_2\cdots x_n$,x_0 为符号位,表示的数据范围为 $|x|\leqslant 1-2^{-n}$。

定点整数若是纯整数,约定的小数点位置在有效数值部分最低位之后。若 $n+1$ 位数据 x 的形式为 $x=x_0\ x_1x_2\cdots x_n$(其中 x_0 为符号位,$x_1\sim x_n$ 是尾数,x_n 为最低有效位),则在计算机中的表示形式如图 2.4 所示。

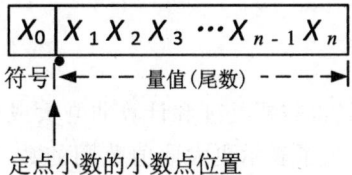

图 2.4 定点整数的表示形式

定点整数又可分为无符号整数(不带符号的整数)和整数(带符号的整数)。

无符号整数中,所有二进制位全部用来表示数的大小,有符号整数用最高位表示数的正负号,其他位表示数的大小。如果用一个字节表示一个无符号整数,其取值范围是 0~255(2^8-1)。

有符号整数中,若用补码来表示,n 位数据表示的范围为 $-2^n\sim 2^{n-1}$,如图 2.5(a)、(b)所示。

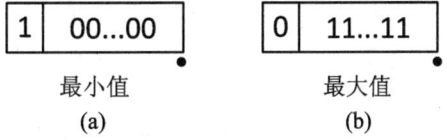

图 2.5 定点整数补码的最小值和最大值形式

例如用一个字节表示有符号整数(用补码表示),其取值范围 $-128\sim+127$($-2^7\sim+2^7-1$)。

由于计算机设备的限制,机器数有固定的位数,它所表示的数受到计算机固有位数的限制,所以机器数具有一定的范围,超过这个范围便无法正确表示,我们称这种情况为"溢出"。

当数据小于定点数能表示的最小值时,计算机将它们作0处理,称为下溢;大于定点数能表示的最大值时,计算机将无法表示,称为上溢;上溢和下溢统称为溢出。

利用定点表示进行计算,须将所有数据之值按一定比例予以缩小(或放大)后送入计算机,同时须将计算结果以同一比例增大(或缩小)后才能得到正确结果。

定点整数或定点小数所允许表示的数值范围有限,运算精度较低,采用定点运算时对机器硬件要求较简单。

2. 浮点数表示方法

在科学计算和数据处理中,经常需要处理和计算非常大或非常小的数值。定点表示法不能够精确地完成这种数值的表示。为了表示更大取值范围的数,实数采用"浮点数"或"科学表示法"表示。

浮点数的思想来源于数学中的指数表示形式:$N=M\times R^E$,式中,N 为浮点数,R 为浮点数阶码的底,与尾数的基数相同,通常 $R=2$。E 和 M 都是带符号数,E 叫做阶码,M 叫做尾数。尾数 M:为定点小数,尾数的位数决定了浮点数有效数值的精度,尾数的符号代表了浮点数的正负,因此又称为数符。尾数一般采用原码和补码表示。

阶码 E:为定点整数,阶码的数值大小决定了该浮点数实际小数点位置与尾数的小数点位置(隐含)之间的偏移量。阶码的位数多少决定了浮点数的表示范围。阶码的符号叫阶符。阶码一般采用原码和补码表示。

【例 2.10】十进制数 $0.256\times10^3=2.56\times10^2$,而二进制数 $10\ 1101.0101=1\ 0110.1010\ 1\times2^1=101\ 1010.101\times2^{-1}$。

而通常用几阶表示法来表示二进制的浮点数。这样 $R=2$,M 为尾数,E 为阶码。如图 2.6 所示。

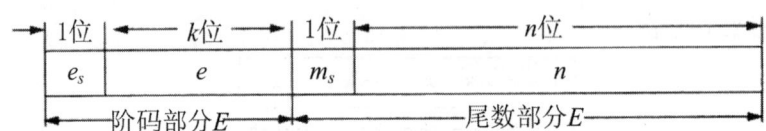

图 2.6 浮点数的一般格式

浮点数的底是隐含的,在整个机器数中不出现。阶码的符号位为 e_s,阶码的大小反映了在数 N 中小数点的实际位置;尾数的符号位为 m_s,它是整个浮点数的符号位,表示了该浮点数的正负。

对于一个数,其小数点可以有多种移动结果,如例 2.10 所示。但是为了便于计算机中浮点数的运算,必须有一个统一规范的表示:浮点数的规格化表示。在计算机内,为了充分利用尾数的二进制数位来表示更多的有效数字,将尾数的绝对值限定在某个范围之内。例如:$R=2$,则规格化浮点数的尾数 M 应满足条件:最高有效位为 1,称满足这种表示要求的浮点数为规格化表示;把不满足这一表示要求的尾数,变成满足这一要求的尾数的操作过程,叫做浮点数的规格化处理,通过尾数移位和修改阶码实现。

这种形式要求尾数用纯小数表示,而且小数点后的第一位应该为 1,所以二进制数带小数的形式只用一种规格化的表示形式,即 $10\ 1101.0101=0.1011\ 0101\ 01\times2^{0110}$。

假定一个浮点数用 4 个字节来表示,则一般阶码占用 1 个字节,尾数用 3 个字节,且每部分的最高位均用以表示该部分的正负号。

例如:-0.11011×2^{-011} 在机内的表示形式为(阶码和尾数都用原码表示):

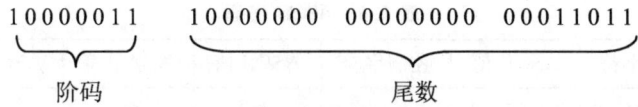

值得注意的是,使用4个字节来表示的浮点数的精度和表示范围要远远大于4个字节表示的定点数,这是浮点数的优越之处。但在运算规则上,定点数比浮点数简单易于实现。因此,一般计算机中同时具有这两种表示方法,视具体情况进行选择应用。

2.4 非数值型数据在计算机中的表示

在计算机中,非数值型数据的表示方法和数值数据有所不同。非数值型数据有西文符号、汉字、图像、音频、视频等,各自的编码各不相同,编码是将符号数据数值化的一种处理手段。

西文符号的编码有 ASCII 码、BCD 码和奇偶校验码等。汉字符号的编码有输入码、机内码、交换码和字型码等。

2.4.1 ASCII 码

由于计算机处理信息要涉及各种字符,这些字符都必须用二进制代码来表示,在微型计算机中普遍采用"美国信息交换标准码",即 ASCII 码。ASCII 码最初是美国国家标准,为不同计算机在相互通信时用作共同遵守的西文字符编码的标准,后被 ISO 和 CCITT 等国际组织采用。

ASCII 码规定了常用的数字、字符的编码。标准 ASCII 码是 7 位二进制编码,所以最多可以表示 128 个字符。每个字符可以用一个字节表示,字节的最高位为 0。

ASCII 码包括 52 个英文大、小写字母,10 个阿拉伯数字 0~9,32 个通用控制字符和 34 个专用字符。

ASCII 码中的符号也可以分成两类:控制字符和显示字符。

其中显示字符的范围是 32~126,指那些能从键盘输入、显示器上显示或打印机上打印的字符。控制字符的范围是 0~31,主要用来控制输入、输出设备或通信设备。

7 位 ASCII 编码如表 2.6 所示。

表 2.6 ASCII 编码

ASCII 值	控制字符	ASCII 值	控制字符	ASCII 值	控制字符	ASCII 值	控制字符
0	NUL	32	(space)	64	@	96	`
1	SOH	33	!	65	A	97	a
2	STX	34	"	66	B	98	b
3	ETX	35	#	67	C	99	c
4	EOT	36	$	68	D	100	d
5	ENQ	37	%	69	E	101	e
6	ACK	38	&	70	F	102	f
7	BEL	39	'	71	G	103	g
8	BS	40	(	72	H	104	h
9	HT	41	)	73	I	105	i
10	LF	42	*	74	J	106	j
11	VT	43	+	75	K	107	k
12	FF	44	,	76	L	108	l
13	CR	45	-	77	M	109	m
14	SO	46	.	78	N	110	n
15	SI	47	/	79	O	111	o
16	DLE	48	0	80	P	112	p
17	DCI	49	1	81	Q	113	q
18	DC2	50	2	82	R	114	r
19	DC3	51	3	83	X	115	s
20	DC4	52	4	84	T	116	t
21	NAK	53	5	85	U	117	u
22	SYN	54	6	86	V	118	v
23	TB	55	7	87	W	119	w
24	CAN	56	8	88	X	120	x
25	EM	57	9	89	Y	121	y
26	SUB	58	:	90	Z	122	z
27	ESC	59	;	91	[	123	{
28	FS	60	<	92	\	124		
29	GS	61	=	93	]	125	}
30	RS	62	>	94	^	126	~
31	US	63	?	95	_	127	DEL

利用上表可以查找数字、运算符、标点符号以及控制符等字符与 ASCII 码之间的对应关系。例如,数字 0~9 的 ASCII 码分别为 48~57,英文大写字母 A~Z 的 ASCII 码为 65~90。ASCII 码表中有一些符号是作为计算机控制字符使用的,这些控制符号有专门用途,表中给出了这些控制字符的含义。例如,回车字符 CR 的 ASCII 码为 13,换行符 LF 的 ASCII 码为 10 等。例如:NUM 表示空白、SOH 表示报头开始、STX 表示文本开始、ETX 表示文本结束、EOT 表示发送结束、ENQ 表示查询、ACK 表示应答、BEL 表示响铃、BS 表示退格、FF 表示换页、CR 表示回车等。

近年来,在标准 ASCII 码基础上,为表示更多符号,将 7 位 ASCII 码扩充到 8 位,可表示 256 个字符,称为扩充的 ASCII 码。扩充的 ASCII 码可以表示某些特定的符号,如希腊字符、数学符号等。扩充的 ASCII 码只能在不用最高位做校验位或其他用途时使用。这种编码是在原 ASCII 码 128 个符号的基础上,将它的最高位设置为 1 进行编码,扩展 ASCII 码中的前 128 个符号的编码与标准 ASCII 码字符集相同。

2.4.2　中文字符在计算机中的表示

英文是拼音文字,常用的个数不超过 128 种字符的字符集就满足英文处理的需要了,编码需要 ASCII 码就可以完成。

而汉字是象形文字,种类繁多,编码比较困难,汉字信息的处理涉及汉字的输入、汉字的信息加工、汉字信息在计算机内的存储、输出等方面,所以汉字的编码较为麻烦。

1. 汉字国标码

1980 年我国公布的中文信息处理的标准 GB2312－80(汉字国标码《信息交换用汉字编码字符集——基本集》),据统计常用的汉字 6763 个,所以一个字节的编码已经不能满足要求了。GB2312－80 收录了 6763 个汉字,以及 682 符号,共 7445 个字符,奠定了中文信息处理的基础。这常用的 6763 个汉字分成两级:一级汉字 3755 个,按照汉字拼音排列;二级汉字有 3008 个,按偏旁部首排列。

此标准将汉字按一定的规律摆在一个 94 行、94 列的方阵中,每个汉字在方阵中对应一个位置,方阵中的行号为区号,列号为位号,每个汉字的区号和位号合在一起构成"区位码",实际上把汉字表示成二维数组,每个汉字在数组中的下标就是区位码,区位码各用两个十进制数字表示。如"中"字在方阵的第 54 行,第 48 列,它的区位码为 5448(十进制)。区号和位号各加 32 (十进制)就构成了国标码(对应的十六进制是 20H),这是为了与 ASCII 码兼容,每个字节值大于 32(0~32 为非图形字符码值)。所以"中"的国标码为 8680(十进制)。

2. 汉字机内码

汉字机内码,又称"汉字 ASCII 码",简称"内码",指计算机内部存储,处理加工和传输汉字时所用的由 0 和 1 符号组成的代码。输入码被接收后就由汉字操作系统的"输入码转换模块"转换为机内码,与所采用的键盘输入法无关。然后才能在机器内传输、存储、处理。汉字机内码的形式也有多种。机内码是汉字最基本的编码,不管是什么汉字系统和汉字输入方法,输入的汉字外码到机器内部都要转换成机内码,才能被存储和进行各种处理。

因为西文字符和汉字都是字符,汉字在计算机内部其内码是唯一的。因为汉字处理系统要保证中西文的兼容,当系统中同时存在 ASCII 码和汉字国标码时,将会产生二义性。例如:有两个字节的内容为 30H 和 21H,它既可表示汉字"啊"的国标码,又可表示西文"0"和"!"的

ASCII 码。为此,汉字机内码应对国标码加以适当处理和变换。为了在计算机内部能够区分汉字和字符的编码,将国标码的每个字节的最高位由"0"变为"1",变换后的国标码称为汉字机内码,也即将国标码的每个字节都加上 128,对应的十六进制是 80H。由此可知,汉字机内码的每个字节都大于 128,而每个西文字符的 ASCII 码值均小于 128。

汉字机内码、国标码和区位码三者之间的关系如下:

国标码=区位码+2020H

汉字机内码=国标码+8080H=区位码+A0A0H

注意:区位码一般用十进制表示,计算的时候需要转换成对应的十六进制数据。汉字机内码则为二进制数据,所以需要将对应的十六进制数转换成二进制数。

【例 2.12】 汉字"中"和"华"对应的区位码分别是 5448D 和 2710D

"中"区位码(54 48)D=(36 30)H

"中"国标码(36 30)H +(20 20)H=(56 50)H

"中"机内码(56 50)H +(80 80)H=(D6 D0)H=(1101 0110 1101 0000)B

"华"区位码(27 10)D=(1B 0A)H

"华"国标码(1B 0A)H +(20 20)H=(3B 2A)H

"华"机内码(3B 2A)H +(80 80)H=(BB AA)H=(1011 1011 1010 1010)B

3. 汉字输入码

汉字输入编码是人到机(计算机)交换汉字特征信息的界面。

将汉字输入计算机而编制的代码称为汉字输入码,也叫外码。

西文码输入时,想输入什么字符便按什么键,输入码与机内码总是一致的。汉字输入则不同,需要与汉字机内码不同的其他输入码,即常见的各种输入编码,目前汉字主要是经标准键盘输入计算机的,所以汉字输入码都是由键盘上的字符或数字组合而成。目前流行的汉字输入码的编码方案已有许多,但总体来说可分为音码、形码、音形结合码三大类。音码是根据汉字的发音进行编码的,如全拼输入法;形码是根据汉字的字形结构进行编码的,如五笔字型输入法;音形码则结合了两者,如自然码输入法。

值得提出的是,无论采用哪种汉字输入码,当用户输入汉字时,存入计算机中的总是汉字的机内码,与采用的输入法无关。实际上,无论采用哪种输入法,在输入码和机内码之间都存在着一个一一对应的转换关系,因此,任何一种输入法都需要一个相应的完成把输入码转换为机内码的转换程序。

4. 汉字字形码

为了汉字的输出显示和打印,需要描述汉字的字形,即对汉字的字形进行编码,称为汉字的字形码,也称为汉字字模。

汉字是一种象形文字,每个字都可以看成是一个特殊的图形,所以汉字字形码通常有两种表示方式,点阵方式和矢量方式。

(1) 点阵方式

用点阵表示字形时,汉字字形码指的就是这个汉字字形点阵的代码。根据输出汉字的要求不同,点阵的大小也不同。简易型汉字为 16×16 点阵,提高型汉字为 24×24 点阵、32×32 点阵、48×48 点阵等。如图 2.7 所示的是"大"字的 16×16 点阵字形点阵及代码。

所有汉字的点阵字形编码的集合称为"汉字库"。不同的字体(如宋体、仿宋、楷体、黑体等)

对应着不同的字库。

显然,这种编码、存储方式简单、无需转换直接输出,点阵规模越大,字形就越清晰美观,同时其编码也就越长,所需的存储空间也就越大,但放大后产生的效果差。

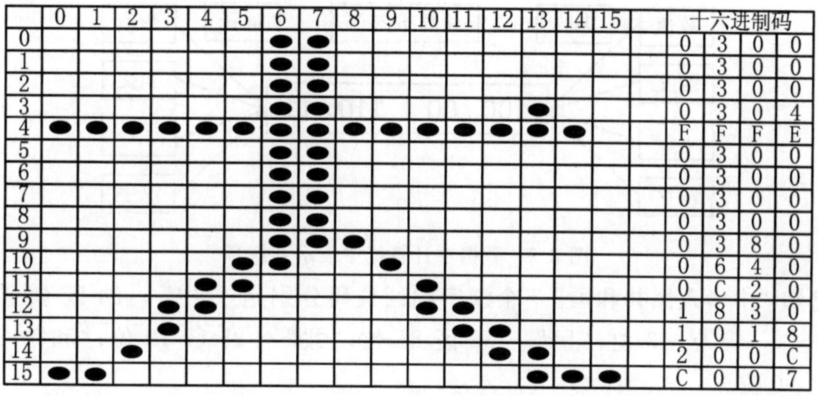

	0	1	2	3	4	5	6	7	8	9	10	11	12	13	14	15	十六进制码			
0							●	●									0	3	0	0
1							●	●									0	3	0	0
2							●	●									0	3	0	0
3							●	●					●				0	3	0	4
4	●	●	●	●	●	●	●	●	●	●	●	●	●	●	●		F	F	F	E
5							●	●									0	3	0	0
6							●	●									0	3	0	0
7							●	●									0	3	0	0
8							●	●									0	3	0	0
9							●	●	●								0	3	8	0
10					●		●			●							0	6	4	0
11					●						●						0	C	2	0
12				●								●					1	8	3	0
13			●										●				1	0	1	8
14		●												●	●		2	0	0	C
15	●	●												●	●	●	C	0	0	7

图 2.7 "大"字的 16×16 点阵字形点阵及代码

以 16×16 点阵为例,每个汉字要占用 32B。一个 32×32 点阵的汉字则要占用 128 字节,而且点阵码缩放困难且容易失真。

(2) 矢量方式

矢量表示方式存储的是描述汉字字形的轮廓特征,当要输出汉字时,通过计算机的计算,由汉字字形描述生成所需大小和形状的汉字点阵。矢量化字形描述与最终文字显示的大小、分辨率无关,由此可产生高质量的汉字输出。Windows 中使用的 TrueType 技术就是汉字的矢量表示方式。

点阵和矢量方式区别:点阵方式编码、存储方式简单、无需转换直接输出,但字形放大后产生的效果差,而且同一种字体不同的点阵需要不同的字库;矢量方式特点正好与前者相反。

5. 汉字地址码

每个汉字字形码在汉字字库中的相对位移地址称为汉字地址码,即指汉字字型信息在汉字字模库中存放的首地址。每个汉字在字库中都占有一个固定大小的连续区域,其首地址即是该汉字的地址码。需要向输出设备输出汉字时,必须通过地址码,才能在汉字字库中取到所需的字形码,最终在输出设备上形成可见的汉字字形。

图 2.8 给出了汉字几种编码之间的关系。

图 2.8 输入码、机内码、字形码之间的关系

2.5 计算机内存中数据解释

前面已经讲过如何将数值型数据和非数值型数据转换成机内码,即二进制 0,1 串,那么反过来,由机内码如何得到该数据表示什么意思呢?这就涉及机内码的解释,只有在指定条件下才能解释该机内码表示什么含义。比如 2 个字节的 01 串,如果是无符号数则代表对应的十进

制数是多少；如果是原码表示则它代表对应的十进制数是多少；如果是反码表示则它对应的十进制数是多少；如果是补码表示十进制的多少；如果代表的是一个汉字，则对应的汉字是什么。也就是前面编码的逆过程，如图 2.9 所示。

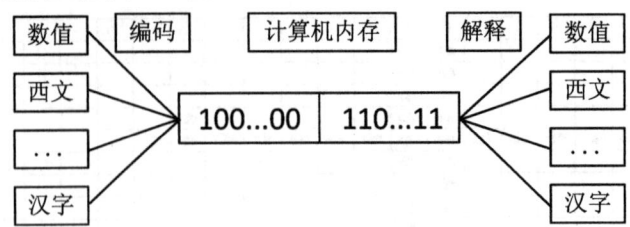

图 2.9 数据在计算机中表示和解释

例如：已知"中华人民共和国"7 个汉字的区位码分别是："中"— 54 区 48 位；"华"— 27 区 10 位；"人"— 40 区 43 位；"民"— 35 区 81 位；"共"— 25 区 18 位；"和"—26 区 45 位；"国"— 25 区 90 位。

(1) 计算机内有 1 个字节内容为："1011 1011"：

① 如果将其当作 1 个无符号数来处理，它对应的十进制数是 187。

因为根据无符号数的定义，每一位都代表数值，根据公式(2-1)可得：

$(1011\ 1011)B = 1×2^7+0×2^6+1×2^5+1×2^4+1×2^3+0×2^2+1×2^1+1×2^0 = 128+32+16+8+2+1 = 187$

② 如果将其当作原码来处理，它对应的十进制数是 -59；

因为根据原码的定义可知，最高符号为 1 代表负数，根据公式(2-1)可得：

$-(1×2^5+1×2^4+1×2^3+0×2^2+1×2^1+1×2^0) = -(32+16+8+2+1) = -59$

③ 如果将其当作反码来处理，它对应的十进制数是；

因为根据反码的定义可知，最高符号为 1 代表负数，其余 7 位按位取反得到 100 0100，再根据公式(2-1)可得：

$-(1×2^6+0×2^5+0×2^4+0×2^3+1×2^2+0×2^1+0×2^0) = -(64+4) = -68$

④ 如果将其当作补码来处理，它对应的十进制数是；

因为根据补码的定义可知，最高符号为 1 代表负数，其余 7 位减少 1 后按位取反得到 100 0101，再根据公式(2-1)可得：

$-(1×2^6+0×2^5+0×2^4+0×2^3+1×2^2+0×2^1+1×2^0) = -(64+4+1) = -69$

⑤ 如果将"1011 1011 1010 1010"当作汉字机内码来处理，则其对应的汉字是"华"。

因为根据机内码和汉字区位码之间的转换关系可知，将"1011 1011 1010 1010"减去"1010 0000 1010 0000"(对应十六进制的 A0A0)得到区位码"0001 1011 0000 1010"(二进制)，最后将二进制形式转换成十进制数据为"27 10"，通过查找汉字区位码表可知 27 区，10 位对应的汉字为"华"。

(2) 计算机内存有 2 个字节内容为"0011 0011 0110 0110"：

① 如果将每个字节分别当作 ASCII 码来处理，在屏幕上显示与其对应的字符，它们是 3 和 f；

因为根据 ASCII 码每一个字符占一个字节，将二进制 0011 0011 0110 0110 转换成对应的十六进制数据为 33H 和 66H，查找 ASCII 码表可得第一个字节表示字符"3"，第二个字节表示字符"f"。

② 如果将每个字节分别当作补码来处理,与它们对应的十进制数分别 51 和 102。
因为根据补码的定义可知,最高符号为 0 代表正数,根据公式(2-1)可得:
$(1\times2^5+1\times2^4+0\times2^3+0\times2^2+1\times2^1+1\times2^0)=(32+16+2+1)=51$;
$(1\times2^6+1\times2^5+0\times2^4+0\times2^3+1\times2^2+1\times2^1+0\times2^0)=(64+32+4+2)=102$。

本 章 小 结

本章介绍了计算机的基础知识,包括数据的表示形式、数制之间的转换、数值数据和非数值数据在计算机中的表示。

习 题

1. 信息和数据怎么理解?
2. 二进制、八进制和十六进制之间是如何转换的?
3. 将下列十进制数转换为二进制数:35,128,127,1024,0.25,7.125。
4. 将下列二进制数转化为八进制和十六进制数:
(1) 10011011.0011011B (2)1101.1101B
5. 按照本章中浮点数的规格化的表示方法,写出以下实数的规范化的浮点数(阶码占一个字节,尾数占三个字节,节码和尾数都用原码表示):(1)0.1010×2^{10} (2)-0.0101×2^{10}

第 3 章　计算机硬件系统

计算机硬件系统是构成计算机系统的各种物理设备的总称,它包括主机和外部设备两部分。计算机硬件的基本功能是接受计算机程序的控制,实现数据输入、运算、数据输出等一系列根本性的操作。围绕如何提高计算机程序的执行速度和计算机系统的性能价格比,出现了多种计算机系统结构,如精简指令集计算机、流水线处理机、并行处理机等。尽管这些计算机系统在结构上做了较大的改进,但仍没有突破冯·诺依曼型计算机的体系结构。

本章主要介绍微型计算机的硬件系统结构及工作原理,然后分别对中央处理器、存储器、输入输出设备进行了详细的阐述,最后介绍了连接微机各部件的系统总线。通过本章学习,可以帮助读者建立计算机的内部结构和外部设备的直观印象,了解其性能指标,为今后学习计算机组成原理、接口技术等课程奠定基础。

3.1　计算机硬件系统

计算机硬件系统是指构成计算机的所有实体部件的集合,通常这些部件由电路(电子元件)、机械等物理部件组成,它们都是看得见摸得着的,故通常称为硬件,它是计算机系统的物质基础。一般地,计算机的硬件系统由主机和外设组成,主机由中央处理器和内存储器组成,CPU由运算器和控制器组成,外部设备由输入设备和输出设备组成。

3.1.1　计算机系统结构

计算机硬件系统由五大部分组成:运算器、控制器、存储器、输入设备与输出设备,如图3.1所示。

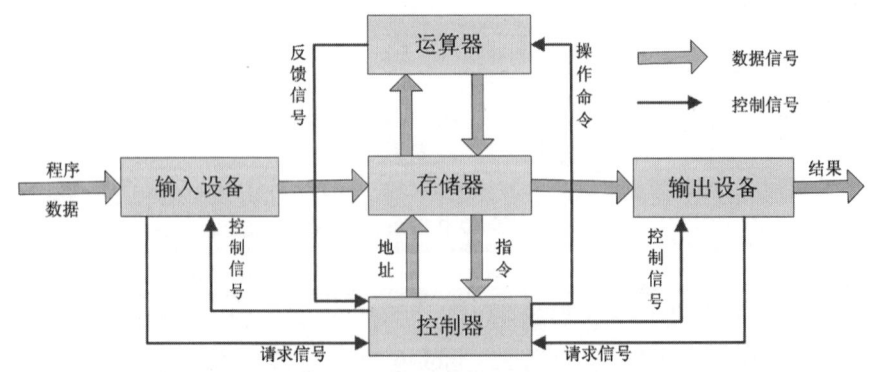

图 3.1　计算机硬件系统的组成

(1) 运算器是计算机中进行算术运算和逻辑运算的基本部件。算术运算有加、减、乘、除等;逻辑运算有比较、移位、与、或、非、异或等。运算器通常由算术逻辑单元(Arithmetic and Logical Unit, ALU)、累加器以及通用寄存器组成。在控制器的控制下,运算器从存储器中取出数据进行运算,然后将运算结果写回到存储器中。运算器具有惊人的运算速度,也正因如此,计算机具有高速的特点。

(2) 控制器主要用来控制程序和数据的输入/输出,以及计算机各个部件之间的协调运行,通常由程序计数器、指令寄存器、指令译码器和其他控制单元组成。运算器和控制器是计算机中的核心部件,这两部分合称为中央处理器(central processing unit,CPU)。随着大规模集成电路技术的发展,通常将 CPU 及其附属部分以较小的尺寸集成于一个大规模的芯片中,该芯片称为微处理器(Microprocessor Unit,MPU)。

(3) 存储器的主要功能是用来保存程序和数据。程序是计算机操作的依据,数据是计算机操作的对象。为了实现自动计算,各种信息必须预先存放在计算机内的某个地方,这个地方就是存储器。计算机中的全部信息,包括原始的输入数据、信息处理过程中的中间数据以及最后处理完成的有用信息都存放在存储器中。

(4) 输入设备是向计算机系统输入数据和信息的设备,是计算机与用户或者其他设备通信的桥梁。它是用户和计算机系统之间进行信息交换的主要装置之一。输入设备(Input Device)可分为字符输入设备、图形输入设备和声音输入设备等,其作用是接收计算机外部的数据并且转换成为计算机使用的二进制编码。微型计算机系统中常用的输入设备有键盘、鼠标、扫描仪、光笔、麦克风等。

(5) 输出设备是人与计算机交互的一种部件,用于数据的输出。它把各种计算结果、数据或信息以数字、字符、图像、声音等形式表示出来。常见的输出设备有显示器、打印机、绘图仪、音响等。

3.1.2 计算机工作原理

计算机之所以能够自动运行,主要在于计算机"采用二进制"和"程序存储"两个基本思想。其中,"采用二进制"指的是计算机中的数据和指令均以二进制的形式存储和处理;"程序存储"也就是将程序预先存入存储器中,使计算机在工作时能够自动地从存储器中读取指令并执行。"程序存储"原理最初由冯·诺依曼提出,故也称为冯·诺依曼原理。据此工作原理构成的计算机一般称之为冯·诺依曼结构计算机。其工作原理如图 3.1 所示,首先输入设备在控制器的控制下将原始数据和计算步骤输入到存储器,其次控制器从存储器中读出计算步骤(指令系列),然后控制器控制运算器和存储器依次执行每一个计算步骤(指令),最后,控制器控制输出设备以各种方式从存储器中输出计算结果。

微型计算机工作的过程本质上就是执行程序的过程。而程序是由若干条指令组成的,微型计算机逐条执行程序中的每条指令,就可完成一个程序的执行,从而完成一项特定的工作。指令是制定计算机执行特定操作的命令。CPU 就是根据指令来指挥和控制微型机各个部分协调地工作,以完成规定的操作。

计算机全部指令的集合叫做计算机指令系统。指令系统准确定义了计算机的处理能力。不同型号计算机有不同的指令系统,从而形成了各种型号计算机的特点和相互间的差异。

20 世纪 50 年代,由于受器件限制,计算机的硬件结构比较简单,指令系统只有定点加减、逻辑运算、数据传送、转移等十几至几十条指令。60 年代后期,增加了乘除运算、浮点运算、十进制运算、字符串处理等指令,指令数目多达一二百条,寻址方式也趋多样化。

60 年代后期出现了系列计算机。所谓系列计算机,是指基本指令系统相同、基本体系结构相同的一系列计算机。如 Pentium 系列。系列机解决了各机种的软件兼容问题,其必要条件是同一系列的各机种有共同的指令集,而且新推出的机种指令系统一定包含所有旧机种的全部指令。

20世纪70年代末期,计算机硬件结构随着超大规模集成电路技术的飞速发展,大多数计算机的指令系统多达几百条。我们称这些计算机为复杂指令系统计算机,简称CISC(Complex Instruction Set Computer)。但是如此庞大的指令系统不但使计算机的研制周期变长,难以保证正确性,不易调试维护,而且由于采用了大量使用频率很低的复杂指令而使硬件资源浪费。为此人们又提出了便于超大规模集成电路技术实现的精简指令系统计算机,简称RISC(Reduced Instruction Set Computer)。它的指令系统相对简单,只要求硬件执行很有限且最常用的那部分指令,大部分复杂的操作则使用成熟的编译技术,由简单指令合成。

3.2 中央处理器

中央处理器,也称之为CPU,是一台计算机的运算核心和控制核心,其作用就像人的大脑。CPU的发展非常迅速,个人电脑从8088系列发展到现在的多核计算时代,只经过短短三十多年的时间。从生产技术来说,最初的8088集成了29000个晶体管,Pentium 3系列CPU的集成度超过了2810万个晶体管,现在的Intel第五代酷睿系列CPU集成的晶体管数目能达到19亿个。CPU的运行速度,以MIPS(百万个指令每秒)为单位,8088是0.75MIPS,到高能奔腾时已超过了1000MIPS,现在的处理器已开始逐步迈入十万级MIPS。

3.2.1 CPU及其性能指标

CPU是利用大规模集成电路技术,把运算器、控制器集成到一块芯片上的集成电路,是计算机的核心部件。其中,运算器主要负责完成各种算术运算和逻辑运算;控制器读取各种指令并对指令进行分析,做出相应的控制。CPU中的若干个寄存器则直接参与运算并存放运算的中间结果。

从外形上看,CPU是一个矩形块状物,中间凸起部分是CPU核心部分封装的金属壳,在金属封装壳内部就是CPU内核,金属壳起到保护CPU内核和增加散热面积的作用。在这片内核上,密集了数千万的晶体管,它们相互配合,协调工作,完成各种复杂的运算和操作。金属封装壳周围是CPU基板,作为一个承载CPU内核的电路板,它负责内核芯片和外界的一切通信,并起到固定CPU的作用。在基板上有电容、电阻和决定CPU时钟频率的电路桥。基板将CPU内部的信号引接到CPU针脚上,这些针脚是CPU与外部电路连接的通道。在内核和基板之间还有一层填充物,不仅可以固定芯片和电路基板,也可以缓解散热器的压力。图3.2是一个Intel酷睿i7处理器的外形结构。

图3.2 Intel酷睿i7 5960x处理器

目前最著名的CPU厂商是Intel和AMD公司,Intel公司的主要CPU系列产品有赛扬、奔腾、酷睿、至强、凌动等,AMD主要有闪龙、速龙、羿龙、A10、FX等系列CPU产品。

由于CPU的核心发热量很大,如果不将这些热量及时散发出去,轻则导致CPU工作不稳定甚至死机,重则可能烧毁CPU。对于笔记本电脑,则会造成电池消耗很快,工作时间缩短等问题。为了保护核心的安全,现在的CPU都得进行散热,CPU散热器可以实现这一功能,它对CPU的稳定运行起着决定性的作用。依据散热方式来分,CPU散热器可以分为风冷、热管和水冷三种。风冷散热器主要由散热片和风扇组成,其原理是将CPU产生的热量传递到散热片上,然后再通过风扇将热量带走。热管散热器是一种具有极高导热性能的传热元器件,它通过在全封闭真空管内的液体蒸发与凝结来传递热量,该类风扇大多数属于"风冷+热管"特性,兼具风冷和热管的优点。水冷散热器则是使用液体在泵的带动下强制循环带走CPU的热量,与风冷相比具有安静、降温稳定、对环境依赖小等特点。图3.3左右两个图分别为热管和水冷散热器的外观图。

图3.3 CPU散热器

对于一个CPU来说,性能是否强大是它能否在市场上生存下去的第一要素,CPU的技术指标比较多,如系统结构、指令系统、字长、主频、高速缓冲容量等,其中最重要指标是主频和字长参数。下面介绍影响CPU性能的主要技术指标。

1. 主频

在电子技术中,脉冲信号是一个按一定电压幅度,一定时间间隔连续发出的脉冲信号。脉冲信号之间的时间间隔称为周期,将在单位时间内所产生的脉冲个数称为频率。频率是描述周期性循环信号在单位时间内所出现的脉冲数量多少的计量名称。计算机中的系统时钟就是一个典型的频率相当精确和稳定的脉冲信号发生器。频率的基本单位是赫兹(Hz)。CPU的主频也叫CPU核心工作的时钟频率(CPU Clock Speed),单位是MHz,GHz。CPU主频表示的是在CPU内数字脉冲信号振荡的频率,并不是其运算速度,所以主频与实际的运算能力并没有直接关系。在Intel的处理器产品中,也可以看到这样的例子:1 GHz Itanium芯片能够表现得差不多跟2.66 GHz至强(Xeon)/Opteron一样快,或是1.5 GHz Itanium 2大约跟4 GHz Xeon/Opteron一样快。

主频与实际运算速度有一定的关系,但并没有直接的计算公式,因为影响运算速度的还有CPU流水线方面的性能数据。

2. 字长

计算机处理数据时,一次可以运算的数据长度称为一个"字"(word)。字的长度称为字长。字长可以是一个字节,也可以是多个字节。常用的字长有8位、16位、32位、64位等。如某一类计算机的字由4个字节组成,则字的长度为32位,相应的计算机称为32位机。

3. 高速缓冲存储器

高速缓冲存储器(Cache),简称缓存,是位于CPU与主内存间的一种容量较小但速度很高的存储器。缓存大小是CPU的重要指标之一,而且缓存的结构和大小对CPU速度的影响非常大。

为什么需要Cache呢?这是因为随着CPU的快速发展,其时钟周期从100ns加速到几个ns,而主存发展使其速度只不过从几十ns提高到10ns左右。主存和CPU之间的速度差,使得CPU在存储器读写总线周期中必须插入等待周期;由于CPU与主存的频繁交换数据,这极大地影响了整个系统的性能。这使得存储器的存取速度已成为整个系统的瓶颈。当前解决这个问题的最佳方案是采用 Cache 技术。Cache 的工作原理是保存 CPU 最常用数据；当 Cache 中保存着 CPU 要读写的数据时，CPU 直接访问 Cache。由于 Cache 的速度与 CPU 相当，CPU 就能在零等待状态下迅速地实现数据存取。只有在 Cache 中不含有 CPU 所需的数据时 CPU 才去访问主存，大大减少了 CPU 的等待时间，提高了系统的效率。Cache 容量的增大，可以大幅度提升 CPU 内部读取数据的命中率，而不用再到内存或者硬盘上寻找，以此提高系统性能。

高速缓存分为一级缓存（即 L1 Cache）、二级缓存（即 L2Cache）和三级缓存（L3 Cache）。CPU 在运行时依次从一级缓存、二级缓存读取数据，然后从内存和虚拟内存读取数据，因此高速缓存的容量和速度直接影响到 CPU 的工作性能。

- L1 Cache：一级缓存都内置在 CPU 内部并与 CPU 同速运行，可以有效的提高 CPU 的运行效率。一级缓存越大，CPU 的运行效率越高，但结构较复杂，在 CPU 管芯面积不能太大的情况下，L1 级高速缓存的容量不可能做得太大。一般服务器 CPU 的 L1 缓存的容量通常在 32—256KB。

- L2 Cache：二级缓存就是一级缓存的缓冲器，一级缓存制造成本很高因此它的容量有限，二级缓存的作用就是存储那些 CPU 处理时需要用到、一级缓存又无法存储的数据。二级缓存分内部和外部两种芯片，内置的芯片二级缓存运行速度与主频相同，但外部的二级缓存则只有主频的一半，大容量的 L2 高速缓存必将带来较高的 CPU 性能，目前 L2 缓存的容量能达到 16MB。

- L3 Cache：L3 Cache 可以进一步降低内存延迟，具有较大 L3 缓存的处理器提供更有效的文件系统缓存行为及较短消息和处理器队列长度，同时提升大数据量计算时处理器的性能，降低内存延迟和提升大数据量计算能力。对大型应用程序，如大型 3D 游戏等提升较大，因而高配置电脑、服务器都大大提升 L3 缓存的容量。目前 L3 缓存的容量能达到 25MB，能更好应对高负载的环境。

4. 超流水线与超标量

流水线是 Intel 首次在 486 芯片中开始使用的。流水线的工作方式就像工业生产上的装配流水线。在 CPU 中由 5~6 个不同功能的电路单元组成一条指令处理流水线，然后将一条 X86 指令分成 5~6 步后再由这些电路单元分别执行，这样就能实现在一个 CPU 时钟周期完成一条指令，因此提高 CPU 的运算速度。超流水线是通过细化流水、提高主频，使得在一个机器周期内完成一个甚至多个操作，其实质是以时间换取空间。

超标量是通过内置多条流水线来同时执行多个处理器，其实质是以空间换取时间。例如 Pentium 4 的流水线就长达 20 级。将流水线设计的步（级）越长，其完成一条指令的速度越快，因此才能适应工作主频更高的 CPU。但是流水线过长也带来了一定副作用，很可能会出现主频较高的 CPU 实际运算速度较低的现象，Intel 的奔腾 4 就出现了这种情况，虽然它的主频可以高达 1.4G 以上，但其运算性能却远远比不上 AMD1.2G 的速龙甚至奔腾 III。

5. CPU 扩展指令集

CPU 依靠指令来自计算和控制系统，每款 CPU 在设计时就规定了一系列与其硬件电路相配合的指令集。指令集是 CPU 所能执行的所有指令的集合，指令集中的每一条指令都对应一种操作。对于同一个档次的 CPU，其基本指令集都差不多，但是为了提升某方面的性能，增加一些特殊的指令和硬件功能，使计算机处理信息的速度得到很大提高，这些新增加的指令就构成了扩展指令集，指令的强弱是 CPU 的重要指标。

6. 协处理器

在486以前的CPU里面，是没有内置协处理器的。由于协处理器主要的功能就是负责浮点运算，因此386、286、8088等微机CPU的浮点运算性能都相当落后，自从486以后，CPU一般都内置了协处理器，协处理器的功能也不再局限于增强浮点运算。现在CPU的浮点单元(协处理器)往往对多媒体指令进行了优化。比如Intel的MMX技术，MMX是"多媒体扩展指令集"的缩写。MMX是Intel公司在1996年为增强奔腾CPU在音像、图形和通信应用方面而采取的新技术。为CPU新增加57条MMX指令，把处理多媒体的能力提 AthlonXP则内置增强型的3DNow! 指令集。

7. 乱序执行和分支预测

乱序执行(out-of-order execution)是指CPU采用了允许将多条指令不按程序规定的顺序分开发送给各相应电路单元处理的技术。比方说程序某一段有7条指令，此时CPU将根据各单元电路的空闲状态和各指令能否提前执行的具体情况分析后，将能提前执行的指令立即发送给相应电路执行。当然在各单元不按规定顺序执行完指令后还必须由相应电路再将运算结果重新按原来程序指定的指令顺序排列后才能返回程序。这种将各条指令不按顺序拆散后执行的运行方式就叫乱序执行技术。采用乱序执行技术的目的是为了使CPU内部电路满负荷运转并相应提高了CPU的运行程序的速度。Pentium Pro和Alpha 21264之后的几乎所有CPU都采用了乱序执行技术。

分支预测指奔腾芯片上内置了一个分支目标缓存器，用来动态地预测程序分支的转移情况，从而使流水线能保持较高的吞吐率。

8. 工作电压

CPU的工作电压，即CPU正常工作所需的电压，可以分为CPU的核心电压与I/O电压两个方面。核心电压即驱动CPU核心芯片的电压，I/O电压则指驱动I/O电路的电压。通常CPU的核心电压小于等于I/O电压。

较低的工作电压主要有两个优点：一是降低了CPU的芯片总功耗。功耗降低，系统的运行成本就相应降低，这对于便携式和移动系统来说非常重要，使其现有的电池可以工作更长时间，从而使电池的使用寿命大大延长；另外，功耗降低使发热量减少，运行温度不过高的CPU可以与系统更好地配合。

早期CPU(386或486系列)由于工艺落后，它们的工作电压一般为5V(奔腾系列是3.5V/3.3V/2.8V等)，随着CPU的制造工艺与主频的提高，CPU的工作电压逐步下降。Intel Haswell架构CPU的默认电压一般在1V左右。

9. 制造工艺

制造工艺虽然不会直接影响CPU的性能，但它极大地影响CPU的集成度和工作频率，制造工艺越精细，CPU可以达到的频率越高，集成的晶体管就可以更多。第1代奔腾CPU的制造工艺是0.35μm，最高达到266Mhz的频率，第2代奔腾和赛扬系列CPU的制造工艺是0.25μm，频率最高达到450Mhz。铜矿核心的奔腾3代制造工艺缩小到了0.18μm，最高频率达到1.13Ghz。Northwood核心的奔腾4代CPU制造工艺达到0.13μm。而目前主流的CPU制造工艺达到14~32纳米。

3.2.2 运算器

运算器是进行算术运算和逻辑运算的部件,主要由算术逻辑单元(Arithmetic Logic Unit,ALU)和一组寄存器组成。在控制器的控制下,它对取自内存储器或寄存器组中的数据进行算术或逻辑运算,再将运算的结果送到内存储器或寄存器组中。算术逻辑单元,也叫算术逻辑运算部件是运算器的核心,其核心部分是加法器,并辅以移位和控制逻辑组合而成。在控制信号的控制下,可进行算术运算和各种逻辑运算。算术运算是按照加、减、乘、除、求绝对值等算术规则进行的运算;逻辑运算一般泛指非算术性质的运算,如逻辑加、逻辑乘、移位等。寄存器组用来存储 ALU 运算中所需的操作数及其运算结果,又可以分为数据缓冲寄存器(DR)和状态条件寄存器。

下面分别介绍运算器主要部件的功能。

1. 算术逻辑运算单元

ALU 主要由加法器组成。若 CPU 的字长为 16 位,则该加法器至少由 16 个全加器组成。ALU 有两个输入端口,一个输出端口。两个输入端口分别接收参加运算的两个操作数,它们一般来自通用寄存器或数据总线。图 3.4 是一个简单 ALU 逻辑结构图。图中 Ai 和 Bi 为输入变量;Ki 为控制信号,Ki 的不同取值可决定该电路作哪一种算术运算或哪一种逻辑运算;Fi 是输出函数。

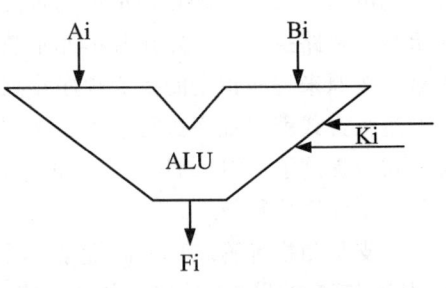

图 3.4 ALU 逻辑结构图

一般简单运算可直接完成,相对复杂的运算则需要若干步才能实现。因此,低档机中通常只设一个 ALU,功能较强的计算机可设置多个运算部件,有时候往往配有专门的乘法、除法部件和浮点运算部件等。

2. 累加器

当 ALU 执行算术和逻辑运算时,累加器为其提供一个工作区。例如,当执行加法运算前,先将一个操作数暂时存放在累加器中,再从存储器/寄存器中取出另一个操作数,然后同累加器中的内容相加,结果再送回累加器,累加器原来的内容即被覆盖。可见,累加器中存放着 ALU 运算的结果信息。目前 CPU 中的累加寄存器,多达 16 个,32 个,甚至更多。

3. 数据缓冲寄存器

什么是缓冲器呢?一般情况下,程序的运行过程是时而进行计算,时而进行输入或输出。以输出为例,如果没有缓冲,则程序在输出时,必然由于打印机的速度跟不上而使 CPU 停下来等待;然而在计算阶段,打印机又无事可做。如果设置一个缓冲区,程序可以将待输出的数据先输出到缓冲区中,然后继续执行;而打印机则可以从缓冲区取出数据慢慢打印。

数据缓冲寄存器用来暂时存放由内存储器读出的一条指令或一个数据字;反之,当向内存存入一条指令或一个数据字时,也暂时将它们存放在数据缓冲寄存器中。

缓冲寄存器的作用主要表现在以下三个方面:

(1) 作为 CPU 和内存、外部设备之间信息传送的中转站;

(2) 补偿 CPU 和内存、外围设备之间在操作速度上的差别;

(3) 在单累加器结构的运算器中,数据缓冲寄存器还可兼作为操作数寄存器。

4. 状态条件寄存器

状态条件寄存器用来保存指令运行结果的各种状态信息,包括零标志、负标志、溢出标志、进位标志、系统中断状态等。这些状态可以为指令的执行提供参考,可以为CPU和系统了解计算机运行的状态提供数据。

3.2.3 控制器

控制器是计算机的指挥中心,用于控制计算机各部件协调工作而自动执行程序。计算机的工作就是执行程序,但计算机只能执行存放在内存中的程序,所以执行程序前一定要把数据和程序放入计算机内存。程序是若干指令的有序排列。在执行程序时,控制器首先从存储程序的内存中按顺序取出一条指令,经过分析译码产生一串操作命令发给各个相关部件,使它们执行该指令所规定的任务。计算机要自动执行一个程序,就是在控制器的控制下,从第一条指令开始,逐条读出指令、分析指令、执行指令直至执行到程序的最后一条停机指令完成程序为止。

控制器一般由程序计数器PC(Programming Counter)、指令寄存器IR(Instruction Register)、指令译码器ID(Instruction Decoder)、时序产生器和操作控制器组成。这些部件大体可以分为指令部件、时序部件和控制部件三类。

1. 指令部件

指令部件包含了PC、IR和ID。PC由若干位触发器及逻辑门电路组成,用来存放将要执行的指令在存储器中的存放地址。程序开始执行前,必须将它的起始地址,即程序第一条指令所在的内存地址送入PC,PC中即存放从内存中提取的第一条指令的地址。当指令执行时,PC自动加1,指向下一条指令在存储器的存放地址。当遇到转移指令时,控制器将把转移后的指令地址送入PC,使PC的内容被指定的地址所取代。这样,按此地址从存储器中取出指令,便改变了程序的执行顺序,实现了程序的转移。IR是由若干位触发其所组成的,用来存放从存储器取出的指令。ID由门组合线路组成的,用来实现对指令操作码的译码工作。

指令由操作码字段(OP,指明操作功能)和地址码字段(A,或称操作数字段,指明操作数)两部分构成。

操作码:指令的操作码字段表明了所执行的操作。指令系统中的每一条指令都有一个唯一确定的操作码。

地址码:运算的操作数和运算结果存放的地址。根据指令功能的不同,地址码字段可以含有单地址、双地址或三地址结构,少量指令无地址码字段。

例如:

Intel 8086 CPU 加法指令

  ADD AX,BX

将寄存器AX和BX相加,和送到AX寄存器。

  (AX)+(BX)→(AX)

该指令由两个字节构成:01D8H。

01D8H=00000001 11011000

其中

  000000=ADD,指令操作码

  0=源为寄存器,指明源操作数

1＝字(16位)运算,区分字节、字运算
11＝寄存器方式,指明操作数类型
011＝BX,寄存器编号
000＝AX,寄存器编号

2．时序部件

指令的执行是个复杂的过程,各个步骤之间有一定的顺序,就是在一步操作之内,各个部件的动作也必须按照一定的顺序,在指定的时间内完成,否则可能产生错误的结果。时序部件主要包含时序产生器,用来对各种操作控制信号进行定时,进行时间上的控制。

3．操作控制部件

操作控制部件根据指令译码器所产生的操作码和时序部件所产生的时序信号,发出取指令和执行指令所需要的一系列控制信号,建立多个寄存器之间传送信息的"数据通路",完成取指令和执行指令的操作控制。由于计算机的指令种类很多,每种指令所包含的操作又各不相同,要把每条指令的操作合理安排执行时一件相当复杂的工作。因此,操作控制部件是计算机硬件设计中难度最大的部件,可以分为组合逻辑型、存储逻辑性和可编程逻辑阵列三种。组合逻辑型是一种由门电路和寄存器组成的复杂电路结构,采用硬连线控制。存储逻辑型采用微程序控制方式,将一条指令分解为多条微指令组成的序列(微程序),由一段微程序完成的多个微操作来完成一条指令的功能。可编程逻辑阵列是组合逻辑和存储逻辑相结合的方式,既可以实现组合逻辑,又可实现时序逻辑。

3.2.4 CPU 的工作原理

CPU 执行指令的工作流程如图 3.5 所示。

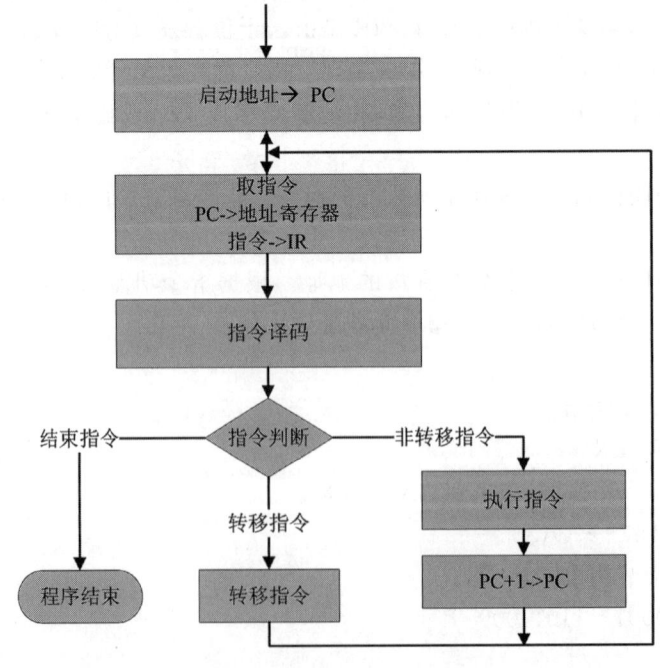

图 3.5 指令执行的工作流程

微型计算机每执行一条指令都需要经过以下4个基本操作：
(1) 取出指令：从存储器某个地址中取出要执行的指令。
(2) 分析指令：把取出的指令送到指令译码器中，译出指令对应的操作。
(3) 执行指令：向各个部件发出控制操作，完成指令要求。
(4) 为下一条指令做好准备。

下面以数值5和7求和的例子来说明CPU的工作原理。在计算机开机状态下，程序首先需要转变成计算机可以识别的指令，这些工作不需要用户来执行。假设转换以后的指令如下，这里用两个字节(16位)来为机器指令编码，前面4位表示操作码，后面12位表示操作数，操作数前两位编码表示寄存器的编号，后面10位表示内存单元地址。这里，寄存器A的编号为00。

二进制机器指令格式
0001 00 0000100000
0011 00 0000100001
0010 00 0000100010
0000 00 0000000000

具体过程如下：

① CPU根据PC的值，从内存单元0000000001中取出第一条机器指令，0001 00 0000100000，传送给指令寄存器。指令译码部件分析寄存器的操作码，由控制器负责执行。

② PC自动加1，得到第二条及其指令的内存地址，0000000011。CPU根据PC中的值，从该地址中取出第二条机器指令，传送给指令寄存器。操作码译码部件分析指令寄存器的操作码，由控制其按照译码器分析出的操作要求，控制各个部件协调一致完成该操作：把寄存器A的数值101与内存地址100001中取出的数值111相加，和存放在寄存器A中。

③ PC加1，得到第三条机器指令在内存中的地址，00000000101。CPU根据PC中的值，取出第三条机器指令0010000000100010，传给指令寄存器。操作码译码部件分析指令寄存器的操作码，控制器按照操作码译码部件分析得到的操作要求，完成：把寄存器A中的数值1100存放于内存单元100010中。

④ PC加1，指向第四条机器指令在内存中的地址，00000000111。CPU按照PC所指取出第四条机器指令，0000 00 0000 0000000，传送给指令寄存器。操作码译码部件分析指令寄存器的操作码，控制其按照操作码译码部件分析得出的操作要求，控制各个部件协调一致完成操作：结束程序的执行。

计算机在进行计算时，指令必须是按照一定的顺序一条接一条的执行。上面的例子是一种简单的情况，即CPU每次取指令的地址都是PC加1得到的，是一种顺序执行方式。有时候，程序的执行需要转移到某个非顺序的内存单元中。

3.3 存储设备

计算机的存储器用于保存计算机中的数据资源，用户在使用计算机进行各种操作时都需要使用存储器。存储器主要分为主存储器和外存储器两大类。主存储器存储直接与CPU交换的信息，外存储器存放当前不立即使用的信息，它与主存储器批量交换信息。目前，主存储器都由半导体存储器组成,外存储器则由磁带机、磁盘及光盘组成。

3.3.1 主存设备

主存储器,也称为内存或主存,用来存放计算机的运行程序和处理的数据。主存储器好比人类大脑的记忆系统,没有它,就算计算机的其他部件性能再优,计算机也无法开展工作。从启动计算机的一刻起,主存储器中就存放了各种各样的信息,当用户使用计算机操作或执行计算机程序时,这些程序首先被读入到主存储器中,然后在特定的内存中开始执行,执行的结果也将保存在该内存中。

主存储器通常由一组或多组具备数据输入/输出和数据存储功能的集成电路构成的,按照其工作原理可分为两类,即随机存储器(Random Access Memory,RAM)和只读存储器(Read Only Memory,ROM)。如图 3.6 所示。

(a)

(b)

图 3.6 主存储器

1. RAM

RAM 是一种可读写存储器,在程序执行过程中,可对每个存储单元随机地进行读入或写出信息的操作。RAM 中存储的数据在掉电时会丢失,因而只能在开机运行时存储数据。根据组成元件的不同,RAM 又可以分为动态随机存储器(Dynamic RAM,DRAM)和静态随机存储器(Static RAM,SRAM)两种。DRAM 将电荷保存在位存储电路当中,用电容的充放电来(充电时为 1,放电时为 0)完成存储操作。由于电容上的电荷会通过电路内部的漏电阻和分布电容进行慢速放电,以致经过一段时间后,电容上的电荷会放光,存储的信息会丢失,因此必须每几微秒就要"刷新"存储元件(增加电荷)一次。因为 DRAM 具有集成度高、结构简单、生产成本低等特点,广泛作为计算机的主存储器中,如内存条。SRAM 之所以称之为静态 RAM 是因为它可以无限期地保持自己的形态,直到用电源改变为止,数据可以长期存放其中而不需要不断刷新。SRAM 相对 DRAM 来说,速度更快且更稳定,但其结构较复杂、造价高。因此 SRAM 主要应用于高速小容量存储器中,如 Cache(高速缓冲存储器)。

2. ROM

ROM 是一种在程序执行过程中只能将信息读出而不能写入的存储器。数据一旦写入 ROM 后便会长期保存,即使断电也不会丢失。因此 ROM 一般用来存储固件、硬件制造商提供的程序等,其内部信息在脱机状态下由专门的设备写入。按照存储信息的方式不同,ROM 可以分为四类。

(1) 固定掩模式 ROM(Mask ROM)。这类 ROM 中的信息是在制造过程中,厂家利用光刻掩模"写入",用户不能改变。

(2) 可编程只读存储器 PROM(Programmable ROM)。最初 PROM 芯片中没有任何信息,但用户可以通过特殊的可编程设备将所需的程序写入到该芯片中,随后 PROM 芯片将永久存储这些信息且不能再更改。

（3）可擦除编程只读存储器 EPROM(Erasable Programmable ROM)。这类 ROM 芯片可以可编程设备写入程序等信息,不同于 PROM,EPROM 中的信息可以通过紫外线照射方式将原来写入的信息擦除,然后可重新写入新的信息。

（4）电可擦除编程存储器 EEPROM(Electrically Erasable Programmable ROM)。不同于 EPROM,EEPROM 可以通过电脉冲删除其中的信息,然后通过键盘操作重新写入新的信息,而不需要特殊的可编程设备。

内存最重要的性能指标有存储速度和存储容量。

存储速度:内存的存储速度用存取一次数据的时间来表示,单位为纳秒,记为 ns,1 秒＝10 亿纳秒,即 1 纳秒＝10^{-9} 秒。Ns 值越小,表明存取时间越短,速度就越快。目前,DDR 内存的存取时间一般为 6ns,而更快的存储器多用在显卡的显存上,如:5ns、4ns、3.6ns、3.3ns、2.8ns 等。

内存容量:内存容量是指该内存条的存储容量,是内存条的关键性参数。内存容量以 MB 作为单位,可以简写为 M。内存的容量一般都是 2 的整数次方,比如 64MB、128MB、256MB 等,一般而言,内存容量越大越有利于系统的运行。

另外,不同类型的内存在传输率、工作频率、工作方式、工作电压等方面都有不同。

PC 中所使用的内存主要有 SDRAM、DDR SDRAM 和 RDRAM 三种类型。SDRAM(Synchronous DRAM)即同步动态随机存储器。随着处理器前端总线的不断提高,SDRAM 已经无法满足新型处理器的需要了,已退出主流市场。DDR 全称是 DDR SDRAM(Double Date Rate SDRAM,双倍速率 SDRAM),是现在的主流内存规范。DDR 是在 SDRAM 内存基础上发展而来的,仍然沿用 SDRAM 生产体系,因此对于内存厂商而言,只需对制造普通 SDRAM 的设备稍加改进,即可实现 DDR 内存的生产,可有效的降低成本。RDRAM(Rambus DRAM)是 Rambus 公司开发的一种新型 DRAM。因为其彻底改变了内存的传输模式,虽然技术先进,但由于无法保证与原有的制造工艺相兼容,而且内存厂商要生产 RDRAM 还必须要交纳一定专利费用,再加上其本身制造成本,就导致了 RDRAM 从一问世就高昂的价格让普通用户无法接受,始终没有成为主流。

作为市场主流的内存类型,DDR 内存的发展经过了 DDR1、DDR2、DDR3、DDR4 几个重要阶段。这些阶段产品在同核心频率下,由于采用了不同的并发技术,获得了不同的速率。DDR1 内存采用了双倍并发,即双倍速内存,同核心频率下,速度是 SDRAM 内存的 2 倍;DDR2 内存采用了四倍并发,即四倍速内存,同核心频率下,速度是 DDR 内存的 2 倍,SDRAM 内存的 4 倍;DDR3 内存采用了八倍并发,即八倍速内存,同核心频率下,速度是 DDR2 内存的 2 倍,DDR 内存的 4 倍,SDRAM 内存的 8 倍。而目前的 DDR4 内存在同核心频率下,理论速度可以达到 DDR3 内存的 2 倍且更节能。图 3.7 是一个 DDR4 内存条的外观。

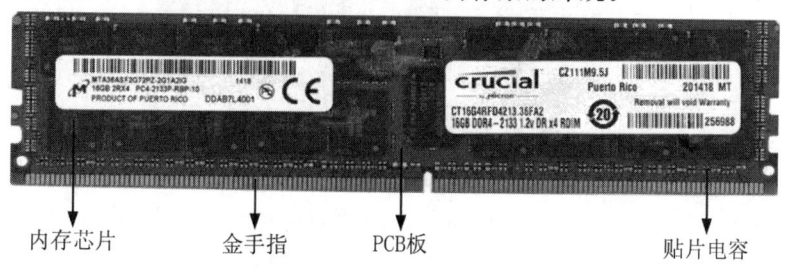

图 3.7　DDR4 内存

作为计算机系统的重要配件之一,内存的容量、规格指标以及做工质量都会影响系统的性能和稳定,因而内存的选购十分重要。台式机内存比较普遍,价格相对便宜。笔记本内存对尺寸、稳定性和散热性方面有较高要求,相对于台式机内存来说价格偏高。目前,国内市场上较为知名的内存品牌有 Kingston(金士顿)、Samsung(三星)、Apacer(宇瞻)、ADATA(威刚)、Hyundai(现代)、GSkill(芝奇)、GEIL(金邦科技)等。不同内存采用的工艺有些不同,在性能上也有些差异。

3.3.2 外存储设备

外存储设备,也称辅助存储设备或外存。主要用于长期保存数据,在需要的时候再调入主机使用。相对于内存,外存的存储容量很大、数据存储成本更低,但读写速度远远低于内存。由于外存设备在主机外部,因此通常属于外部设备。目前常见的外存设备有硬盘、光盘和闪存等。

1. 硬盘

硬盘是当前各种机型的主要外存设备,它以铝合金或塑料为基体,两面涂有一层磁性胶体材料。通过电子方法可以控制硬盘表面的磁化,以达到记录信息(0 和 1)的目的。

(1) 硬盘的工作原理

1956 年 IBM 的一个工程小组向世界展示了第一台磁盘存储系统 Ramac,它相当于两个冰箱的体积,但是其存储容量只有 5MB。1973 年 IBM3340 问世,它拥有 Winchester(温切斯特)这个绰号,这个绰号来源是因为它有两个 30MB 的储存单元,这恰是当时出名的"温切斯特来福枪"的口径和填弹量,至此硬盘的基本架构被确立。虽然在半个世纪的发展中,硬盘技术有了明显的进步,衍生出多种不同的形式,但硬盘的核心机械结构依然没有脱离 Winchester 技术的定义:密封、固定并高速旋转的镀磁盘片,磁头沿盘片径向移动,磁头悬浮在高速转动的盘片上,不与盘片直接接触。

图 3.8　硬盘内部组成

磁盘内部核心部分包括磁盘盘片、传动轴、读写磁头组件、寻道电机等主要部件,硬盘的内部组成如图 3.8 所示。读写磁头组件由读写磁头、传动手臂、传动轴三部分组成。具体工作中,磁头通过传动手臂和传动轴以固定半径扫描磁盘盘片,以此来读写数据。磁盘的主轴组件主要是轴承和马达,轴承决定一款硬盘的噪音表现,而马达决定性能。

如果在普通环境下随意打开硬盘的外部金属壳,容易使磁盘内部盘面沾染灰尘而导致硬盘报废。

磁盘利用电磁原理读写数据。根据物理学原理,当电流通过导体时,围绕导体会产生一个磁场。当电流方向改变时,磁场的极性也会改变。数据写入磁盘的操作就是根据这一原理进行的。

(2) 硬盘的基本定义

硬盘的每一个盘片都有两个盘面,即上、下盘面,一般每个盘面都会利用,都可以存储数据。每一个盘面都有一个盘面号,按顺序从上至下从"0"开始依次编号。在硬盘系统中,盘面号又叫磁头号,因为每一个有效盘面都有一个对应的读写磁头。硬盘的盘片组在 2~14 片不等,通常有 2~3 个盘片,故盘面号(磁头号)为 0~3 或 0~5。如图 3.9 所示。

磁盘在格式化时被划分成许多同心圆,这些同心圆轨迹叫做磁道。磁道从外向内从 0 开始顺序编号。硬盘的每一个盘面有 300~1024 个磁道,新式大容量硬盘每面的磁道数更多。

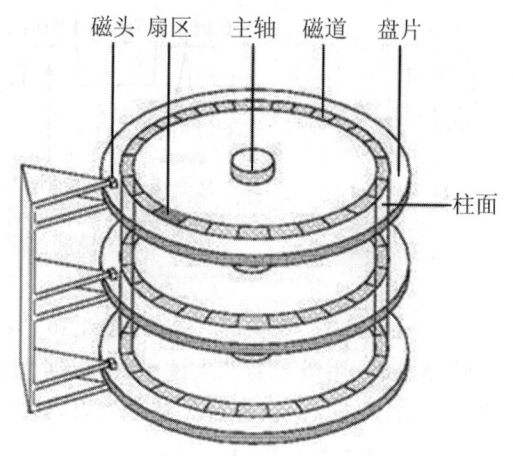

图 3.9 磁盘的结构

信息以脉冲串的形式记录在这些轨迹中,这些同心圆不是连续记录数据,而是被划分成一段段的圆弧,这些圆弧的角速度一样。每段圆弧叫做一个扇区,扇区从"1"开始编号,每个扇区中的数据作为一个单元同时读出或写入。一个标准的 3.5 寸硬盘盘面通常有几百到几千条磁道。磁道是"看"不见的,只是盘面上以特殊形式磁化了的一些磁化区,在磁盘格式化时就已规划完毕。

所有盘面上的同一磁道构成一个圆柱,通常称为柱面。数据的读/写操作按柱面进行,即磁头读/写数据时首先在同一柱面内从"0"磁头开始进行操作,依次向下在同一柱面的不同盘面即磁头上进行操作,只在同一柱面所有的磁头全部读/写完毕后磁头 才转移到下一柱面,因为选取磁头只需通过电子切换即可,而选取柱面则必须通过机械切换。电子切换相当快,比在机械上磁头向邻近磁道移动快得多,所以,数据的读/写按柱面进行,而不按盘面进行。也就是说,一个磁道写满数据后,就在同一柱面的下一个盘面来写,一个柱面写满后,才移到下一个扇区开始写数据。读数 据也按照这种方式进行,这样就提高了硬盘的读/写效率。

扇区,磁道(或柱面)和磁头数构成了硬盘结构的基本参数,通过这些参数可以得到硬盘的容量,计算公式为:

存储容量=磁头数×磁道(柱面)数×每道扇区数×每扇区字节数

2. 光盘

光盘存储器简称光盘,是通过激光信号读/写信息,具有存储容量大,存取速度快,性能价格比高等突出优点,现在得以广泛应用。按性能不同可分为三种类型:只读型光盘(CD-ROM)、一次性写入型光盘(WORM)和可擦写型光盘。按照存储信息格式可分为:普通数据光盘、CD(Compact Disk)、VCD(Video Compact Disk)、SVCD(Super Video Compact Disk)、DVD(Digit

Video Disk)等。

只读型光盘(CD-ROM)在出厂时已将有关数字信息写入并永久保存在光盘上,用户只能读不能写。光盘采用丙烯树脂做基片,并涂敷碲合金薄膜或其他介质。光盘的工作原理是利用光盘上的凹坑记录数据。在光盘中,凹坑式被激光照射后反射弱的部分,陆地是没有受激光照射仍然保持高反射率的部分。光盘是用激光束照射盘片并产生反射,然后根据反射的强度来判定数据是 0 还是 1。盘片中的凹坑部分激光反射弱,陆地部分发射强。光盘利用凹坑的边缘来记录"1",而凹坑和陆地的平坦部分记录"0",凹坑的长度和陆地的长度都摆表由多少个"0",凹坑端部的前沿和后沿代表"1",记录原理如图 3.10 所示。

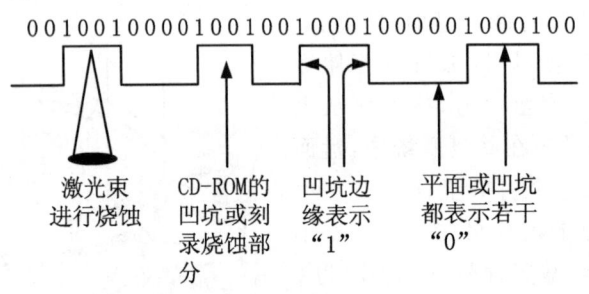

图 3.10 光盘信息记录原理

读信息时,用激光器产生读激光,根据光盘的有无凹坑形成强弱不同的反射光,于是该激光中含有了数字信息。再经过光解调器,便输出对应的数字信息。

一次性写入型光盘(WORM)用户可以将自己的数据按一定格式一次性地写入,信息一旦写入,便只能读而不能再写。这种光盘在制造时,介质层没有与数字信息对应的凹坑排列,但要做出深度为激光波长 1/8 的导向槽和表明地址的深度为 1/4 波长的凹坑,以便实现控制定位、写/读信息。

可擦写型(Erasable)光盘特点是用户可多次擦写,其读/写原理依赖于使用的介质而定,典型的是光磁型光盘(MO)。

3. 闪存

闪存的英文名称是"Flash Memory",一般简称为"Flash"或"U 盘",它也属于内存器件的一种。不过闪存的物理特性与常见的内存有根本性的差异:目前各类 DDR、SDRAM 或者 RDRAM 都属于挥发性内存,只要停止电流供应内存中的数据便无法保持,因此每次电脑开机都需要把数据重新载入内存;闪存则是一种不挥发性(Non-Volatile)内存,在没有电流供应的条件下也能够长久地保持数据,其存储特性相当于硬盘,这项特性正是闪存之所以成为各类便携型数字设备的存储介质基础。

图 3.11 金士顿 1TB U 盘

闪存具有即插即用的功能,使用者只要将它插入计算机 USB 接口,计算机就会监测到。闪存在读写、复制等操作上给用户提供了更大的便利。目前市面上闪存的存储容量最高达到 1TB。市场上主要的闪存品牌有金士顿、威刚、台电、惠普、宇瞻科技、三星等,图 3.11 是一款金士顿1的闪存。

4. 移动硬盘

移动硬盘(Mobile Hard disk)是以硬盘为存储介质,计算机之间交换大容量数据,强调便携性的存储产品。市场上绝大多数的移动硬盘都是以标准硬盘为基础的,而只有很少部分的是以微型硬盘(1.8英寸硬盘等),但价格因素决定着主流移动硬盘还是以标准笔记本硬盘为基础。移动硬盘一般由硬盘加上带有 USB 或 IEEE 1394 接口的硬盘盒构成,其中 USB 接口最为常用,可分为 USB1.1,USB2.0 和 USB3.0 三种不同版本。

移动硬盘的容量同样是以 MB、GB、TB 为单位的,1.8 英寸移动硬盘目前最大能提供的容量达到 250GB,体积小、便于携带,但是价格较为昂贵;主流 2.5 英寸硬盘可以用于笔记本计算机硬盘,能提供的容量目前达到 4TB;3.5 英寸的移动硬盘容量更达到 12TB 的超大容量,相对来说体积较大,便携性较差,其硬盘盒内一般都自带外置电源和散热风扇。市场上主要的移动硬盘品牌有希捷、日立、朗科、西部数据、三星等,如图 3.12 是市面上三种不同英寸规格下大容量移动硬盘。

(a) 1.8 英寸(朗科 250GB)　　(b) 2.5 英寸(希捷 4TB)　　(c) 3.5 英寸(西部数据 12TB)

图 3.12　移动硬盘

因为移动硬盘是通过外部接口与系统相连接,其接口的速度就限制着移动硬盘的数据传输率。虽然一些接口理论上能支持一定的数据传输率,如 USB1.1 支持 12Mbps,目前 USB1.1 已经被淘汰;USB 2.0 理论速度为 480Mbps;USB3.0 理论传输速率可达 4.8Gb/s 并成为市场主流。IEEE1394 接口最高能支持 1Gb/s 传输速度,但在实际应用中会因为某些客观的原因(例如存储设备采用的主控芯片、电路板的制作质量是否优良等),减慢了在应用中的传输速率。比如说同样是 USB 1.1 接口的移动硬盘产品,一个可以提供 1.2MB/S 的读取速度,而另一个则能提供 900KB/S 的读取速度,这就是因为二者所采用的主控芯片等部件上的差异所造成的。

3.4　输入输出设备

输入输出设备 I/O(Input/Output)是对将外部世界信息发送给计算机的设备和将处理结果返回给外部世界的设备的总称。输入输出系统主要分为输入设备和输出设备两类,如下所示。

输入设备将人们熟悉的某种信息形式变换为机器内部所能接收和识别的二进制信息形式,而输出设备则把计算机的处理结果变成人或其他机器设备所能接收和识别的信息,它们都通过系统总线与主机连接通信。

第一代计算机的输入输出设备种类非常有限。通常的输入设备是打孔卡片的读卡机,用来将指令和数据导入内存;而用于存储结果的输出设备一般是磁带。随着科技的进步,输入输出设备的丰富性得到提高。以个人计算机为例,键盘和鼠标是用户向计算机直接输入信息的主要工具,而显示器、打印机、扩音器、耳机则返回处理结果。此外还有许多输入设备可以接受其他不同种类的信息,如数码相机可以输入图像。

3.4.1 输入设备

用来向计算机输入各种原始数据和程序和设备叫做输入设备(Input Device)。输入设备把各种形式的信息,如数字、文字、图形、图像等转换为计算机能识别的二进制"编码",并把它们输入到计算机存储起来。键盘、鼠标、触摸屏、扫描仪等设备是微机中常用的输入设备。随着多媒体技术的发展,现在又有一些新的输入设备(如拼音输入设备、手写输入设备)已经问世。

1. 键盘

键盘是向计算机输入数据的主要设备,由按键、键盘架、编码器、键盘接口及相应控制程序等部分组成。在使用计算机时,用户主要通过键盘向计算机输入命令、程序以及数据等信息,或使用一些操作键和组合控制键来控制信息的输入、修改和编辑,或对系统的运行进行一定程度的干预和预防。

微型计算机使用的标准键盘通常有 104 键,每个按键相当于一个开关。其他如 101、108 键等,都是简化或增强型的,使用基本相同。

按照键盘与主机的连接方式,键盘可以分为无线和有线键盘两种。无线键盘是键盘盘体与主机间没有直接的物理连线,主要通过蓝牙技术通信。所谓蓝牙技术,实际上就是一种短距离无线电技术,能有效简化掌上电脑、移动电话等移动设备终端之间以及和 Internet 之间的通讯。2016 年 6 月,蓝牙技术联盟正式推出了全新的蓝牙 5.0 数据传输标准,与目前实行中的蓝牙 4.2LE 版本相比,蓝牙 5.0 的数据传输速度将提升为原来的两倍,速度上限达到 24Mbps。与此同时,蓝牙发射和接收设备之间的有效工作距离也可达到 300 米。此外,新的技术还允许设备在没有进行配对的前提下,直接接收如广告、位置信息等信标数据。相对于无线键盘,有线键盘一般通过 USB 接口或 PS/2 接口与主机连接。

目前市场上知名的键盘品牌主要有罗技、海盗船、双飞燕、雷柏等。如图 3.13 是一款无线键盘及有线键盘 USB 接口和 PS/2 接口的示意图。

图 3.13　无线键盘与有线键盘接口

2. 鼠标

鼠标也是一种常用的输入设备,它可以对当前屏幕上的游标进行定位,并通过按键和滚轮装置对游标经过位置的屏幕元素进行操作。随着 Windows 操作系统的不断普及和升级,鼠标在某些方面甚至比键盘更重要,鼠标的单击与滑动,使复杂的计算机操作简单化,对计算机的普及至关重要。1968年12月9日,世界上的第一个鼠标诞生于美国斯坦福大学。如图3.14a图所示。它的发明者是Douglas Englebart博士。这只鼠标的设计目的,是为了用鼠标来代替键盘那繁琐的指令,从而使计算机的操作更加简便。

目前市面上的鼠标按照原理来分主要分为:机械式鼠标、光电式、无线鼠标(如图3.14b)。

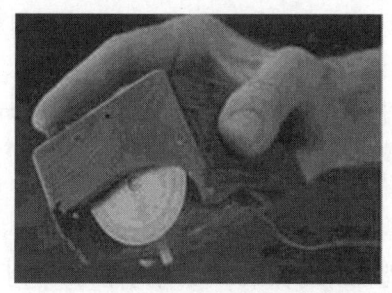

(a) 第一个鼠标　　　　　　　　　　(b) 无线鼠标

图3.14　鼠标

机械鼠标的鉴别很简单,把鼠标翻转过来,如果下面有个小圆球,则是机械鼠标。机械鼠标在桌面的移动时,小球就和桌面摩擦发生转动,导致屏幕上的光标也跟着鼠标的移动而移动。目前,机械鼠标早已经被淘汰,很难发现其踪影。

光电鼠标器是通过检测鼠标器的位移,将位移信号转换为电脉冲信号,再通过程序的处理和转换来控制屏幕上的光标箭头的移动。光电鼠标用光电传感器代替了滚球。这类传感器需要特制的、带有条纹或点状图案的垫板配合使用。光电鼠标产品按照其年代和使用的技术可以分为两代产品,第一代光电鼠标由光断续器来判断信号,最显著特点就是需要使用一块特殊的反光板作为鼠标移动时的垫。第二代光电鼠标的原理很简单,主要使用光眼技术,较之以往机械鼠标完全是一种全新的技术突破。第三代激光鼠标,也可以说是一种特殊的光电鼠标,最大的不同就是把原来的红光LED换成激光。

无线鼠标是为了适应大屏幕显示器而生产的,所谓"无线",即没有电线连接,而是采用电池供电,无线技术进行遥控。通常分为鼠标器和接收器两部分,接收器插在计算机USB接口上接收鼠标发送的请求,鼠标器还具有自动休眠功能,电池可用半年以上,接收范围在1～2米以内。

3. 触摸屏

触摸屏又称为"触控屏"、"触控面板",是一种可接收触头等输入讯号的感应式液晶显示装置,一般包含三类主要元件:处理用户选择的传感器单元,感知触摸并定位的控制器以及由一个传送触摸信号到计算机操作系统的软件设备驱动。其基本原理是用手指或其他物体触摸时,所触摸的位置(以坐标形式)由触摸屏控制器检测,并通过接口送到CPU,从而确定输入的信息。作为一种最新的电脑输入设备,触摸屏是目前最简单、方便、自然的一种人机交互方式。触摸屏在使用起来比键盘和鼠标更为直观,而且培训成本也很低。

按照触摸屏的工作原理和传输信息的介质,我们把触摸屏分为四种,它们分别为电阻式、电容感应式、红外线式以及表面声波式,目前触摸屏市场的主流是电阻式和电容式。

4. 扫描仪

扫描仪是一种捕获图像的设备,并将图像转换成为计算机可以识别、显示、编辑、储存和输出的数据格式。按照结构特点来份,扫描仪可以分为手持式扫描仪、小滚筒式扫描仪和平板式扫描仪。

扫描仪主要由光学部分、机械传动部分和转换电路三部分组成。扫描仪的核心部分是光电转换部件。扫描仪工作时,首先由光源将光线照在欲输入的图稿上,产生表示图像特征的反射光或投射光,光学系统采集这些光线,将其聚焦在感光器件上,由感光器件将光信号转换为电信号,然后由电路部分对这些信号进行 A/D 转换及处理,产生对应的数字信号输送给计算机。当机械传动机构在控制电路的控制下带动装有光学系统和感光扫描头与图稿进行相对运动,将图稿全部扫描一遍,这样一副完整的图像就输入到计算机中了。

在整个扫描仪获取图像的过程中,有两个元件起到关键作用:一个是光电器件,它将光信号转换成为电信号;另一个是 A/D 变换器,它将模拟电信号变为数字电信号。这两个元器件的性能直接影响了扫描仪的整体性能。

一般来说,扫描仪的性能指标主要有 4 个:

(1) 分辨率:也叫扫描精度。它主要表示扫描仪对图像细节表现的能力,常用 dpi 来表示,即每英寸长度上扫描图像所含有像素点的个数。一般扫描仪的分辨率为 300～2400dpi,常见的为 600～1200dpi。

(2) 色彩位数:色彩位数指扫描仪的色彩深度值,是表示扫描仪分辨彩色或灰度细腻程度的指标。色彩位数越多,扫描出的图像色彩越丰富,色彩位数用二进制位数表示,单位 b(位)。1b 只能表示黑白像素,1b($2^1=2$)只能表示 0、1 两个值,代表黑与白;8b($2^8=256$)可以表示 256 个灰度级,反映了扫描时由暗到亮层次范围的多少,具体地说就是扫描仪从纯黑到纯白之间平滑过渡的能力。灰度级位数越大,相对来说扫描所得结果的层次越丰富,效果就越好,一般称 24b 以上的色彩为真彩色。目前常见扫描仪色彩位数都在 24 位以上,42 位、48 位的已成为市场主流。

(3) 扫描速度:指在指定分辨率和图像尺寸下的扫描时间。多数产品是用扫描标准 A4 幅面彩色或黑白图像所用的时间来表示,这一指标决定着扫描仪的工作效率,越高越好。

(4) 扫描幅面:指扫描仪能够扫描最大原稿的尺寸,又称扫描面积。通常有 A4、A4 加长、A3、A1 和 A0 等规格。

5. 条形码阅读器

条形码阅读器用于读取条码所包含信息的阅读设备,利用光学原理,把条形码的内容解码后通过数据线或者无线的方式传输到电脑或者别的设备。常用于图书馆、医院、书店以及超级市场,作为快速登记或结算的一种输入手段,对商品外包装上或印刷品上的条码信息直接阅读,并输入到联机系统中。如图 3.15 所示。

条码是由一组规则排列的条、空及对应字符组成的标记。条的反射率较低,空的反射率较高。通常采用两种对比度高的颜色来分别构成条和空。由于条码中条和空排列规则的不同,形成各种类型的条码,如 UPC 条码、EAN 条码、二五条码、交错二五条码、三九条码、库德巴码、中国标准书号(ISBN 部分)条码等等。条码阅读器通常带有一个发光装置,将光线照射到条码上,用光敏元件接收反射光。由于深浅不同的线条反射的光强度不同,得到高低不同的电平信号,经译码装置转换为一组数字信号。

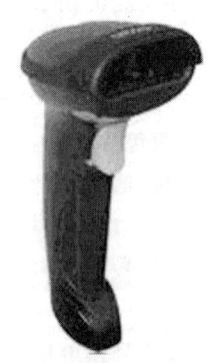

图 3.15 条形码阅读器

3.4.2 输出设备

从计算机输出数据的设备叫做输出设备(Output Device)。输出设备把计算机加工处理的二进制信息转换为用户或其他设备所需要的信息形式输出，如文字、数字、图形、图像、声音等。显示器、打印机、绘图仪等都是输出设备。

1. 显示器

显示器是计算机系统最常用的输出设备，其作用是将计算机处理的结果以显示的方式提供给使用者。随着液晶显示器面板生产量、成品率的不断提升与液晶材料成本的不断下降，液晶面板供货不足的问题已经得到有效解决，这使得整个液晶显示器市场得到了快速发展，已经成为市场的主流产品，以往的 CRT 显示器在个人电脑领域已很难看到其身影。

液晶显示器的英文名为 LCD(Liquid Crystal Display)，根据背光源的不同，液晶显示器可以分为 CCFL(Cold Cathode Fluorescent Lamp，冷阴极荧光灯管)和 LED(Light Emitting Diode，发光二极管)两种类型。相较而言，LED 的优势是体积小、功耗低，因此用 LED 作为背光源，可以在兼顾轻薄的同时达到较高的亮度，因而成为市场的主流，普遍应用于笔记本计算机和台式 PC 上。

LCD 主要部件是液晶板，由两块无钠玻璃板构成，厚约 1mm，中间夹有约 $5\mu m$ 厚的液晶材料将其均匀隔开。液晶材料本身并无变换，所以在显示屏两边都设有作为光源的灯管。在液晶显示屏背面有一块背光板和反光膜，背光板是由荧光物质组成，可以发射光线，主要提供均匀的背景光源。背光板在发出的光线穿过第一层偏振过滤层之后进入液晶层，液晶层中的液滴被包含在细小的单元格结构中，一个或多个单元格构成屏幕上的一个像素。在玻璃板与液晶材料之间是透明的分为行和列的电极，在行和列的交叉点上，通过改变电压而改变液晶的旋光状态。在液晶材料周边是控制电路部分和驱动电路部分，当 LCD 中的电极产生电场时，液晶分子就会产生扭曲，从而将穿越其中的光线进行有规则的折射，然后经过第二层过滤层的过滤在屏幕上显示出来。

LCD 显示器的主要技术指标如下：

(1) 显示分辨率：显示器上的字符和图形是由一个个像素组成的。显示器屏幕上可控制的最小光点称为像素，X 方向和 Y 方向总的像素点数称为分辨率。显示器的分辨率一般用整个屏幕上光栅的列数与行数的乘积来表示。这个乘积越大，分辨率就越高，图像越清晰，常用的分辨率是 800×600、1024×768、1280×1024 等。

LCD 是通过液晶像素实现显示的，但由于液晶像素的数目和位置都是固定不变的，不能任意调整，所以液晶只有在标准分辨率下才能实现最佳显示效果。实际上 LCD 显示器的真实分辨率是根据 LCD 的面板尺寸定，目前 17~19 英寸的最佳分辨率通常为 1280×1024。

(2) 刷新频率：是指显示帧频，亦即每个像素为该频率所刷新的时间，与屏幕扫描速度及避免屏幕闪烁的能力相关。也就是说刷新频率过低，可能出现屏幕图像闪烁或抖动。由于设计上的不同，LCD 显示器实际上并不会像 CRT 显示器因为刷新率的高低而产生闪烁的状况。普通 LCD 显示器刷新率为 60Hz。

(3) 点距：点距是屏幕上荧光点的距离，它决定像素的大小，以及屏幕能达到的最高显示分辨率，点距越小越好。LCD 显示器的像素数量是固定的，因此在尺寸和分辨率都相同的情况下，大多数液晶显示器的像素间距基本相同。分辨率为 1024×768 的 15 英寸显示器，其像素间距为 0.297mm，而 17 英寸的基本都是 0.264mm，所以不同尺寸的 LCD 价格一般与点距基本没有关系。

（4）屏幕尺寸：显示器屏幕对角线的长度，以英寸为单位，表示显示屏幕的大小，主要有15、17、19和20英寸等多种规格，主流产品则以17英寸和19英寸为主。

（5）可视角度：可视角度是指用户可以清晰看见屏幕影像时与屏幕所构成的最大角度，可视角度越大越好。CRT显示器的可视角度基本可以达到极限是180度，液晶显示器可视角度一般为140度左右。一般而言，LCD的可视角度是左右对称，常常是上下角度小于左右角度。

（6）亮度与对比度：液晶显示器是通过安装在显示器背部的灯管来辅助发光的。其光源的亮度决定整个液晶显示器的画面亮度及色彩的饱和度，亮度越高越好，单位是以每平方米烛光（cd/m^2），也叫NIT流明。一般LCD显示器都有显示$200cd/m^2$的亮度能力，更高的甚至达$300cd/m^2$以上。亮度越高，适应的使用环境也就越广泛。对比度是黑与白两种色彩不同层次的对比量度，也是直接关系色彩是否丰富的技术参数，高达300∶1时的对比度可以支持各阶度的颜色，对比度越高越好。

（7）响应时间：响应时间是指LCD各像素点对输入信号反应的速度，即像素由暗转亮或是由亮转暗的速度。响应时间愈小愈好，响应时间越小则使用者在看运动画面时就不会出现托尾的感觉。

2．打印机

随着计算机技术发展和用户需求提高，各种新型实用的打印机应运而生。打印机领域形成了点阵式打印机、喷墨式打印机和激光打印机等主流产品，下面分别对各种打印机进行介绍。图3.16是办公、家庭常用打印机的外形。

（a）针式打印机　　　　　（b）喷墨打印机　　　　　（c）激光打印机

图3.16 打印机

（1）点阵式打印机：又称为针式打印机。其工作原理是当接到打印命令时，利用直径0.2mm～0.3mm的打印针通过打印头中的电磁铁吸合或释放来驱动打印针向前撞击色带，将墨点印在打印纸上而完成打印动作的，通过对色点排列形式的组合控制，实现对规定字符、汉字和图形的打印。常用的打印头一般分为9针、24针和48针。针数越多，针距越密集，打印出来的字体越美观。针式打印机的维护费用低，打印成本低，能打发票，也能打多层的打印纸。但是打印速度慢、噪声大、体积大、打印分辨率低且打印针头容易折断。针式打印机如今已经退出了家用打印机的市场，大多适应于银行、税务、商店等的票据打印。

（2）喷墨打印机：喷墨打印机是让墨水通过细喷嘴，在强电场作用下以高速墨水束喷射在纸上形成文字和图像，从技术上可以分为佳能公司的气泡式和爱普生公司的多层压电式两种。由于喷嘴的数量较多，且墨点极小，能够做出比针式打印机更细致、混合更多种的色彩效果。前者利用加热产生的气泡，使墨水通过喷嘴喷到打印纸上；而后者是对喷出的墨水作严格完整的控制，使墨粒微小而均匀，改善了因墨点不均匀而导致喷墨打印不清晰的问题。喷墨打印机定位在彩色输出领域，目前占到彩色输出打印机市场的90％以上。喷墨打印机打印精度较高、噪声低、价格便宜，但是由于其墨水消耗量大，因此日常维护费用高。

（3）激光打印机：激光打印机是利用碳粉附着在纸上而成像的一种打印机，其工作原理主要是利用激光打印机内的一个控制激光束的磁鼓，借着控制激光束的开启和关闭，当纸张在磁鼓间卷动时，上下起伏的激光束会在磁鼓产生带电核的图像区，此时打印机内部的碳粉会受到电荷的吸引而附着在纸上，形成文字或图形。由于碳粉属于固体，而激光束有不受环境影响的特性，所以激光打印机可以长年保持印刷效果清晰细致，打印在任何纸张上都可得到好的效果。激光打印机由于其精度高、打印速度快、噪声低等特点已经成为办公自动化的主流产品。

目前市场主要的打印机品牌有佳能、联想、三星、富士施乐、惠普等。

（4）其他打印机

热转印打印机：热转印打印机是利用透明染料进行打印，主要应用于印前及专业图形输出。其优势在于专业高质量的图像打印方面，可以打印出近于照片的连续色调的图片。

大幅面打印机：其打印原理与喷墨打印机基本相同，但打印幅宽一般都能达到24英寸（61cm）以上。它的主要用途一直集中在工程和建筑领域。但随着其墨水耐久性的提高和图形解析度的增加，大幅面打印机也逐步应用于广告制作、大幅摄影、艺术写真和室内装潢等装饰宣传的领域中。

3D打印机：又称为三维打印机，它是一种以数字模拟文件为基础，运用粉末状金属或塑料等可粘合材料，通过逐层打印的方式来构造物体的技术。它与普通打印机工作原理基本相同，打印机内装有液体或粉末等"打印材料"，在与电脑连接后，通过电脑控制把计算机上的蓝图变成实物。由于3D打印把复杂的三维制造转化为一系列二维制造的叠加，因而可以在不用模具和工具的条件下生成几乎任意复杂的零部件，极大地提高了生产效率和制造柔性。3D打印机的应用对象可以是任何行业，只要这些行业需要模型和原型。3D打印

图3.17　3D打印机

机需求量较大的行业包括政府、航天和国防、医疗设备、高科技、教育业以及制造业。著名市场调查公司CONTEXT发布了一份针对3D打印行业的最新报告，预测到2020年，全球3D打印机市场的规模将有望达到178亿美元。图3.17是一个3D打印机的外观。

3. 绘图仪

能按照人们要求自动绘制图形的设备。它可将计算机的输出信息以图形的形式输出。主要可绘制各种管理图表和统计图、大地测量图、建筑设计图、电路布线图、各种机械图与计算机辅助设计图等。图3.18是一个爱普生绘图仪的外观。

现代的绘图仪已具有智能化的功能，它自身带有微处理器，可以使用绘图命令，具有直线和字符演算处理以及自检测等功能。这种绘图仪一般还可选配多种与计算机连接的标准接口。

图3.18　绘图仪

3.5　主　　板

主板，也叫母板，安装在计算机主机箱内，是计算机最基本也是最重要的部件之一，在整个计算机系统中扮演着举足轻重的角色。主板制造质量的高低，决定了硬件系统的稳定性。主板

与CPU关系密切,每一次CPU的重大升级,必然导致主板的换代。

3.5.1 主板的功能及结构

主板是计算机硬件系统的核心,也是主机箱内面积最大的一块印刷电路板,如图3.19所示。主板的主要功能是传输各种电子信号,部分芯片也负责初步处理一些外围数据。计算机主机中的各个部件都是通过主板来连接的,计算机在正常运行时对系统内存、存储设备和其他I/O设备的操控都必须通过主板来完成。

计算机性能是否能够充分发挥,硬件功能是否足够,以及硬件兼容性如何等,都取决于主板的设计。主板的优劣在某种程度上决定了一台计算机的整体性能、使用年限以及功能扩展能力。

图3.19 主板示意图

主板上各种元器件的布局排列、尺寸大小、形状等都有一定的标准,称为主板结构。主板按其设计结构的不同可以分为ATX、micro-ATX、mini-ITX和E-ATX等。目前市场主流是ATX结构,也称为标准板,扩展插槽较多,PCI插槽数量在4~6个。如图3.21的主板,PCI-E X16插槽有3个,普通PCI插槽有1个,PCI-E X1插槽有3个,表示该主板上可以接多个独立扩展卡,如显示卡、PCI-E网卡、视频采集卡等。作为Intel公司1995年提出的主板结构,ATX得到了世界上主要主板厂商的支持,目前仍然是市场主流类型。Micro ATX又称为Mini ATX,它是ATX结构的简化版,也就是常说的"小板",相对于ATX标准板来说,具有更小的主板尺寸、更低的功耗以及更低的成本。Micro ATX主板把扩展插槽减少为3~4个,DIMM(Dual In-Line Memory Modules,双边接触内存模组)插槽为2~3个,从横向减小了主板宽度,其总面积减小约0.92平方英寸。目前主要应用到一些品牌一体机中。Mini-ITX是由VIA(威盛电子)定义和推出的一种结构紧凑的微型化的主板设计规范,目前已被各家厂商广泛应用于各种商业和工业应用中。它是用来设计用于小空间小尺寸的专业计算机的,如用在汽车、置顶盒以及网络设备中的电脑。以Mini-ITX为主板的电脑可以被用作简单的、日常的工作如收发电子邮件、浏览网页、字处理和听音乐等。EATX主板是Extended ATX的缩写,主要用于Rackmount服务器系统。它通常用于双处理器和标准ATX主板上无法胜任的服务器上,多用于高性能工作站或服务器。

SATA 接口(Serial ATA)又称为串行 ATA。以连续串行的方式传送数据,一次只能传送一位数据,减少 SATA 接口的针脚数目,使连接电缆数目变少,可以在较少的位宽下得到较高的工作频率,从而提高了数据传输的带宽,这是一种完全不同于并行 ATA 的新型硬盘接口类型。SATA 总线使用嵌入式时钟信号,具备了更强的纠错能力,与以往相比其最大的区别在于能对传输指令(不仅仅是数据)进行检查,如果发现错误会自动矫正,这在很大程度上提高了数据传输的可靠性。而且串行接口还具有结构简单、支持热插拔的优点。使用 SATA 接口的硬盘又叫串口硬盘,已逐步取代 IDE 接口的并口硬盘。

外设接口负责将外部设备,如鼠标、键盘、网线等与主板连接起来,如图 3.20 所示。

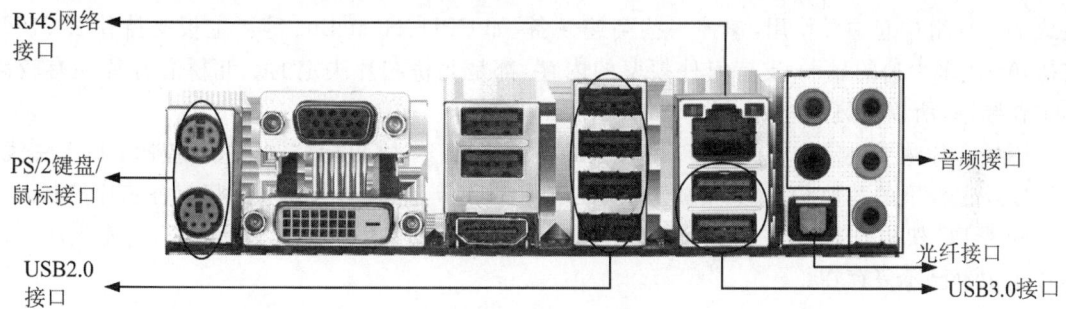

图 3.20 I/O 接口

主板上的电池是用来为 CMOS RAM 供电的,以便在关机后保存 CMOS 中设置的数据如时间、日期、硬盘类型、CMOS 密码等。如果把 CMOS 电池从主板上取下来,BIOS 中的数据被恢复为出厂设置了,所有设置信息将全部丢失。

CPU 需要通过某个接口与主板连接的才能进行工作。CPU 经过这么多年的发展,采用的接口方式有引脚式、卡式、触点式、针脚式等。而目前 CPU 的接口都是针脚式接口,对应到主板上就有相应的插槽类型。CPU 接口类型不同,在插孔数、体积、形状都有变化,所以不能互相接插。Intel 和 AMD 的 CPU 插槽类型有很多,Intel 较为常见的插槽型号有 LGA1150、LGA1155、LGA2011 等,AMD 主流的插槽型号有:Socket AM3、Socket AM3+、Socket FM2、Socket FM2+等。LGA 全称为 Land Grid Array,在这种构架下,针脚被改成弹性针脚并位于 CPU 插座上,处理器上仅有接触点。如图 3.21 是一款 LGA1155 类型的 CPU 插槽。

图 3.21 CPU 插槽

除了 LGA 构架,有些 CPU 插槽采用 ZIF(Zero Insertion Force,零插拔力)设计,零插拔力插座是一种只需很少力就能插拔的集成电路插座或电子连接器。这种插座通常附有一支杠杆或者滑杆让用户只要将之推开或拉开,插座内的弹簧式接点就会被分开,只要非常少的力就能把集成电路插下去。当杠杆或者滑杆回到原位后,接点便会被重新闭合并抓紧芯片的针脚。ZIF 设计不容易损坏 CPU 针脚也容易安装,目前 AMD 公司的大部分 PC 处理器多使用 ZIF 构架。

3.5.2 主板芯片组

主板的核心是主板芯片组,它决定了主板的规格、性能和大致功能。我们平日说"865PE 主板",865PE 指的就是主板芯片组。如果说 CPU 是整个电脑系统的心脏,那么芯片组将是整个系统的躯干。对于主板而言,芯片组几乎决定了这块主板的功能,进而影响到整个电脑系统性能的发挥,芯片组是主板的灵魂。芯片组性能的优劣,决定了主板性能的好坏与级别的高低。这是因为目前 CPU 的型号与种类繁多、功能特点不一,芯片组如果不能与 CPU 良好地协同工作,将严重地影响计算机的整体性能,甚至不能正常工作。

1. 北桥芯片和南桥芯片

在传统的芯片组构成中,一直沿用南桥芯片与北桥芯片搭配的方式,在主板上可以发现它们的具体位置。一般地,我们在主板上,可以在 CPU 插槽附近找到一个散热器,下面的就是北桥芯片。南桥芯片一般离 CPU 较远,常裸露在 PCI 插槽旁边,块头比较大。

北桥芯片是系统控制芯片,主要负责 CPU、内存、显卡三者之间的数据交换,在与南桥芯片组成的芯片组中起主导作用,掌控一些高速设备,如 CPU、Host Bus 等。主板支持什么 CPU,支持 AGP 多少速的显卡,支持何种频率的内存,都是北桥芯片决定的。北桥芯片往往有较高的工作频率,所以发热量颇高。

南桥芯片主要决定主板的功能,主板上的各种接口、PS/2 鼠标控制、USB 控制、PCI 总线、IDE 以及主板上的其他芯片(如集成声卡、集成 RAID 卡、集成网卡等),都归南桥芯片控制。

随着 PC 架构的不断发展,如今北桥的功能逐渐被 CPU 所包含,自身结构不断简化甚至在芯片组中也已不复存在。

2. BIOS 芯片

BIOS(Basic Input/Output System,基本输入输出系统),全称是 ROM－BIOS,是只读存储器基本输入/输出系统的简写。BIOS 实际是一组被固化到电脑中,为电脑提供最低级最直接的硬件控制的程序,它是连通软件程序和硬件设备之间的枢纽,通俗地说,BIOS 是硬件与软件程序之间的一个"转换器"或者说是接口,负责解决硬件的即时要求,并按软件对硬件的操作要求具体执行。

从功能上看,BIOS 主要包括 3 个部分:

(1) 自检及初始化

自检和初始化负责启动电脑,具体有 3 个部分:

- 加电自检(Power On Self Test,简称 POST),用于电脑刚接通电源时对硬件部分的检测,检查电脑是否良好。通常完整的 POST 自检将包括对 CPU、640K 基本内存、1M 以上的扩展内存、ROM、主板、CMOS 存储器、串并口、显示卡、软硬盘子系统及键盘进行测试,一旦在自检中发现问题,系统将给出提示信息或鸣笛警告。
- 初始化,包括创建中断向量、设置寄存器、对一些外部设备进行初始化和检测等,其中很重要的一部分是 BIOS 设置,主要是对硬件设置的一些参数,当电脑启动时会读取这些参数,并和实际硬件设置进行比较,如果不符合,会影响系统的启动。
- 引导程序,用于引导 DOS 或其他操作系统。BIOS 先从软盘或硬盘的开始扇区读取引导记录,如果没有找到,则会在显示器上显示没有引导设备,如果找到引导记录会把电脑的控制权转给引导记录,由引导记录把操作系统装入电脑,在电脑启动成功后,BIOS 的这部分任务就完成了。

(2) 程序服务处理和硬件中断处理

这两部分是两个独立的内容,但在使用上密切相关。程序服务处理程序主要是为应用程序和操作系统服务,这些服务主要与输入输出设备有关,例如读磁盘、文件输出到打印机等。为了完成这些操作,BIOS 必须直接与计算机的 I/O 设备打交道,它通过端口发出命令,向各种外部设备传送数据以及从它们那儿接收数据,使程序能够脱离具体的硬件操作,而硬件中断处理则分别处理 PC 机硬件的需求,因此这两部分分别为软件和硬件服务,组合到一起,使计算机系统正常运行。

BIOS 的服务功能是通过调用中断服务程序来实现的,这些服务分为很多组,每组有一个专门的中断。例如视频服务,中断号为 10H;屏幕打印,中断号为 05H;磁盘及串行口服务,中断 14H 等。每一组又根据具体功能细分为不同的服务号。应用程序需要使用哪些外设、进行什么操作只需要在程序中用相应的指令说明即可,无需直接控制。

由于 CMOS 与 BIOS 都跟电脑系统设置密切相关,因而二者很容易混淆。从根本上说,CMOS RAM 是系统参数存放的地方,而 BIOS 中系统设置程序是完成参数设置的手段。因此,准确的说法应是通过 BIOS 设置程序对 CMOS 参数进行设置。

3.6 总　　线

计算机的各部件之间的硬连接是由总线实现的,总线是多个系统部件之间进行数据传输的公共通道。微型机中总线一般可分为内部总线、系统总线和外部总线三种。内部总线指芯片内部连接各元件的总线。系统总线是连接微处理器、存储器和各种输入输出等主要部件的总线。微型机和外部设备之间的连接则通过外部总线来完成。下面主要讨论计算机的系统总线。

3.6.1　系统总线的分类

从逻辑功能的角度来说,按照传送的信息类型,系统总线可分为数据总线(DB)、地址总线(AB)和控制总线(CB)三种类型。

1. 数据总线

数据总线(data bus,DB)用于传送数据信息。数据总线是双向三态形式的总线,既可以把 CPU 的数据传送到存储器或 I/O 接口等其他部件,也可以将其他部件的数据传送到 CPU。数据总线的位数是微型计算机的一个重要指标,通常与微处理的字长相一致。例如 Intel 8086 微处理器字长 16 位,其数据总线宽度也是 16 位。需要指出的是,数据的含义是广义的,它可以是真正的数据,也可以指令代码或状态信息,有时甚至是一个控制信息,因此,在实际工作中,数据总线上传送的并不一定仅仅是真正意义上的数据。

2. 地址总线

地址总线(address bus, AB)是专门用来传送地址的,由于地址只能从 CPU 传向外部存储器或 I/O 端口,所以地址总线总是单向三态的,这与数据总线不同。地址总线的位数决定了 CPU 可直接寻址的内存空间大小,比如 8 位微机的地址总线为 16 位,则其最大可寻址空间为 $2^{16}=64KB$,16 位微型机的地址总线为 20 位,其可寻址空间为 $2^{20}=1MB$。一般来说,若地址总线为 n 位,则可寻址空间为 2^n 字节。

3. 控制总线

控制总线(control bus,CB)用来传送控制信号和时序信号。控制信号中,有的是微处理器送往存储器和 I/O 接口电路的,如读/写信号、片选信号、中断响应信号等;也有是其他部件反馈给 CPU 的,比如:中断申请信号、复位信号、总线请求信号、设备就绪信号等。因此,控制总线的传送方向由具体控制信号而定,一般是双向的,控制总线的位数要根据系统的实际控制需要而定。实际上控制总线的具体情况主要取决于 CPU。

3.6.2 常见系统总线

随着微处理器技术的飞速发展,使得个人计算机的应用领域不断扩大,随之相应的总线技术也得到不断创新。由 PC/XT 到 ISA、MCA、EISA、VESA 再到 PCI、AGP、IEEE1394、USB 总线等。究其原因,是因为 CPU 的处理能力迅速提升,但与其相连的外围设备通道带宽过窄且落后于 CPU 的处理能力,这使得人们不得不改造总线。其中,AGP 总线数据传输率可达 528MB/s,PCI－X 可达 1GB/s,系统总线传输率也在 66MB/s 到 100MB/s 之间甚至更高的可达到 133MB/s、150MB/s。总线的这种创新,促进了计算机系统性能的日益提高。

随着微机系统的发展,有的总线标准仍在发展、完善,与此同时,有某些总线标准会因其技术过时而被淘汰。系统总线是用来连接各种插件板,以扩展系统功能的总线。在大多数微机中,显示适配器、声卡、网卡等都是以插件板的形式插入系统总线扩展槽的,如图 3.22 所示。

(a) ISA 扩展槽

(b) PCI 扩展槽

(c) AGP 扩展槽

图 3.22 总线扩展槽

下面对 ISA,PCI,PCI－E、AGP 以及 USB 总线做简单介绍。

(1) ISA(industry standard architecture)。它是 IBM 公司为 286/AT 电脑制定的总线工业标准,也称为 AT 标准。ISA 总线具有 16 位的数据宽度,工作频率为 8MHz,最高数据传输速率 8MB/s。由于 ISA 总线的 CPU 资源占用太高,数据传输带宽又很小,随着上世纪 90 年代初 PCI 总线技术的出现,ISA 总线很快被淘汰了,因而新的主板上已经看不到 ISA 插槽的身影。

(2) PCI(peripheral component interconnect)与 PCI－E(PCI Express)。PCI 是 SIG (Special Interest Group)集团推出的总线结构。自 1992 年起,已有 Intel、HP、IBM、Apple、DEC 等著名的厂商加盟。高性能 PCI 总线的频率为 33MHz,与 CPU 的时钟频率无关。总线宽度为 32 位,可扩展到 64 位,传输速率可达 132~264MB/s。PCI 总线的设计目的之一就是降低系统的总体成本,使用户得到实惠。在 PCI 的设计中,将大量系统功能,如存储器、高速缓冲器及其控制器高度集成在 PCI 芯片内,以节省各部件互连所需的逻辑电路,减小线路板尺寸,降低成本。

PCI Express 是 Intel 提出的新一代的总线接口,PCI Express 采用了业内流行的点对点串行连接,比起 PCI 以及更早期的计算机总线的共享并行架构,每个设备都有自己的专用连接,不需要向整个总线请求带宽,而且可以把数据传输率提高到一个很高的频率,达到 PCI 所不能提供的高带宽。相对于传统 PCI 总线在单一时间周期内只能实现单向传输,PCI Express 的双单工连接能提供更高的传输速率和质量。PCI Express 有多种规格,从 PCI Express 1X 到 PCI Express 16X,能满足现在和将来一定时间内出现的低速设备和高速设备的需求。PCI－E 插槽是可以向下兼容的,比如 PCI－E 16X 插槽可以插 8X、4X、1X 的卡。PCI－E 最新的接口是 PCI－E 3.0,其数据传输率可以达到 8GB/s。

(3) AGP(accelerated graphics port)。加速图形端口 AGP 是一种为了提高视频带宽而设计的总线规范。因为它是点对点连接,即连接控制芯片和 AGP 显示卡,因此严格来说,AGP 也是一种接口标准,但在习惯上我们依然称其为 AGP 总线。AGP 接口是基于 PCI 2.1 版规范并进行扩充修改而成,工作频率为 66MHz。AGP 标准在使用 32 位总线时,有 66MHz 和 133MHz 两种工作频率,最高数据传输率为 266Mbps 和 533Mbps,随后发展的 AGP 8X 模式下,数据传输速度达到了 2.1GB/s。然而,相对于 AGP,PCI－E 作为一种更新的总线规范,在效率方面已经远远超过了 AGP,因而在新的主板上也已经没有了 AGP 插槽。

(4) USB。由于多媒体技术的发展对外设与主机之间的数据传输率有了更高的需求,因此,USB 总线技术应运而生。USB(Universal Serial Bus,通用串行总线)是由 Compaq(已于 2002 年被 HP 公司收购)、IBM、Intel、Microsoft、NEC 等公司为简化 PC 与外设之间的互联而共同研究开发的一种免费的标准化连接器,它支持各种 PC 与外设之间的连接。USB 接口的主要特点是:即插即用,可热插拔。随着时间的推移,USB 将成为 PC 的标准配置。基于 USB 的外设将逐渐增多,现在满足 USB 要求的外设有:调制解调器、键盘、鼠标、光驱、游戏手柄、软驱、扫描仪等,而非独立性 I/O 连接的外设将逐渐减少。即主机控制式外设减少,智能控制控制外设增多。USB 总线标准由 1.1 版升级到 2.0 版后,传输率由 12Mbps 增加到了 240Mbps。USB 3.0,就是新一代的 USB 接口,特点是传输速率非常快,理论上能达到 5Gbps,比常见的 USB 2.0 快 10 倍,全面超越 IEEE 1394 和 eSATA。

3.7 微型计算机的主要性能指标

总体说来,微型计算机的性能可以从下面几个主要指标来衡量。

1. 运算速度

运算速度是衡量 CPU 工作快慢的指标,一般以每秒完成多少次运算来度量。当今计算机的运算速度可达每秒万亿次。计算机的运算速度与主频有关,还与内存、硬盘等工作速度及字长有关。

2. 字长

字长是 CPU 一次可以处理的二进制位数,字长主要影响计算机的精度和速度。字长有 8 位、16 位、32 位和 64 位等。字长越大,表示一次读写和处理的数的范围越大,处理数据的速度越快,计算精度越高。

3. 主存容量

主存容量是衡量计算机记忆能力的指标。容量大,能存入的字数就多,能直接接纳和存储的程序就长,计算机的解题能力和规模就大。随着操作系统的升级,应用软件的不断丰富及其功能的不断扩展,人们对计算机内存容量的需求也不断提高。

4. 输入/输出数据传输速率

输入输出数据传输速率决定了可用的外设和与外设交换数据的速度。提高计算机的输入输出传输速率可以提高计算机的整体速度。

5. 可靠性

可靠性指计算机连续无故障运行时间的长短。可靠性好,表示无故障运行时间长。可靠性是一个很难测试的指标,往往只能通过产品的工艺质量,产品的材料质量,厂商的市场信誉来衡量。在某些情况下,也可以通过极限测试的方法进行检测。不同厂商的产品由于采用不同的工艺流程、不同的电子元件材料,不同的质量管理方法,其产品可靠性有很大差异。

6. 兼容性

任何一种计算机中,高档机总是低档机发展的结果。如果原来为低档机开发的软件不加修改便可以在它的高档机上运行和使用,则称此高档机为向下兼容。硬件产品的兼容性往往可以通过驱动程序或补丁程序解决;软件产品的不兼容,一般通过软件包更新或产品升级解决。

本 章 小 结

本章对微型计算机的硬件系统结构及工作原理进行了阐述。计算机的硬件系统主要由中央处理器、存储器、输入/输出设备构成。中央处理器的核心部件包括运算器和控制器,负责完成处理和控制功能。中央处理器的工作流程主要包括取指令、分析指令、执行指令、准备下一条指令四个步骤。作为存储数据和程序的部件,存储器主要包括主存设备和外存储器两类。本章分别对最新的一些存储设备以及其性能指标进行了阐述。对于输入/输出设备,本章介绍了键盘、鼠标、扫描仪、条形码阅读器、打印机、显示器、绘图仪等主流设备,并对其技术指标进行了说明。主板是计算机最基本也是最重要的部件之一,本章对主板的功能、结构以及芯片组进行了阐述。最后,本章讨论了计算机的常见系统总线和计算机的重要性能指标。

习 题

1. 冯诺依曼计算机的结构特点是什么?它由哪几部分组成?
2. 什么是中央处理器?
3. 什么是指令?什么是指令系统?
4. 只读存储器和随机存储器有什么区别?
5. 什么是外部设备?外部设备包括什么?
6. 什么是总线?常用的总线有哪几种?
7. 什么是 USB?
8. 什么是 Cache?它的作用是什么?
9. 显示器有哪些种类?笔记本计算机使用的是哪一种显示器?
10. 计算机的存储系统包括哪几部分?内存和外存的主要区别是什么?
11. 打印机有哪些种类?主要技术指标是什么?
12. 微型计算机的主要技术指标是什么?

第 4 章 计算机软件系统基础

完整的计算机系统包括硬件系统和软件系统。硬件是软件运行的基础,软件是硬件功能的扩充和完善,两者相互依存、不可分割。硬件技术的发展会对软件提出新的要求,促进软件的发展;反之,软件发展又会对硬件提出新的课题。本章主要介绍从操作系统和应用软件两个方面介绍了计算机软件系统,为今后操作系统的学习打下基础。

4.1 计算机软件系统

一个完整的计算机系统,无论是大型机、小型机还是微型机,都是由计算机硬件系统和软件系统两部分组成的。计算机硬件系统由运算器、控制器、存储器、输入设备和输出设备等部件组成,其基本原理在第三章中得到了介绍,这些部件构成了计算机硬件系统本身。

然而,只有硬件系统而没有软件系统的支持,计算机也不能发挥其作用。软件与硬件的发展是相互促进的。计算机硬件建立了计算机应用的物质基础,而软件则提供了发挥硬件功能的方法和手段,扩大其应用范围,并能改善人—机界面,方便用户使用。没有配备软件的计算机称为"裸机",是没有多少实用价值的,必须配置相应的软件才能使用。硬件与软件的关系可以形象地比喻为:硬件是计算机的"躯体",软件是计算机的"灵魂"。

软件系统是计算机系统中各种软件的总称。计算机软件按功能可分为系统软件和应用软件两大类。其中,系统软件用于计算机的管理、维护和运行,以及为程序提供翻译、装入等服务工作,包括操作系统、程序设计语言处理程序、数据库管理系统、系统实用程序及工具软件等。应用软件通常指那些为某一方面应用而设计的程序,或用户为解决某个特殊问题而编写的程序。随着计算机技术的发展,计算机硬件的功能越来越强大,软件资源也相应日趋丰富和完善。各类软件的层次结构如图 4.1 所示。

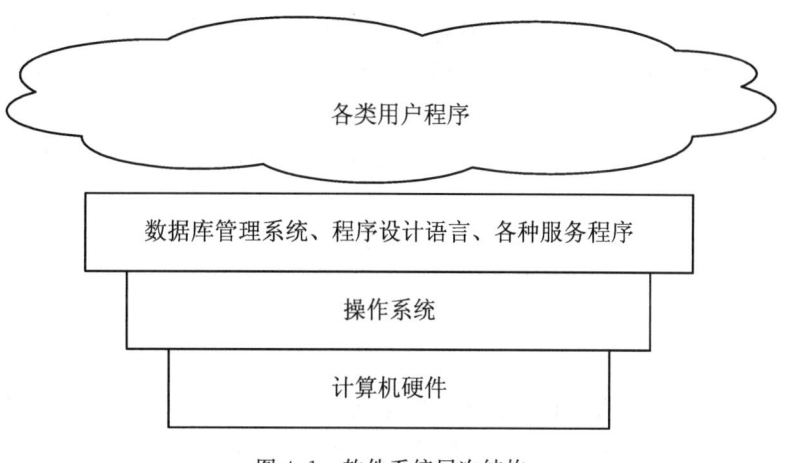

图 4.1 软件系统层次结构

4.2 操作系统概述

操作系统是计算机中最基本、最重要的系统软件,它管理和控制着计算机系统中的所有软件和硬件资源,是计算机系统的核心,为用户提供了一个安全可靠、友好的工作环境。下面主要介绍操作系统的定义、分类、特征和功能,并对 Windows 7 的基本操作进行了阐述。

4.2.1 什么是操作系统

操作系统(Operating System,简称 OS)是为裸机配置的一种系统软件,设置操作系统有两个主要目的,其一是管理和控制一台计算机的所有硬件资源,其二是为用户使用计算机创造良好的工作环境。操作系统是对计算机硬件系统的第一次扩充,其他系统软件和应用软件都必须建立在操作系统基础之上,在操作系统支持下才能运行。若一台计算机没有操作系统,犹如一个人没有大脑思维一样,将一事无成。操作系统使用户不必了解硬件结构就可以利用软件执行各种操作,大大提高了工作效率。

从结构上看,操作系统由一组对计算机软件、硬件资源进行管理的程序组成,其中硬件资源包括 CPU、内存和外部设备;软件资源包括各种以文件存在的程序、数据和文档资料。计算机启动后,操作系统的核心程序及其需要经常使用的指令就从硬盘装入内存中,用户看到的是已经加载了操作系统的计算机,用户通过操作系统来使用计算机。

启动计算机的过程也称为引导程序。无论计算机规模如何,其引导程序都是类似的。以 windows 操作系统为例,其引导过程可以大致分为以下几个步骤:

(1) 计算机加电时,电源给主机及其他系统设备发出电信号;

(2) 电脉冲使处理器芯片复位,并查找含有 BIOS 的 ROM 芯片。BIOS 芯片代表基本输入输出系统,是一段含有计算机启动指令的系统程序,存放在一个 ROM 芯片中。

(3) BIOS 执行加电自检,检测总线、扩展卡、RAM 芯片等各种系统部件,以确定硬件连接合理及操作正确。自检得到的系统信息会显示在显示器上。

(4) 系统自动将自检结果与主板上的 CMOS 芯片中的数据进行比较。CMOS 芯片是一种特殊的只读存储器,存放计算机的相关配置信息。

(5) 如果自检成功,BIOS 会到外存中查找引导程序并装入内存执行,由引导程序把操作系统的核心部分引导进入内存,然后操作系统开始接管、控制计算机,并把其他功能部分装入计算机。

(6) 操作系统把系统配置信息从注册表装入内存。注册表由几个包含系统配置信息的文件组成。

当上述步骤完成之后,windows 操作系统就被成功载入内存,用户可以使用计算机完成自己的相关工作了。

4.2.2 操作系统的分类

操作系统的发展是与计算机硬件体系结构紧密联系的。随着计算机芯片技术的迅速发展,现代计算机正向巨型、微型、分布、网络化和智能化等方面发展。与计算机的发展相适应,操作系统也经历了从无到有,从低级到高级的发展过程。

操作系统可按照不同的方式加以分类。若按照操作系统依赖的硬件规模,可分为大型机、中型机、小型机和微型机操作系统;按照所提供给用户的工作环境,可以分为单用户操作系统、多道批处理操作系统、分时系统、实时系统、网络操作系统和和分布式操作系统等。

1. 单用户操作系统(Single User Operating System)

早期计算机的运算速度慢,没有操作系统,甚至没有任何软件,用户直接用机器语言或汇编语言编写程序,上机时独占系统资源。操作流程是用户先将编写好的程序或数据通过穿孔机送到纸带(或卡片)上,然后将纸带(或卡片)装入纸带(或卡片)输入机等输入设备,经手工启动输入设备,把程序和数据输入计算机内存,再通过控制台启动程序。程序运行完毕,打印机输出计算机结果,用户取走并卸下纸带(或卡片),然后才能让下一个用户上机操作。随着计算技术的发展,计算机的运行速度提高了很多,相对来说,手工操作速度缓慢,无法与计算机协调工作,急需要摆脱手工操作方式。

为了能通过程序完成计算机的使用、管理和操作,人们把计算机的输入/输出、运行控制及出错处理等编写为程序,称为监控程序。通过监控程序可以管理计算机资源,指挥用户程序的运行,摆脱了人工干预。1976 年,美国 DIGITAL RESEARCH 软件公司研制出 8 位的 CP/M 操作系统。这个系统允许用户通过控制台的键盘对系统进行控制和管理,其主要功能是对文件信息进行管理,以实现硬盘文件或其他设备文件的自动存取。CP/M 就是操作系统的雏形,继 CP/M 操作系统之后,还出现了 C-DOS、M-DOS、TRS-DOS、S-DOS 和 MS-DOS 等磁盘操作系统,都属于单用户操作系统。

单用户操作系统一次只能支持一个用户作业的运行。所谓作业,是指用户要求计算机系统所做的工作的集合。这些工作可能是一次计算过程、一次数据处理、一次信息查询等。相对来说,多用户操作系统可以支持多个用户同时登录,允许运行多个用户的作业,比如 Windows XP 就是一个多用户操作系统,不管是在本地,还是远程都允许多个用户同时处在登录状态。

2. 批处理操作系统(Batch Processing Operating System)

所谓批处理(batch processing)就是将作业按照它们的性质分组(或分批),然后再成组(或成批)地提交给计算机系统,由计算机自动完成后再输出结果,从而减少作业建立和结束过程中的时间浪费。很显然,在批处理下,操作系统的功能和复杂性均得到提升。

在批处理系统中,将大量的作业存放在大容量存储器中排列成一个作业队列(Job Queue)中等待执行,如图 4.2 所示。队列(Queue)是一种数据存储组织方式,它按照"先进先出"(FIFO,Fist In Fist Out)方式工作。

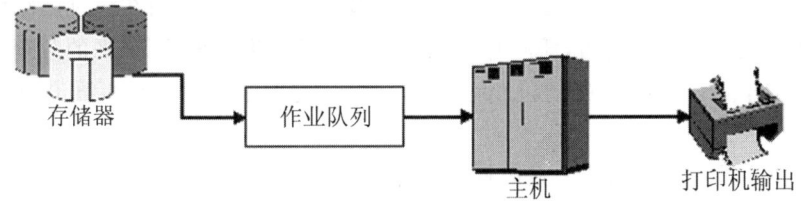

图 4.2 批处理工作流程

根据在存储中允许存放的作业数,批处理系统又分为单道批处理系统和多道批处理系统。早期的批处理系统属于单道批处理系统,其目的是减少作业间转换时的人工操作,从而减少 CPU 的等待时间。它的特征是内存中只允许存放一个作业,即当前正在运行的作业才能驻留内存,作业的执行顺序是先进先出,即按顺序执行。早期批处理系统的实例有:IBM 开发的 FORTRAN 监视系统 FMS,基于磁带的工作监控系统 IBSYS,;密歇根大学开发的 UMES。由于在单道批处理系统中,一个作业单独进入内存并独占系统资源,直到运行结束后下一个作业才能进入内存,当作业进行 I/O 操作时,CPU 只能处于等待状态,因此,CPU 利用率较低,尤其是对于 I/O 操作时间较长的作业。

为了提高 CPU 的利用率,在单道批处理系统的基础上引入了多道程序设计(multiprogramming)技术,这就形成了多道批处理系统,即在内存中可同时存在若干道作业,作业执行的次序与进入内存的次序无严格的对应关系,因为这些作业是通过一定的作业调度算法来使用 CPU 的,一个作业在等待 I/O 处理时,CPU 调度另外一个作业运行,因此 CPU 的利用率显著地提高了。相对来说,单道批处理系统管理起来相对简单。因为操作系统不需要考虑对处理机、存储器、输入/输出设备的分配,其主要工作就是在合适时间将需要执行的程序从外存调入内存中,安排编译或汇编,安排目标代码的运行,接受输入信息和传送输出信息。而多道操作系统必须考虑 CPU 时间的分配、主存储器空间的分配和安全及输入/输出设备中断系统的实现等问题。因而操作系统的功能和复杂性都比简单批处理时要复杂得多:既要管理工作,又要管理内存,还要管理 CPU 调度。典型的多道批处理操作系统是 IBM 的 OS/360,它运行在 IBM 的第三代计算机 System/360、System/370、System/4300 等之上。

3. 分时操作系统(Time—sharing Operating System)

分时系统是在多道批处理系统的基础上发展起来的,在分时系统中,用户通过计算机交互会话来联机控制作业运行,一个分时系统可以带几十甚至上百个终端,每个用户都可以在自己的终端上操作或控制作业的完成,从宏观上看,多用户同时工作,共享系统资源;从微观上看,各进程按时间片轮流运行,提高了系统资源利率。所谓分时,是指 CPU 资源的时间划分成很小的片段,称为时间片。按一定规则将时间片分配给需要的程序,时间片是指程序一次运行的最小时间单元。

例如,一个带有 10 个终端的分时系统,若给每个用户每次分配 100ms 的时间片,则每隔 1s 即可为所有用户服务一遍。如果用户的某个处理要求时间较长,分配给它的一个时间片不足以完成该处理任务,则它只能暂停下来,等到下一个时间片轮到时再执行。由于计算机运行速度很快,与用户的输入输出时间相比,时间片是很短暂的,所以系统每次都能对用户程序做出及时地响应,从而使每个用户都感觉自己似乎独占了整个计算机系统。

在多道批处理下,公平不公平没有人知道。大家交了工作后只管回家等结果。至于自己的程序排在谁前面谁后面,或者占用了多少 CPU 时间是无关紧要的。而在分时操作系统环境下,大家都坐在计算机显示终端前面,任何的不公平将立即感觉到。因此,公平的管理用户的 CPU 时间就变得非常重要。除此之外,池化(pooling)、互斥、进程通信等机制相继出现,使得分时操作系统的复杂性大为增加。

分时系统具有及时性的特点。及时性是指用户可以忍受的用户响应时间,这与处理机的指令周期和时间片的划分有关。每个用户终端都能及时得到系统的响应,用户提出的各种请求,能够在较短或能容忍的时间内得到响应和处理。

分时系统提高了系统资源的共享程度,适用于程序调试、软件开发等需要频繁进行人机交互的作业。CTSS 是最早的分时操作系统,UNIX 和 Linux 是目前被广泛使用的一个分时操作系统。

4. 实时操作系统(Real Time Operating System,简称 RTOS)

实时系统指计算机对特定输入做出快速反应,以控制发出实时信号的对象,即计算机及时响应外部事件的请求,在规定的短时间内完成该事件的处理,并控制所有实时设备和实时任务协调一致地运行。

实时系统有硬实时和软实时之分。例如,汽车在装配线上移动时,必须在限定的时间内进行规定的操作。如果焊接机器人焊接得太早或太迟,都会毁坏汽车。如果某个动作必须绝对地在规定的时刻(或规定的时间范围)发生,这就是硬实时系统,在操作系统设计时需要提供保证。航天中宇宙飞船控制、导弹发射控制等都属于硬实时操作系统的应用场景。另一类实时系统是软实时系统,在这种系统中,偶尔违反最终时限是可以接受的。例如 IPTV 数字电视机顶盒,需要实时的处理(解码)视频流,如果丢失了一个或几个视频帧,显然会造成视频的品质更差,但是只要做过简单的抖动处理的系统,丢失几个视频帧并不会对整个系统造成不可挽救的影响。

实时系统具有及时性的特点,但是与分时系统有较大的区别。实时系统对响应时间的要求比分时系统高,分时系统的响应时间通常为秒级,而实时系统的响应时间以控制对象能接受的延迟时间来确定,可能是秒级或毫秒级甚至微秒级。

国外实时操作系统已经从复杂走向成熟,有代表性的产品主要有 VxWorks、QNX、Palm OS、Windows CE 等,占据了机顶盒、PDA 等的绝大部分市场。其中 VxWorks 成功应用到火星探测器中。国内的实时操作系统研讨开发有两种类型。一类是中国自主开发的实时操作系统,如电子科技大学嵌入式实时教研室和科银公司分离研制开发的实时操作系统 Delta OS(道系统)、凯思公司的 Hopen OS(女娲计划)、中科院北京软件工程研制中心开发的 CASSPDA 以及浙江大学自行研制开发的嵌入式操作系统 HBOS 等;另一类是基于国外操作系统二次开发完成的,这类操作系统大多是专用系统。

5. 网络操作系统(Network Operating System)

所谓计算机网络,是指通过通信设施将地理上分散的计算机相互连接,完成信息交换、资源共享、互操作和协同工作等功能构成的系统。网络操作系统是在一般操作系统功能的基础上提供网络通信和网络服务功能的操作系统,它是为网络上各个计算机进行方便而有效地共享网络资源,为网络用户提供所需各种服务的软件和有关规程(如协议)的集合。

计算机单机操作系统承担着一个计算机中的任务调度及资源管理与分配,而网络操作系统则承担着整个网络范围内的任务管理以及资源的管理与分配任务。相对单机而言,网络操作系统的内容要复杂得多,它必须帮助用户越过各主机的界面,对网络中的资源进行有效的利用和开发,对网络中的设备进行存取访问,并支持各用户间的通信,所以它提供的是更高一级的服务。除此之外,它还必须兼顾网络协议,为协议的实现创造条件和提供支持。

当今网络操作系统的种类很多,但是根据其各自的特点和优势,应用的范围和场合不尽相同,主要有微软公司的 Windows 系列产品(如 Windows NT、Windows 2000)、Novell NetWare 操作系统、Unix 和 Linux 等几种。

6. 分布式操作系统(Distributed Operating System)

随着程序设计环境、人机接口和软件工程等方面的不断发展,出现了由高速局域网互连的若干计算机组成的分布式计算机系统,需要配置相应的操作系统,即分布式操作系统。分布式操作系统的所有系统任务可在系统中任何处理机上运行,自动实现全系统范围内的任务分配并自动调度各处理机的工作负载。

网络操作系统和分布式操作系统的区别是：

(1) 分布性。分布式操作系统的处理和控制功能均为分布式的；而网络操作系统虽具分布处理功能，但其控制功能却是集中在某个或某些主机或网络服务器中，即集中式控制方式。

(2) 并行性。分布式操作系统具有任务分配功能，可将多个任务分配到多个处理单元上，使这些任务并行执行，从而加速了任务的执行；而网络操作系统通常无任务分配功能，网络中每个用户的一个或多个任务通常都在本地计算机上处理。

(3) 透明性。分布式操作系统通常能很好地隐藏系统内部的实现细节。包括对象的物理位置、并发控制和系统故障等对用户都是透明的。例如，当用户要访问某个文件时，只需提供文件名而无须知道（所要访问的对象）它是驻留在那个站点上，即可对它进行访问，以即具有物理位置的透明性。网络操作系统的透明性则主要指操作实现上的透明性。例如，当用户要访问服务器上的文件时，只需发出相应的文件存取命令，而无需了解对该文件的存取是如何实现的。

(4) 共享性。分布式操作系统支持系统中所有用户对分布在各个站点上的软硬件资源的共享和透明方式访问。而网络操作系统所提供的资源共享功能仅局限于主机或网络服务器中资源，对于其他机器上的资源通常仅有使用该机的用户独占。

(5) 健壮性。分布式操作系统由于处理和控制功能的分布性而具有较好的可用性和可靠性，即健壮性。而网络操作系统由于控制功能的集中式特点而使系统重构功能较弱，且具有潜在的不可靠性。

4.2.3 操作系统的特征

操作系统具有并发、共享、虚拟和异步四个基本特征。

1. 并发

并发性是指两个或多个事件在同一时间间隔内发生。在多道程序环境下，并发是指在一段时间内，宏观上有多个程序在同时运行。在微观上，这些程序只是分时交替执行。程序的并发执行提高了计算机系统的资源利用率和系统吞吐量，但是也导致操作系统对程序管理的复杂化和操作系统本身的复杂性。

与并发性的概念类似的但又有区别的概念是并行性(Parallelism)。并行性是指两个或多个事件在同一时刻发生。这两个概念的区别可以用"吃馒头"的例子形象的区分：并发就好比一个人同时吃三个馒头（他不可能在一个时间点同时吃三个，顶多一个一口轮流吃，就像处理器处理作业一样要遵循一定的规则）；而并行就好比三个人同时吃三个馒头。

并行性具有并发的含义，但并发不一定具有并行性。在单 CPU 的计算机系统中，多个程序是不可能同时执行的，只有在多 CPU 的系统中才能实现多个程序并行执行。

2. 共享

共享是指多个用户或进行共享系统的软、硬件资源。共享可以提高各种系统设备和系统软件的使用效率，能对系统资源进行合理分配和使用。在合作开发某一项目时，同组用户共享软件和数据库可以大大提高开发效率和速度。

按照资源属性的不同（共享资源或独占资源），共享方式可以分为互斥共享和同时访问两种。系统中的独占资源，如打印机、绘图仪等，这些设备不允许两个以上的用户程序同时访问，只有当一个进程使用完毕后释放该占用资源后，才允许另一个进行访问，这类资源只能用互斥方式共享。与之不同的是另一类资源，如磁盘设备等，同一时段内宏观上可以由多个进行同时对它们进行访问,这类设备的共享方式称为同时访问共享。

3. 虚拟

所谓虚拟,是指通过某种技术把一个物理实体变为若干个逻辑上的对应物,对用户隐藏了对硬件操作的复杂性。物理实体是实际存在的,而后者是逻辑上存在的,是虚的,是用户感觉上的东西。用于实现虚拟的技术,称为虚拟技术。在操作系统中利用了多种虚拟技术,分布实现虚拟处理器、虚拟内存和虚拟设备等。

4. 异步性

异步性也称为不确定性,是指同样一个数据集的同一个程序在同样的计算机环境下运行,每次执行的顺序和所需的时间都不相同。在多道程序环境下,允许多个进程并发执行,但只有进程获得所需资源后才能开始执行。由于资源竞争等因素的限制,使得进程执行通常不是"一气呵成",而是"时走时停"的方式运行的。

以上四个特征不是相互独立的,它们具有密切的联系。共享是以程序的并发执行为条件的,同时,系统对资源共享的有效实施和管理也是并发执行存在的前提。虚拟与异步性是操作系统的两个重要特征。虚拟技术为共享提供了更好的条件,而并发与共享是导致异步性的根本原因。

4.2.4 操作系统的功能

操作系统是计算机系统资源的管理者,其主要任务是对系统中的硬件、软件资源实施有效的管理,以提高系统资源的利用率。操作系统的主要功能包括处理机管理、存储管理、设备管理、文件管理以及为方便用户而提供友好的用户界面。

1. 处理机管理

处理机管理主要完成对处理机的分配调度与运行管理等功能,对处理机管理的好坏直接影响计算机系统的整体性能。在传统的操作系统中,处理机的分配调度是以进程(process)为单位,因此处理机管理最终归为对进程的管理。现代操作系统中,都引入了线程(Thread),处理机管理还需包含对线程的管理。

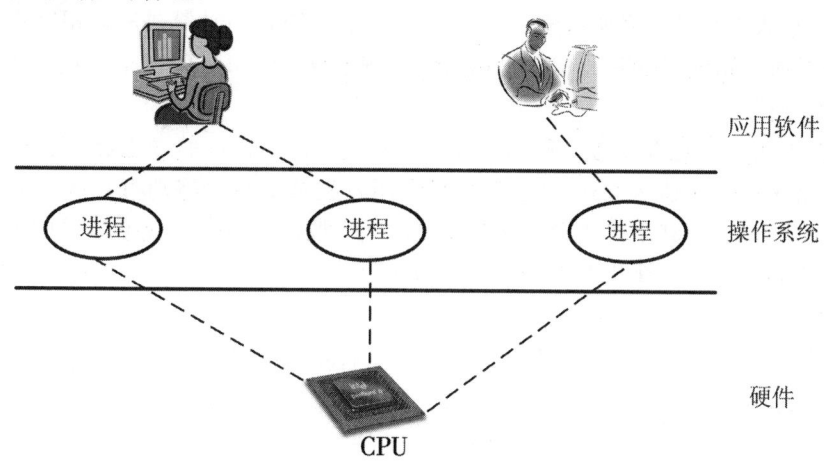

图 4.3 进程与 CPU

进程和线程是操作系统中非常重要的内容,那么什么是进程和线程呢?前面介绍过,单用户操作系统、批处理系统均存在效率低下的问题,即 CPU 使用率不高。为了提高 CPU 使用率,人们想起将多个程序同时加载到计算机里,并发执行。这些同时存在于计算机内存的程序就称为进程。进程让每个用户感觉到自己独占 CPU,如图 4.3 所示。

进程是运转的程序,是为了在 CPU 上实现多道编程而发明的一个概念。但是进程在一个时间只能干一件事情。如果想同时干多件事情,就需要线程。线程就是我们为了让一个进程能够同时干多件事情而发明的"分身术"。将进程分解为线程也可以有效利用多处理器和多核计算机。在没有线程的情况下,增加一个处理器并不能让一个进程的执行速度提高。但如果分解为多个线程,则可以让不同的线程同时运转在不同的处理器上,从而提高进程的执行速度。例如,当我们使用文字处理软件,如 Microsoft Word 时,实际上是打开了多个线程。这些线程一个负责显示,一个接受输入,一个定时进行存盘。

操作系统对进程(线程)的管理主要包括进程控制、进程同步、进程通信、进程调度四个方面。

(1) 进程控制

在传统的多道程序环境下,要使作业运行,必须先为它创建一个或几个进程,并为之分配必要的资源。进程运行结束时,立刻撤销该进程,以便能及时回收该继承所占用的各类资源。进程控制的主要功能是为作业创建与撤销进程,控制进程在运行过程中的状态转换(如阻塞与唤醒进程,挂起与激活进程)。

(2) 进程同步

进程同步的主要任务是协调多个并发执行的进程(线程)之间的推进步骤。为使多个进程能有条不紊地并发执行,系统中必须设置进程同步机制。

进程同步有两种协调方式,即进程互斥方式和进程同步方式。前者是指进程(或线程)在对临界资源进行访问时,应采用互斥方式。后者指在相互合作完成共同任务的所有进程(线程)间,由同步机制对它们的执行次序加以协调。为了实现进程同步,系统中必须设置进程同步机制。最简单的用于实现进程互斥的机制是为每一个临界资源配置一把锁,当锁打开时,进程(线程)可以对该临界资源进行访问;而锁关闭时,则禁止进程(线程)访问该临界资源。

(3) 进程通信

进程通信的任务是用来实现在相互合作的进程之间的信息交换。通过进程之间的信息交换,来协调合作进程间的推进顺序。例如,有三个相互合作的进程,它们是输入进程、计算进程和打印进程。输入进程负责将所有输入的数据传送给计算进程;计算进程利用输入数据进行计算,并把计算结果传送给打印进程;最后,由打印进程把计算结果打印出来。它们之间的信息交换都是靠进程通信完成。

进程通信方式主要有直接通信和间接通信两类。当相互合作的进程(线程)处于同一计算机系统时,通常采用直接通信方式,即由源进程利用发送命令直接将消息挂到目标进程的消息队列上,以后由目标进程利用接收命令从其消息队列中取出消息。间接通信采用信箱完成信息交换,主要用于处于不同计算机节点进程之间的通信。

(4) 进程调度

进程调度的任务是从进程的就绪队列中选出一个进程,把处理机分配给它,并为它设置运行现场,使进程投入执行。

2. 存储管理

存储管理是操作系统的重要组成部分,它负责管理计算机系统的存储器,包括内存和外存两类。下面主要介绍操作系统对内存的管理。

内存管理的主要任务是提高内存利用率,为用户程序提供足够的存储空间,方便进程并发

执行,为程序运行提供良好环境,为用户使用存储器提供方便,主要包括以下四个功能:

(1) 内存分配

内存分配的主要任务是为每道正在处理的程序或数据分配内存空间。为此,操作系统必须记录整个内存的使用情况,处理用户程序提出的申请,按照某种策略实时分配,接收系统或用户释放的内存空间。

操作系统在实现内存分配时,可以采取静态和动态两种方式。

静态分配方式:每个作业的内存空间是在作业装入时确定的,在作业装入后的整个运行期间,不允许该作业再重新申请新的内存空间,也不允许作业在内存中移动。

动态分配方式:每个作业所要求的基本内存空间,也是在装入时确定的,但允许作业在运行过程中,继续申请新的内存空间,以适应程序和数据的动态增长,也允许作业在内存中移动。

(2) 内存保护

不同用户的程序都放在内存中,因此必须保证它们在各自的内存空间活动,不能相互干扰,不能侵犯操作系统的空间。为此,需要建立内存保护机制,即设置两个界限寄存器分别存放正在执行的程序在内存中的上界地址值和下界地址值。当程序运行时,要对所产生的访问内存的地址进行合法性检查。就是说该地址必须大于或等于下界寄存器的值,并且小于上界寄存器的值,否则,属于地址越界,访问将被拒绝,引起程序中断并进行相应处理。

(3) 地址映射

一个应用程序经过编译后,通常会形成若干个目标程序。这些目标程序再经过链接便形成了可装入程序。这些程序的地址都是从 0 开始的,程序中的其他地址都是相对于起始地址计算的,我们把程序中使用的地址称为逻辑地址,由这些地址所形成的地址范围称为逻辑地址空间。此外,由内存中的一系列单元所限定的地址范围称为物理地址空间,其中的地址称为物理地址。

地址映射主要实现进程逻辑地址到内存物理地址的转换,以便程序能够正确地运行。

(4) 内存扩充

一个程序如果要运行,必须加载到物理内存里。但是,内存容量是非常有限的。通过购买更大的物理内存来扩大内存容量会大幅度提高计算机的成本。如何在不太增加成本的情况下扩大内存容量呢?操作系统是利用虚拟存储技术完成的,即把内存和外存联合起来统一使用。虚拟存储技术只把当前需要运行的那部分程序和数据放入内存,且当其不再使用时,就被换出到外存。程序中暂时不用的其余部分存放在作为虚拟存储器的磁盘上,运行时由操作系统根据需要把保存在外存上的部分调度内存。虚拟存储技术从逻辑上扩充了内存容量,使用户所感觉到的内存容量比实际内容容量大得多,而并非是去扩大物理内存的容量。这样,可以满足大作业的需要及增加内存中并发进程数,既改善了系统的性能,又基本上不增加硬件成本。

虚拟存储是操作系统发展历史上的一个革命性突破。因为有了虚拟内存,程序员编写的程序不再受尺寸的限制(当然还是受制于虚拟地址空间大小的限制)。虚拟存储除了让程序员感觉内存容量大大增加之外,还让程序员感觉到内存速度也加快了。其实,这都是操作系统的虚拟存储为用户提供的一个幻象。

3. 设备管理

计算机系统中大都配置有许多外部设备,如显示器、键盘、鼠标、硬盘、DCD-ROM、网卡、打印机、扫描仪等。这些外部设备的性能、工作原理和操作方式都不一样,因此,对它们的使用也有很大差别。这就要求操作系统提供良好的设备管理功能。硬件设备的管理功能由设备管理程序来实现。

设备管理主要包括缓冲区管理、设备分配、设备驱动和设备独立性及虚拟设备。

(1) 缓冲区管理

在计算机系统中，CPU 的速度最快，而外部设备的处理速度相对缓慢，因而不得不经常中断 CPU 的运行。这就大大降低了 CPU 的使用效率，进而影响到整个计算机系统的运行效率。为了解决这个问题，以提高外部设备与 CPU 之间的并行性，从而提高整个系统性能，常采用缓冲技术来解决 CPU 与外部设备间速度不匹配的矛盾。缓冲是两种不同速度的设备之间传输信息时平滑传输过程的常用手段。在日常生活中，也常使用缓冲的概念。例如，一个图书管理员管理着上万册书，每天都有许多读者来借书。日子长了管理员发现总是有些书借阅者多而另一些书借阅者少，为了少跑路，把办公桌的一个抽屉空出来专门放那些经常有人借阅的书，这样如果有人来借，就不用像以前那样到书架上爬梯子才拿得到。这个抽屉就是"缓冲区"。

缓冲区管理的基本任务是管理好各类缓冲区，如字符缓冲区和字符块缓冲区，以缓和 CPU 和外设之间速度不匹配的矛盾，最终达到提高 CPU 和外设利用率，进而提高整个计算机系统性能的目的。对于不同的系统，可以采用不同类型的缓冲区机制。最常见的缓冲区机制有单缓冲机制，能实现双向同时传送数据的双缓冲机制，以及能供多个设备同时使用的公共缓冲池机制。

(2) 设备分配

设备分配的基本任务是：根据用户进程的 I/O 请求、系统现有资源情况以及按照某种设备分配策略，为之分配其所需的设备；如果在 I/O 设备和 CPU 之间，还存在着设备控制器和 I/O 通道时，还须为分配出去的设备分配相应的控制器和通道。在用户进程使用设备完毕后，应立即由系统回收。

(3) 设备驱动

设备驱动的基本任务通常是实现 CPU 与通道和外设之间的通信。操作系统依靠设备驱动程序来进行计算机中各设备之间的通信。设备驱动程序，简称驱动程序，这种程序创建了一个硬件与硬件，或硬件与软件沟通的接口，经由主板上的总线或其他沟通子系统与硬件形成连接的机制，这样的机制使得硬件设备上的数据交换成为可能。计算机中诸如鼠标、键盘、显示器及打印机等设备都有自己专门的命令集，因而需要自己的驱动程序。如果没有安装正确的驱动程序，设备就无法工作。依据不同的电脑架构与操作系统差异平台，驱动程序可以是 8 位、16 位、32 位或 64 位，这是为了调和操作系统与驱动程序之间的依存关系，如在 Windows 3.11 大部分的驱动程序都是 16 位，Windows XP 则使用 32 位驱动程序，至于 64 位的 Linux 或是 Windows Vista 平台上，就必须使用 64 位的驱动程序。

(4) 设备独立性和虚拟设备

为方便用户使用设备，提高设备可适应性，应考虑设备独立性。设备独立性也称设备无关性，是指应用程序独立于物理设备，即用户编写程序时使用的设备与实际使用的物理设备无关。这种独立性不仅能提高用户程序的可适应性，使程序不局限于某种具体的物理设备，而且易于实现输入、输出的重定向。设备管理还应该事先虚拟设备的功能，即通过虚拟技术将一台独占设备虚拟成多台逻辑设备，供多个用户进程共享使用。这样，不仅提高了设备的利用率，而且还加速了程序的运行，每个用户都感觉自己在独占该设备。

4. 文件管理

处理机管理、存储管理和设备管理都属于操作系统对硬件资源的管理，对软件资源管理是操作系统的另一重要功能。软件资源通常是以文件形式存放在磁盘或其他外部存储介质上供用户使用的，因此软件管理主要表现为文件管理。操作系统中必须配置文件管理机构。文件管理的主要任务是实现软件资源的存储、共享、保密和保护。文件管理包括:文件存储空间管理、目录管理、文件的读写管理和存取控制。

(1) 文件存储空间的管理

由文件系统对计算机系统中的文件及文件的存储空间实施统一的管理。其主要任务是为每个文件分配必要的外存空间,提高外存的利用率,并能有助于提高文件系统的运行速度。为了实现对文件存储空间的管理,系统应设置相应的数据结构,用于记录文件存储空间的使用情况,以供分配存储空间时参考。系统还应具有对存储空间进行分配和回收的功能。

(2) 目录管理

为了使用户能方便地在外存中找到所需文件,通常由系统为每个文件建立一个目录项。目录项包括文件名、文件属性、文件在磁盘上的物理位置等。由若干个目录项又可构成一个目录文件。目录管理的主要功能是为每个文件建立其目录,并对众多的目录项加以有效的组织,以实现方便的按名存取,即用户只需提供文件名,便可对该文件进行存取。其次,目录管理还应能实现文件共享,这样,只需在外存上保留一份该共享文件的副本即可。另外,目录管理还应该提供快速的目录查询手段,以提高对文件的检索速度。

(3) 文件的读/写管理和保护

文件的读、写管理是文件管理最基本的功能。该功能是根据用户的请求,从外存中读取数据,或将数据写入外存。在进行文件读(写)时,系统首先根据用户给出的文件名,去检索文件目录,从中获得文件在外存中的位置。然后,利用文件读(写)指针,对文件进行读(写)。一旦读(写)完成,便修改读(写)指针,为下一次读(写)做准备。

为了防止系统中的文件被非法窃取或破坏,在文件系统中应建立有效的保护机制,防止未经核准的用户存取文件,防止冒名顶替存取文件,防止以不争取得方式使用文件,以保证文件系统的安全性。

5. 用户接口

为了方便用户使用操作系统,操作系统向用户提供了"用户与操作系统的接口"即用户接口。它屏蔽了计算机硬件的操作细节,使用户或程序员与系统硬件隔离开来。用户通过使用这些接口达到方便实用计算机的目的。操作系统为用户提供了命令接口、程序接口与图形用户接口三种接口。

(1) 命令接口

命令接口是用户利用操作系统命令组织和控制作业的执行或管理计算机系统。命令是在命令输入界面上输入,由系统在后台执行,并将结果反映到前台界面或者特定的文件内。命令接口可以进一步分为联机用户接口和脱机用户接口。

联机用户接口由一组键盘操作命令及命令解释程序所组成,主要提供给联机用户使用。当用户在终端或控制台上每键入一条命令后,系统便立即转入命令解释程序,对该命令加以解释并执行。在完成指定功能后,控制又返回到终端或控制台上,等待用户键入下一条命令。联机命令接口有键盘命令和命令文件两种方式。

脱机用户接口也称为批处理用户接口,是由一组作业控制语言 JCL 组成,主要提供给批处理作业用户组织和控制自己的作业运行。脱机用户将事先用相应的 JCL 将作业控制命令写成作业操作说明书,连同作业一起提交给系统。由系统中命令解释程序对其操作说明书上的命令逐条解释执行。

(2) 程序接口

程序接口是 OS 专门为用户程序设置的,也是用户程序取得 OS 服务的唯一途径,程序接口通常由各种各样的系统调用所组成。每一个系统调用都是一个能完成特定功能的子程序,每当应用程序要求操作系统提供某种服务时,便调用具有相应功能的系统调用。

(3) 图形接口

图形用户界面或图形用户接口(Graphical User Interface,GUI)是指采用图形方式显示的计算机操作环境用户接口。与早期计算机使用的命令行界面相比,图形界面对于用户来说更为简便易用。GUI 的广泛应用是当今计算机发展的重大成就之一,它极大地方便了非专业用户的使用。人们从此不再需要死记硬背大量的命令,取而代之的是通过窗口、菜单、按键等方式来方便地进行操作。

4.3 常用的操作系统

目前最常用的操作系统是 DOS、windows、Unix 和 Linux,下面对它们进行介绍。

4.3.1 MS-DOS

MS-DOS 是 Microsoft Disk Operating System 的简称,意即由美国微软公司提供的磁盘操作系统。在 Windows 95 以前,DOS 是 IBM PC 及兼容机中的最基本配备,而 MS-DOS 则是个人电脑中最普遍使用的 DOS 操作系统。

最基本的 MS-DOS 系统,由一个基于主引导记录(硬盘才有 MBR,软盘没有 MBR,启动扇区位于第 0 轨的扇区中,内容上与硬盘的 MBR 略有不同)的 BOOT 引导程序和三个文件模块组成。这三个模块是:输入输出模块(IO.SYS)、文件管理模块(MSDOS.SYS)及命令解释模块(COMMAND.COM)。(不过在 MS-DOS 7.0 中,MSDOS.SYS 被改为启动配置文件,而 IO.SYS 增加了 MSDOS.SYS 的功能)除此之外,微软还在零售的 MS-DOS 系统包中加入了若干标准的外部程序(即外部命令),这才与内部命令(即由 COMMAND.COM 解释执行的命令)一同构建起一个在磁盘操作时代相对完备的人机交互环境。MS-DOS 一般使用命令行界面来接受用户的指令,不过在后期的 MS-DOS 版本中,DOS 程序也可以通过调用相应的 DOS 中断来进入图形模式,即 DOS 下的图形界面程序。早先版本的 MS-DOS 为 FAT12 与 FAT16,事实上也因为 MS-DOS 的流行,造成日后磁盘格式受到文件配置表影响相当巨大。从 MS-DOS 7.0 开始,尤其是 MS-DOS 7.10 版本则已全面支持 FAT32、长文件名和大硬盘等。

今天,DOS 系统仍未完全在个人计算机系统中销声匿迹,这是因为它为 windows 操作系统的早期版本提供了部分操作系统内核。然而,由于 DOS 很好地隐藏在 Windows 的图形用户界面中,所以现在的用户很少直接和它打交道了。

以下是一些基本的 DOS 命令。

(1) DIR 命令:用于显示指定磁盘、目录中的文件和子目录信息,包括文件及子目录所在磁盘的卷标、文件与子目录的名称、每个文件的大小、文件及目录建立的日期时间,以及文件子目录的个数、所占用总字节数以及磁盘上的剩余总空间等信息。

格式为:

dir [盘符:][路径名][文件名][.ext][/o][/s][/p][/w][/a]

其中盘符磁盘驱动器字母,若省略,则为当前驱动器;路径名表示文件所在的目录名,若缺省表示当前目录。

其中斜杠后面的内容是参数,最常用的参数是/o,/s,/p,/w。

/p:显示信息满一屏时,暂停显示,按任意键后显示下一屏。

/o:排序显示。o 后面可以接不同意义的字母。

/w:只显示文件名目录名,每行五个文件名。即宽行显示。

/s:将目录及子目录的全部目录文件都显示。

(2) MD:该命令允许在 DOS 盘上建立一个子目录。

格式为:

MD[盘符:][路径名]〈子目录名〉

例如,>MD USER[Enter];

回车后建立了名为 USER 的子目录。

(3) CD:该命令改变或显示当前目录

格式为:

CD [盘符:][路径名]

如果只有 CD 而没有参数,则只显示当前路径。注意:子目录中一定有两个"特殊目录",即".","..",其中一点表示当前目录,两点表示上一层目录。

例如:若当前目录为 USER,在此目录下输入 CD..,就进入上一级目录。

(4) RD:从制定的磁盘中删掉子目录。

格式为:

RD[盘符:][路径名][子目录名]

使用说明:子目录在删除前必须是空的,也就是说需要先进入该子目录,使用 DEL(删除文件的命令)将其子目录下的文件删空,然后再退回到上一级目录,用 RD 命令删除该了目录本身;不能删除根目录和当前目录。

(5) DEL:该命令可以一步就将目录及其下的所有文件、子目录、更下层的子目录一并删除,而且不管文件的属性为隐藏、系统或只读,只要该文件位于删除的目录之下,DEL 都一视同仁,照删不误。

格式:

DEL[盘符:][路径]〈文件名〉[/P]

使用说明:如果选用参数/p,系统会在删除前询问是否确定要删除该文件,否则系统自动删除。如要删除磁盘上的所有文件(使用命令 DEL *.*),系统会提示是否确定要删除。

(6) COPY:拷贝一个或多个文件到指定盘上。

格式:

COPY [源盘][路径]〈源文件名〉[目标盘][路径][目标文件名]

使用说明 COPY 是文件对文件的方式复制数据,目标盘上相同文件名称的旧文件会被源文件取代;文件名中允许使用通配符"*","?",可方便同时复制多个文件;而且,源文件名不能省略,目标文件名如果省略表示与原文件名相同。

还有一些常用的命令,如表 4.1 所示,供读者在实际操作中学习掌握。

表 4.1 基本 DOS 命令

命　令	用　　　途
ATTRIB	显示、改变文件和目录的属性或清除所有属性。
CHKDSK	报告磁盘状态,报告和更正在 FAT 和目录结构中存在的错误,并报告文件碎片情况。
CLS	清除屏幕显示。
DATE	显示并允许修改系统日期。
DISKCOMP	比较两个软盘。
DISKCOPY	将一张盘拷贝到另一张盘上。
ECHO	打开或关闭命令的回显功能或显示一条信息。
EXIT	退出二级命令处理器。
ATTRIB	显示、改变文件和目录的属性或清除所有属性。
FIND	在一个或一组文件中搜寻指定的文本字符串并显示包含该的行。
HELP	启动 DOS 命令帮助程序。
PATH	为外部可执行文件(包括批处理文件)定义查找路径。
RD	删除一个目录。
REN	改变一个或多个文件名。
TIME	显示并允许修改系统时间。
TREE	以图形方式显示目录结构。
TYPE	显示文件内容。
UNFORMAT	恢复被 FORMAT 命令重新格式化的磁盘。
VOL	显示磁盘卷标和系列号。
XCOPY	拷贝文件和子目录。

4.3.2　Windows 操作系统

　　Windows 起源可以追溯到多年前施乐公司所进行的研发工作。美国施乐公司成立了著名的研究机构 PARC,主要从事局域网络、激光打印机、图形用户界面和面向对象技术的研究。施乐于 1981 年宣布推出世界上第一个商用的图形用户界面系统——Star 8010 工作站。但由于种种原因,此技术上并未得到大众的重视,也没有协助商业化的应用。

　　这时苹果电脑公司的创始人之一的史蒂夫·乔布斯在参观施乐公司的 PARC 研究中心后认识到图形用户界面的重要性以及广阔的市场前景,便开始着手进行自己的图形用户界面系统研发工作。之后在 1983 年研发出第一个图形用户界面系统 Lisa。不久,Apple 又推出第二个图形用户界面系统 Macintosh(即现在称的"苹果电脑"、"Mac 机"),成为世界上第一个成功的商用图形用户界面系统。苹果公司在开发 Macintosh 时基于市场战略上的考虑,故意只开发了能于苹果公司自己的计算机上作运作的图形用户界面系统,但当时因为 Intel x86 微处理器芯片的 IBM 兼容计算机已渐露头角,因此就给了微软公司所开发的 Windows 生存空间和市场。微软公司已经意识到创建业界标准的重要性,所以在 1983 年春季就宣布开始研究开发

Windows,希望它能够成为基于 Intel x86 微处理芯片计算机上的标准图形用户界面操作系统。它在 1985 年和 1987 年分别推出 Windows 1.0 版和 Windows 2.0 版。但是当时硬件和 DOS 操作系统的限制,这两个版本并没有取得很大的成功。此后,Microsoft 对 Windows 的 RAM 管理、图形用户界面做了重大改进,使图形用户界面更加美观并支持虚拟内存功能,于 1990 年 5 月份推出 Windows 3.0。Windows3.0 一上市便在商业上取得惊人的成功;推出不到 6 个星期,微软已经卖出 50 万份 Windows 3.0,打破了任何软件产品的六周内销售记录,从而开始了微软在操作系统上的垄断地位。但在 1994 年时被苹果公司控告侵权,展开了著名的"Look and Feel"诉讼官司。

微软公司 1975 年成立之初,只有一个 Basic 程序,以及比尔盖茨和保罗艾伦两个人。时至今日,微软公司已经成为世界上最大的软件公司,其产品涵盖操作系统、编译程序、数据库和办公自动化软件等各个领域。

虽然由于人们对于开放源代码作业系统兴趣的提升,Windows 的市场占有率有所下降,但是到 2004 年为止,Windows 操作系统在世界范围内占据了桌面操作系统 90% 的市场。Windows 系统也被用在低级和中级服务器上,并且支持网页服务及数据库服务等一些功能。微软甚至花费了较多研究与开发的经费用于使 Windows 拥有能运行企业大型程序的能力。

2001 年,Microsoft 公司推出 Windows XP。XP 表示英文单词"体验"(experience)。微软最初发行了两个版本:专业版(Windows XP Professional)和家庭版(Windows XP Home Edition)。Windows XP Professional 专业版除包含家庭版一切功能,还添加了新的为面向商业用户而设计的网络认证、双处理器支持等特性,最高支持约 3.2GB 的内存。主要用于工作站、高端个人电脑以及笔记本电脑。家庭版只支持 1 个处理器,专业版则支持 2 个。

2005 年,Microsoft 公司推出 Windows Vista。Windows Vista 的内部版本是 6.0(即 Windows NT 6.0),正式版的 Build 是 6.0.6000。据微软表示,Windows Vista 包含了上百种新功能;其中较特别的是新版的图形用户界面和称为"Windows Aero"的全新界面风格、加强后的搜寻功能(Windows Indexing Service)、新的多媒体创作工具(例如 Windows DVD Maker),以及重新设计的网络、音频、输出(打印)和显示子系统。Vista 也使用点对点技术(peer-to-peer)提升了计算机系统在家庭网络中的通信能力,让在不同计算机或装置之间分享文件与多媒体内容变得更简单。针对开发者方面,Vista 使用.NET Framework 3.0 版本,比起传统的 Windows API 更能让开发者写出高品质的程序。

2009 年 10 月 22 日,Microsoft 公司发售 Windows 7。Windows 7 的设计主要围绕五个重点——针对笔记本电脑的特有设计;基于应用服务的设计;用户的个性化;视听娱乐的优化;用户易用性的新引擎。

2012 年 10 月 26 日,Microsoft 公司正式推出 Windows 8。Windows 8 的界面变化极大。系统界面上,Windows 8 采用 Modern UI 界面,各种程序以磁贴的样式呈现;操作上,大幅改变以往的操作逻辑,提供屏幕触控支持;硬件兼容上,Windows8 支持来自 Intel、AMD 和 ARM 的芯片架构,可应用于台式机、笔记本、平板电脑上。

2013 年 10 月,微软向 Windows8 用户推送 Windows 8.1。2014 年 4 月,微软在 BUILD 2014 大会上发布 Windows8.1 Update 1。广义上的 Windows 8 包括 Windows 8 和 Windows 8.1。

2015 年 7 月 13 日晚,微软宣布 2015 年 7 月 29 日正式发布 Windows 10。在正式版本发布一年内,所有符合条件的 Windows7、Windows 8.1 的用户都将可以免费升级到 Windows 10。

Windows10 新增了 Multiple Desktops 功能。该功能可让用户在同个操作系统下使用多个桌面环境，即用户可以根据自己的需要，在不同桌面环境间进行切换。

随着电脑硬件和软件系统的不断升级，微软的 windows 操作系统也在不断升级，从 16 位、32 位到 64 位操作系统。从 1985 年的 Windows1.0 到大家熟知的 Windows95、NT、97、98、2000、Me、XP、Server、Vista、Windows 7 以及 Windows 10 各种版本的持续更新，Windows 几乎成为操作系统的代名词。

4.3.3 Unix 操作系统

上世纪六十年代，大部分计算机都是采用批处理的方式。那时，美国电话及电报公司、通用电器公司及麻省理工学院计划合作开发一个多用途、分时及多用户的操作系统，称为 MULTICS，其被设计运行在 GE-645 大型主机上。不过，这个项目由于太过复杂，整个目标过于庞大，糅合了太多的特性，进展太慢，几年下来都没有任何成果，而且性能都很低。于是到了 1969 年 2 月，贝尔实验室决定退出这个项目。

贝尔实验室成员 Ken Thompson 为 MULTICS 这个操作系统写了个叫"Space Travel"的游戏，在 MULTICS 上经过实际运行后，他发现游戏速度很慢而且耗费昂贵——每次运行会花费 75 美元。退出这个项目以后。他为了让这个游戏能玩，所以他找来 Dennis Ritchie 为这个游戏开发一个极其简单的操作系统。这就是后来的 Unix。

最初的 Unix 是用汇编语言编写的，一些应用是由叫做 B 语言的解释型语言和汇编语言混合编写的。B 语言在进行系统编程时不够强大，所以汤普逊和里奇对其进行了改造，并与 1971 年共同发明了 C 语言。1973 年汤普逊和里奇用 C 语言重写了 Unix。在当时，为了实现最高效率，系统程序都是由汇编语言编写，所以汤普逊和里奇此举是极具大胆创新和革命意义的。用 C 语言编写的 Unix 代码简洁紧凑、易移植、易读、易修改，为此后 Unix 的发展奠定了坚实基础。1974 年，汤普逊和里奇合作在 ACM 通信上发表了一篇关于 UNIX 的文章，这是 UNIX 第一次出现在贝尔实验室以外。此后 UNIX 被政府机关，研究机构，企业和大学关注，并逐渐流行开来。1975 年，UNIX 发布了 4、5、6 三个版本。1978 年，已经有大约 600 台计算机在运行 UNIX。1979 年，版本 7 发布，这是最后一个广泛发布的研究型 UNIX 版本。

UNIX 的不断发展导致许多计算机公司开始发行自己机器上的 UNIX 增值商业版本。UNIX 的第一个商业版本是 1977 年 Interactive System 公司的 IS/1(PDP-II)。20 世纪 50 年代，著名的商业版本有 SUN 公司的 Sun OS，微软与 SCO 公司的 XENIX 等。20 世纪 70 年代中期至 80 年代中期，UNIX 迅速发展，诞生了更多的 UNIX 版本，如 BSD(Berkeley Software Distribution)、UNIX SystemIII 以及 UNIX System V。

Unix 因为其安全可靠，高效强大的特点在服务器领域得到了广泛的应用。直到 GNU/Linux 流行开始前，Unix 也是科学计算、大型机、超级电脑等所用操作系统的主流。除了贝尔实验室的正宗 UNIX 版本外，UNIX 还有大量的变种，如 SUN Solaris、IBM AIX、HP UX、Compaq Tru64 UNIX。不同变种的功能、接口、内部结构基本相同而又各不相同。除变种外，UNIX 还有一些克隆系统，例如 Math 和 Linux。克隆和变种的区别在于：变种是在正宗版本的基础上修改而来，而克隆则只是界面相同，内部完全重新实现。

UNIX 操作系统面向用户的界面是一种命令语言，它被称为 shell(外壳)，这种语言的解释程序同样也称为 shell。shell 虽然是一种命令语言，但其功能很强，可以与一般作业控制语言媲美。下面对其简单命令进行介绍。

简单命令是 shell 命令语言的基础,其一般形式为:
command arg1 arg2…. Argn

其中,command 是命令名,arg1,arg2,…是执行命令的参数。命令名和各参数之间用一个或几个空格分开。例如:
who

是一个简单命令,who 是命令名。此命令要求将正在使用 UNIX 系统的用户打印出来。又如:
ls —l

用于讲现行工作目录打印出来。其中,ls 是命令名;—l 是可选参数,它说明除了命令名,还要将文件的类型、各类用户的存取全线、文件主名、文件长度等同时打印出来。

Shell 简单命令可分为两大类,一是系统提供的标准命令,如上面的例子i;另一类是各用户自编自用的命令。系统提供的标准命令包括了调用各种语言处理程序、实用程序等的命令。这种命令的数量随系统版本而异,而且系统管理员有权添加新的系统标准命令。在各用户文件目录中包含的各种可执行目标程序则属于用户自编自用命令。

4.3.4　Linux 操作系统

Linux 最初是由芬兰赫尔辛基大学计算机系大学生 Linus Torvalds 在 1990 年底到 1991 年的几个月中为了他的操作系统课程学习和上网用途而陆续编写的。Linux 是在 Unix 的一种版本 Minix(由一位名叫 Andrew Tannebaum 的计算机教授编写的一个操作系统示教程序)的内核基础上开发出来的操作系统。后来经过众多世界顶尖的软件工程师的不断修改和完善,Linux 得以在全球普及开来,在服务器领域及个人桌面版得到越来越多的应用,在嵌入式开发方面更是具有其他操作系统无可比拟的优势,并以每年 100% 的用户递增,这显示了 Linux 强大的力量。

Linux 是一套免费的 32 位多人多工的操作系统,运行方式同 UNIX 系统很像,具有若干个 Unix 的技术特征,如多任务处理功能、虚拟内存、TCP/IP 和多用户等功能。这些特性使得 Linux 不仅支持本地的网络服务,而且还成为 web 服务器上流行的操作系统。Linux 系统的稳定性、多工能力与网络功能也是许多商业操作系统无法比拟的,Linux 还有一项最大的特色在于源代码完全公开,在符合 GNU GPL(General Public License)的原则下,任何人皆可自由取得、散布、甚至修改源代码。

Linux 软件主要包括系统内核、系统使用工具、应用程序以及安装路径,在很多网站上可以找到。目前比较流行的 Linux 版本主要有 Red Hat Linux、Debian GNU/Linux、Mandrake 以及 SuSE。

同 UNIX 系统一样,shell 也是用户和 Linux 操作系统之间的接口。Linux 中有多种 shell,其中缺省使用的是 Bash.下面是一些常用的 shell 命令。

　　pwd　　显示当前目录
　　cat　　显示文本文件内容
　　cat—n　　显示文本文件内容同时显示行号
　　more　　显示文本文件内容,分页显示
　　ls—a　　显示文件,包括隐藏文件
　　ls—l　　显示全属性

dir　显示文件信息
who　当前有哪些用户登录,工作在哪个控制台上
whoami　我是谁
uname－a　显示当前系统版本及其他有用信息
uname－r　显示当前系统内核版本信息

4.4　Windows 7 操作基础

Windows 操作系统为用户提供了友好的图形用户界面,管理用户的文件与资源以及计算机的磁盘与外部设备,同时为应用程序的执行提供了支撑环境。Windows 是目前最为流行的个人计算机操作系统。Windows 7 是微软继 Windows XP 和 Vista 之后推出的又一代操作系统,它具有性能更高、启动更快、兼容性更强的等特性,增强了屏幕触控和手写识别支持、改进了安全和功能合法化,优化了安全控制策略,并拓展了多设备同步、管理和数据保护功能。Windows 7 包含 6 个版本,可供家庭及商业工作环境、笔记本及平板计算机、多媒体中心等使用,具有易用、快速、简单、安全等特点。

4.4.1　Windows 7 的基本操作

下面简单介绍 Windows 7 的基本操作,包括桌面、窗口等操作。

1. Windows 7 的桌面

桌面是 Windows 7 的工作平台,是用户使用系统的操作界面。Windows 7 桌面主要包括:图标、"开始"按钮和任务栏三部分,如图 4.4 所示。

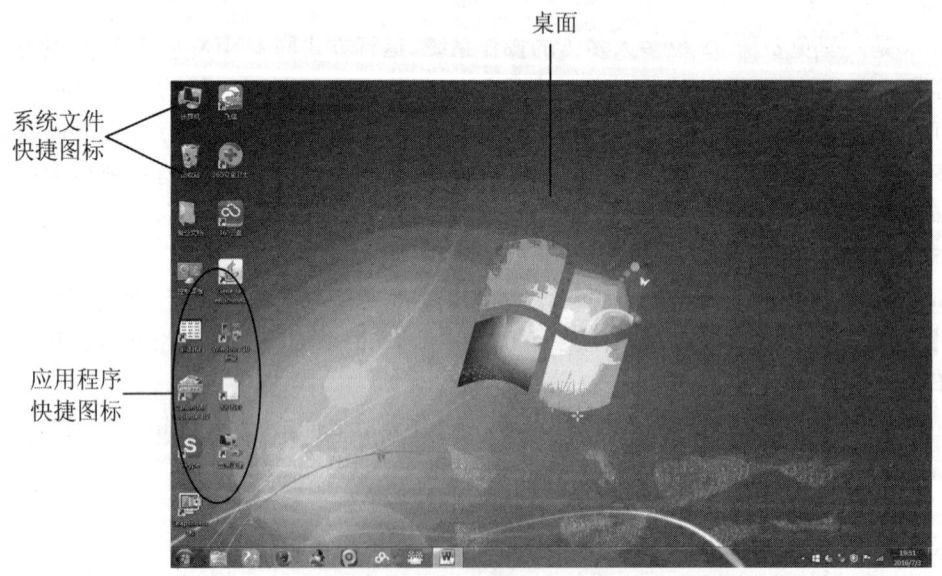

图 4.4　Windows 7 的界面

(1) 图标

Windows 7 桌面上的一个个形象的图片是程序或文件(夹)的快捷图标,双击这些图标即可

快速地打开文件、文件夹或者应用程序。桌面上主要的图标有计算机、回收站、我的文档、Internet Explorer 等。

如果某个应用程序或文件(夹)需要经常使用,最好在桌面上创建其快捷启动方式,操作方式是:在打开的资源管理器窗口中,右击欲创建的对象,选择"发送到"|"桌面快捷方式"命令。或者从"开始"菜单中直接选定程序名拖拽到桌面,可创建程序的快捷启动图标。

图标对应的鼠标操作通常是双击。例如双击桌面"计算机"图标,可以打开"计算机"窗口,如图 4.5 所示。

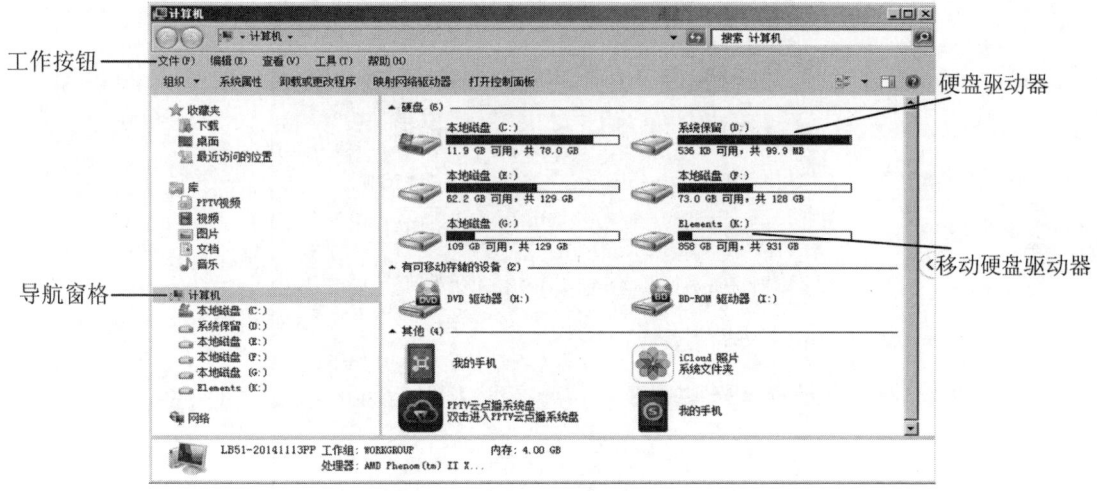

图 4.5 "计算机"资源管理器窗口

打开"计算机"窗口,可以进行磁盘、文件和文件夹的管理操作。

"回收站"是一个文件夹,用来存储被删除的文件和文件夹,用户可以把"回收站"中的文件恢复到系统中原来的位置。

(2)"开始"按钮

单击任务栏左侧的"开始"按钮就会弹出"开始"菜单,如图 4.6 所示。通过它可以实现启动程序、打开文档、改变系统设置、查找信息等操作。

图 4.6 "开始"菜单

"开始"菜单里常见的结构组成包括：

① 常用程序列表：列出用户使用最为频繁的一些程序，默认前 10 个。

② 安装软件区域：列出安装在这台计算机上的系统程序和用户安装的应用程序。

③ 搜索区域：根据用户输入的文字可以查找所需的文件、文件夹或网络中的计算机。

④ 用户账户按钮图标：当前登录的用户图标，单击即可打开"用户账户"窗口。

⑤ 系统文件夹区域：最常用的文件夹列表。

⑥ 系统设置区域：修改和设置系统状态的入口。

⑦ 关机按钮：单击它即可直接关机，单击其右侧的箭头图标▶即可弹出下面的功能选择菜单，可选择切换用户、注销、重新启动、睡眠等功能。如图 4.7 所示。

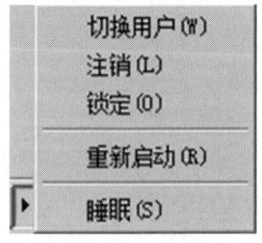

图 4.7 功能选择菜单

（3）任务栏

通常，位于桌面下方的一条水平长条称为任务栏。从左至右，任务栏一般包含"开始"按钮、"快速启动栏"、"正在打开的文件标题"、"语言栏"和"状态栏"几个部分。

系统默认的任务栏位于桌面的最下方，用户可以根据自己的需要把它拖到桌面的任何边缘处及改变任务栏的宽度，通过改变任务栏的属性，还可以让它自动隐藏。

在任务栏上非按钮区域单击鼠标右键，在出现的快捷菜单上选择"属性"，即可弹出"任务栏和开始菜单属性"对话框，如图 4.8 所示。

图 4.8　任务栏和开始菜单属性对话框

在其中的对话框中选择"任务栏"选项卡选项,可以设置任务栏的相应属性。

2. 窗口、对话框及菜单

Windows 7 是一个图形用户界面的操作系统,它为用户提供了方便、有效地管理计算机所需的一切。Windows 7 除了桌面外,还有窗口、对话框及菜单。其中,窗口和对话框操作是 Windows 7 的最基本操作。

(1) 窗口及操作

窗口是 Windows 7 系统的基本对象,是用户运行应用程序时的工作界面。Windows 7 的窗口基本上是由标题栏、地址栏、菜单栏、工具栏、导航窗格及窗口工作区等组成。用户与计算机的交互操作大部分都是在窗口中进行的,图 4.9 是一个典型的 Windows 7 窗口的组成示意图。

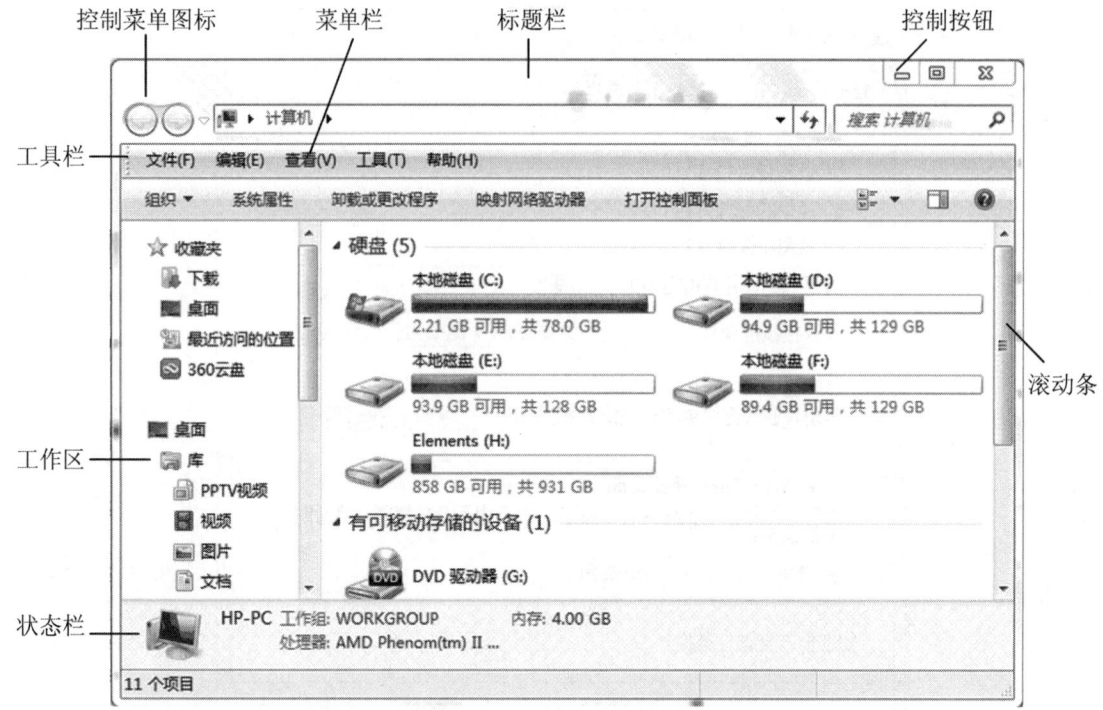

图 4.9 窗口的组成

① 标题栏：位于窗口顶部，用于显示当前打开的程序或者窗口的名字。

② 控制菜单图标：单击将弹出一个有关窗口操作，如"移动"、"最大化"、"关闭"等操作的菜单。

③ 控制按钮：用户对窗口进行控制，进行"最大化"、"最小化（还原）"、关闭操作。

④ 菜单栏：提供对窗口中的对象和应用程序打开的文档执行不同的操作。

⑤ 工具栏：提供了一些快捷操作方式，鼠标单击可以使用这些功能。

⑥ 状态栏：先是窗口的当前工作状态。

⑦ 滚动条：当窗口中的内容的长度超过窗口范围时会出现相应垂直或水平滚动条，通过单击滚动条或拖动滚动块可以控制窗口中内容的滚动。

对窗口的操作主要有"移动"、"改变大小"、"关闭"、"窗口切换"和"窗口排列"五种。

① 移动：将鼠标移动到窗口的标题栏，按住鼠标左键并拖拽窗口到另一个新位置，松开鼠标即可。

② 改变大小：当窗口未最大化时，按住鼠标左键并拖拽窗口边框线可以改变窗口大小。

③ 关闭：点击系统控制菜单，如"文件"，然后选择"退出"；或者双击"控制菜单图标"；也可以直接点击右上角的"关闭"按钮。

④ 窗口切换：如果在桌面上打开了多个窗口，可以通过下面 3 种方式进行切换：

- 直接单击任务栏中的某个缩略图即可快速切换成当前窗口；
- 单击该窗口的可见部位把它提到当前；
- 按住 Alt 键的同时，通过按 Tab 键，在每个窗口中实现切换。
- 按住 Windows 键，再重复按 Tab 键即可实现 3D 形式的窗口及桌面切换。

⑤ 窗口排列：右击任务栏的空白处，从弹出的快捷菜单里可以选择层叠窗口、堆叠显示窗

口(横向平铺)、并排显示窗口(纵向平铺)。

(2) 对话框及操作

对话框是 Windows 7 与用户进行信息交流的一个界面,一般用于对系统参数、任务状态、用户信息等方面的设置。用户可以根据对话框的内容来来完成对话,使得系统能明白用户的操作请求。图 4.10 是一个典型的对话框示意图。

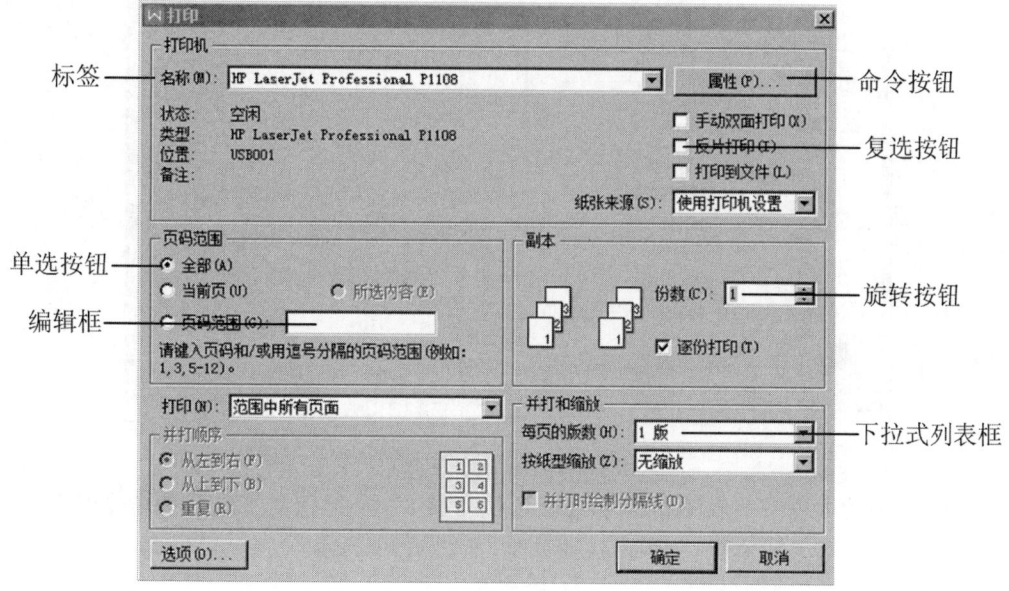

图 4.10 对话框

下面就该图,介绍一些对话框中常见控件的操作:

① 单选按钮:用来在一组选项中选择一个,且只能选择一个,被选中的按钮上出现一个黑点。

② 复选按钮:复选框列出了所有可以选择的项目,用户可以根据需要选择一个或多个任选项。复选项被选中后,在框中会出现"√"。

③ 下拉列表框:单击下拉式列表框的向下箭头可以打开列表给用户选择,列表关闭时显示被选中的对象。

④ 命令按钮:命令按钮代表一个可以立即执行的命令。例如"确定"、"取消"等都是命令按钮。

⑤ 旋转按钮:也成为数值框,单击数值框右边的箭头可以改变数值的大小,也可以直接输入数值。

⑥ 编辑框:用户可以直接输入符合格式的内容。

(3) 菜单及操作

Windows 7 常见的菜单有下拉菜单、快捷菜单、级联菜单。不同的应用程序会有不同的菜单,每个菜单都有自己的菜单项。用户可以通过鼠标或键盘选择菜单中的菜单项,执行相应命令。Windows 7 窗口中的菜单栏有时是不显示的,此时单击工具栏中的"组织"按钮,选择"布局"|"菜单栏"菜单命令即可,也可通过在"控制面板"|"文件夹选项"|"显示"中选择"始终显示菜单"来显示菜单栏。

当用户单击菜单栏中某个菜单名后,会弹出相应的下拉菜单,如图 4.11 所示。

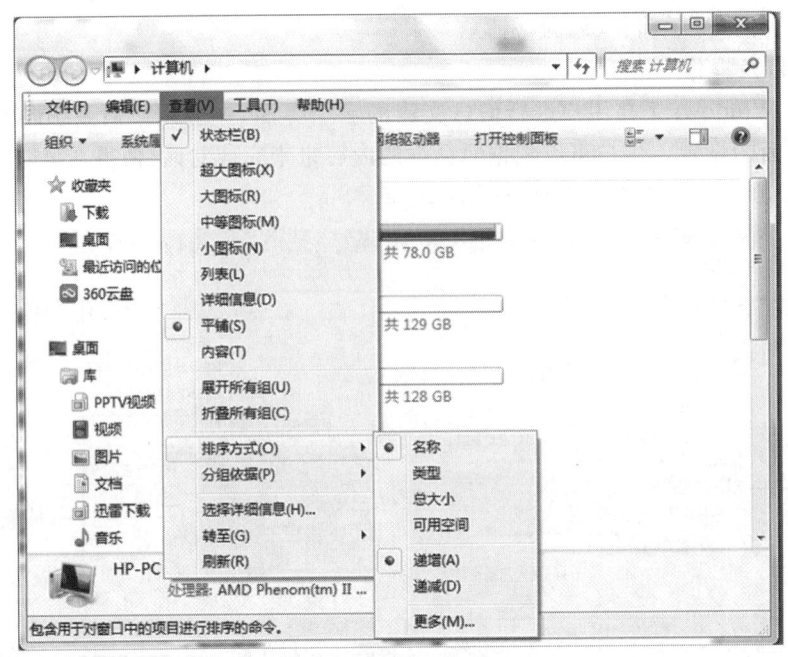

图 4.11 "查看"下拉菜单

下拉菜单中的黑色文字表示该命令处于可执行状态,淡灰色文字表示该命令暂时无法执行。右键单击某个对象或位置,会弹出快捷菜单,如图 4.11 所示。

菜单中的一些约定标记如下:

① 向右箭头"▶":表示下面有二级菜单(也称级联菜单)。

② 圆点"·":表示当前处于该命令所指的状态,一般用于同类命令中的单选。

③ 勾选标记"√":表示当前具有该命令所指的状态。

④ 省略号"...":表示此命令中含有对话框操作。

用户可以通过鼠标对菜单进行操作,也可以通过键盘命令或者快捷键执行。一些快捷键的使用能够大大提高用户工作的效率。比如"Ctrl+C"可以执行复制命令;"Ctrl+V"可以执行粘贴命令;"Ctrl+A"表示全部选中;"Ctrl+X"表示剪切。

4.4.2 文件管理

1. 文件和文件夹

在计算机系统中,各种数据信息都是以文件的形式存放在外存储上,文件就是按一定编码格式建立在外存储器上的信息集合。任何一个文件都必须具有文件名,文件名是文件存取的识别标志。在操作系统的管理下,用户不考虑文件具体是如何存取的,根据文件名即可访问文件。

文件名通常由主文件名和扩展名两部分组成,中间以圆点间隔,格式如下:

[路径]文件名[.扩展名]

例如,存储在本地磁盘 D 中"娱乐"文件夹下的一个视频文件"Fixyou.avi",其完整的文件名称为"D:\娱乐\Fixyou.avi",其中"D:\娱乐\"是路径、"Fixyou"是文件名、"avi"是扩展名。

在 Windows 7 中,文件名可以是字母、数字、下划线等字符,但不能使用"/、\、?、:、<、>、|"这些系统保留字符。扩展名是一组特定的字符,能让 Windows 识别文件中信息的类型以及应该用什么程序打开此文件,它一般是在创建文件时由所用程序自动赋予的,通常不需要更改。

当由于误操作使用了错误的扩展名,或者系统中没有安装与该文件相对应的应用程序时,系统会发出"Windows无法打开此文件"的警告,此时需要用户在"打开方式"对话框中选择合适的程序来打开文件。

常用的一些文件扩展名及其相关的文件类型如表4.2所示。

表4.2 文件扩展名

文件类型	扩展名	说　　明
可执行文件	exe、com	可执行程序文件
源程序文件	c、cpp、bas、java	程序设计语言的源程序文件
Office文件	doc、xls、ppt	Word、Excel以及PowerPoint创建的文件
流媒体文件	wmv、rm、qt	能通过Internet播放的流式媒体文件
压缩文件	zip、rar	压缩文件
网页文件	html、asp	静态及动态网页文件
图像文件	bmp、jpg、gif	不同格式的图像文件
音频文件	wav、mp3、mid	不同格式的声音文件

文件夹是在磁盘上组织程序和文档的一种手段,它既可以包含文件,也可以包含其他文件夹。每个子文件夹下同样又可以包含多个文件和子文件夹。对用户而言,众多杂乱无章的文件需要分类存放才能提高工作效率,常常通过创建一些文件夹并赋予特殊的文件夹名来加以分类。

2. 使用资源管理器

资源管理器是Windows 7系统提供的资源管理工具,借助它可以查看计算机里的所有资源,使用资源管理器可以更方便地实现文件浏览、查看、移动和复制等操作。用户不必打开多个窗口,只要在一个窗口中就可以浏览所有的磁盘和文件夹。

启动Windows 7资源管理器有四种方法:

① 选择"开始"|"所有程序"|"附件"|"Windows资源管理器"菜单命令。

② 用鼠标右键单击"开始"按钮,在弹出的快捷菜单中单击"打开Windows资源管理器"菜单命令;

③ 直接单击任务栏上的"Windows资源管理器"按钮。

④ 使用Windows键＋E快捷键的方式。

启动资源管理器之后,一般打开的是"库"界面窗口,库就是一个可以不分盘符聚合多个文件夹,可以分类查看并且根据不同属性排列文件顺序的地方。实际上,打开任意一个文件夹,都可以在Windows导航窗格中查看到"库",系统默认已设置了视频、图片、文档、音乐4个常用的库,而用户也可以新建其他主题的库。

如果想要让资源管理器启动后直接进入"计算机"资源管理器界面,则可以右击"Windows资源管理器"图标,从弹出的快捷菜单中选择"属性"命令,在弹出的"Windows资源管理器属性"对话框的"快捷方式"选择卡中,在exe后面加入一个英文的空格和逗号,即"％windir％\explorer.exe ,"。这样修改后打开的就是"计算机"界面,如图4.12所示。

图 4.12 "计算机"资源管理器窗口

相对于以往的 Windows 窗口，Windows 7 窗口界面有个许多变化，主要体现为：

① Windows 7 窗口的地址栏采用了一种新的导航功能，例如：在一段地址"E:\教学资料\计算机病毒\实验文档"上直接单击中间的地址"教学资料"就可以直接进入相应的"E:\教学资料"目录中。另外，如果想要复制当前的地址，只要在地址栏空白处点击以下，即可让地址栏以传统的方式显示。

② 在 Windows 7 中，窗口里的工具栏按钮不再是固定的，而是随着当前查看的对象类型，调整出与之相应的按钮功能。

③ Windows 7 的导航窗格位于窗口的左侧，利用其中的资源列表可以让用户快速定位到所需的文件。如图 4.12 所示。点击其中的名称，即可显示下一级的文件夹。导航窗格里的列表体现出文件夹的树状结构特征。

④ 文件预览窗格位于窗口的右半部分，此窗格里可以直接显示所选文件的内容，帮助用户做出决策。预览窗格一般是隐藏状态，单击窗口工具栏右侧的"显示预览按钮"即可打开文件预览窗格，再次单击则又隐藏。

⑤ Windows 7 提供了设置及更改文件（夹）列表显示和排序的多种方式。在窗口工具栏的右侧，单击"更改你的视图"按钮，可在下拉菜单中选择"超大、大、小、详细…."8 种文件显示方式。

4.4.3 文件和文件夹的操作

1. 选定文件或文件夹

选定文件或文件夹的方法如下：

① 选定单个文件或文件夹。用鼠标在内容框中单击要选择的文件或文件夹即可。
② 选定多个连续的文件或文件夹。先用鼠标单击第一个文件或文件夹，然后按住 Shift 的同时单击最后一个文件或文件夹就可以选中包含在上述两个文件之间的所有文件或文

件夹。

③ 选择多个不连续的文件或文件夹。先按住 Ctrl 键,然后逐个单击要选择的各个文件或文件夹。

④ 选取全部的文件或文件夹。可以在"资源管理器"窗口中点击"编辑|全部选定"按钮。或者使用组合键 Ctrl+A。

⑤ 在资源管理器窗口的内容框中按住鼠标左键拖动,会出现一个蓝色阴影框,选定区域后松开鼠标,包含在该框内的文件或文件夹均被选中。如图 4.13 所示。

图 4.13　拖拽鼠标选择文件或文件夹

2. 新建文件或文件夹

创建新文件的位置可以是磁盘驱动器或文件夹。首先选定新文件夹所在的位置,如驱动器 C 盘,然后选择"文件|新建"菜单项,打开级联菜单,选择"文件夹"命令,这时一个新文件夹会出现在内容框的文件列表底部,其默认的文件名是"新建文件夹",并且出于编辑状态。用户可以输入自己需要的文件名。另外,采用在内容框空白处单击鼠标右键,在弹出的菜单中选择"新建|文件夹"也会出现同样的结果。

3. 文件或文件夹的重命名

在"计算机"资源管理器中,选择需要重命名的文件或文件夹,选择"文件|重命名"菜单项或者单击鼠标右键,在出现的菜单中,选择"重命名"菜单项,都可以使选中的文件或文件夹的名字处于编辑状态,用户可以对名称进行重新修改。

4. 文件或文件夹的复制和移动

在不同的磁盘和文件夹中复制、移动文件或文件夹是用户经常进行的操作。其基本步骤如下：

① 首先选择要移动的文件或文件夹；

② 选择"编辑|复制(或剪切)"菜单项；或者在选择的文件或文件夹上单击鼠标右键，再弹出的菜单中选择"复制(或剪切)"菜单项；

③ 打开目的位置的文件夹；

④ 选择"编辑|粘贴"菜单项；或者单击鼠标右键，再弹出的菜单中选择"粘贴"菜单项。

5. 搜索文件或文件夹

Windows 7 操作系统中提供了搜索文件和文件夹的多种方法，常用的是通过"开始"菜单或者通过窗口内的搜索框实现查找功能。

单击"开始"按钮，在"开始"菜单中的"搜索程序和文件"框输入想要查找的信息，只需输入少许字符，菜单上就显示出匹配的文档、图片、音乐、电子邮件和其他文件的列表。图 4.14 就是输入"密码"词组的搜索结果。

图 4.14　在"开始"菜单中进行搜索

同样，使用文件夹窗口或者库窗口中的搜索框查找信息时，在窗口右上角的"搜索库"框内输入即可。如果想缩小搜索范围，单击搜索框中的空白输入区，激活筛选搜索范围，单击搜索框中的空白输入区，激活筛选搜索界面，根据种类、修改日期、类型、名称、文件夹路径和标记进行定制搜索，以提高搜索精度，减少查找的范围，如图4.15所示。

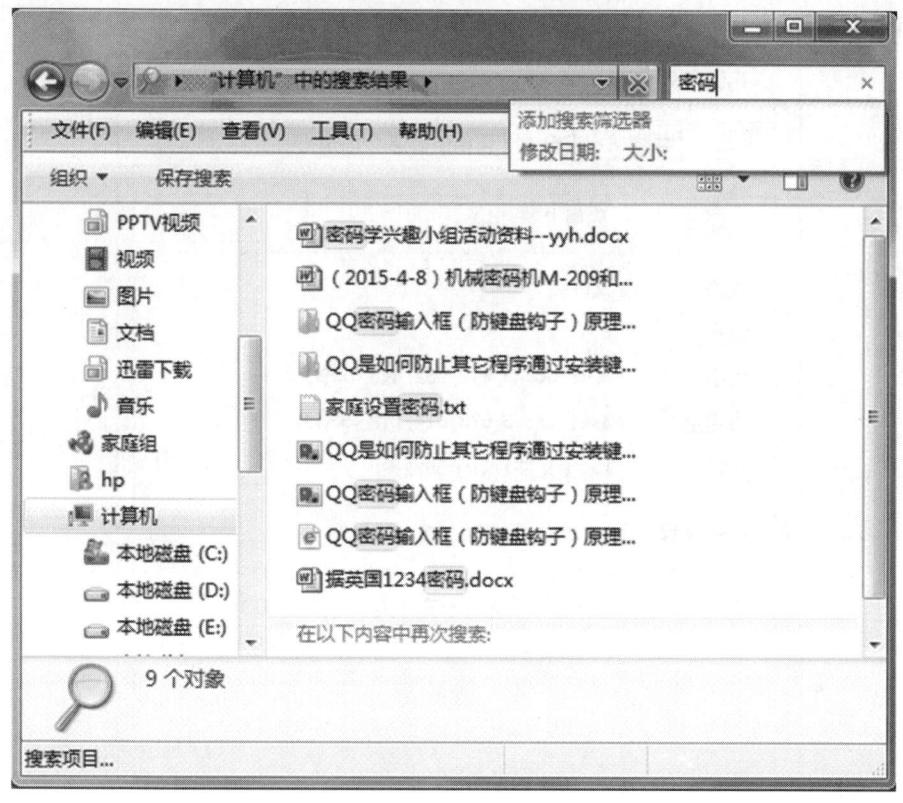

图4.15 窗口中的搜索

6. 查看和修改文件或文件夹属性

文件或文件夹包含三种属性：只读、隐藏和存档。若将文件或文件夹设置为"只读"属性，则该文件或文件夹不允许更改和删除；若将文件或文件夹设置为"隐藏"属性，则该文件或文件夹在常规显示中将不被看到；若将文件或文件夹设置为"存档"属性，则表示该文件或文件夹已存档，有些程序用此选项来确定哪些文件需做备份。

查看或修改文件或文件夹属性的操作步骤如下：

① 选择要查看或修改属性的文件或文件夹。

② 选择"文件|属性"菜单项，或者右键单击文件或文件夹图标，在弹出的菜单中选择"属性"菜单项。将弹出文件或文件夹属性对话框，如图4.16是一个文件夹属性对话框。

③ 在"常规"选项卡中，可看到被选定的文件的信息：文件名、文件类型、位置、大小、占用空间、包含的文件和文件夹等。在"属性"复选框中选择属性，可以为被选择文件设置属性或去掉某属性，设置为该属性时，该属性前的方框内为"√"号；去掉该属性时，再次单击该属性前的方框，去掉"√"号即可。

④ 修改了文件属性后，若选择"应用"按钮，不关闭对话框就可使所作的修改有效，若选择"确定"按钮，则关闭对话框才保存修改的属性。

在 Windows 7 中,具有"隐藏"属性的文件或文件夹,在"计算机"和"Windows 资源管理器"文件窗口中不会显示出来,若要在屏幕上显示它们,可按如下步骤进行操作:

① 选择"工具|文件夹选项"菜单项,屏幕显示出"文件夹选项"对话框。
② 在"查看"标签下的"高级设置"框中,选中"显示隐藏的文件、文件夹和驱动器"。
③ 单击"确定"按钮。

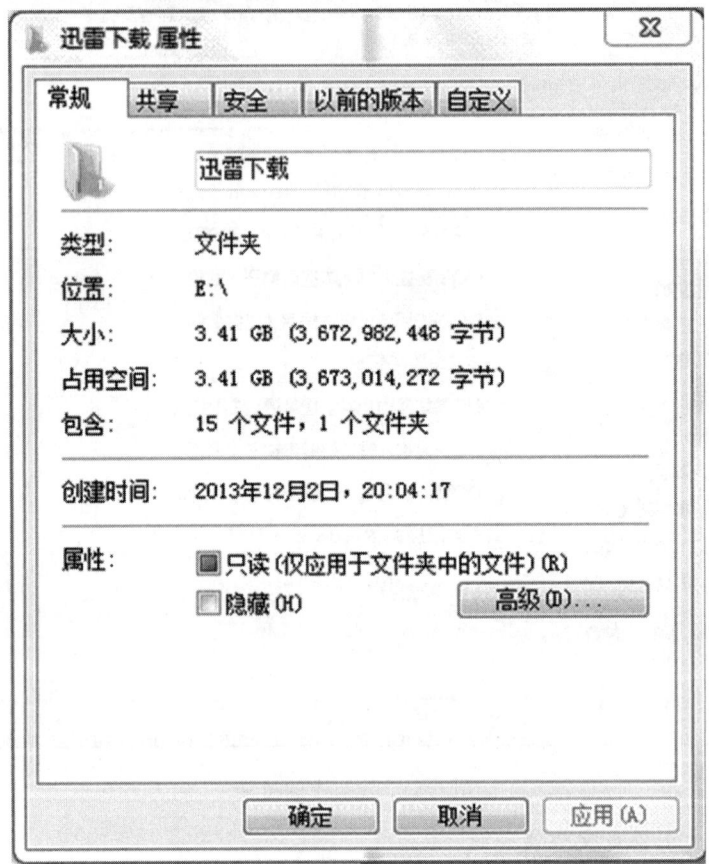

图 4.16 文件夹属性对话框

7．删除文件或文件夹

若用户认为某些文件或文件夹的内容不再有用,可以将它们删除。首先选择要删除的文件或文件夹,然后按下"Delete"删除键,在弹出的对话框中选择"是"按钮,系统将会把它放入"回收站"中。这种删除是可以恢复的,用户可以打开"回收站",在选中的文件或文件夹上单击右键,然后在弹出的菜单中选择"还原"菜单项,就可以将其恢复到原来的位置。

如果被删除的文件或文件夹确定永久不再需要的时候,可以从"回收站"中清除。

另外,如果在删除文件或文件夹的时候按住"Shift"键的同时再按下"Delete"删除键,那么被删除的文件不会进入"回收站"而直接从磁盘上删除,是不可直接恢复的。

4.4.4 应用程序管理

操作系统为应用程序的运行提供了支持环境。用户可以将某种应用程序添加到操作系统中,以满足处理和解决新问题的实际需要。不再使用某应用程序时,可以将其从系统中卸载。

Windows 7 操作系统自带一些应用程序,如 Internet Explorer 浏览器、WMP 播放器等,这些程序随着系统的安装自动装入硬盘中,可随时使用。但是有很多应用程序必须另外安装才能使用,比如办公软件 Office、图像软件 Photoshop、各种程序语言的编译器等。这些软件的安装过程类似,可以直接从光盘中直接运行安装。如果是从网上下载的压缩包,需要先解压后,在文件夹中找到安装文件,直接双击执行安装向导运行安装。安装文件一般是 setup.exe 或 install.exe,也可以以程序的名称命名,图标一般是特定形式的安装文件。

卸载应用程序是指将安装在硬盘的软件从系统管理中清除,而不是简单的文件删除操作。卸载的方法是在"控制面板"中的"程序和功能"窗口里单击"卸载程序",在显示的"卸载或更改程序"列表里选择要卸载的程序名,右键单击"卸载",如图 4.17 所示。

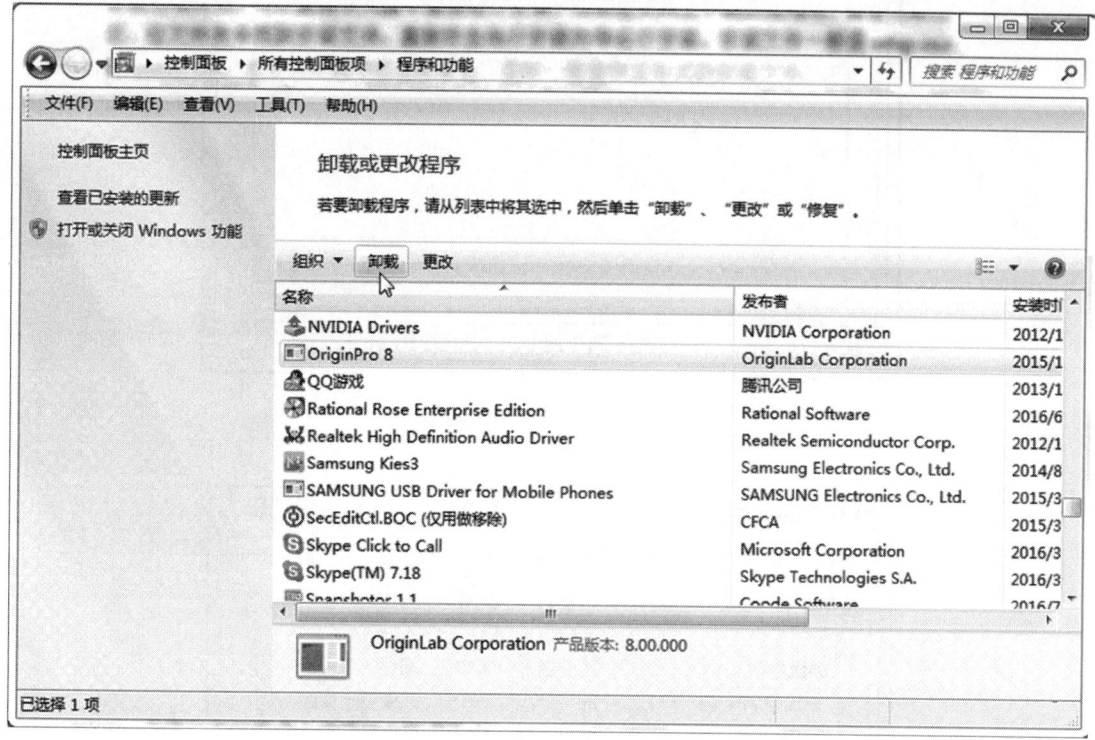

图 4.17 "卸载或更改程序"窗口

Windows 7 系统的任务管理器是一个非常实用的程序,通过它可以快速查看到正在运行的程序状态、终止已经停止响应的程序、结束进程、运行新的程序、显示计算机性能的动态概述,还可以查看网络状态并迅速了解网络是如何工作的。

启动任务管理器的方法是,右键单击任务栏的空白处,从弹出的快捷菜单中选择"启动任务管理器"命令。或者按 Ctrl+Shift+Esc 键启动,以前系统中使用的按 Ctrl+Alt+Delete 键的方法也可以。

任务管理器窗口打开后,其窗口下有 6 个标签页:应用程序、进程、服务、性能、联网、用户。其中,应用程序列出了所有当前正在运行的打开窗口的应用程序,如图 4.18 所示。

进程栏显示了所有当前正在运行的进程,包括应用程序、后台服务等,那些隐藏在系统底层深处运行的病毒程序或木马程序也可以在这里找到,如图 4.19 所示。

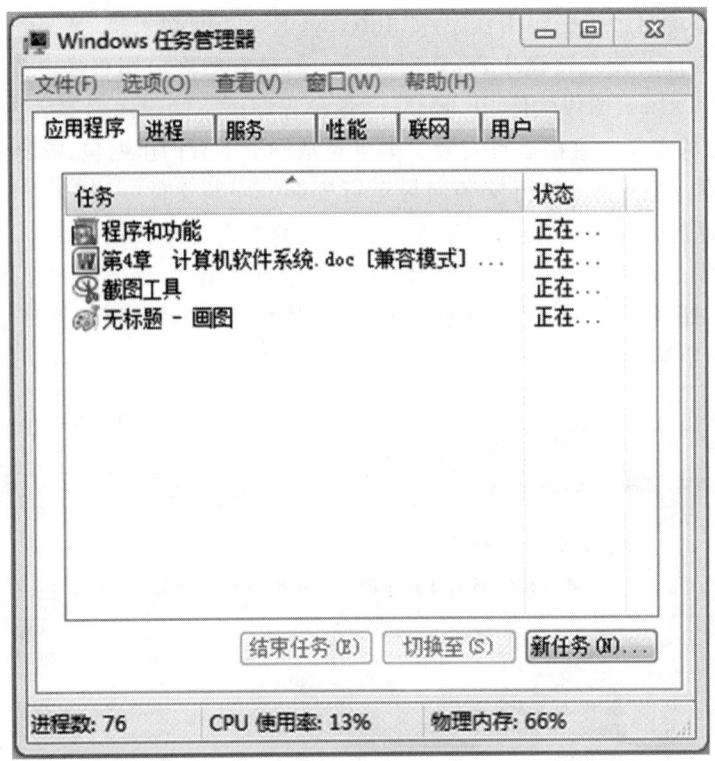

图 4.18 运行的应用程序

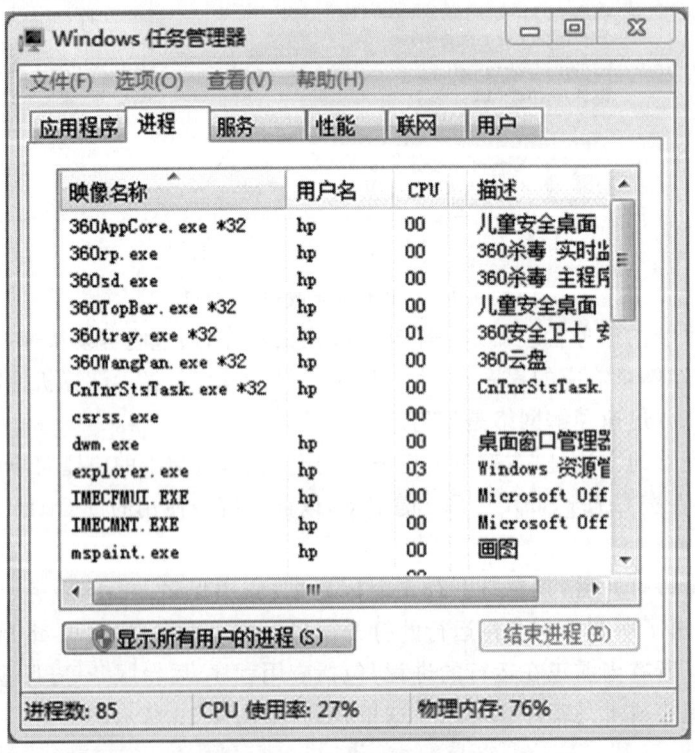

图 4.19 进程运行状态

4.4.5 磁盘管理

磁盘是计算机的外存储器,用来存放包括操作系统在内的大量的程序和数据。计算机工作时,需要频繁地对磁盘进行读写操作,因此磁盘性能的好坏直接影响到计算机系统的整体性能。在使用计算机的过程中,可以利用 Windows 提供的功能对磁盘进行管理和维护,提高系统的性能。

Windows 7 的"磁盘管理"是用于管理计算机磁盘的图形化工具,能够对磁盘进行查看磁盘资源、更改驱动器名和路径、格式化或删除磁盘分区以及设置磁盘属性等操作。

要进行磁盘管理,首先必须打开"计算机管理"窗口,可以通过两种方式打开:

① 右键单击"计算机",在弹出的菜单中选择"管理"菜单项,就会弹出"计算机管理"窗口。
② 单击"开始"按钮,然后选择"控制面板"菜单项,在控制面板窗口内选择"管理工具",然后单击"计算机管理",就会打开"计算机管理"窗口。

在"计算机管理"窗口左侧树形目录中,点击"磁盘管理"。可显示如图 4.20 所示的界面。

在右边窗口的上方列出了所有磁盘的基本信息,包括类型、文件系统、容量、状态等。在窗口的下方按照磁盘的物理位置给出了简略的示意图,用不同的颜色表示不同类型的磁盘。

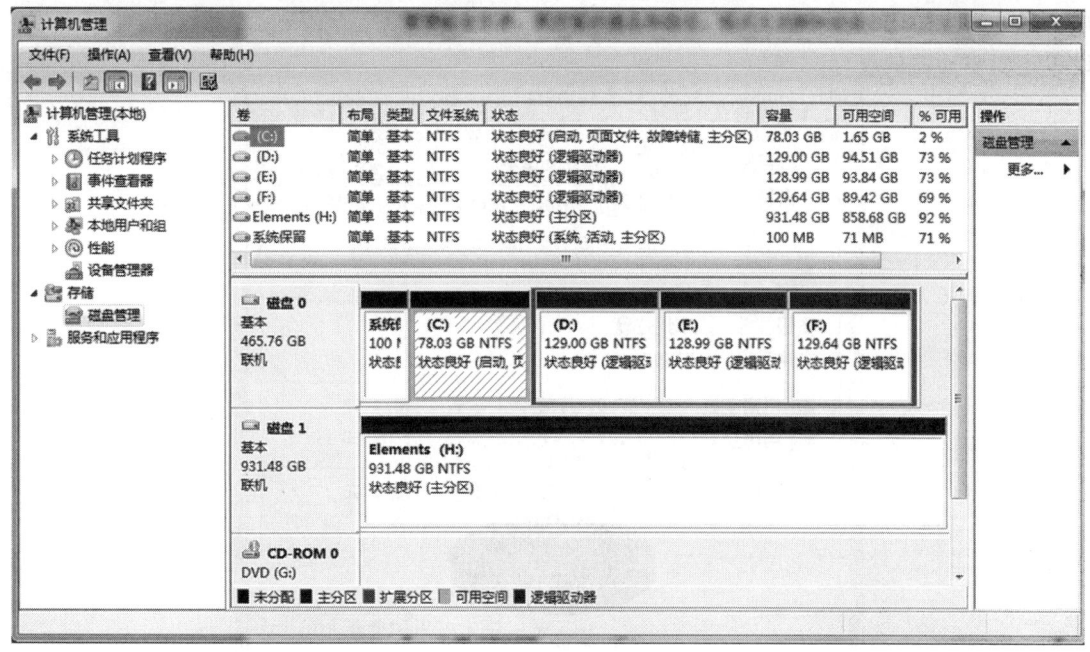

图 4.20 磁盘管理

在驱动器名上单击鼠标右键,会出现如图 4.21 所示的菜单。上面的菜单项列出了用户可以进行的一些磁盘操作。

① 打开。表示进入打开对应的驱动器,显示该驱动器下的所有文件和文件夹。
② 资源管理器。在资源管理器的模式下显示该驱动器的内容。
③ 更改驱动器名和路径。单击会打开相应的对话框,该对话框列表中列出了此驱动器对应的驱动器号和路径,用户可以通过选择列表中的任意一个驱动器号和路径来映射此驱动器。
④ 格式化。格式化操作会删除磁盘上的所有数据,并重新创建文件分配表。格式化还可以检查磁盘上是否有坏的扇区,并将坏扇区标出,以后存放数据时会绕过这些坏扇区。一般新

的硬盘都没有格式化过,在安装 Windows 7 等操作系统时必须先对其进行分区并格式化,而用户在日常使用中基本上不需要对硬盘进行格式化,只需要对软盘和移动磁盘进行格式化。

⑤ 扩展卷。就是将磁盘扩容的意思,是 Windows 自带的一个磁盘管理功能。但使用条件相当苛刻,需要扩容磁盘必须和空闲磁盘相邻,中间不能有其他磁盘。

⑥ 压缩卷。压缩卷就是在一个卷里边把没有用到的空间分到未使用的磁盘空间里。

⑦ 添加镜像。创建镜像磁盘,也就是创建一个备份的磁盘,这样一来可以起到备份磁盘,保护数据的作用。

⑧ 删除卷。指定卷的驱动器号将被删除。删除的驱动器里面的数据并没有被删除,这与格式化操作不同,是可以重新找回的。

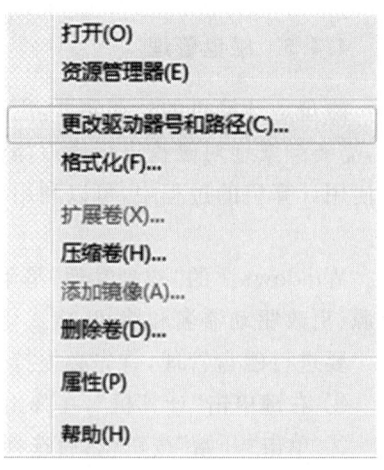

图 4.21　磁盘操作菜单

⑨ 属性。打开磁盘属性对话框,如图 4.22 所示。在"常规"标签中列出了该磁盘的一些常规信息,如,类型、文件系统、打开方式、可用和已用空间等。最上方的磁盘图标右边的框中用于设置逻辑驱动器的卷标。

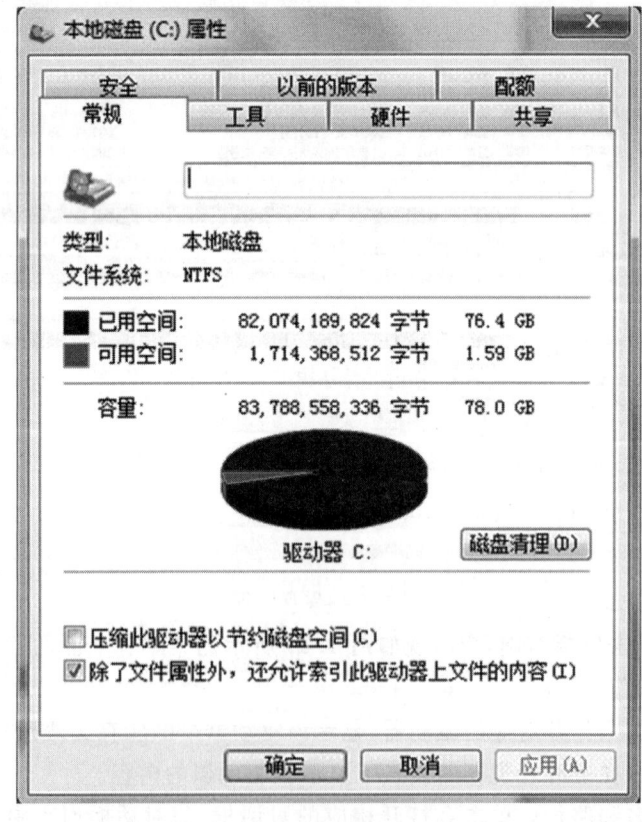

图 4.22　磁盘属性对话框

在"工具"标签中,给出了磁盘检测工具、磁盘碎片整理工具和备份工具按钮,单击这些按钮,可以直接对当前磁盘进行相应的操作。

在"硬件"标签中列出了所有磁盘驱动器,选定某个选项后单击"属性"按钮可以打开属性对话框,查看具体信息。

"共享"标签用于设置共享属性。如果选择"不共享该文件夹"选项,此逻辑磁盘上的资源将不能被其他计算机上的用户使用。

4.4.6 设备管理

"设备管理器"为用户提供了计算机中所安装硬件的图形显示,可以方面用户管理本地计算机上的设备。在桌面或开始菜单中的"计算机"上点击鼠标右键,在出现的菜单中选择"设备管理器"按钮,就会弹出"设备管理器"窗口,如图 4.23 所示。

图 4.23　设备管理器窗口

默认状态下,系统设备是按照类型排序的。在该窗口内树形目录下,点击某个设备前面的三角形符号对其展开,用户可以查看计算机中的硬件是否正常工作。右键单击该设备,会弹出快捷菜单,用户可以通过该菜单上的命令对硬件进行"禁用"、"卸载"、"更新驱动程序"等操作。

硬件设备要在操作系统内正常运行,驱动程序发挥着重要作用,添加新硬件的过程实际上就是安装驱动程序的过程。驱动程序是用户在购买新硬件时所附带的软件程序,通常存放在光盘上,也可以在网上下载。

Windows 7 能很好地支持"即插即用",能够自动监测出这些设备并安装相应的驱动程序。当安装一个非即插即用设备时,设备的资源设置不会自动配置。根据正在安装的设备的类型,可能需要用户手动完成。

下面介绍添加"打印机"的方法。

① 选择"开始"|"设备和打印机"菜单命令,在打开的窗口里单击"添加打印机"按钮,启动"添加打印机向导"向导,如图 4.24 所示。

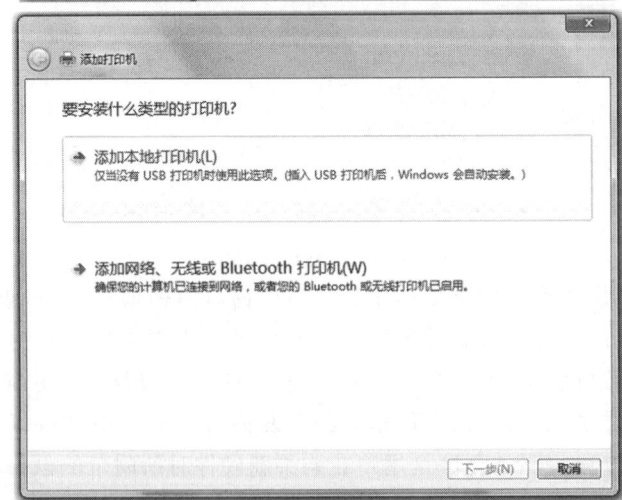

图 4.24 "添加打印机向导"对话框

② 选择"添加打印机"按钮,会出现第二个对话框,请用户确定是"添加本地打印机"还是"添加网络、无线或 Bluetooth 打印机"。这里选择本地打印机。

③ 单击"下一步"按钮,会出现第三个对话框,让用户选择打印机使用的端口。

④ 单击"下一步"按钮,会出现如图 4.25 所示的对话框。用户可以在列表框中选择打印机制造商和型号。如果安装的打印机不在列表框中,可直接单击"从磁盘安装"按钮,根据驱动程序的存放路径为打印机安装自带的驱动。

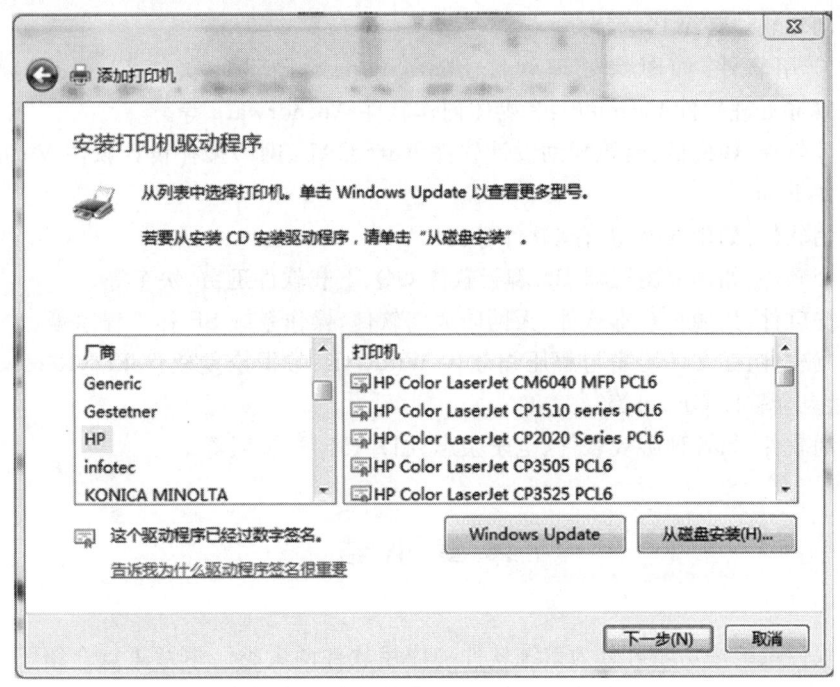

图 4.25　打印机厂商和类型选择对话框

⑤ 添加完驱动后,根据提示单击"下一步"按钮,向导会提示用户输入打印机的名称,随后单击"下一步"按钮,即完成了对打印机的安装。

4.5　计算机应用软件

应用软件是为了某一类应用需要或为解决某个特定问题而编制的软件。应用软件种类繁多,大致可以分为四个部分:办公自动化软件,家庭、个人及教育软件,图形设计和多媒体软件,网络及通信软件。

办公自动化软件主要包括文字处理软件、电子表格软件、数据库软件以及演示图形制作软件等。目前最为广泛使用的办公软件是 Microsoft 公司推出的 Office。

应用软件可以分为两类,一类是针对某个应用领域的具体问题而开发的程序,它具有很强的实用性、专业性。这些软件可以由计算机专业公司开发,也可以由企业个人自行开发。正是由于这些专业软件的应用,使得计算机日益渗透到社会的各个行业。但是,这类应用软件使用范围小,导致了开发成本过高,通用性不强,软件的升级和维护有很大的依赖性。

第二类是由一些大型专业软件公司开发的通用型应用软件,这些软件功能非常强大,适用性非常好,应用也非常广泛。由于软件的销售量大,因此,相对于这一类应用软件而言,价格便宜很多。由于使用人员较多,也便于相互交换文档。这类应用软件的缺点是专用性不强,对于某些有特殊要求的用户适用度不高。

常用的通用应用软件有以下几类。

办公自动化软件:应用较为广泛的有微软开发的 Office 软件,它由几个软件组成,如字处理软件 Word、电子表格软件 Excel、演示图形制作软件 PowerPoint、数据库软件 Access 等。国内优秀办公自动化软件有 WPS 等。

多媒体应用软件:如图像处理软件 PhotoShop、动画设计软件 Flash、音频处理软件 COOLEdit、视频处理软件 Premiere、多媒体创作软件 Authorware 等。

辅助设计软件:如机械、建筑辅助设计软件 Auto CAD、网络拓扑设计软件 Visio、电子电路辅助设计软件 Protel。

企业应用软件:如用友财物管理软件等。

网络应用软件:如网页浏览器 IE、聊天软件 QQ、下载软件迅雷、快车等。

安全防护软件:如瑞星杀毒软件、天网防火墙软件、操作系统 SP 补丁程序等。

系统工具软件:如文件压缩与解压缩软件 WinRAR、数据恢复软件 EasyRecovery、系统优化软件、磁盘克隆软件 Ghost 等。

娱乐休闲软件:如各种游戏软件、电子杂志、图片、音频、视频等。

本 章 小 结

计算机软件系统按功能可分为系统软件和应用软件两大类。本章重点介绍了操作系统这一系统软件的定义、分类、特征和功能。操作系统是计算机系统资源的管理者,其主要任务是对系统中的硬件、软件资源实施有效的管理,以提高系统资源的利用率。本章对操作系统的处理机管理、存储管理、设备管理、文件管理以及用户接口五大功能进行了阐述。作为一款相对成熟的操作系统,Windows 7 操作系统仍占据较大的全球桌面操作系统市场的份额,本章对 Windows 7 操作系统的基本操作进行了阐述。最后对计算机应用软件的定义和分类进行了简单介绍。

习 题

1. 什么是软件?
2. 软件的发展经过了哪几个阶段?
3. 什么是操作系统?
4. 操作系统具有哪些基本功能?
5. 多道批处理操作系统的主要特点是什么,有哪些优缺点?
6. 操作系统可以分为哪几类?
7. 什么是缓冲技术?
8. 文件管理的主要功能是什么?
9. 应用软件分为哪些类别?
10. 调研一些当前的系统软件和应用软件。

第 5 章　计算机程序设计基础

计算机程序设计并不是简单的编码。在程序开发过程中,既有工程也有科学。程序开发人员要使用更多的创造性思维和利用自己积累的各方面的设计经验,去应对程序开发过程中的每一个问题。

学习程序设计最困难的就是刚开始的阶段,初学者要注意培养精确而又简洁的思维习惯。在整个程序开发过程中,设计者需要有对所面临的问题进行科学分析的能力;要考虑各种设计可能性,并在各种制约条件下寻找合理的平衡点;要选择合适的程序设计语言描述问题;还要能够优化程序的结构,设法排除程序中出现的错误;最后通过系统测试,保证程序的正确性,使程序能够满足用户的需要,并具有相当的可靠性。

在本章中,将学习如何设计、组织、编码和测试计算机程序。如果作为程序员或者是计算机用户参与程序开发,这些过程将是非常有用的。

5.1　程序设计语言

程序设计(Programming)是给出解决特定问题程序的过程,是软件构造活动中的重要组成部分。程序设计往往以某种程序设计语言为工具,并给出这种语言编写的程序。

5.1.1　程序的概念

计算机程序或者软件程序(通常简称程序)是指一组指示计算机或其他具有信息处理能力的装置每一步动作的指令,通常用某种程序设计语言编写,运行于某种目标体系结构上。

程序从静态上说,是以某种语言为工具编制出来的动作序列,它表达了人的系统性思维。而从动态上说,它是一系列逐一执行的操作。计算机程序是用计算机语言所要求的规范描绘出来的一系列动作,它表达了程序员要求计算机执行的操作。

程序是对所要解决的问题的各个对象和处理规则的描述,或者说是数据结构和算法的描述。1984 年图灵奖获得者瑞士科学家尼克劳斯·沃斯(Niklaus Wirth,Pascal 语言的发明者和结构化程序设计创始者)在 1976 年出版的《算法＋数据结构＝程序设计》一书中,提出了著名的公式:"程序＝数据结构＋算法"。算法是一系列操作的步骤,而这个操作序列可以帮助我们解决特定的问题。

5.1.2　程序的表示形式

程序的表示形式可以是多样的,包括用自然语言、伪代码或流程图。当然,程序语言本身也是对解决问题步骤的一个精确地表达。

1. 自然语言

自然语言方式是指用普通语言描述解决问题步骤的方法。例如,在求一元二次方程的根时,就可以使用这种表示方式:"一元二次方程 $ax^2+bx+c=0$ 的根的计算公式,是在 a 不等于 0 的情况下,分子是负 b 加减 b 的平方减去 $4ac$ 的平方根,分母是 $2a$。"

2．流程图

流程图使用图形符号描述解决问题的逻辑步骤,并显示各步骤之间的相互关系。它使用大图的形式掩盖了处理步骤的所有细节,只显示从开始到结束的整个流程。在流程图表示中,用箭头表示各步骤处理的流程,用矩形代表各处理步骤,用菱形代表处理的分支等,如表 5.1 所示。

表 5.1 流程图的含义

符 号	名 称	意 义
→	流程线	用来连接符号并指示逻辑流向
	起止	用来表示任务的开始(start)或结束(end)
	输入/输出	用于输入与输出操作,如读入、显示
	处理	用于算术或数据操作的运算
	预定义程序	用来表示完成一个处理的一组语言
	选择	用于逻辑和比较运算,有一个进入和两个离开流程,选择的路径取决于回答"是"或"否"
	连接器	用来连接不同的流程

3．伪代码

伪代码则是用类似于英语和一些程序设计语言术语来简略描述问题。与程序相比,伪代码表示主要关心计算的过程,而忽略程序中应有的一些细节(如变量定义等)。当伪代码完成后,很容易被翻译成计算机语言。

4．分层结构图

分层结构图则显示不同部分程序间的相互关系,它将一个程序的全部结构都展现出来。它描述出程序每部分或模块的功能,表明模块间的相互关系,忽略模块具体的工作方法。

下面,我们来看一个简单的例子。

【例 5.1】计算并输出一个班级学生的平均分数

方法:平均分数等于所有分数的和除以班级学生总数。

输入信息:学生分数

处理:求出总分数,学生总数,平均分数＝总分数／学生总数

输出信息:平均分数

本例的流程图、伪代码、分层结构图如图 5.1～图 5.3 所示。

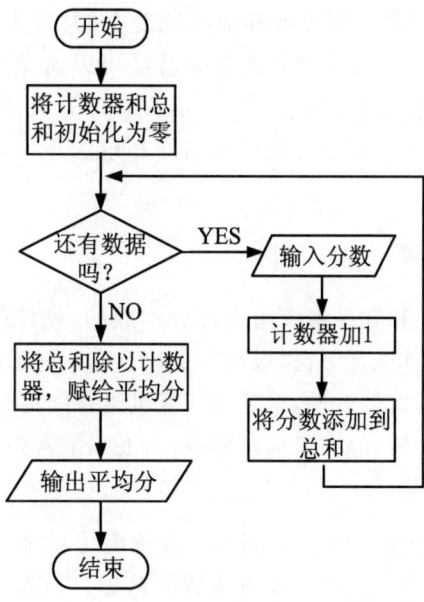

图 5.1 计算班级平均分数的流程图

```
Program: Determine the average grade of a class
Initialize counter and sum to 0
Do while there are more data
   Input the next grade
   Add the grade to the sum
   Increment the counter
Loop
Computer average = sum / counter
Output average
```

图 5.2 计算班级平均分数的伪代码

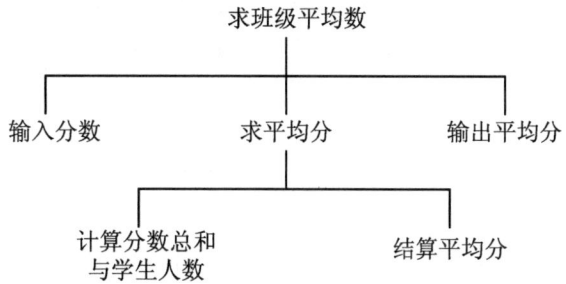

图 5.3 计算班级平均分数的分层结构图

自然语言方式的优点是简单、方便,适合描述简单的算法或算法的高层思想。但是,该方式的主要问题是冗长,语义容易模糊,很难准确地描述复杂的、技术性强的算法。除了简单的问题,一般不用自然语言表示算法。使用流程图表示算法可以避免自然语言的模糊缺陷,且独立于任何一种程序设计语言。伪代码使用介于自然语言和计算机语言之间的文字和符号来描述算法,在描述时通常可借助某种高级语言的控制结构和语法规则,因此能够方便地转换为相应的程序设计语言。

5.1.3 程序设计语言分类

一台计算机是由硬件系统和软件系统两大部分构成的,硬件是物质基础,而软件可以说是计算机的灵魂。没有软件,计算机是一台"裸机",是什么也不能干的,有了软件,才能灵动起来,成为一台真正的"电脑"。而所有的软件,都是用计算机语言编写的。

计算机程序设计语言的发展,经历了从机器语言、汇编语言到高级语言的历程。

1. 机器语言

在计算机发展的早期,人们最初是使用机器语言来编写程序。计算机系统中所使用的是由"0"和"1"组成的二进制数,二进制就是计算机语言的基础。机器语言是第一代计算机语言,机器语言所编写的程序由指令组成,其特点就是所有指令都采用符号 0 和符号 1 的编码组成。

如计算"9+8 =?"用机器语言表示,则为:

10110000　00001001　　　　//把 9 送到累加器 AL 中
00000100　00001000　　　　//AL 中数与 8 相加给 AL
11110100　　　　　　　　　//停止

使用机器语言是十分痛苦的,特别是在程序有错需要修改时,更是如此。而且,由于每台计算机的指令系统往往各不相同。所以,在一台计算机上执行的程序,要想在另外一台计算机上执行,必须重新编写程序,造成了重复工作。但机器语言使用的是针对特定型号计算机的语言,故而运算效率是所有语言中最高的。

2. 汇编语言

由于用以二进制形式表示的机器语言书写的程序很难阅读和理解,而且程序员还必须详细了解机器的许多细节。因此,研究工作中为了减轻使用机器语言编程的痛苦,人们很快发明了比较容易阅读理解的汇编语言。汇编语言实际上就是由一组汇编指令构成的语言,每一条汇编指令用一些简洁的西文串的缩写来替代一个特定指令的二进制串,用符号来代表数据的二进制、八进制和十进制数字序列。比如,用"ADD"代表加法,"MOV"代表数据传递等等。如计算"9+8=?"可以表示为:

MOV AL,9　　　　　　　//把 9 送到累加器 AL 中
ADD AL,8　　　　　　　//AL 中数与 8 相加给 AL
HLT　　　　　　　　　　//停止

这样一来,人们很容易读懂并理解程序在干什么,纠错及维护也都变得方便了,这种程序设计语言就称为汇编语言,即第二代计算机语言。然而计算机是不认识这些符号的,这就需要一个专门的程序,专门负责将这些符号翻译成二进制数的机器语言,这种翻译程序被称为汇编程序。

汇编语言同样十分依赖于计算机硬件,移植性不好,但效率仍然很高。针对计算机特定硬

件而编制的汇编语言程序,能准确发挥计算机硬件的功能和特长,程序精炼而且质量高,所以至今仍是一种常用而强有力的软件开发工具。例如,目前大多数外部设备的驱动程序都是用汇编语言编写的。

3. 高级语言

从最初与计算机交流的痛苦经历中,人们意识到,应该设计一种这样的语言——这种语言接近于数学语言或人的自然语言,同时又不依赖于计算机硬件,编出的程序能在所有机器上通用。经过努力,1954 年,第一个完全脱离机器硬件的高级语言——FORTRAN 问世了。

高级语言是一种在伪码形式的算法表示基础上的计算机程序设计语言。因此,和汇编语言相比,高级程序设计语言的抽象度高,和具体计算机的相关度低(或没有相关度),求解问题的方法描述直观。

如计算"9+8=?",使用高级程序设计语言表示为:

BASIC:AL=9+8
  END

C: main()
  {
   int al;
   al=9+8;
  }

40 多年来,共有几百种高级语言出现,有重要意义的有几十种。影响较大、使用较普遍的有 Fortran、Algol、Cobol、Basic、Lisp、Ada、Pascal、Delphi、C、C++、C♯、Java、Python 等。

高级语言按描述问题的方式可以分为:命令型语言、函数型语言、描述型语言和面向对象语言。在这四种类型的高级语言中,命令型语言和面向对象语言在基本元素的表示和实现方法上基本一致,而函数型语言和描述型语言,基本元素的表示和实现方法则和其他几种类型的高级语言很不相同。

命令型语言是出现最早和曾经使用最多的高级语言,这种语言的语义基础是模拟"数据存储/数据操作"的图灵机可计算模型,十分符合现代计算机体系结构的自然实现方式。其中产生操作的主要途径是依赖语句或命令产生的副作用。现代流行的大多数语言都是这一类型,比如 Fortran、Pascal、Cobol、C、C++、Basic、Ada、Java、C♯ 等,各种脚本语言也被看做是此种类型。

函数式语言。这种语言的语义基础是基于数学函数概念的值映射的 λ 算子可计算模型。这种语言非常适合于进行人工智能等工作的计算。典型的函数式语言如:Lisp、Haskell、ML、Scheme、F♯ 等。

面向对象语言中把现实世界中的事物称作对象,每个对象都由一组属性和一组行为组成。面向对象语言则是把对象的属性和对象的行为结合为一体进行程序设计,Smalltalk 语言、C++语言、Visual Basic 语言、Java 语言等都属于面向对象语言。

高级语言接近自然语言,易学、易掌握,它为程序员提供了结构化程序设计的环境和工具,使得设计出来的程序可读性好、可维护性强、可靠性高。高级语言远离机器语言,与具体的计算机硬件关系不大,因而所写出来的程序可移植性好、重用率高。由于把一些繁杂琐碎的事务交给了底层专门的程序去做,所以使用高级语言开发程序自动化程度高,开发周期短,并且程序员可以集中时间和精力去从事对于他们来说更为重要的创造性劳动,以提高程序的质量。由于高级语言的这些特点,所以,用高级语言设计程序的难度较以前大大降低。

5.2　程序设计基础

计算机程序语言和程序设计是信息学的一门基础课程,旨在为学生进行程序设计打基础。在程序设计过程当中,要深刻理解计算机是"人类通用智力工具"。要充分发挥人的能动性,利用好这个智力工具来分析和解决问题。

5.2.1　从数学解题到计算机解题

计算机程序设计就是数学思想和计算机知识的结合。程序设计就是根据给出的解决特定问题的方法,在计算机上将其实现并产生正确结果的过程,是计算机专业领域中核心的工作。在利用计算机求解问题的过程中,首先要把实际问题转化为数学问题,然后建立模型、设计算法,最后以某种程序设计语言为工具,编程实现。但是,解决数学问题和计算机程序设计之间还是具有一定的区别,主要表现在:

(1) 人在处理数学问题的时候可以从全局观察问题,对整体进行把握;计算机程序只能从左到右依次处理一个符号或数字,需要逐个计算。

例如,在对不等式"$2<x<5$"理解的时候,在数学上,它表示变量 x 的取值位于整数 2 和 5 之间;而计算机在理解的时候先计算"$2<x$"的值,然后再将计算结果跟整数 5 相比,若小于 5 则值为"true",大于 5,值为"false"。

(2) 数学解题的结果可以用式子或字母表示,如一个一元二次方程 $x^2+x+1=0$ 的虚根为 $\frac{-1\pm\sqrt{3i}}{2}$,半径为 1 的圆周长为 2π 等;计算机编程运算必须计算出具体的数值,如:1、-1、3.14159 等。

(3) 数学解题可以比较灵活,可以使用函数、方程、公式等进行解答,表示的方法可使用希腊字母、分式、上标或下标;而计算机编程则必须遵循一定的语法结构和规则,表达式书写必须是线性结构,而且不允许使用希腊字母。如数学公式 $\sqrt{1+\frac{\pi}{2}\cos48°}$ 在计算机程序中需要写成:sqrt(1+3.14159/2*cos(48*3.14159/180)),其中 sqrt 和 cos 是两个函数的名字。

下面通过两个例子对数学问题和计算机程序之间的关系进行具体的说明。

【例 5.2】求 1~100 之间整数和,即 $S=1+2+3\cdots\cdots+100$ 的值。

这个问题其实很简单,不会程序设计的人都可以做出来(包括小学生)。当然,不同层次的人在进行解答的时候,用的方法也不一样。比如,低年级小学生可以按照连加的方法,先计算"1+2"的值,结果为 3,然后计算"3+3",结果为 6,接着计算"6+4"……,最后加到 100 为止。当然,聪明的孩子会找到更快的解答方法:著名数学家高斯在他十岁时,小学老师出了一道算术难题:"计算 1+2+3……+100=?"。这可难为了初学算术的学生,但是高斯却在几秒后将答案解了出来,他利用算术级数(等差级数)的对称性,然后就像求得一般算术级数和的过程一样,把数目一对对的凑在一起:1+100、2+99、3+98、……、49+52、50+51,而这样的组合有 50 组,所以答案很快的就可以求出是:101×50=5050。这个计算方法其实就是按照中学知识中的等差数列的求和公式得到的:

$$S = \frac{(a_1 + a_n)}{2}n = \frac{(1+100)}{2} \times 100 = 5050$$

其中 a_1 和 a_n 是第一项和最后一项的值，n 是数列中的项数。从这个公式可以看出，不仅可以求 $S=1+2+3\cdots\cdots+100$ 的值，还可以求出 $S=1+2+3\cdots\cdots+n$ 的值（n 是一个正整数）。那么，如果求 $S=1+3+5\cdots\cdots+n$，（n 为奇数）的值呢？当然，按照等差数列的一般求和公式也可以计算得到结果。

那么这道题目用计算机程序如何实现呢？首先，可以将整个计算过程用流程图来表示，如图 5.4 所示。

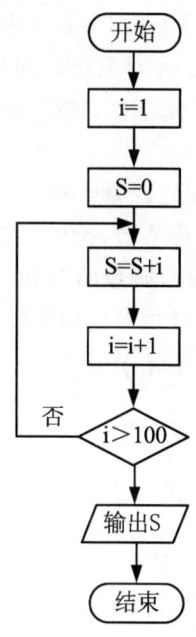

图 5.4　$S=1+2+3\cdots\cdots+100$ 的流程图

这是一个循环结构（见 5.3.3 小节），可以采用循环语句实现。如果是求前 n 项的和，只需要将循环条件"i＞100"修改为"i＞n"即可。当然，如果已知数列的求和公式，可以直接用公式计算。

下面给出这道题目的完整程序：

【程序 5.1】求整数 1 到 100 的和

```
1   // * * * * * * * * * * * * * *
2   // *        求整数 1 到 100 的和          *
3   // * * * * * * * * * * * * * *
4   #include<iostream.h>
5   int main( )
6   {
7       int S=0;
8       for (int i=1; i<100; i=i+1)
9       S=S+i;
10      cout<< "1 到 100 之和为:"<< S <<"\n";
11      return 0;
```

12   }

这是一个完整的C++程序,其含义如下:
① 第1~3行是注释语句,主要为了说明程序的功能是什么,不参与程序的执行。
② 第4行是一条预编译指令,意思是将程序库中的输入输出流文件加入到现在要编写的程序,从而提供输入输出功能。
③ 第5~12行是主函数,在C++中,主函数是以main()为标识的,由一对大括号"{}"括起。主函数是每一个程序都要有的,而且只能有一个。
④ 第7行定义了一个变量S用于保存求和的值,该值必须先定义后使用。
⑤ 第8、9行是一条for循环语句,用于求1~100的整数和。
⑥ 第10行是一条输出语句,使用cout对象将S的值输出到计算机屏幕上。
⑦ 第11行是主函数结束的语句,表示主函数的返回值。
接下来再看一个例子:

【例5.3】给出一个正整数n,判断其是否为质数。

首先需要知道什么是质数?质数也称素数,指的是除了1和它本身以外,不能被任何整数整除的整数。最小的质数是2。因此,根据质数的概念,只需要判断给出的正整数n除了1和它本身之外没有其他的因子即可。这个过程可以用如图5.5所示的流程图表示。

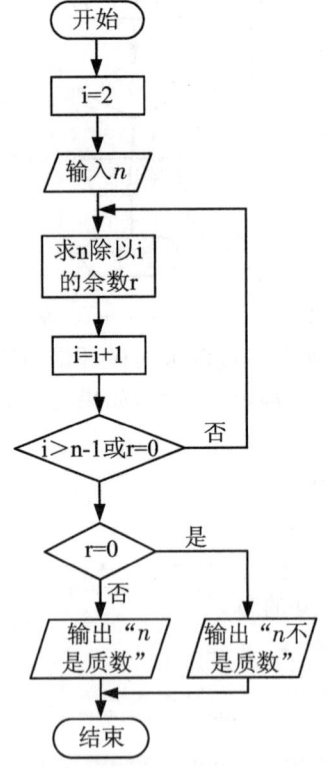

图5.5 判断一个数n其是否为质数的流程图

该流程图从2开始直到$n-1$为止,逐一判断是否有n的因子,如果没有的话,说明n是一个质数,然后输出。

这个方法虽然正确,但是效率不高。因为,如果n是一个非常大的质数,那么判断的次数就会太多,导致程序运行时间太长。那么,如何提高判断的效率呢?既然主要时间花费在因子的判断上面,我们就可以适当的减少判断的次数。其实,可以看出,一个整数的因子必然小于该数的一半,也就是说大于 $n/2$ 的整数中是不可能存在 n 的因子的。因此,可以把判断条件由"i>n-1"改为"i>n/2"。这样一来,需要判断的整数个数就减少了一半。再进一步考虑,由于因子都是成对出现的,即 $n=i\times j$,其中 $i\leq\sqrt{n}$,$j\geq\sqrt{n}$。也就是说,如果 $\sqrt{n}$ 之前没有 n 的因子,那么 $\sqrt{n}$ 之后也不会有 n 的因子。因此可以把判断条件再由"i>n/2"改为"i>$\sqrt{n}$"。这样一来,能够把判断的次数降低一个数量级。

下面给出这道题目的完整程序:

【程序 5.2】 判断整数 n 是否为质数

```
1   // * * * * * * * * * * * * * *
2   // *         判断整数 n 是否为质数        *
3   // * * * * * * * * * * * * * *
4   #include <iostream>
5   #include <cmath>
6   using namespace std ;
7   int main()
8   {
9       int i ;
10      long n, double sqrtn ;
11      cout <<"Please input a number:\n";
12      cin >>n ;
13      sqrtn=sqrt( n ) ;
14      for ( i =2; i < sqrtn; i=i+1 )
15          if ( n% i == 0 ) break ;
16      if (sqrtn< i)
17          cout <<n<< " is prime. " << endl ;
18      else
19          cout <<n<< " is not prime. " << endl ;
20      return 0;
21  }
```

第 1~3 行是注释语句,第 4、5 行是预编译指令,除了加入输入输出流文件之外还添加了数学函数文件。第 8、9 行定义了三个变量,分别是除数 i、要判断的整数 n 和 n 的平方根。第 12 行是一条输入语句,使用 cin 对象从键盘输入一个整数保存到 n 中。第 13 行利用 sqrt 函数求得 n 的平方根 $\sqrt{n}$。第 14、15 行是循环语句,表示如果 i 整除 n 的余数为 0 则跳出循环,否则一直判断到 $\sqrt{n}$ 为止。第 16~19 行对判断结果进行输出,如果提前跳出循环,则 n 不是质数,否则 n 就是质数。

另外,还可以继续提高效率,比如只检验奇数是否是质数,除数只选择质数等等。可以说,判断一个数是否是质数是一个可以用毕生精力研究的一个课题!而这个问题也是数学问题和计算机程序设计的一个经典问题,它采用了数学的解法,然后利用计算机程序自动、快速处理的特点进行了解决。

5.2.2 基本数据类型和变量

1. 基本数据类型

一个语言总是提供一组基本数据类型(内部类型)和一些有关的操作,由于不同类型的数值占用内存单元的大小不同,所以高级语言在进行变量定义时,要具体指出该变量要存放数值的类型。高级语言中引入数据类型的概念来解决这一问题。

高级语言内部提供了一组基本类型(基本数据集合),包括类型名,各种类型值的文字量写法,并为每个类型提供一组可用操作。基本类型也是一组类型抽象,使用者不必了解每个类型值的具体表示形式,不必了解操作的实现方式,就可以通过类型名和相应操作,使用各个基本类型。

C++中的基本数据类型包括:

(1) 整型

所谓整型,就是平时说的整数。在C++中,整型有多种形式,按表示的长度分有8位、16位、32位,每一种长度都分为有符号(singed)和无符号(unsinged)两种。C++默认的整型为singed int(singed 可以省略),即有符号整型,它在计算机中占4个字节,可以表示的范围是从-2147483648~2147483647。虽然整型数据无法表示小数,而且表示的范围也不是非常大,但是在它范围内的运算却是绝对精确的。

整型数据可以表示人数、天数等可数的事物,对于长度不是很长的编号,如学号、职工号,也可以用整型数据表示。

(2) 实型

实型又称浮点型,就是实数,用来表示带有小数的数值。在C++中,用于表示实型的类型有float(单精度)、double(双精度)和long double(长双精度)。

float 占4个字节,表示的范围是从$-3.4\times10^{38}\sim3.4\times10^{38}$。

double 占8个字节,表示的范围是从$-1.7\times10^{308}\sim1.7\times10^{30}$。

long double 占20个字节,表示的范围是从$-3.4\times10^{4932}\sim1.1\times10^{4932}$。

(3) 布尔型

布尔型(bool)属于整数类型的一个子类,这种类型只有两种值,即"true"和"false"。在C++中,bool值占一个字节的存储空间,表示范围仅含整数0和1。任何数值都可自动转换成bool值,0表示"false",任何非0的数值都表示"true"。在计算过程中,值的大小比较、条件真假判断、逻辑运算的结果都是0或1。所以,相当大数量的表达式的值与布尔型对应。

(4) 字符型

字符型(char)占一个字节,表示一个半角西文字符。字符型数据需要在两端加上单引号,如'a'、'\n'、'!'等。

除了基本数据类型之外,高级语言还提供一组类型构造方式,程序员可以用它们描述程序里所需的新的类型,称为构造数据类型。构造数据类型的值可具有复杂的内部结构,以满足各种应用需要,如数组、结构、联合、枚举等。

2. 变量

在进行程序设计的时候,需要把数据的运算结果存储在计算机中,这个存储数据的单元就称为变量。变量的作用是存取程序中需要处理的数据,它代表某个具体数值,并且在操作过程中可以改变其数值的大小。高级语言中要求在使用某变量前,首先要定义该变量,变量代表了特定大小的内存单元空间。

变量的要素包括:变量名、属性(如类型)、存储位置、保存的值。

程序中每一个变量需要有一个与其他变量不相同的名字,称为变量名。变量的命名要满足一定的条件:①由大、小写英文字母、数字字符(0~9)和下划线组成,且第一个字符必须为字母或下划线,其后跟零个或多个字母、数字、下划线;②C++语言中的大、小写是敏感的,即大写字母和小写字母认为是不同的字母;③不能与关键字、库函数名、类名和对象名等相同;④命名时要考虑有效长度以及易读性。

在C++中,变量定义的一般格式为:

数据类型名变量名表;

如:int   myAge,myWeight;
　　double   area,width,length;

变量名是内存空间的一个标识,对变量名的操作也是对其内存空间的操作。在变量定义后,可以通过变量名引用变量对其赋值,也可以在变量定义的同时对变量进行初始化。

如:int   myAge=20,myWeight=100;

5.2.3 赋值语句和输入输出

语句是命令,基本语句提供了语言的基本动作。常规命令式语言中与数据有关的最基本动作是赋值。赋值之外的基本语句包括输入输出,一些语言提供了专门语句,一些语言通过函数库来实现。

1. 赋值语句

用来表明赋给某一个变量一个具体的确定值的语句叫做赋值语句,赋值语句是最基本的语句。赋值语句是程序设计语言中最简单的、被使用最多的、甚至可以说是很富有艺术性的语句,在程序设计的过程中,赋值语句的使用是否妥当,往往能够部分反映一个程序员的编程功力。

在C++中赋值运算符为"=",赋值语句的基本形式为:

<变量名>=<表达式>;

它的意思是"取得赋值号右边的值,把它复制给左边的变量"。赋值号的右边可以是任何常数、已经有值的变量或者是一个运算表达式。在赋值之前会先将计算表达式的值,然后把结果赋给左边的变量。赋值号左边必须是一个明确的、已命名的变量。也就是说,它必须有一个内存空间用来存储赋值号右边的值。

C++中的表达式是由数据和运算符构成的,基本的算术运算符有+、-、*、/、%等5个,分别是加、减、乘、除、求余的运算。%运算符的运算对象必须是整数,其余运算符即可对整数运算也可对浮点数运算。例如:

a=10%7;

这个语句的作用是先求10除以7的余数,结果为3;再将整数3赋值给变量a,使变量a此时拥有的值为3,如图5.6所示。

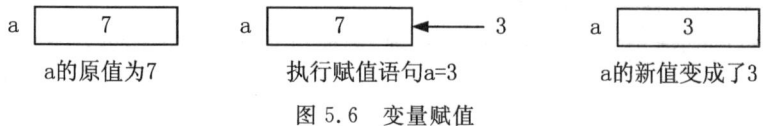

图5.6 变量赋值

赋值语句可以改变变量状态，即将一个变量的值改为另外一个值。例如有两个变量 a、b，交换它们的值。

交换两个变量的值不能直接相互赋值，即执行 a=b；b=a。因为在执行 a=b 时，已经改变了 a 中的值，即 a 的值和 b 相同。所以在进行交换之前，需要一个中间变量 t 保存其中一个的值。交换过程如图 5.7 所示。

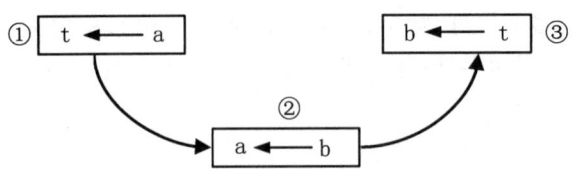

图 5.7　交换两个变量的值的过程

【程序 5.3】交换两个变量的值

```
// * * * * * * * * * * * * *
// *      交换两个变量的值        *
// * * * * * * * * * * * * *
#include<iostream.h>
int main()
{
    int a, b, temp;
    a=3;
    b=5;

    temp=a;
    a=b;
    b=temp;
    return 0;
}
```

2. 输入输出

任何程序大致都是这样的流程：输入参数→处理参数→输出结果。所以在任何程序语言中，均提供了方便程序员进行输入输出的操作。

在 C 语言中提供了两个标准输入输出函数：scanf( )和 printf( )。

(1) 格式输入函数：scanf( )

一般形式：scanf(格式控制串,地址列表)

它从标准输入设备，如键盘，接受输入的任何类型的多个数据，两个输入项之间一般用空格隔开。

(2) 格式输出函数：printf()

一般形式：printf("格式控制串"[,输出实参列表])

printf()函数的功能按指定的格式输出数据，若输出实参列表中如果有多个参数，则用逗号分隔。

在 C++语言中则使用面向对象的 I/O 流，定义了两个输入输出对象：cin 和 cout。

① cin 处理标准输入,即键盘输入,格式为:

cin >><对象 1> {>><对象 2>…};

cin 可以获得键盘的多个输入值,提取运算符">>"可以连续写多个,每个提取运算符后面跟一个获得输入值的变量或对象。

② cout 处理标准输出,即屏幕输出,格式为:

cout<<<对象 1> {<<<对象 2>…};

通过 cout 可以输出一个整数、实数、字符及字符串。插入运算符"<<"可以连续写多个,每个后面可以跟一个要输出的常量、变量、转义序列符及表达式等。

【程序 5.4】具有输入和输出的交换两个变量的值

```
// * * * * * * * * * * * * * * * *
// *          具有输入和输出的交换          *
// * * * * * * * * * * * * * * * *
#include<iostream.h>  //头文件,处理C++中的输入和输出操作
int main( )
{
    int a, b, temp;
    cin>>a>>b;  //输入两个整数,分别保存在变量a和b中

    temp=a;
    a=b;
    b=temp;
    cout<<"After swap…"<<endl;  //输出字符串,然后换行
    cout<<a<<","<<b<<endl;  //输出变量a和b中的值,然后换行
    return 0;
}
```

5.3 结构化程序设计方法

结构化程序设计方法是程序设计的先进方法和工具,基本思想是采用"自顶向下,逐步求精"的程序设计方法和"单入口单出口"的控制结构。结构化程序语言仅使用顺序、选择和循环 3 种基本控制结构就足以表达出各种其他形式的结构。

自顶向下:程序设计时,应先考虑总体,后考虑细节;先考虑全局目标,后考虑局部目标。不要一开始就过多追求众多的细节,先从最上层总目标开始设计,逐步使问题具体化。

逐步求精:对复杂问题,应设计一些子目标作过渡,逐步细化。

模块化:一个复杂问题肯定是由若干稍简单的问题构成。模块化是把程序要解决的总目标分解为子目标,再进一步分解为具体的小目标,把每个小目标称为一个模块,如图 5.8 所示。

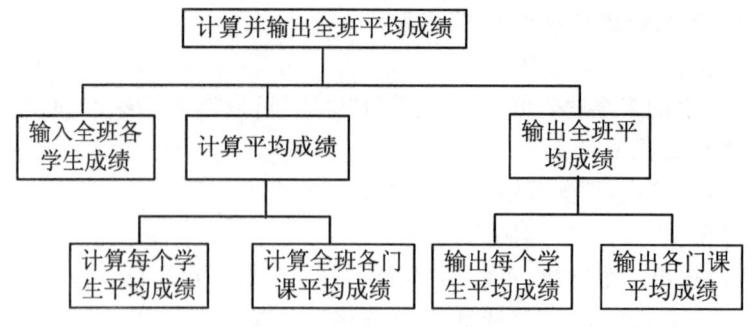

图 5.8 自顶向下,逐步细化

5.3.1 顺序结构

顺序结构是一种简单的程序设计,它是最基本、最常用的结构,如图 5.9 所示。顺序结构就是顺序执行结构,所谓顺序执行,就是按照程序语句行的自然顺序一条语句接着一条语句顺序地执行。

在日常生活中符合顺序结构的例子很多。例如,学生早上上课前的准备过程可表示为:

① 早上起床;
② 到盥洗室洗漱;
③ 到操场跑步,做操;
④ 到餐厅买饭,吃饭;
⑤ 到水池边洗碗,收拾餐具;
⑥ 回宿舍拿书包;
⑦ 到教室准备上课。

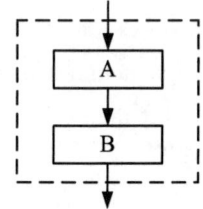

图 5.9 顺序结构

顺序结构可以独立使用构成一个简单的完整程序,常见的输入、计算、输出三部曲的程序就是顺序结构。

【例 5.5】小明到超市买东西,看到电子计价算账非常方便,于是也想编程模拟一下,下面给出一个计算价格的简单程序:

【程序 5.5】简单顺序结构。

```
// * * * * * * * * * * * * * * *
// *         简单顺序结构        *
// * * * * * * * * * * * * * * *
#include<iostream.h>
int main( )
{
    double BookPrice=12.5;      //定义变量1(图书价格为12.5元)
    double NotePrice=6.3;       //定义变量2(记事本价格为6.3元)
    double BookNumber=0.0;      //定义变量3(图书数量,初始化为0)
    double NoteNumber=0.0;      //定义变量4(记事本数量,初始化为0)
    double Total= 0.0;          //定义变量5(总钱数,初始化为0)
```

```
    cout << "请输入图书的数量:"              //显示提示信息
    cin >> BookNumber;                      //从键盘上输入变量3的值
    cout << "请输入记事本的数量:"            //显示提示信息
    cin >> NoteNumber;                      //从键盘上输入变量4的值

    Total=BookPrice * BookNumber+NotePrice * NoteNumber;   //计算总钱数
    cout << "总钱数为:" << Total << endl;    //输出总钱数
    return 0;                                //返回指定值
}
```

5.3.2 分支结构

分支结构又称为选择结构,它包括简单选择结构和多分支选择结构,这种结构可以根据设定的条件,判断应该选择哪一条分支来执行相应的语句序列。在选择结构中,需要对条件进行测试,条件为"真"时,执行语句A;为"假"时执行语句B,如图5.10所示。

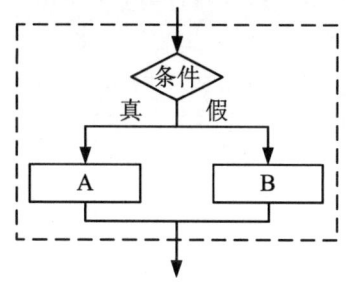

图5.10 选择结构

条件语句用来表示两个或更多语句的选择执行,或单个语句的可选执行。

1. 条件的表示

(1) 关系运算符

在执行条件语句时,需要通过判断一个条件的真假,来决定执行相应的语句序列,而条件的表示需要通过关系运算来得到。关系运算的结果是布尔型数据,即结果只有两种——真或假。

关系运算符就是用来判断操作符两边数据的关系,C++中这些关系一共有6种:等于、大于、大于等于、小于、小于等于、不等于,如表5.2所示。

表5.2 关系运算符

关系	等于	大于	大于等于	小于	小于等于	不等于
运算符	==	>	>=	<	<=	!=
实例	a==b	a>b	a>=b	a<b	a<=b	a!=b

(2) 逻辑运算符

在进行条件判断时,有些条件比较严格,需要同时满足;有些条件又会很宽松,只需要满足其中一项即可。在程序设计中可以使用逻辑运算符来描述,称为"逻辑非"、"逻辑与"和"逻辑或",如表5.3所示。

表 5.3　逻辑运算符

逻辑	逻辑非	逻辑与	逻辑或
运算符	！	&&	||
实例	！a	a&&b	a||b
逻辑值	a 真，！a 为假； a 假，！a 为真。	a 和 b 都为真，a&&b 才为真；否则为假。	a 和 b 都为假，a||b 才为假；否则为真。

2. if 语句

(1) 单分支条件语句

if（条件）
{
　语句 1；
　语句 2；
　……
}

(2) 双分支条件语句

if（条件）
{
　语句 1；
　语句 2；
　……
}
else
{
　语句 1；
　语句 2；
　……
}

【程序 5.6】求变量 a、b 中的较大值，赋给变量 max。

```
// * * * * * * * * * * * * * * *
// *    求 a、b 中的较大值        *
// * * * * * * * * * * * * * * *
#include<iostream.h>
int main( )
{
    int a,b,max;
    cin>>a>>b;      //输入 a、b 的值
    if (a>b)
        max=a;
    else
```

```
        max=b;
    cout<<a<<"和"<<b<<"的较大值为:"<<max<<endl;
    return 0;
}
```

(3) 多路选择语句

多路选择语句根据一个表达式的值从几个子语句中选择出一个执行,所以语句由一个表达式和若干个 case 序列组成,每个 case 序列包含一个常量和一个子语句。

```
switch（表达式）
{
    case 常量 1：语句 1;语句 2;… break;
    case 常量 2：语句 1;语句 2;… break;
    ……
    case 常量 n：语句 1;语句 2;… break;
    default：   语句 1;语句 2;… break;
}
```

case 语句首先对表达式求值,如果求出的值等于其中某个常量,那么控制流进入相应的子语句,执行完被选中的语句之后,控制流要离开整个 case 结构,在 C++中要通过 break 语句跳出整个选择结构。需要注意的是,任意两个 case 后的常量不能相等,当没有跟 case 匹配的常量时,运行 default 之后的语句。

【程序 5.7】将输入的百分制成绩转换成等级。

```
// * * * * * * * * * * * * * * * *
// *        将百分制成绩转换成等级       *
// * * * * * * * * * * * * * * * *
#include<iostream.h>
int main( )
{
    float fScore;
    cout<<"请输入一个百分制成绩:";
    cin>>fScore;
    switch（(int)(fScore / 10) )//计算成绩的十位数的数值
    {
        case 10：
        case 9：cout<<"A"<<endl;break;
        case 8：cout<<"B"<<endl;break;
        case 7：cout<<"C"<<endl;break;
        case 6：cout<<"D"<<endl;break;
        default：cout<<"E"<<endl;   //低于60分的成绩均为"E"
    }
    return 0;
}
```

4. 选择结构的嵌套

if 语句的主要功能是给程序提供一个分支,然而有的程序十分复杂,仅仅一个分支是远远不够的,需要在一个分支中再加一个分支,形成嵌套结构的多分枝语句。

【例 5.6】求一个一元二次方程 $ax^2+bx+c=0$ 的解,其中系数 a、b、c 从键盘输入,流程图如图 5.11 所示。

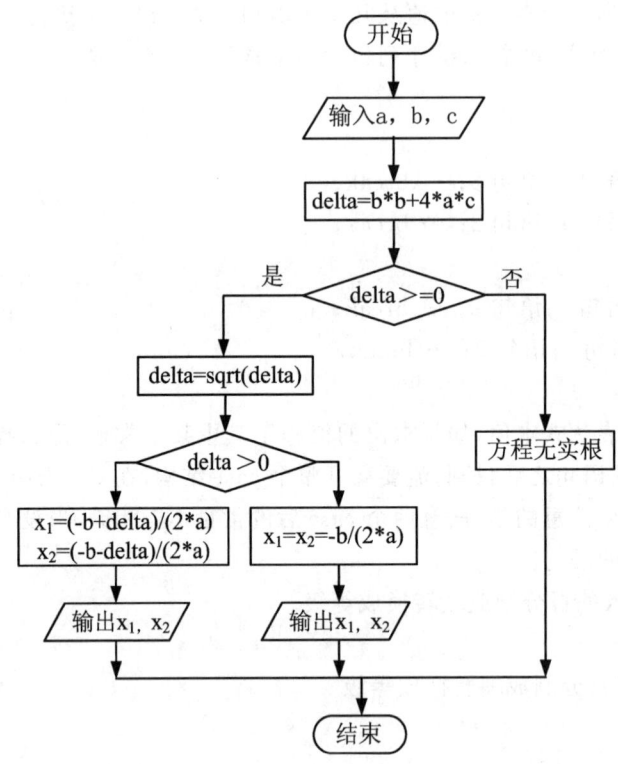

图 5.11　求一个一元二次方程解的流程图

【程序 5.8】求一元二次方程的解。

```
/// * * * * * * * * * * * * * * *
// *         求一元二次方程的解         *
// * * * * * * * * * * * * * * *
#include <iostream>
#include <cmath>
using namespace std;
int main( )
{
    double a, b, c, delta;
    cout<<"请输入一元二次方程的 3 个系数:";
    cin>>a>>b>>c;                    //从键盘上输入方程的 3 个系数
    delta=b * b - 4.0 * a * c;        //计算判别式的值
    if ( delta >= 0.0 )               //有实根的情况
    {
```

```
    delta=sqrt( delta );
    if ( delta > 0.0 )
    {
      cout<<"方程有两个不同的实根:"<<endl;
      cout<<"第1个根为:"<<( -b+delta )/( 2.0 * a )<<endl;
      cout<<"第2个根为:"<<( -b - delta )/( 2.0 * a )<<endl;
    }
    else
    {
      cout<<"方程有两个相同的实根:"<<endl;
      cout<<"根为:"<< -b /( 2.0 * a )<<endl;
    }
  }
  else              //delta < 0,无实根
    cout<<"此方程无实根!"<<endl;
  return 0;
}
```

5.3.3 循环结构

重复结构又称为循环结构,它根据给定的条件,判断是否需要重复执行某一相同或类似的程序段,利用重复结构可简化大量的程序行。在程序设计语言中,重复结构对应两类循环语句:对先判断后执行循环体的称为"当型循环结构";对先执行循环体后判断的称为"直到型循环结构",如图5.12所示。

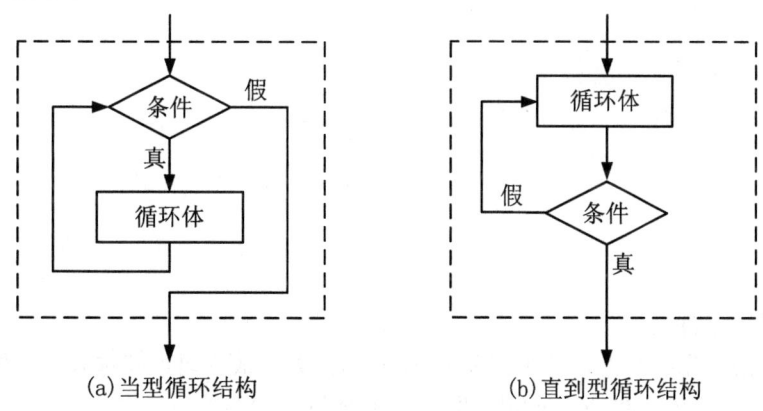

图 5.12 两种循环结构

根据事先是否能够预知循环的执行次数,循环语句可分为计数循环和条件循环。计数循环能够事先确定循环的次数,而条件循环不能预先确认执行的次数,依靠所给的条件判断是否继续执行循环体,实际循环次数由计算过程决定。

C++中提供了三种循环语句:while 语句、do…while 语句和 for 语句。

1. while 语句

while（循环条件）

{
 语句 1；
 语句 2；
 ……
}

while 语句先判断循环条件,当条件成立时进入循环体执行语句,不满足条件时则不再执行循环。

【程序 5.9】 统计输入的整数的个数,当输入为 0 时结束。

```
// * * * * * * * * * * * * *
// *       统计整数的个数          *
// * * * * * * * * * * * * *
#include<iostream.h>
int main( )
{
  int x,sum=0;
  cin>>x;
  while(x!=0)
  {
    sum=sum+1;
    cin>>x;
  }
  cout<<"一共输入了"<<sum<<"个整数。";
  return 0;
}
```

2. do…while 语句

```
do
{
  语句 1；
  语句 2；
  ……
}while (循环条件);
```

do…while 语句先执行循环体再判断循环条件,当条件成立时继续进入循环体执行语句,不满足条件时则退出循环。在 do…while 语句中,循环体至少会执行 1 次。

【例 5.7】 目前世界人口有 60 亿,如果以每年 1.4% 的速度增长,多少年后世界人口达到或超过 70 亿。

【程序 5.10】 世界人口统计。

```
// * * * * * * * * * *
// *     世界人口        *
// * * * * * * * * * *
#include<iostream.h>
```

```
int main( )
{
  double r,p;
  int n;
  p=6000000000l;
  r=0.014;
  n=0;
  do
  {
    p=p * (1+r);
    n=n+1;
  }while(p <= 7000000000l);
  cout<<n<<"年后世界人口达 70 亿。";
  return 0;
}
```

3. for 语句

```
for (表达式 1;表达式 2;表达式 3)
{
  语句 1；
  语句 2；
  ……
}
```

在 for 语句中,首先计算表达式 1 的值,然后计算表达式 2。若表达式 2 的值为"true"则执行循环体,然后计算表达式 3 的值,再判断表达式 2。若为"true"继续执行循环体,再计算表达式 3。如此反复,直到表达式 2 的值为"false"为止,循环结束。

【程序 5.11】 求整数 1 到 100 的奇数之和。

```
// * * * * * * * * * * * * * * * * * * * *
// *           求整数 1 到 100 的奇数之和           *
// * * * * * * * * * * * * * * * * * * * *
#include<iostream.h>
int main( )
{
  int Total=0;
  for (int n=1; n < 100;n =n+2)
    Total =Total+n;
  cout<< "1 到 100 的奇数之和为:"<< Total << "\n";
  return 0;
}
```

4. 循环的嵌套

如果一个循环体中又包含另一个完整的循环体,则称为循环的嵌套。内嵌的循环体中还可以再嵌套循环,这就是多重循环。一般而言对循环嵌套的层数没有规定,但是如果超过了三层循环嵌套,则要考虑程序的可读性和执行效率。

【例 5.8】百钱买百鸡问题。我国古代数学家张丘建在《张丘建算经》一书中提出了"百鸡问题":鸡翁一,值钱五,鸡母一,值钱三,鸡雏三,值钱一。百钱买百鸡,问鸡翁、鸡母、鸡雏各几何?

即假定公鸡每只 5 元,母鸡每只 3 元,小鸡 3 只 1 元。现在有 100 元要求买 100 只鸡,如果公鸡、母鸡和小鸡都要有,编程列出所有可能的购鸡方案。

分析:设公鸡、母鸡、小鸡各为 x、y、z 只,根据题目要求,本问题需要满足的条件为:

$$\begin{cases} x+y+z=100 \\ 5x+3y+\dfrac{1}{3}z=100 \end{cases}$$

三个未知数,两个方程,所以此题有若干个解。

方法一:三个未知数利用三重循环来实现。

循环次数的确定:由于各种鸡都要有,所以公鸡的最高耗用金额为 $100-1-3=96$ 元,$96/5 \approx 19$,所以公鸡的范围是 $1 \sim 19$;同理,得到母鸡的范围是 $1 \sim 31$;小鸡的范围是 $3 \sim 98$(注意:虽然小鸡的数目可以是 $100-5-3=92$,可买 276 只,但是由于总鸡的数目的限制,小鸡的数目要 ≤ 98。)

【程序 5.12】百钱买百鸡 1。

```
// * * * * * * * * * * *
// *      百钱买百鸡1         *
// * * * * * * * * * * *
#include<iostream.h>
int main()
{
    int cocks, hens, chicks;
    for(cocks=1; cocks<=19; cocks++)
      for(hens=1; hens<=31; hens++)
        for(chicks=1; chicks<=96; chicks++)
        {
            if((5*cocks+3*hens+(1/3)*chicks==100)&&(cocks+hens+chicks==100))
              cout<<"Cock:"<<cocks<<", Hens:"<<hens<<", Chicks:"<<chicks<<endl;
        }
    return 0;
}
```

方法二:从三个未知数的关系,利用两重循环来实现。

由于 chicks=100-cocks-hens,因此确定了 cocks 和 hens 也就确定了 chicks,这样可以省略 chicks 这重循环。

【程序 5.13】百钱买百鸡 2。

```cpp
// * * * * * * * * * * * * *
// *        百钱买百鸡 2        *
// * * * * * * * * * * * * *
#include<iostream.h>
int main()
{
    int cocks, hens;
    for(cocks=1; cocks<=19; cocks++)
        for(hens=1; hens<=31; hens++)
        {
            if(5*cocks+3*hens+(1/3)*(100-cocks-hens)==100)
                cout<<"Cock:"<<cocks<<",
                Hens:"<<hens<<", Chicks:"<<100-cocks-hens<<endl;
        }
    return 0;
}
```

5.3.4 函数和子程序

从实践的角度看，抽象是一种过程或手段，程序员通过它可以把一个名字与一段可能很复杂的程序片段关联起来，而后就可以只考虑其名字和功能，而不需要去考虑其具体实现。子程序就是对基本计算过程进行抽象的机制。一个子程序封装了一段程序代码并给以命名，允许通过子程序的名字引用这段代码，完成代码所描述的计算。

子程序包括过程（完成动作的子程序）和函数（计算值的子程序）。子程序可以看成是一种语言的扩充机制，因为子程序扩充了语言里描述计算的词汇，这是最基本的扩充需要。

子程序的直接发展是参数化，参数化使同一段代码可以作用于不同的实际参数集合。为了满足程序设计的需要，人们研究并提出了许多参数机制，理解各种参数机制也是很重要的。

子程序的另一重要作用是实现了一种局部计算环境。它是一种封装和屏蔽机制，是一种"半透明"的作用域，其外部的定义在内部可见。子程序还是一种决定对象生存期的程序单元。定义好的子程序又可以像其他操作一样使用，使人可以用这种方式一层层地建立起复杂的计算抽象。

子程序的定义、调用、参数化、局部环境的建立和使用等等，都引起了复杂的语义问题和实现技术问题。理解子程序这些方面的问题，也是理解程序语言的关键之一。

在 C++语言中，函数是程序的基本组成单位，因此可以很方便地用函数作为程序模块来实现程序。利用函数，不仅可以实现程序的模块化，使程序设计变得简单和直观，提高程序的易读性和可维护性，而且还可以把程序中经常用到的一些计算或操作设计成通用的函数，以供随时调用，这样可以大大地减轻程序员的代码工作量。

C++中函数定义的格式为：

返回类型函数名（参数表）
{

若干条语句；
　　return 函数的返回值；
}

返回类型说明符定义了函数中 return 语句返回值的类型,该返回值可以是任何有效类型。参数表是一个用逗号分隔的变量表,当函数被调用时这些变量接收调用参数的值。一个函数可以没有参数,这时函数表是空的,但即使没有参数,括号仍然是必须要有的。

例如:double volume (double r, double h)
{
　　double s＝3.14 * r * r * h;
　　return s;
}

该函数定义了一个返回类型为 double、函数名为 volume、带有两个 double 类型参数的函数,该函数计算 $3.14 * h * r^2$ 的值,并将该值作为函数的计算结果返回。

要想使用函数,首先应该调用它。如果一个函数要使用参数,它就必须定义接受参数值的变量(简称形参),然后在调用时填入实际的参数值(简称实参)。必须确认所定义的形参与调用函数的实际参数类型一致,同时还要保证在调用时形参与实参的个数出现的次序也要一一对应。

【程序 5.14】给出半径,使用函数 volume 计算圆柱体的体积。

```
// * * * * * * * * * * * * * * * *
// *         计算圆柱体的体积         *
// * * * * * * * * * * * * * * * *
#include<iostream.h>
double volume ( double r, double h)//函数的定义
{
    double s＝3.14 * r * r * h;
    return s ;
}


int main( )
{
    double radius,height ;
    cout<<"请输入圆柱体的半径,高:";
    cin>>radius>>height;
    cout<<"圆柱体的体积为:"<<volume(radius, height)<<endl;//调用函数 volume
    return 0;
}
```

5.3.5 递归与递推

1. 递归(Recursion)

递归作为一种强有力的数学和算法描述工具在高级语言中被广泛使用。一个函数、过程、概念或数学结构,如果在其定义或说明内部又直接或间接地出现有定义本身的引用(在过程或自定义函数中,又包含自己调用自己),则称它们是递归的或者是递归定义的。

能采用递归描述的算法通常有这样的特征:为求解规模为 N 的问题,设法将它分解成规模较小的问题,然后从这些小问题的解方便地构造出大问题的解,并且这些规模较小的问题也能采用同样的分解和综合方法,分解成规模更小的问题,并从这些更小问题的解构造出规模较大问题的解。特别地,当规模 $N=1$ 时,能直接得解。

一个递归算法仅使用少量的程序编码就可描述出解题所需要的多次重复计算而不需要设计循环结构。

【例 5.9】计算正整数 n 的阶乘 $n!$。

我们知道,在数学中 $n!$ 一般定义为:

$$n! = \begin{cases} 1 & n=0 \\ n \times (n-1)! & n>0 \end{cases}$$

在 $n>0$ 的公式中,又包含了 $(n-1)!$,这就是递归定义。写成递归函数为:

```
int factorial (int n)
{
    long m;
    if (n==0)
        m=1;
    else
        m= factorial(n-1) * n;
    return  m;
}
```

递归算法的执行过程分递推和回归两个阶段。在递推阶段,把较复杂的问题(规模为 n)的求解推到比原问题简单一些的问题(规模小于 n)的求解。例如上例中,为了求解 factorial(n),把它推到求解 factorial($n-1$)。也就是说,为计算 factorial(n),必须先计算 factorial ($n-1$),而计算 factorial($n-1$),又必须先计算 factorial($n-2$)。依次类推,直至计算 factorial(0),能立即得到结果 1。在递推阶段,必须要有终止递归的情况。例如在函数 factorial 中,当 n 为 0 的情况。

在回归阶段,当获得最简单情况的解后,逐级返回,依次得到稍复杂问题的解。例如得到 factorial(0)后,返回得到 factorial(1)的结果……,在得到了 factorial($n-1$)的结果后,返回得到 factorial(n)的结果。例如求 4!,即 factorial(4)的值,递归的执行过程如图 5.13 所示。

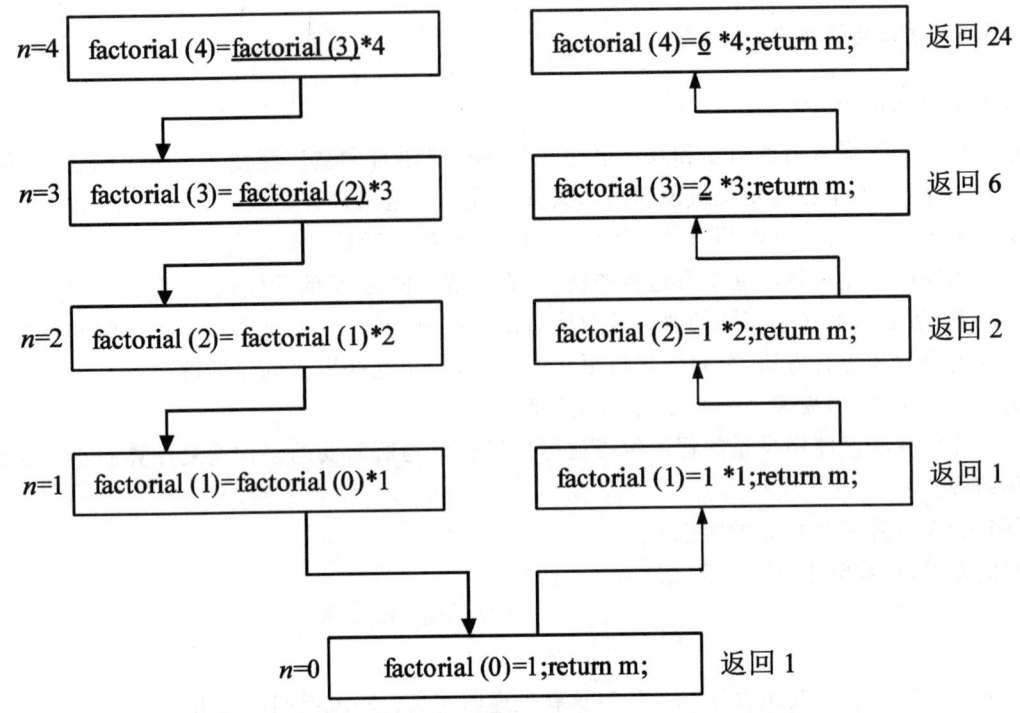

图 5.13 递归的执行过程

在编写递归函数时要注意,函数中的局部变量和参数知识局限于当前调用层,当递推进入"简单问题"层时,原来层次上的参数和局部变量便被隐蔽起来。在一系列"简单问题"层,它们各有自己的参数和局部变量。

递归调用会产生无终止运算的可能性,因此必须在适当时候终止递归调用,即在程序中必须要有终止条件。上面函数中的第一条语句就是终止条件。一般地,根据递归定义设计的递归算法中,非递归的初始定义,就用作程序中的终止条件。

实践证明,不是所有问题都可以用递归的方法处理,用递归算法编写的程序也不一定是好程序。可以看出,执行递归的过程既浪费时间又浪费存储空间,因此有的语言系统,禁止使用递归,由于计算机存储容量的限制,编译系统也不允许递归。但因递归特别符合人们的思维习惯,递归算法的设计也要比非递归算法设计容易,所以当问题是递归定义,尤其是当涉及的数据结构是递归定义的时候,使用递归算法特别合适。

应用递归算法能够求解的问题一般具有两个特点:

① 存在某个特定条件,在此条件下,可得到指定的解,即递归在终止状态。

② 对任意给定的条件,有明确的定义规则,可以产生新的状态并将最终导出终止状态,即存在导致问题求解的递归步骤。

2. 递推(Recurrence)

递推是迭代算法中一种用若干步可重复的简单运算来描述复杂数学问题的方法,以便于计算机进行处理。它与递推关系的思想完全一致,由边界条件开始往后逐个推算。在一般情况下,效率较高,编程也非常的方便。但是,我们一般只需要求递推关系的第 n 项,而边界条件与第 n 项前面之间的若干项的信息是我们不需要的。如果采用递推的方法来求解的话,第 n 项之前的每一项都必须计算出来,最后才能得到所需要的第 n 项的值。这是递推无法避免的,从而在一定程度上影响了程序的效率,当然在大多数情况下,采用递推的方法还是可行的。当然,更好的求解方法还有母函数法、迭代归纳法等。

【例 5.10】猴子吃桃子问题。

小猴在一天摘了若干个桃子,当天吃掉一半多一个;第二天接着吃了剩下的桃子的一半多一个;以后每天都吃尚存桃子的一半零一个,到第 10 天早上要吃时只剩下一个了,问小猴那天共摘了多少个桃子?

这是一个"递推"问题,先从最后一天推出倒数第二天的桃子,再从倒数第二天的桃子推出倒数第三天的桃子……。

设第 n 天的桃子为 x_n,那么它与前一天桃子数 x_{n-1} 的关系是:$x_n = \frac{1}{2} x_{n-1} - 1$,也就是:$x_{n-1} = (x_n + 1) \times 2$。程序如下:

【程序 5.15】猴子吃桃问题。

```
//* * * * * * * * * * * * * * *
//*              猴子吃桃              *
//* * * * * * * * * * * * * * *
#include<iostream.h>
int main( )
{
    int all=1, i;
    for(i =0; i<10; i++)
        all=2 * (all+1);  //计算前一天的桃子数目
    cout<<"猴子第一天摘了"<< all <<"个桃子"<<endl;
    return 0;
}
```

递推法是一种简单有效的方法,一般用这种方法编写的程序执行效率很高,可以解决具有相关性且相关性顺序确定、个数不多或者个数为定数的问题。

递推法和递归法的关系:任何可以用递推法解决的问题,都可以很方便的利用递归法解决。但是,并非所有能用递归法解决的问题都能用递推法解决。这是因为,递归法利用的递归工作栈。

5.4 程序设计流程

程序设计过程应当包括分析、设计、编码、测试、排错等不同阶段。每个阶段都有相应的理论和实践作为指导,内容涉及到有关的基本概念、工具、方法以及方法学等。

5.4.1 程序开发流程

程序设计的主要内容是解决问题的数据表达与数据处理的流程控制,也就是数据结构设计与算法设计。这些设计最终要用某种程序设计语言来实现,也就是说要编写成程序。但根据这些设计思路所写的程序不一定就是正确的,可能设计本身就有问题,也可能编写程序时出了差错。所以，编写完成后的程序需要调试（查错）。许多程序是提供给别人使用的，如同正式的产品应当提供产品说明书一样，正式提供给用户使用的程序，必须向用户提供程序说明书。内容应包括：程序名称、程序功能、运行环境、程序的装入和启动、需要输入的数据，以及使用注意事项等。

一般程序开发流程为：编辑→编译→链接→调试，该过程循环往复，直至程序正确完成，如图5.14所示。

程序员编写的程序也称为源代码，以文本的形式存放在计算机中。源代码被编译之后生成目标代码，目标程序还需要经过链接过程和装载过程才能形成可执行文件，此时程序才能在计算机上执行。编译过程、链接过程和装载过程构成了软件的开发环境。

开发一个程序，包括以下五个过程：

1. 程序设计

程序设计亦称程序编辑。程序员用任一编辑软件（编辑器）将编写好的程序输入计算机，并以文本文件的形式保存在计算机的磁盘上。编辑的结果是建立源程序文件。

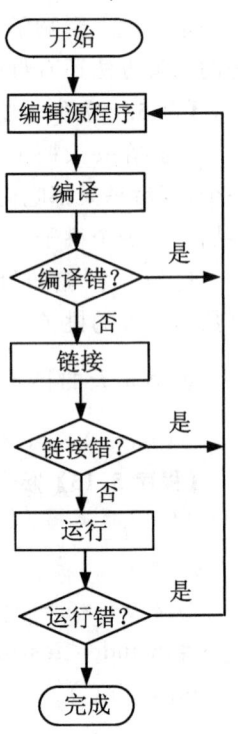

图5.14 开发程序的过程

2. 程序编译

编译是指将编辑好的源文件翻译成二进制目标代码的过程。编译时，编译器首先要对源程序中的每一个语句检查语法错误，当发现错误时，就在屏幕上显示错误的位置和错误类型的信息。此时，要再次调用编辑器进行查错修改。然后，再进行编译，直至排除所有语法和语义错误。正确的源程序文件经过编译后在磁盘上生成目标文件。

3. 程序链接

编译后产生的目标文件是可重定位的程序模块，不能直接运行。链接就是把目标文件和其他分别进行编译生成的目标程序模块（如果有的话）及系统提供的标准库函数链接在一起，生成可以运行的可执行文件的过程。链接过程使用语言提供的链接程序（链接器）完成，生成的可执行文件存在磁盘中。通常高级语言把经编译过程产生的程序模块命名为后缀为.obj的文件，把经链接过程产生的程序模块命名为后缀为.exe的文件。

4. 程序装载

程序只有装入内存后才能运行。各个计算机在不同时刻的内存使用情况是不相同的，但是，整个可执行程序中各条机器指令的相对位置是固定不变的，只要程序装入内存单元的起始地址确定，整个可执行程序中各条机器指令的具体内存地址就可以确定。

因此，可执行程序都是设计成可重定位方式的（即可按给出的内存起始地址确定各条机器指令在内存中的实际地址）。

装载过程根据当前计算机装入时所确定的起始地址把可执行程序装入内存。

5. 程序运行

生成可执行文件后，就可以在操作系统控制下运行。若执行程序后达到预期目的，则程序的开发工作到此完成。否则，要进一步检查修改源程序，重复编辑→编译→链接→调试的过程，直到取得预期结果为止。

5.4.2 创建一个自己的程序

为了方便高级语言程序的设计过程,目前基本上所有高级语言编译系统都会提供一个集成开发环境(Integrated Development Environment,IDE),在该环境中,程序员可以集编写代码、编译程序、装配和链接文件以及调试运行。另外,开发环境中还包括了其他一些子程序,例如源程序编辑子程序、文件保存子程序、源程序调试子程序等。

如图 5.15 所示是 Visual C++ 6.0 开发环境的用户界面。

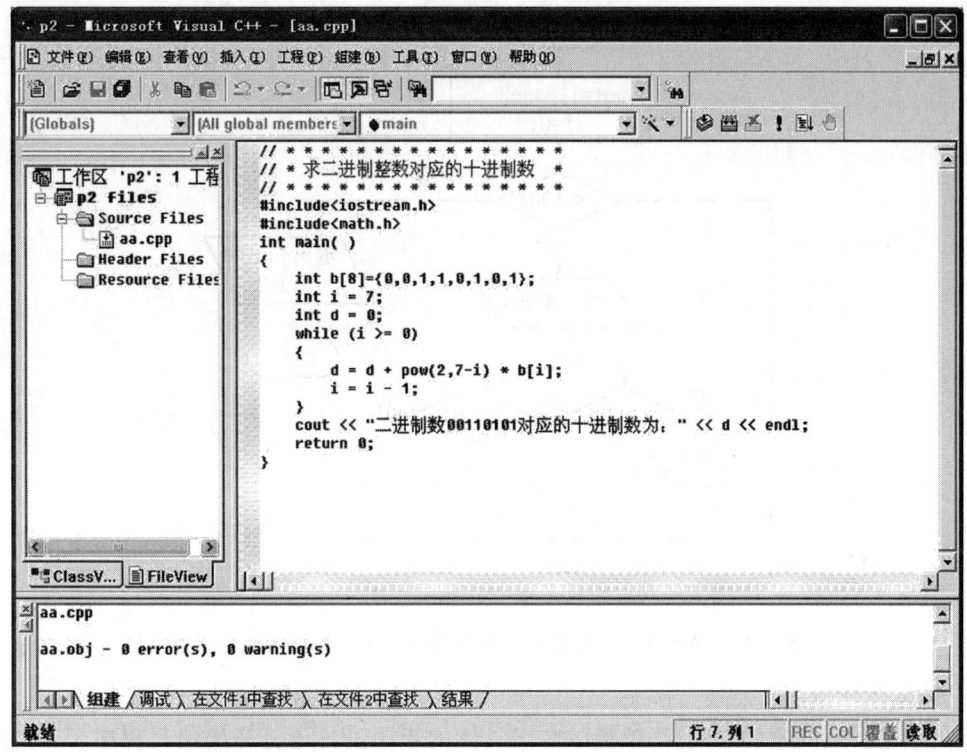

图 5.15　Visual C++6.0 开发环境

1. 问题分析与算法设计

【例 5.11】设计一个程序读入 100 个整数,统计出其中的正整数个数和负整数个数。

本问题是求在一定范围内(100 个整数),满足一定条件(正数或负数)的若干整数的和,这是一个求累加和的问题。这种问题的基本解决方式是:设置一个累加器变量(如 sum1,sum2),将其初始值设为 0,然后在给出的数中寻找满足条件(正数或负数)的整数,将它们分别累加到累加器变量中。

为了处理方便,将正在被查看的整数也用一个变量表示(如 x)。在进行累加时,首先判断 x 的正负。当 x 为正整数时 sum1 的值增 1,为负整数时 sum2 的值增 1。

累加过程可以用语句(C++语言)表示为:

sum1=sum1+1;($x>0$)

sum2=sum2+1;($x<0$)

该语句均表示把 sum 的值加上 x 后再重新赋值给 sum。

上述这个累加过程需要重复进行(100 次),这就需要用程序设计语言的循环控制语句来实现。在循环体中：

① 需要先判别 x 的正负,然后将满足条件的整数分别进行累加,这可以由分支控制语句来实现。

② 需要对循环次数进行控制。这可以通过循环变量 i 值的变化进行控制。即：i 的初值设为 1,每循环一次加 1,一直加到 100 为止。

基于上述解决问题的思路,就可以逐步明确解决问题的步骤,即确定了解决问题的算法。下面可以使用流程图来描述上述解决问题的步骤(算法),如图 5.16 所示。

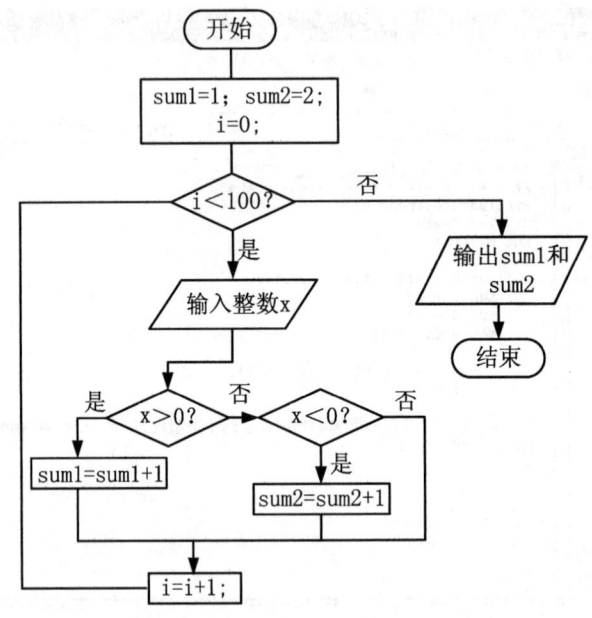

图 5.16 统计 100 个整数中正整数个数和负整数个数的流程图

2. 程序编辑

当确定了解决问题的步骤后,就可以应用具体的程序设计语言开始编写程序了,即根据前面的问题求解思路,应用某种程序设计语言写出对应的程序。程序员可在集成开发环境中编辑源程序,从而保存生成程序的源文件(对 C++语言来说,一般源文件的后缀为.cpp)。

【程序 5.16】统计 100 个整数中正整数个数和负整数个数

```
// * * * * * * * * * * * * * * * * * * * * * * * * * * * * *
// *             file1.cpp                                   *
// *        统计 100 个整数中正整数个数和负整数个数           *
// * * * * * * * * * * * * * * * * * * * * * * * * * * * * *
#include<iostream.h>
int main( )
{
    int sum1, sum2;
    int x, i;

    sum1=0;            //统计正整数的累加器置 0
    sum2=0;            //统计负整数的累加器置 0
```

```
    i= 0;                    //循环变量置 0

  cout<<"请输入 100 个整数：";
  while (i < 100)
  {
    cin>>x;              //输入要判断的整数
    if(x>0)              //判断所输入值的正负
       sum1=sum1+1;      //统计正整数个数的累加器增 1
    if(x<0)
       sum2=sum2+1;      //统计负整数个数的累加器增 1
    i=i+1;
  }
  cout<< "正整数个数:" <<sum1<< " 负整数个数:" <<sum2<<endl;
  return 0;
}
```

3. 程序编译

当编辑好源程序后，下一步工作就是对其进行编译，以生成二进制代码表示的目标程序(一个二进制文件，一般文件名后缀为.obj)。在编译的过程中，很有可能产生一些编译错误，如一些语法错误，编译程序就会指出该语法错误之所在，于是程序员回到编辑状态重新开始编辑程序和编译的过程。

当编译完成后，还不能直接运行该目标程序，需要与编程环境提供的库函数进行链接(link)形成可执行的程序(文件名后缀为.exe)。

4. 运行与调试

当程序通过了语法检查、编译，并与编程环境提供的库函数进行链接生成可执行文件后，就可以在编程环境或操作系统环境中运行(run)该程序。

当然，程序运行所产生的结果有可能不是想要的结果。这说明出现了程序的语义错误(逻辑错误)。比如，在上述程序中，如果把"sum1=sum1+1;"中的"+"号写成"-"号，该程序当然也能通过语法检查，但运行结果就不对了。

如果程序有逻辑上的错误就需要对程序进行调试(debug)。调试是在程序中查找错误并修改错误的过程，调试最主要的工作是找出错误发生的位置。一般语言的集成开发环境都提供相应的调试手段，调试最主要的方法是设置断点并观察变量，步骤如下：

① 设置断点(break point setting)：可以在程序的任何一个语句上做断点标记，当程序运行到这里时就会停下来。

② 观察变量(variable watching)：当程序运行到断点的地方停下来后，可以观察各种变量的值，判断此时的变量值是不是预期的。如果不是，说明该断点之前肯定有错误发生。这样，就可以把找错的范围集中在断点之前的程序段上。

另外，还有一种常用的调试方法是单步跟踪(trace step by step)，即让程序一步一步执行，同时观察变量的变化情况。

调试是一个需要耐心和经验的工作，也是程序设计最重要、最基本的技能。

5.4.3 程序设计风格

除了好的程序设计方法和技术之外,程序设计风格也很重要。因为程序设计风格会深刻影响程序的质量和可维护性,良好的程序设计风格可以使程序结构清晰合理,使程序代码便于维护。因此,程序设计风格对保证程序的质量很重要。

一般来讲,程序设计风格是指编写程序时所表现出的特点、习惯和逻辑思路。程序是由人来编写的,为了测试和维护程序,往往还要阅读和跟踪程序,因此程序设计的风格总体而言应该强调简单和清晰,必须可以理解。可以认为,著名的"清晰第一,效率第二"的论点已成为当今主导的程序设计风格。

1. 符号名的命名

符号名的命名应具有一定的实际含义,以便于对程序的功能进行理解。名称要足够长以便有一定的意义,但也不要太长显得冗余。

例如 MyAge、StudentNumber 这些变量名显然比 a、b、c 这样的名称更能表示其含义。另外尽量避免名字中出现数字编号,如 $x1$、$x2$ 等,除非逻辑上的确需要编号。这是为了防止程序员偷懒,不肯为命名动脑筋而导致产生无意义的名字。(因为用数字编号最省事)

2. 程序注释

注释是程序员与日后读者之间通信的重要工具,用自然语言或伪码描述。它说明了程序的功能,特别在维护阶段,对理解程序提供了明确指导。

在 C++中,单行注释以"//"开头,多行注释以"/*"开头,以"*/"结尾,在"/* */"之间的所有内容都被忽略,这可以修饰多行注释,以突出显示它们。例如:

```
/ * * * * * * * * * * * * * * * * * * * * * * * * * * * * *
 *           该函数用来判断一个年份是否是闰年            *
 *           若是返回1,否则返回0                       *
 * * * * * * * * * * * * * * * * * * * * * * * * * * * * */
bool isLeapYear(int year)
{
   if((year % 4 == 0 && year % 100 != 0)||year % 400 == 0)
      //一个年份是否是闰年的条件是
      //该年份能被4整除而不能被100整除,或者是能被400整除。
      return 1;
   else
      return 0;
}
```

3. 表达式和语句

以尽可能一目了然的形式写好表达式和语句,每行最多包含一个语句。

```
a=a+1;                    //推荐
b=b-1;                    //推荐
a=a+1; b=b-1;             //不推荐
```

使用表达式的自然形式,用加括号的方式排除二义性,以减少副作用。例如:数学表达式 $\frac{a+b}{cd}$ 的正确的写法应该是:$(a+b)/(c*d)$。

4. 一致性和习惯用法

和自然语言一样,程序设计语言也有很多惯用法,也就是那些经验丰富的程序员写常见代码片段的习惯方式,程序的一致性比本人的习惯更重要。

在代码中使用缩进以使程序的层次更加清晰,可以使用空行将逻辑上相关联的代码分块,以便提高代码的可阅读性。

例如在有嵌套的选择结构或是循环结构中利用缩进表示嵌套的层次:
```
if ((a+b>c) && (b+c>a) && (c+a>b))        //外层 if 的分支一
{
    if ( (a*a+b*b==c*c) || (b*b+c*c==a*a) || (c*c+a*a==b*b))
        cout<<"a、b、c 能构成直角三角形"<<endl;
    else
        cout<<"a、b、c 能构成一般三角形"<<endl;
}
else//                                     //外层 if 分支二
    cout<<"a、b、c 不能构成三角形"<<endl;
```

5.4.4 程序测试

在整个程序开发过程中,测试是开发中必不可少的工作。软件程序编写的完成,其实只是完成了开发任务中的一半。与程序的开发相配合的具有同样重要性的另一半工作,是对开发完毕的软件所进行必要的测试。一个软件产品或系统的开发成功,不仅仅是编写完为使用者提供服务功能的程序而已,测试的重要性不亚于对程序本身的开发。

测试和排错常常被认为是在一个阶段所做的工作,实际上它们根本不是同一件事情。简单的说,排错是在已经知道程序有问题的时候要做的事情,而测试是在认为程序能工作的情况下,为设法找出它的问题而进行的一整套确定的系统化的试验。常用的测试方法有两种:

1. 测试代码的边界情况

一项重要技术是边界条件测试:在写好一个小的代码片段,例如一个循环或一个条件分支语句之后,就应该检查条件所导致的分支是否正确,循环实际执行的次数是否正确等。因为检查是在程序和数据的自然边界上,所以这种工作称为边界条件测试。例如,应该检查不存在的或者空的输入,单个的输入数据项以及当一个数组被正好填满了等等。

例如 5.3.2 节中的【程序 5.7】,若输入的成绩大于 100 或者小于 0,那么输出的结果是什么?根据 swich 语句的执行流程,输出结果均为"E",显然这是不合适的。此时应该首先对输入的成绩先做一下判断,然后再进行等级的转换。

【程序 5.17】将百分制成绩转换成等级
```
// * * * * * * * * * * * * * * * * * * *
// *         将百分制成绩转换成等级 2        *
// * * * * * * * * * * * * * * * * * * *
```

```cpp
#include<iostream.h>
int main( )
{
    float fScore;
    cout<<"请输入一个百分制成绩:";
    cin>>fScore;
    if(fScore>100 || fScore < 0)      //当输入的成绩大于100或是小于0时
    {                                  //显示出错信息,并结束程序
        cout<<"输入成绩有误! \n";
        return 0;
    }
    else
    {
        switch ((int)(fScore / 10))    //计算成绩的十位数的数值
        {
            case 10:
            case 9:cout<<"A"<<endl;break;
            case 8:cout<<"B"<<endl;break;
            case 7:cout<<"C"<<endl;break;
            case 6: cout<<"D"<<endl;break;
            default:cout<<"E"<<endl;    //低于60分的成绩均为"E"
        }
    }
    return 0;
}
```

2. 测试前条件和后条件

防止问题发生的另一个方法,是验证在某段代码执行前所期望的或必须满足的性质(前条件)、执行后的性质(后条件)是否成立。保证输入取值在某个范围之内是前条件测试的一类常见例子,下面的函数计算一个数组里 n 个元素的平均值,如果 n 小于或者等于0,就会有问题:

```cpp
double avg(double a[],int n)
{

    double sum=0.0;

    for(int i=0;i<n;i=i+1)
        sum=sum+a[i];
    return sum/n;
}
```

当 n 是0时函数应该返回什么?一个无元素的数组是个有意义的概念,虽然它的平均值没有意义。应该让系统去捕捉除零错误吗?还是终止执行?如果 n 是负数又该怎么办?这当然

是无意义的但也不是不可能的。按照我们的习惯,如果 n 小于等于 0 时或许最好返回一个 0,即:

  return n<=0 ? 0 : sum/n;

当然,这也不是唯一的正确答案。

本 章 小 结

  计算机程序设计是计算机专业的一门专业基础必修课,学好程序设计对后继的一些专业课程有着重大的影响。本章从基础内容出发,介绍了程序设计的基本概念、表现形式,程序设计的基本元素、设计方法;简要介绍了程序实现的基本技术,并结合实际的例子介绍了编译程序从词法分析到目标代码生成的实现过程,最后介绍了程序的测试和性能的评估。

习 题

1. 程序有哪几种表示形式,其特点是什么。
2. 程序设计语言有几种,它们的区别是什么?
3. 简述程序开发的流程。
4. 已知 $\frac{\pi}{4}=1-\frac{1}{3}+\frac{1}{5}-\frac{1}{7}+\cdots+\frac{(-1)^{n-1}}{(2n-1)}$,求 π 的近似值,直到最后一项的绝对值小于 10^8 为止。
5. 编程求 1000 之内的所有"完数"。所谓"完数"是指一个数恰好等于它的因子之和。例如:6 是完数,因为 6=1+2+3。
6. 某百货公司为了促销,采用购物打折的办法。
  (1) 在 1000 元以上者,按九五折优惠;
  (2) 在 2000 元以上者,按九折优惠;
  (3) 在 3000 元以上者,按八五折优惠;
  (4) 在 5000 元以上者,按八折优惠。
  编写程序,输入购物款数,计算并输出优惠价。
7. 求出 n 个学生一门课程中的最高成绩、最低成绩及高于平均成绩的人数。
8. 设计一个具有+、-、*、/、开方、阶乘、指数、正弦、余弦、正切、求余数功能的简易计算器。
9. 求斐波那契数列第 n 项的值。斐波那契数列形如:1,1,2,3,5,8,13,21……,其第 n 项的值为:

$$Fib(n)=\begin{cases}1 & n=1\\1 & n=2\\Fib(n)+Fib(n-1) & n>3\end{cases}$$

第6章 算法设计与数据组织

算法和数据结构的研究是计算机科学的重要基石。计算机解决一个具体问题时,大致需要经过下列几个步骤:首先要从具体问题中抽象出一个适当的数学模型,然后设计一个解此数学模型的算法,最后编出程序进行测试、调整直至得到最终解答。计算机算法与数据的结构密切相关,要设计一个有效的算法,必须选择或设计适合该问题的数据结构,使得算法采用这种数据结构时能对数据施行有效的运算。

在许多类型的程序设计中,选择适当的数据组织方式是一个主要的考虑因素。在计算机科学中,数据结构是计算机中存储、组织数据的方式。通常情况下,精心选择的数据结构可以带来最优效率的算法。

本章主要介绍算法和数据结构的基本概念和常用的数据组织方式,通过学习常用的一些算法设计方法和数据结构及其操作方法,加深理解程序开发中数据的重要性。

6.1 基本概念

目前,计算机已深入到社会生活的各个领域,其应用已不再仅仅局限于科学计算,而更多的是用于控制、管理及数据处理等非数值计算领域。计算机科学是一门研究用计算机进行信息表示和处理的学科。这里面涉及两个问题:信息的表示和信息的处理。因此,学习算法设计和数据结构的基本知识是使用计算机解决实际问题的基础和前提。

本节介绍算法和数据结构的基本概念。

6.1.1 算法的描述

凡是使用数字计算机解决过数值问题或非数值问题的人对算法(algorithm)一词都不陌生,因为他们都学习和编制过一些这样或是那样的算法。

回想一下前面学过的十进制和二进制数之间的转换方法。要将一个二进制数转换为对应的十进制数,需要把一个二进制数各位的权(2的某次幂)与数位值(0或1)的乘积项相加,其和就是相应的十进制数,简称"乘权求和"法。

考虑如何把$(1101.011)_2$转换成十进制数。

第一步是判断需要得到的答案为该二进制数对应的十进制数是什么,为了得到答案需要的信息是要转换的二进制数是多少。用到的公式是:

$(N)_{10}=K_{n-1}2^{n-1}+\cdots+K_0 2^0+K_{-1}2^{-1}+\cdots+K_{-m}2^{-m}$($K_i$表示二进制数的各位数的数符)

这一过程就是用来解决已知一个二进制数,求其对应的十进制数的方法。即:

$(1101.011)_2 = 1\times 2^3+1\times 2^2+0\times 2^1+1\times 2^0+0\times 2^{-1}+1\times 2^{-2}+1\times 2^{-3}=(13.375)_{10}$

用图6.1可以显示出这一问题的解决过程:

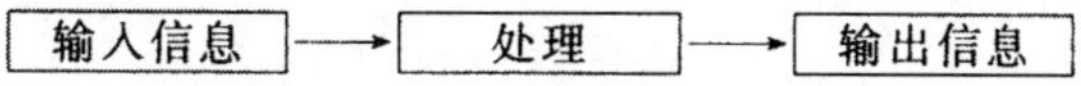

```
输入信息 ──→ 处理 ──→ 输出信息
```

图 6.1 解决问题的过程

计算机是一种现代化的信息处理工具,它对信息进行处理并提供所需的结果,其结果取决于所接受的信息及相应的处理算法。算法是以计算机能够理解的语言描述的解决过程。当算法作用于所求解的给定输入集或作用于问题自身的描述上,将产生唯一确定的有限动作序列,此序列或终止于给定问题的解,或终止于对此输入信息无解。

1. 算法的定义

算法和数字、计算等基本概念一样,要给它下一个严格的定义是不容易的,只能笼统地把算法定义成解决一类确定问题的任意一种特殊的方法。

算法是为了解决某类问题而规定的一个有限长的操作序列。它是一系列操作的步骤,而这个操作序列可以帮助我们解决特定的问题。有时我们可以利用已经存在的方法来解决问题,例如求圆的面积,只要知道圆的半径,就可以利用求圆面积的计算公式 $s = \pi r^2$ 得到圆面积的值。而大多数情况没有现成的方法,则需要我们自己动手设计一个解决问题的步骤过程。

2. 算法的特性

在设计算法时,需要满足算法的以下五个重要特性:

① 确定性:对于每种情况下所应执行的操作,在算法中都有确切的规定,使算法的执行者或阅读者都能明确其含义及如何执行。并且在任何条件下,算法都只有一条执行路径;

② 可行性:算法中的所有操作都必须是基本的操作,都可以通过已经实现的基本运算在有限次之内实现它。

③ 有输入:作为算法加工对象的量值,通常体现为算法中的一组变量。有些输入量需要在算法执行过程中输入,而有的算法表面上可以没有输入,实际上已被嵌入算法之中。

④ 有输出:它是一组与"输入"确定关系的量值,是算法进行信息加工后得到的结果,这种确定关系即为算法的功能。

⑤ 有穷性:对于任意一组合法输入值,在执行有穷步骤之后一定能结束。即:算法中的每个步骤都能在有限时间内完成。

凡是算法都必须满足以上五条特性。只满足前四条特性的一组规则只能叫做计算过程。

例如给出一个正整数,求出它所有的因子。可以使用穷举法,即在 2 到 $n-1$ 的所有整数中,逐一判断是否有能被 n 整除的数,若有则输出。具体步骤如下:

① 输入一个整数 n;设置整型变量 i,初始值为 2。
② 如果 $I = n$,则过程结束;否则进入第(3)步。
③ 用 i 整除 n,如果能够除尽的话,输出 i 的值。
④ 将 i 的值增 1,返回步骤(2)继续。

显然,上述操作步骤满足算法所要求的几点:

第一,上述的每一个操作步骤都是含义确定的。
第二,上述的每一个操作步骤均为赋值运算和算术运算,都是可以具体执行的。
第三,有输入的数据 n 以及输出的数据 n 的因子。
第四,当整数 n 为有限数值时,上述方法可在有限的操作步骤后结束。因此,上述操作步骤是一个算法。

3. 算法的学习内容

要制定一个算法,一般要经过设计、确认、分析、编码、检查、调试、计时等阶段。因此学习计算机算法必须涉及这些方面的内容。在这些内容中有许多都是现今重要而活跃的研究领域,可以把算法的学习分成五个不同的方面:

① 如何设计算法。设计算法的工作不可能是完全自动化的,目前已经有被实践证明是有用的一些基本策略。这些策略不仅在计算机科学,而且在运筹学、电气工程等多个领域中都是非常有用的,利用它们已经设计出了很多精致有效的算法。

② 如何表示算法。语言是交流的工具,设计的算法也要用语言恰当地表示出来。

③ 如何确认算法。一旦设计出了算法,就证明它对所有可能的合法输入都能算出正确的答案,这一工作称为算法确认。确认的目的在于使我们确信这一算法将能正确无误地工作,而与写出这一算法所用的语言无关。

④ 如何分析算法。算法分析是对一个算法需要多少计算时间和存储空间作定量的分析。分析算法不仅可以预计所设计的算法能在怎么样的环境中有效地运行,而且可以知道在最好、最坏和平均情况下执行得怎么样,还可以使读者对解决同一问题不同算法的有效性做出比较判断。

⑤ 如何测试程序。测试程序实际上由调试和作时空分布图两部分组成。调试(debugging)程序是在抽象数据集上执行程序,以确定是否会产生错误的结果。若有,则修改程序。作时空分布图是用各种给定的数据执行需要测试的程序,并测定为计算出结果所花去的时间和空间,以印证以前所作的分析是否正确和指出实现最优化的有效逻辑位置。

6.1.2 算法分析

分析算法是一种有趣的智力工作,它可以充分发挥人的聪明才智。更重要的是,分析算法可以知道完成一项任务所设计的算法的好坏,从而促使设计出一些更好的算法。

要分析一个算法,首先要确定使用了哪些运算以及执行这些运算所用的时间。第二件要做的事是确定能反映出算法在各种情况下工作的数据集,即要求我们编造出能产生最好、最坏、和有代表性情况的数据配置,通过使用这些数据配置来运行算法,以了解算法的性能。

对一个算法做出全面的分析可以分成两个阶段来进行,即事前分析(priori analysis)和事后测试(posterior testing)。由事前分析,求出该算法的一个时间限界函数,而事后测试则收集此算法的执行时间和实际占用空间的统计资料。评价一个算法主要看这个算法所要占用机器资源的多少,而在这些资源中时间和空间是两个最主要的方面,因此算法分析中最关心的也就是算法所需要的时间代价和空间代价。

1. 时间复杂度

算法的时间复杂度也称为渐近时间复杂度(asymptotic time complexity),指的是当问题规模以某种单位由 1 增至 n 时,对应算法所耗费的时间也以某种单位由 $g(1)$ 增至 $g(n)$,这时称该算法的时间复杂度是 $g(n)$。

在描述算法分析的结果时,人们通常采用"大 O"表示法:某个算法的时间复杂度(或者空间复杂度)为 $O(f(n))$,则表示如果存在正的常数 c 和 n_0,当问题的规模 $n \geqslant n_0$ 后,该算法的时间(或空间)复杂度 $T(n) \leqslant c \cdot f(n)$。这时也称该算法的时间(或空间)复杂度的增长率为 $f(n)$。这种说法意味着:当 n 充分大时,该算法的复杂性不大于 $f(n)$ 的一个常数倍。

一般情况下,随着 n 的增大,$T(n)$ 增长较慢的算法为最优的算法。也可以把 n 看做是程序语句执行的频率,即该语句重复执行的次数。

【例 6.1】在下列三段程序段中,计算语句 x＝x+1 的时间复杂度。

(1) x＝x+1;

这是一条单独的赋值语句,x＝x+1 只执行 1 次,其时间复杂度可表示为 $O(1)$,称为常量阶。

(2) for (i=1; i<=n; i++) x＝x+1;

这是一个循环结构,循环体 x＝x+1 执行了 n 次,其时间复杂度可表示为 $O(n)$,称为线性阶。

(3) for (i=1; i<= n; i++)
　　　for (j=1; j<=n; j++) x＝x+1;

这是一个二重循环结构,每个循环从 1 到 n,循环体 $x=x+1$ 执行了 $n \times n = n^2$ 次,其时间复杂度可表示为 $O(n^2)$,称为平方阶。

定理:若 $A(n) = a_m n^m + a_{m-1} n^{m-1} + \cdots + a_1 n + a_0(n)$ 是一个 m 次多项式,则 $A(n) = O(n^m)$。

【例 6.2】for(i=2;i<=n;++i)
　　　　for(j=2;j<=i-1;++j)
　　　　　　{++x; a[i][j]=x; }

其语句频度为:$1+2+3+\cdots+n-2 = (1+n-2) \times \dfrac{n-2}{2} = \dfrac{(n-1)(n-2)}{2} = n^2 - 3n + 2$ 则时间复杂度为 $O(n^2)$,即该算法的时间复杂度为平方阶。

一个时间复杂度为 $O(1)$ 的算法,它的基本运算执行的次数是固定的。因此,总的时间由一个常数(即零次多项式)来限界。而一个时间复杂度为 $O(n^2)$ 的算法则由一个二次多项式来限界。

此外,算法的时间复杂度呈现的还有对数阶 $O(\log_2 n)$、指数阶 $O(2^n)$ 等。不同数量级时间复杂度的形状如图 6.2 所示。

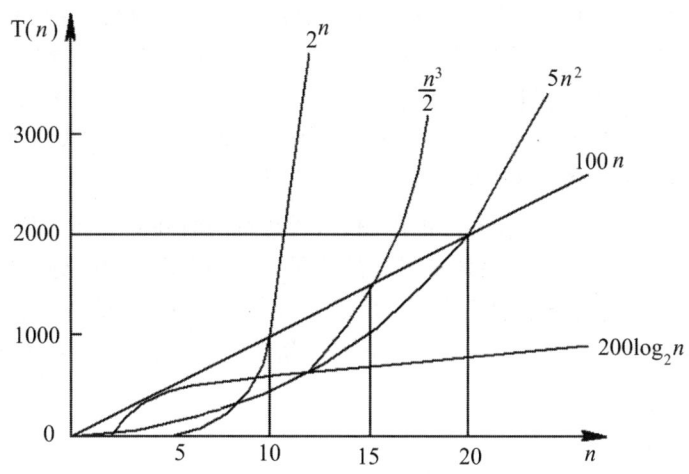

图 6.2　多种数量级的时间复杂度图

以下六种表示算法时间的多项式是最常用的。其关系为:$O(1) < O(\log_2 n) < O(n) < O(n^{\log n}) < O(n^2) < O(n^3)$。

指数时间的关系为:$O(2^n) < O(n!) < O(n^n)$。

当 n 取得很大时,指数时间算法和多项式时间算法在所需时间上非常悬殊,应该尽可能选用多项式 $O(n^k)$ 的算法,而不希望用指数阶的算法。因此,只要有人能将现有指数时间算法中的任何一个算法化简为多项式时间算法,那就取得了一个伟大的成就。

【例 6.3】 判断一个整数 m 是否是素数的函数:

```
void prime( int m)                    //m 是一个正整数
{
    for(int i=2; i<m; i=i+1)//找 m 的因子
        if(m%i==0)
            break;
    if(m==i)//判断 m 是否被小于 m 的数整除
        cout <<m <<" is prime.\n";
    else
        cout <<m <<" isn't prime.\n";
}
```

嵌套的最深层语句是 i++,其频度由条件"$i<m$"和"$m\%i==0$"决定,显然当 m 为素数时,循环执行的次数为 $m-1$ 次,其时间复杂度为 $O(m)$。当 m 是一个很大的整数时,执行时间将会明显增加。若将循环条件改为 for(int i=2; i<sqrt(m); i=i+1),则时间复杂度降至 $O(m^{\frac{1}{2}})$,效率将会大大提高。

2. 空间复杂度

算法的空间代价(或称空间复杂度),是指当问题的规模以某种单位由 1 增至 n 时,解决该问题的算法实现所占用的空间也以某种单位由 1 增至 $g(n)$,并称该算法的空间复杂度是 $g(n)$。

关于算法的存储空间需求,类似于算法的时间复杂度,可以采用空间复杂度作为算法所需存储空间的量度,记作:$S(n)=O(f(n))$

采用大 O 表示法简化了时间和空间复杂性的度量,其基本思想是主要关注复杂性的量级,而忽略量级的系数,这使我们在分析算法的复杂度时,可以忽略零星变量的存储开销和循环外个别语句的执行时间,重点分析算法的主要代价。

一般地,算法的空间复杂度指的是辅助空间。如,一维数组 $a[n]$:空间复杂度为 $O(n)$;二维数组 $a[n][m]$:空间复杂度则为 $O(n\times m)$。

在用同一个算法处理两个规模相同的问题时,所花费的时间和空间代价也不一定相同。要全面分析一个算法,应该考虑它在最坏情况下的代价(对同样规模的问题所花费的最大代价)、最好情况下的代价和平均情况下的代价等。然而要全面准确地分析每个算法是相当困难的,因此本章在分析算法的性质时将主要考虑它们在最坏情况下的代价,个别地方也涉及其他情况。

6.1.3 数据结构

数据结构讨论描述现实世界实体的数学模型及其上的操作在计算机中的表示和实现。

1. 数据与数据结构

数据(data)是所有能被输入到计算机中,且被计算机处理的符号的集合。它是计算机处理信息的某种特定的符号表示形式,是计算机操作对象的总称。

数据元素(data element)是数据的基本单位,在计算机中通常作为一个整体进行考虑和处理。一个数据元素可由若干个数据项(Data Item)组成。数据项是数据不可分割的最小单位。数据项是对客观事物某一方面特性的数据描述。

例如,描述一年四季的季节名"春、夏、秋、冬"可以作为季节的数据元素。

表示家庭成员的各成员名"父亲、儿子、女儿"可以作为家庭成员的数据元素。

表示数值的各个数"35、21、44、70、66、…"可以作为数值的数据元素。

数据对象(Data Object)是性质相同的数据元素的集合,是数据的一个子集。如字符集合 C={'A','B','C',…}。

数据结构(data structure)是数据对象,以及存在于该对象的实例和组成实例的数据元素之间的各种联系,这些联系可以通过定义相关的函数来给出。

2. 数据的逻辑结构

数据的逻辑结构是带有结构的数据元素的集合,它是指数据元素之间的相互关系,即数据的组织形式。我们把数据元素间的逻辑上的联系,称之为数据的逻辑结构。它体现数据元素间的抽象化相互联系,逻辑结构并不涉及数据元素在计算机中具体的存储方式,是独立于计算机的。

数据元素之间的逻辑结构有四种基本类型,如图 6.3 所示。

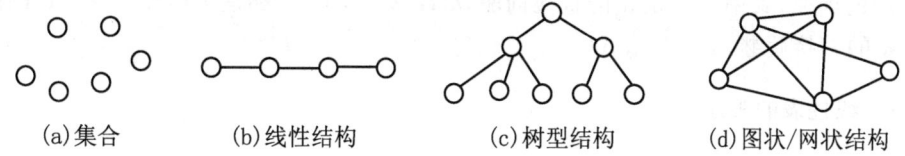

(a)集合　　(b)线性结构　　(c)树型结构　　(d)图状/网状结构

图 6.3　四类基本逻辑结构

① 集合:结构中的数据元素除了"同属于一个集合"外,没有其他关系。
② 线性结构:结构中的数据元素之间存在一对一的关系。
③ 树型结构:结构中的数据元素之间存在一对多的关系。
④ 图状结构或网状结构:结构中的数据元素之间存在多对多的关系。

3. 数据的存储结构

数据的逻辑结构在计算机存储设备中的映像被称为数据的存储结构,也可以说数据的存储结构是逻辑结构在计算机存储器里的实现,又称物理结构。数据的存储结构是依赖于计算机的。元素之间的关系在计算机中有两种不同的表示方法:顺序表示和非顺序表示。由此得出两种不同的存储结构:顺序存储结构(顺序映像)和链式存储结构(非顺序映像)。

① 顺序存储结构:用数据元素在存储器中的相对位置来表示数据元素之间的逻辑结构(关系)。

② 链式存储结构:在每一个数据元素中增加一个存放另一个元素地址的指针(pointer),用该指针来表示数据元素之间的逻辑结构(关系)。

设有数据集合 A={3.0,2.3,5.0,−8.5,11.0},两种不同的存储结构:

顺序结构:数据元素存放的地址是连续的。

链式结构:数据元素存放的地址是否连续没有要求。

数据的逻辑结构和物理结构是密不可分的两个方面,一个算法的设计取决于所选定的逻辑结构,而算法的实现依赖于所采用的存储结构。

6.2 线性表

线性结构是最基本、最常用的数据结构。线性结构的特点是:在数据元素的非空有限集中,①存在唯一的一个被称作"第一个"的数据元素;②存在唯一的一个被称作"最后一个"的数据元素;③除第一个外,集合中的每个数据元素均只有一个前驱;④除最后一个外,集合中的每个数据元素均只有一个后继。

6.2.1 线性表的定义

线性表(Linear List)是由 $n(n \geqslant 0)$ 个数据元素(结点) $a_1, a_2, \cdots, a_n$ 组成的有限序列。该序列中的所有结点具有相同的数据类型,其中数据元素的个数 n 称为线性表的长度。

① 当 $n=0$ 时,称为空表。

② 当 $n>0$ 时,将非空的线性表记作:$(a_1, a_2, \cdots, a_n)$。

a_1 称为线性表的第一个(首)结点,a_n 称为线性表的最后一个(尾)结点。$a_1, a_2, \cdots, a_{i-1}$ 都是 $a_i(2 \leqslant i \leqslant n)$ 的前驱,其中 a_{i-1} 是 a_i 的直接前驱;$a_{i+1}, a_{i+2}, \cdots, a_n$ 都是 $a_i(1 \leqslant i \leqslant n-1)$ 的后继,其中 a_{i+1} 是 a_i 的直接后继。

6.2.2 线性表的表示

1. 线性表的顺序表示

线性表的顺序存储是指用一组地址连续的存储单元依次存储线性表中的各个元素,使得线性表中在逻辑结构上相邻的数据元素存储在相邻的物理存储单元中,即通过数据元素物理存储的相邻关系来反映数据元素之间逻辑上的相邻关系。采用顺序存储结构的线性表通常称为顺序表。

顺序存储结构可以借助于高级程序设计语言中的一维数组来表示,一维数组的下标与元素在线性表中的序号相对应。

(1) 线性表的顺序存储结构

在线性表的顺序存储结构中,如果线性表中各数据元素所占的存储空间(字节数)相等,则要在该线性表中查找某一个元素是很方便的。假设线性表中的第一个数据元素的存储地址为 $LOC(b_1)$,每一个数据元素占 m 个字节,则线性表中第 i 个元素 b_i 在计算机存储空间中的存储地址为:

$$LOC(b_i) = LOC(b_1) + (i-1) \times m$$

顺序存储结构如图 6.4 所示。

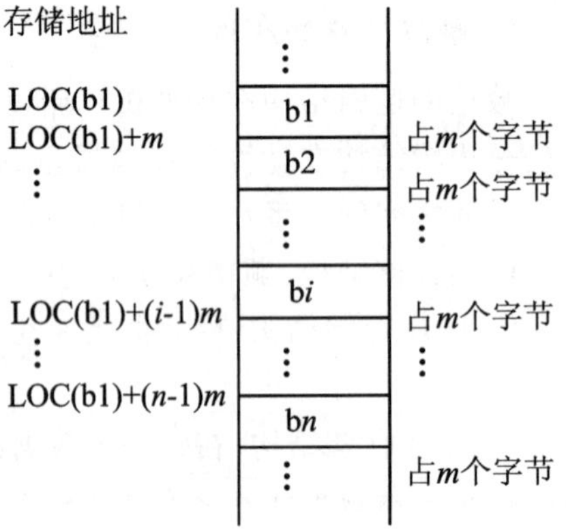

图 6.4 计算机中的顺序存储结构

(2) 顺序表的插入操作

一般情况下,要在第 $i(1 \leqslant i \leqslant n)$ 个元素之前插入一个新元素时,首先要从最后一个(即第 n 个)元素开始,直到第 i 个元素之间共 $n-i+1$ 个元素依次向后移动一个位置,移动结束后,第 i

个位置就被空出,然后将新元素插入到第 i 项。插入结束后,线性表的长度就增加了 1。

【**例 6.4**】长度为 6 的线性表顺序存储在长度为 7 的存储空间中,现在要求在第 5 个元素之前插入一个新元素 20。

具体操作步骤为:首先从最后一个元素开始直到第 5 个元素,将其中的每一个元素均依次向后移动一个位置,如图 6.5(a)所示,然后将新元素 20 插入到第 5 个位置。插入一个新元素后,线性表的长度变成了 7,如图 6.5(b)所示。这时,为线性表开辟的存储空间已经满了,如果再进行插入,则会造成称为"上溢"的错误。

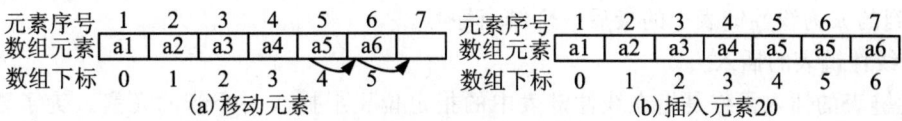

图 6.5 线性表的插入操作

(3)顺序表的删除操作

在一般情况下,要删除第 $i(1\leqslant i\leqslant n)$ 个元素时,则要从第 $i+1$ 个元素开始,直到第 n 个元素之间共 $n-i$ 个元素依次向前移动一个位置。删除结束后,线性表的长度就减小了 1。

如图 6.6(a)所示中一个长度为 6 的线性表顺序存储在长度为 7 的存储空间中,现在要求删除线性表中的第 3 个元素。

具体操作步骤为:从第 4 个元素开始直到最后一个元素,将其中的每一个元素均依次往前移动一个位置。此时,线性表的长度变成了 5,如图 6.6(b)所示。

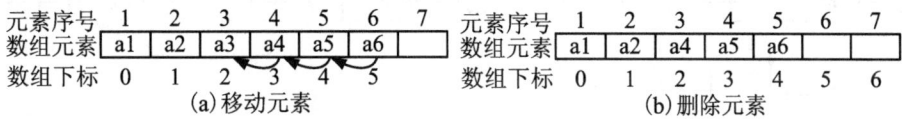

图 6.6 线性表的删除操作

线性表采用顺序存储结构时,无需为表示结点间的逻辑关系而增加额外的存储空间,它适于直接(随机)存取操作,可方便地随机存取表中的任一元素。但是,由于是静态存储结构,存储分配只能预先进行静态分配,因此当表的长度变化较大时,难以确定合适的存储规模。并且在进行插入、删除操作时需移动大量的数据元素,效率较低。

2.线性表的链式表示

线性表的链表存储可用连续或不连续的存储单元来存储线性表中的元素,但是元素之间的逻辑关系需要用"指针"来指示。分配给每个结点的存储单元一般分为两个域:一个域用来存储数据元素的信息,称为数据域,该域可以是一个简单类型,也可以是包含较多信息的结构类型;另一个域用来存储直接后继结点的地址,称为指针域。链表的结构如图 6.7 所示。

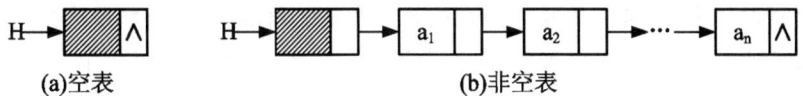

图 6.7 带头结点单链表

链表有很多种不同的类型:单向链表、双向链表、循环链表以及静态链表。链表最基本的结构是在每个结点保存数据和到下一个结点的地址,在最后一个结点保存一个特殊的结束标记,另外在一个固定的位置保存指向第一个结点的指针,有的时候也会同时储存指向最后一个结点的指针。一般查找一个结点的时候需要从第一个结点开始每次访问下一个结点,一直访问到需要的位置。但是也可以提前把一个结点的位置另外保存起来,然后直接访问。

(1) 在线性链表中查找指定的元素

在非空线性链表中寻找包含指定元素值 x 的前一个结点 n 的操作过程为:

从头指针指向的结点开始向后沿指针进行扫描,直到后面已经没有结点或下一个结点的数据域为 x 为止。

因此,由这种方法找到的结点 n 有两种可能:当线性链表中存在包含元素 x 的结点时,则找到的 n 为首次发现的包含元素 x 的前一个结点序号;当线性链表中不存在包含元素 x 的结点时,则找到的 n 为线性链表中的最后一个结点序号。

(2) 线性链表的插入

线性链表的插入操作是指在线性链表中的指定位置上插入一个新的元素。为了要在线性链表中插入一个新元素,首先要为该元素申请一个新结点,以存储该元素的值,然后将存放新元素值的结点链接到线性链表中指定的位置。

(3) 线性链表的删除

线性链表的删除是指在线性链表中删除包含指定元素的结点。

为了在线性链表中删除包含指定元素的结点,首先要在线性链表中找到这个结点,然后将要删除的结点释放,以便于以后再次利用。

单链表的插入操作如图 6.8(a) 所示,链表的删除操作如图 6.8(b) 所示。

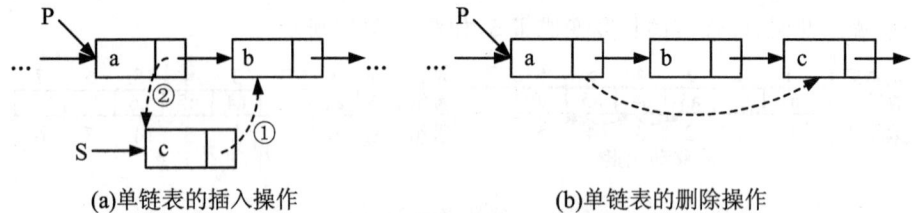

图 6.8 单链表的插入和删除操作

由于不必按顺序存储,链表在插入或删除的时候可以达到 $O(1)$ 的时间复杂度,比顺序表快得多。但是查找一个结点或者访问特定编号的结点时,由于要从头结点开始,按照指针的方向遍历整个链表,所以需要 $O(n)$ 的时间,而顺序表相应的时间复杂度分别是 $O(\log n)$ 和 $O(1)$。

使用链表结构可以克服数组需要预先知道数据大小的缺点,链表结构可以充分利用计算机内存空间,实现灵活的内存动态管理。但是链表失去了数组随机读取的优点,同时链表由于增加了结点的指针域,空间开销比较大。

6.2.3 排序和查找

在信息处理过程中,最基本的操作是查找。从查找的角度来说,效率最高的是折半查找,折半查找的前提是所有的数据元素(记录)是按关键字有序的,这就需要将一个无序的数据文件转变为一个有序的数据文件。排序和查找是计算机科学中研究得最多的问题之一,本节介绍几种基本的排序和查找的方法。

1. 排序

排序是将一组任意次序的记录重新排列成按关键字有序的记录序列的过程。按待排序的记录的数量多少、排序过程中涉及的存储介质不同,排序可分为内部排序和外部排序。内部排序是指待排序的记录存放在计算机内存之中;外部排序是指待排序的记录数量很大,以至于内存容纳不下而存放在外存储器之中,排序过程需要访问外存。

排序是数据处理中一种最常用的操作。

(1) 直接插入排序法(Sstraight Insertion Sort)

直接插入排序是一种最简单的排序方法。它的基本操作是将一个元素插入到一个长度为 $n-1$ 的有序表中,使之仍保持有序,从而得到一个新的长度为 n 的有序表,初始的有序表中只含一个数据元素。

算法思想:直接插入排序法每次从无序表中取出第一个元素,把它插入到有序表的合适位置,使有序表仍然有序。第一趟比较前两个数,然后把第二个数按大小插入到有序表中。第二趟把第三个数据与前两个数从后向前扫描,把第三个数按大小插入到有序表中;依次进行下去,进行了 $n-1$ 趟扫描以后就完成了整个排序过程。

【例 6.5】有序列 $9,6,-3,17,-11,7$,直接插入排序的过程如图 6.9 所示。

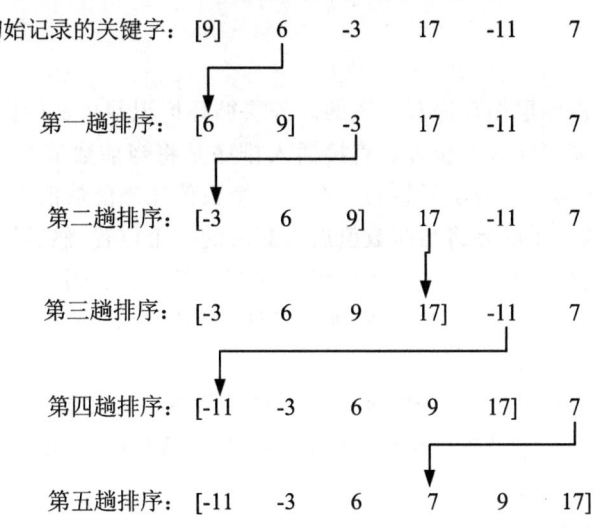

图 6.9 直接插入排序过程

在排序过程中要先找到当前元素需要插入的位置,然后将后面的元素依次向后移动,最后将当前元素放入即可。程序实现如下:

【程序 6.1】直接插入排序算法。

```
// * * * * * * * * * * * * * * * * * *
// *          直接插入排序算法          *
// * * * * * * * * * * * * * * * * * *
#include<iostream.h>
void InsertSort(int *a, int n)
    //插入排序函数,a 为待排序的数组,n 为数组中的元素个数
{
    int temp,j;
    for(int i=1; i<n; i++)                    //从第二个元素开始比较
    {
        temp=a[i];                            //记录当前元素
        for(j=i; j>0 && temp<a[j-1]; j--)    //比较元素并找到插入的位置
```

```
        a[j]=a[j — 1];                    //元素向后移动
      a[j]=temp;                          //将当前元素插入到合适的位置
    }
  }
  void main()
  {
    int arr[]={9, 6,—3,17,—11, 7};
    InsertSort(arr,6);                    //调用插入排序函数
    for (int i=0;i<6;i++)
      cout<<arr[i]<<"  ";                 //输出排序后的结果
    cout<<endl;
    return 0;
  }
```

直接插入排序是由两层循环嵌套组成的。外层循环标识并决定待比较的当前数值,内层循环为当前数值确定其需要插入的位置。直接插入排序是将当前数值与它的前一个数值进行比较,所以外层循环是从第二个数值开始的。在前一个数值比当前数值大的情况下则继续循环比较,直到找到比当前数值小的并将当前数值放入其后的一个位置,然后结束本次循环。

在直接插入排序过程中,由于每一次比较后最多去掉一个逆序。因此,这种排序方法的效率在最坏情况下,需要 $n(n-1)/2$ 次比较,所以算法复杂度为 $O(n^2)$。

(2) 选择排序法(Selection Sort)

选择排序的基本思想是:每次从当前待排序的记录中选取关键字最小的记录,然后与待排序的记录序列中的第一个记录进行交换,直到整个记录序列有序为止。

简单选择排序的基本步骤是:

① 在一组元素中选择值最小的元素;

② 若它不是这组元素中的第一个元素,则将它与这组元素中的第一个元素交换;

③ 在剩下的元素中重复执行上述两步,直到只剩下一个元素为止。

【例 6.6】有序列 9,6,—3,17,—11,7,选择排序的过程如图 6.10 所示。

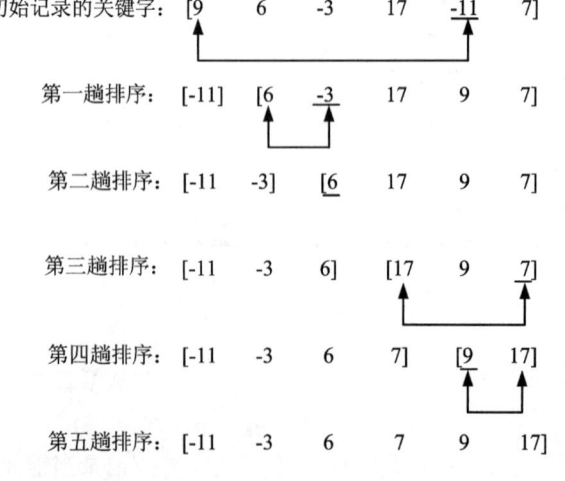

图 6.10　简单选择排序过程

对于 n 个记录的元素,需要处理 $n-1$ 趟。而在每趟之中,又有一个内循环,每次选出最小的一个元素,程序实现如下:

【程序 6.2】简单选择排序算法。

```
//******************
//*       简单选择排序算法         *
//******************
#include<iostream.h>
void  SelectSort(int *a,int n)
//简单选择排序函数,a 为待排序的数组,n 为数组中的元素个数
{
   int k,temp;
   for(int i=0;i<n-1;i++)//                做 n-1 趟选择
   {
      k=i;                              //在 i 开始的 n-i 个记录中选最小的元素
      for(int j=i+1; j<n; j++)
        if (a[j]<a[k])
           k=j;                         //k 中存放最小元素的下标
      if(k!=i)                          //最小的元素与第 i 个元素交换
      {
         temp=a[i];
         a[i]=a[k];
         a[k]=temp;
      }
   }
}
void main()
{
   int arr[]={9,6,-3,17,-11,7};
   SelectSort (arr,6);                  //调用简单选择排序函数
   for (int i=0;i<6;i++)
     cout<<arr[i]<<"  ";                //输出排序后的结果
   cout<<endl;
   return 0;
}
```

在简单选择排序过程中,所需移动记录的次数比较少。最好的情况下,即待排序记录初始状态就已经是正序排列了,则不需要移动记录。最坏的情况下,即待排序记录初始状态是按逆序排列的,那么需要移动记录的次数最多为 $3\times(n-1)$。简单选择排序过程中需要进行的比较次数与初始状态下待排序的记录序列的排列情况无关。当 $i=1$ 时,需进行 $n-1$ 次比较;当 $i=2$ 时,需进行 $n-2$ 次比较。依次类推,共需要进行的比较次数是 $(n-1)+(n-2)+\cdots+2+1=n(n-1)/2$,所以时间复杂度为 $O(n^2)$。

(3)冒泡排序法(Bubble Sort)

冒泡排序的过程简单,它的基本思想是通过对相邻元素进行比较,并根据比较的结果交换位置,从而逐步由任意序列变为有序序列。

算法思想:首先,将第一个元素和第二元素进行比较,若为逆序,则交换之。接下来对第二个元素和第三个元素进行同样的操作,并依次类推,直到倒数第二个元素和最后一个元素为止。其结果是将最大的元素交换到了整个序列的尾部,这个过程叫做第一趟冒泡排序。而第二趟冒泡排序是在除去这个最大元素的子序列中从第一个元素起重复上述过程,直到整个序列变为有序为止。排序过程中,小元素好比水中气泡逐渐上浮,而大元素好比大石头逐渐下沉,冒泡排序故此得名。

【例 6.7】有序列 9,6,−3,17,−11,7,冒泡排序的过程如图 6.11 所示。

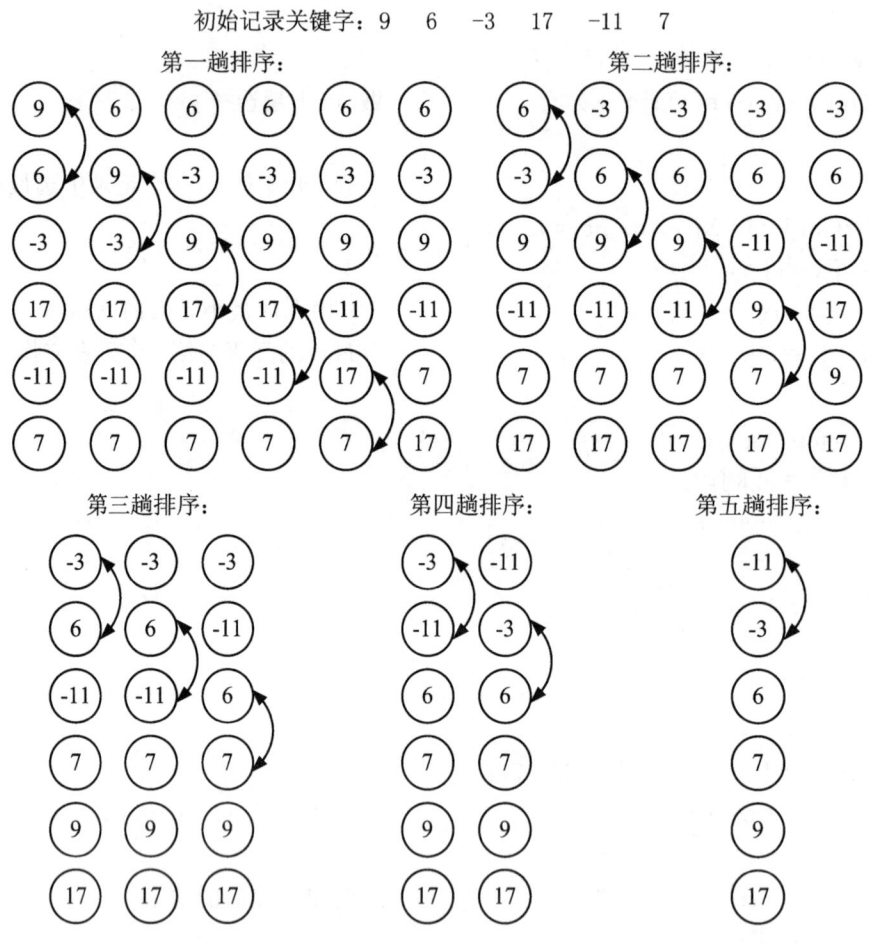

图 6.11 冒泡排序过程

在排序过程中相邻元素两两比较,若为逆序则交换,直到所有元素有序。程序实现如下:

【程序 6.3】冒泡排序算法。

```
//****************
//*      冒泡排序算法        *
//****************
#include<iostream.h>
void BubbleSort(int *a,int n)
```

```cpp
//冒泡排序函数,a 为待排序的数组,n 为数组中的元素个数
{
    int temp;
    for(int i=0;i<n-1;i++)                  //一共需比较 n-1 趟
    {
        for(int j=0; j<n-i-1 ; j++)         //每趟需进行 n-i-1 次的两两比较
            if (a[j]>a[j+1])                //相邻元素两两比较,若逆序则交换
            {
                temp=a[j];
                a[j]=a[j+1];
                a[j+1]=temp;
            }
    }
}
void main()
{
    int arr[]={9, 6,-3,17,-11,7};
    BubbleSort (arr,6);                     //调用冒泡排序函数
    for (int i=0;i<6;i++)
        cout<<arr[i]<<" ";                  //输出排序后的结果
    cout<<endl;
    return 0;
}
```

假设初始序列的长度为 n,冒泡排序需要经过 $n-1$ 趟排序,需要的比较次数为 $n(n-1)/2$,时间复杂度也为 $O(n^2)$。冒泡排序编程复杂度很低,很容易写出代码并且具有稳定性,这里的稳定性是指原序列中相同元素的相对顺序仍然保持到排序后的序列。

(4) 快速排序法(Quick Sort)

快速排序由霍尔(Hoare)提出,它是一种对冒泡排序的改正。由于其排序速度快,故称快速排序。

快速排序法就是一种可以通过一次交换而消除多个逆序的排序方法。其基本思想是:任取待排序序列中的某个元素作为基准,按照该元素值的大小,将整个序列划分为左右两个子序列(这个过程称为划分):左侧子序列中所有元素的值都小于或等于基准元素的值,右侧子序列中所有元素的值都大于基准元素的值,基准元素则排在这两个子序列中间(这也是该元素最终应该被安放的位置),接下来分别对这两个子序列重复进行上述过程,直到所有的元素都排在相应位置上为止。

可以看出快速排序法采用的是分而治之的方法,因此快速排序是一个递归的算法。

【例 6.8】有序列 9,6,-3,17,-11,7,一趟快速排序的过程如图 6.12 所示。

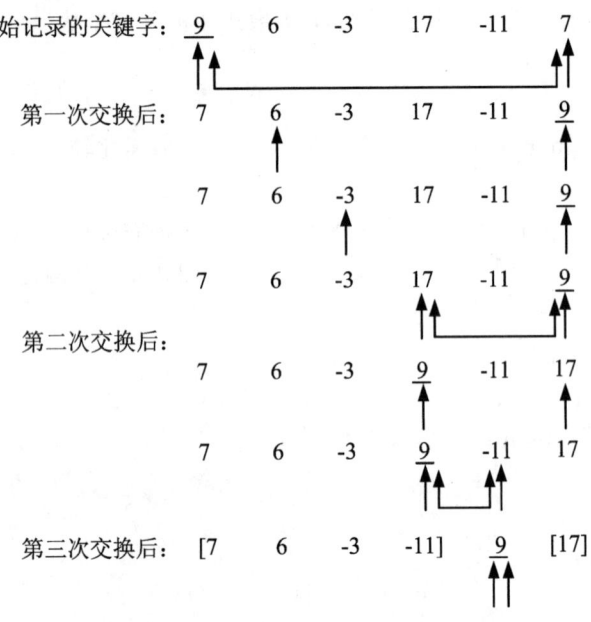

图 6.12 一趟快速排序过程

由图可见经过一趟划分之后,原始元素形成两个序列,然后采用同样方法分别对两个子序列进行快速排序,直到子序列记录个为 1 为止。对于前例,利用快速排序程序进行排序的过程如图 6.13 所示。

```
初始记录的关键字：  [9    6   -3   17   -11   7]
第一趟快速排序：    [7    6   -3   -11]  9    [17]
第二趟快速排序：    [-11  6   3]   7    9    17
第三趟快速排序：    -11  [6   -3]  7    9    17
第四趟快速排序：    -11  -3   6    7    9    17
```

图 6.13 快速排序各趟排序状态

快速排序的主要工作量是对元素进行划分的过程,然后再分别对划分得到的序列继续进行划分。一趟快速排序的具体做法是:设两个指针 i 和 j,且把 $a[0]$ 送入工作单元 pivot 中保存,然后 j 从 n 逐渐减小进行 $a[j]$ 和 pivot 的比较,直至找到满足 $a[j]$ < pivot 的记录时将 $a[j]$ 移至 $a[i]$ 的位置;再令 i 自 $i+1$ 起逐渐增大,进行 $a[i]$ 和 pivot 的比较,直至找到满足 $a[i]$ > pivot 的记录时将 $a[i]$ 移至 $a[j]$ 的位置;之后 j 自 $j-1$ 起重复上述过程,直至 $i=j$,此时 i 便是记录 pivot 所应在的位置。至此,一趟快速排序完成,将文件 $a[n]$ 分为 $a[1],…,a[i-1]$ 和 $a[i+1],…,a[n]$ 两部分。程序实现如下:

【程序 6.4】快速排序算法。

```
//* * * * * * * * * * * * * *
//*         快速排序算法         *
//* * * * * * * * * * * * * *
#include<iostream.h>
int Partition(int a[],int i,int j)
```

```
        //对a[low..high]做划分,并返回基准元素的位置
{
    int pivot=a[i];                              //用区间的第1个记录作为基准
    while(i<j)                                   //从区间两端交替向中间扫描,直至i=j为止
    {
       while(i<j&& a[j]>=pivot) j--;             //从右向左扫描,查找第1个小于pivot的
                                                 //元素a[j]
       if(i<j) {a[i]=a[j];i++;}                  //交换a[i]和a[j],交换后i指针加1
       while(i<j&& a[i]<=pivot)i++;              //从左向右扫描,查找第1个大于pivot的
                                                 //元素a[i]
       if(i<j) {a[j]=a[i];j--;}                  //交换a[i]和a[j],交换后j指针减1
    }

    a[i]=pivot;                                  //基准元素已被最后定位
    return i;                                    //返回划分后的位置
}

void QuickSort(int a[],int low, int high)
{
    int position;                                //划分后的基准记录的位置
    if(low<high)
    {
       position=Partition(a,low,high);           //划分后的基准记录的位置
       QuickSort(a, low, position-1);            //对左区间进行递归排序
       QuickSort(a, position+1, high);           //对右区间进行递归排序
    }
}

int main()
{
    int arr[]={9, 6,-3,17,-11, 7};
    QuickSort(arr,0,5);
    for (int i=0;i<6;i++)
       cout<<arr[i]<<" ";
    cout<<endl;
    return 0;
}
```

快速排序的主要时间是花费在划分上,对长度为 n 的记录序列进行划分时关键字的比较次数是 $n-1$ 次。从平均时间性能而言,快速排序最佳,其时间复杂性为 $O(n\log_2 n)$。但在最坏情况下,即对几乎是排好序的输入序列,该算法的效率很低,近似于 $O(n^2)$。对于较小的 n 值,该

算法效果也不明显；反之，对较大的 n 值，效果较好。

(5) 归并排序法(Merge Sort)

归并排序是一类与插入排序、冒泡排序、选择排序不同的另一种排序方法，该算法也是采用分治法的一个非常典型的应用。归并的含义是将两个或两个以上的有序表合并成一个新的有序表，即把待排序序列分为若干个子序列，每个子序列是有序的。然后再把有序子序列合并为整体有序序列。若将两个有序表合并成一个有序表，称为2-路归并。

2-路归并排序的算法步骤为：

① 把 n 个元素看成 n 个长度为1的有序子表；

② 进行两两归并使记录关键字有序，得到 $[n/2]$ 个长度为2的有序子表；

③ 重复第②步，直到所有元素归并成一个长度为 n 的有序表为止。

【例 6.9】设有10个待排序的记录，关键字分别为 23,18,46,5,84,65,11,32,52,70 归并排序的过程如图6.14所示。

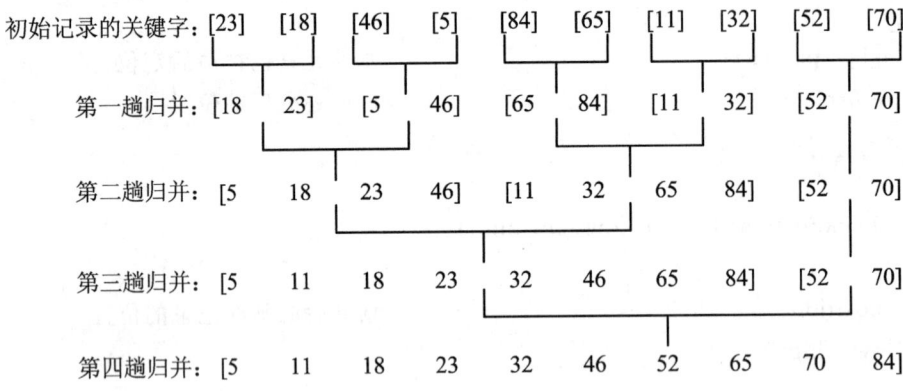

图 6.14 2-路归并排序过程

2-路归并排序的算法核心在于如何将两个有序序列合成一个序列。在进行归并时，首先申请空间，使其大小为两个已经排序序列之和，该空间用来存放合并后的序列。再设定两个指针，最初位置分别为两个已经排序序列的起始位置，然后比较两个指针所指向的元素，选择相对小的元素放入到合并空间，并移动指针到下一位置。重复上述步骤直到某一指针达到序列尾，最后将另一序列剩下的所有元素直接复制到合并序列尾，得到一个新的有序序列。

开始归并时，每个记录是长度为1的有序子序列，对这些有序子序列逐趟归并，每一趟归并后有序子序列的长度均扩大一倍。当有序子序列的长度与整个记录序列长度相等时，整个记录序列就成为有序序列。该算法在此不做详细介绍，有兴趣的读者可自己实现。

具有 n 个待排序记录的归并次数是 $\log_2 n$，而一趟归并的时间复杂度为 $O(n)$，则整个归并排序的时间复杂度无论是最好还是最坏情况均为 $O(n\log_2 n)$。在排序过程中，还使用了辅助向量，大小与待排序记录空间相同，则空间复杂度为 $O(n)$。另外归并排序是稳定的排序算法。

2. 查找

数据的组织和查找是大多数应用程序的核心，而查找是所有数据处理中最基本、最常用的操作。特别当查找的对象是一个庞大数量的数据集合中的元素时，查找的方法和效率就显得格外重要。

查找有两种基本形式：静态查找和动态查找。

静态查找(Static Search)：在查找时只对数据元素进行查询或检索，查找表称为静态查找表。动态查找(Dynamic Search):在实施查找的同时,插入查找表中不存在的记录,或从查找表中删除已存在的某个记录,查找表称为动态查找表。

查找的对象是查找表,采用何种查找方法,首先取决于查找表的组织。查找表是记录的集合,而集合中的元素之间是一种完全松散的关系。因此,查找表是一种非常灵活的数据结构,可以用多种方式来存储。

(1) 顺序查找(Sequential Search)

顺序查找指的是从表的一端开始逐个记录和给定值进行比较,若某个记录和给定值相等,查找成功。否则,若扫描完整个表,仍然没有找到相应的记录,则查找失败。

【例6.10】在序列13,28,45,15,8,66,1,52,36,90中查找元素66,如图6.15所示。

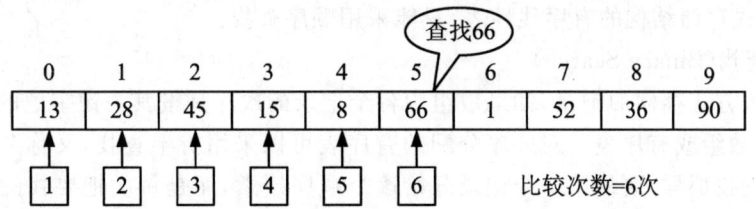

图6.15 顺序查找过程

在顺序查找过程中只需要按照给定序列的顺序,将待查找的元素和序列中的元素逐一比较即可。程序实现如下:

【程序6.5】顺序查找算法

```
//************************
//*       顺序查找算法        *
//************************
#include<iostream.h>
bool SeqSearch(int a[ ], int n, int x)
    //在数组a中顺序查找元素x,数组长度为n;若找到返回1,否则返回0.
{
    for(int i=0; i<n; i++)//从第一个元素开始逐一比较
    {
        if(x==a[i])//找到则返回1
            return 1;
    }
    return 0;
}

int main()
{
    bool flag;
    int arr[]={13, 28,45, 15,8,66,1, 52, 36, 90};
    flag=SeqSearch(arr, 10, 65);//在数组arr中查找65
    if(flag)
```

```
        cout<<"Find!"<<endl;
    else
        cout<<"Not Find!"<<endl;
    return 0;
}
```

顺序查找的效率不高,最坏的情况下,在有 n 个元素的序列中,顺序查找需要比较 n 次。查找成功时的平均查找长度为$(n+1)/2$,所以算法的时间复杂度为$O(n)$。

虽然顺序查找的效率不高,但在下列两种情况下只能采用顺序查找:

① 如果线性表为无序表,则只能用顺序查找。

② 采用链式存储结构的有序线性表,只能采用顺序查找。

(2) 折半查找(Binary Search)

对于以数组方式存储的记录,如果数组中各个记录的次序是按其关键字值的大小顺序排列的,则称为有序数组或有序表。对顺序分配的有序表可以采用折半查找,又称二分查找。折半查找不像顺序查找那样,要从第 1 个记录开始逐个顺序搜索,而是每次把要找的给定值与中间位置记录的关键字值进行比较。通过一次比较,可将查找区间缩小一半,所以折半查找是一种高效的查找方法,它可以明显减少比较次数,提高查找效率。但是,折半查找的先决条件是查找表中的数据元素必须有序。

【例 6.11】 在有序序列 5,11,18,23,32,46,52,65,70,84 中查找元素 52,折半查找的过程如图 6.16 所示。

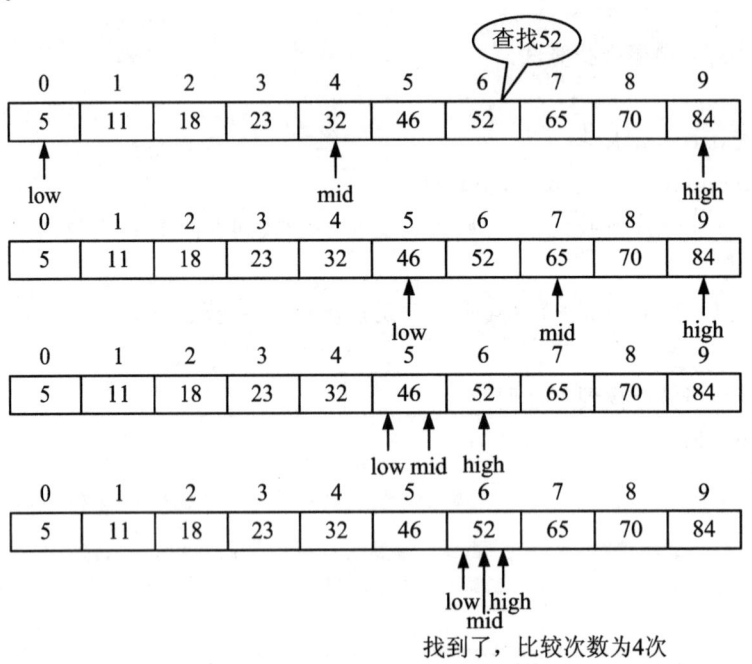

图 6.16 折半查找成功的过程

假设有序表的长度为 n,给定元素值为 x,则折半查找的方法如下:

将 x 与有序表中间项的元素值进行比较,若中间项的值等于 x,则查找成功,结束返回;若 x 小于中间项的值,则在有序表的前半部分用相同的方法进行查找;若 x 大于中间项的值,则在有序表的后半部分用相同的方法进行查找。这个过程一直进行到查找成功或有序表中没有这个元素为止。程序实现如下：

【程序 6.6】 折半查找算法

```
//******************
//*      折半查找算法        *
//******************
#include<iostream.h>
bool BinSearch(int a[],int n,int x)
//在数组 a 中顺序查找元素 x,数组长度为 n;若找到返回 1,否则返回 0
{
  int low,mid,high;
  low=0;
  high=n-1;

  while(low<=high)
  {
    mid=(low+high)/2;//计算中间元素的位置
    if(x==a[mid])//找到则返回 1
      return 1;
    if(x<a[mid])//若小于中间元素则在前半部分继续查找
      high=mid-1;
    if(x>a[mid])//若大于中间元素则在后半部分继续查找
      low=mid+1;
  }
  return 0;
}
int main()
{
  bool flag;
  int arr[]={5,11,18,23,32,46,52,65,70,84};
  flag=BinSearch(arr,10,52);//在数组 arr 中查找 52
  if(flag)
    cout<<"Find!"<<endl;
  else
    cout<<"Not Find!"<<endl;
  return 0;
}
```

折半查找的平均查找时间复杂度为 $O(log_2 n)$。

其他的查找方法还有分块查找法、二叉排序树查找法、hash 表查找法等。

6.3 树和二叉树

树型结构是一类非常重要的非线性结构。直观的树型结构是以分支关系定义的层次结构。现实世界中,能用树的结构表示的例子也有很多。如:学校的行政关系、书目的层次结构、人类的家族血缘关系等。树型结构在计算机领域中也有着广泛地应用。例如在编译程序中,用树来表示源程序的语法结构;在数据库系统中,用树来组织信息;在分析算法的行为时,用树来描述其执行过程等等。

6.3.1 树的定义

在计算机科学和计算机应用的各个领域中,需要使用更复杂的逻辑结构来表示更加复杂的问题,树形结构就是一种非常重要的非线性数据结构,尤以二叉树最为重要。

1. 树的定义

树(tree)是由一个或多个结点组成的有限集合 T。其中:

① 有一个特定的结点称为该树的根(Root)结点。

② 除根结点之外的其余结点可分为 $m(m \geq 0)$ 个互不相交的有限集合 $T_1, T_2, \cdots, T_m$,且其中每一个集合本身又是一棵树,称之为根的子树(subtree)。

可以看出这是一个递归的定义,即在定义中又用到了树这个术语,反应了树的固有特性。可以认为仅有一个根结点的树是最小树,树中结点较多时,每个结点都是某一棵子树的根,如图 6.17 所示。

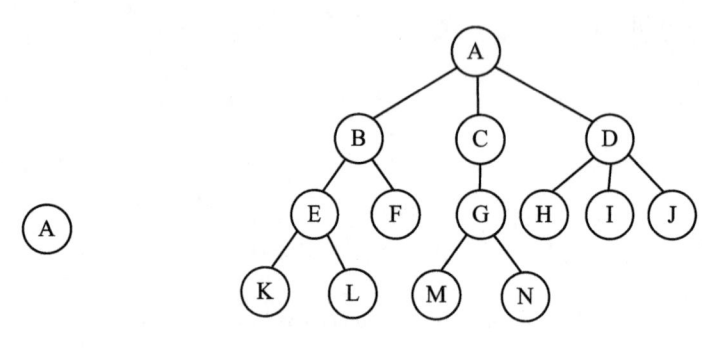

(a)只有根结点的树　　　　　　(b)一般的树

图 6.17 树的形式

2. 树的基本术语

① 结点:一个数据元素及其若干指向其子树的分支。

② 结点/树的度:结点所拥有的子树的棵数称为结点的度。树中结点度的最大值称为树的度。

③ 叶子结点、非叶子结点:树中度为 0 的结点称为叶子结点(或终端结点)。相对应地,度不为 0 的结点称为非叶子结点(或非终端结点或分支结点)。除根结点外,分支结点又称为内部结点。

④ 孩子结点、双亲结点、兄弟结点:一个结点的子树的根称为该结点的孩子结点或子结点;

相应地,该结点是其孩子结点的双亲结点或父结点;同一双亲结点的所有子结点互称为兄弟结点。

⑤ 结点的层次路径、祖先、子孙:从根结点开始,到达某结点 P 所经过的所有结点称为结点 P 的层次路径;结点 P 的层次路径上的所有结点(P 除外)称为 P 的祖先;以某一结点为根的子树中的任意结点称为该结点的子孙结点。

⑥ 树的深度:树中结点的最大层次值,又称为树的高度。

6.3.2 二叉树

1. 二叉树的定义

二叉树(binary tree)是 $n(n \geqslant 0)$ 个结点的有限集合。它或为空树($n=0$),或为非空树。对于非空树有:

① 有一个特定的称之为根的结点。

② 其余结点分为两个互不相交的集合 T_1、T_2,T_1 和 T_2 都是二叉树,并且分别称为根的左子树和右子树。

二叉树是一类与树不同的数据结构。它们的区别是:

① 二叉树可以是空集,这种二叉树称为空二叉树。

② 二叉树的任一结点都有两棵子树(当然,它们中的任何一个可以是空子树),并且这两棵子树之间有次序关系,也就是说,它们的位置不能交换。

这个定义是递归的。由于左、右子树也是二叉树,因此子树也可为空树。图 6.18 中展现了五种基本不同形态的二叉树。

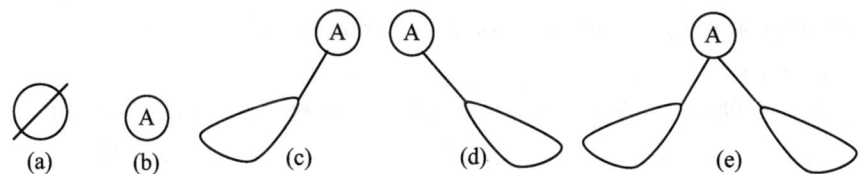

(a)空二叉树　(b)单结点二叉树　(c)右子树为空　(d)左子树为空　(e)左、右子树都不空

图 6.18　五种基本形态不同的二叉树

2. 满二叉树与完全二叉树

满二叉树与完全二叉树是两种特殊形态的二叉树。

(1) 满二叉树

一棵深度为 k 且有 2^k-1 个结点的二叉树称为满二叉树,该二叉树每一层上的所有结点数都达到最大值。

满二叉树每一层上的结点数总是最大结点数,所有的子结点都有左、右子树。可对满二叉树的结点进行连续编号,规定从根结点开始,按"自上而下、自左至右"的原则进行,如图 6.19 所示。

(2) 完全二叉树

如果深度为 k,有 n 个结点的二叉树,当且仅当其每一个结点都与深度为 k 的满二叉树中编号从 1 到 n 的结点一一对应,该二叉树称为完全二叉树。或者说深度为 k 的满二叉树中编号从 1 到 n 的前 n 个结点构成了一棵深度为 k 的完全二叉树,如图 6.20 所示。

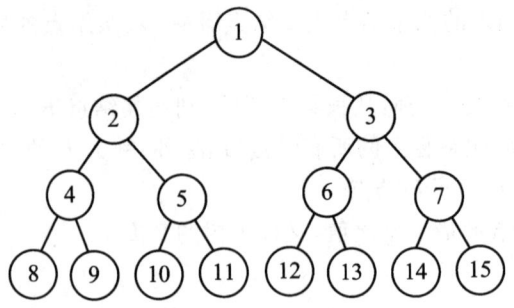

图 6.19 深度为 4 的满二叉树

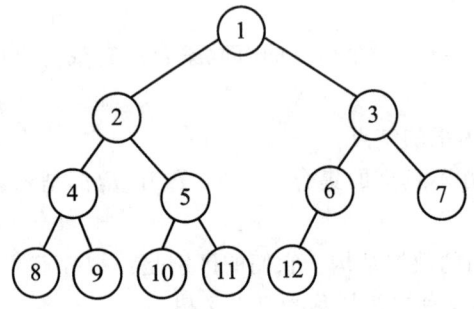

图 6.20 完全二叉树

由满二叉树与完全二叉树的特点可以看出,满二叉树也是完全二叉树,而完全二叉树一般不是满二叉树。

3. 二叉树的存储结构

二叉树常用的存储结构有两种,顺序存储结构和链式存储结构。

(1) 顺序存储结构

顺序存储结构(向量)可以作为二叉树的存储结构。这种存储结构适用于完全二叉树、满二叉树。对于一般的二叉树,将其每个结点与完全二叉树上的结点相对照,存储在一维数组中,如图 6.21 所示。

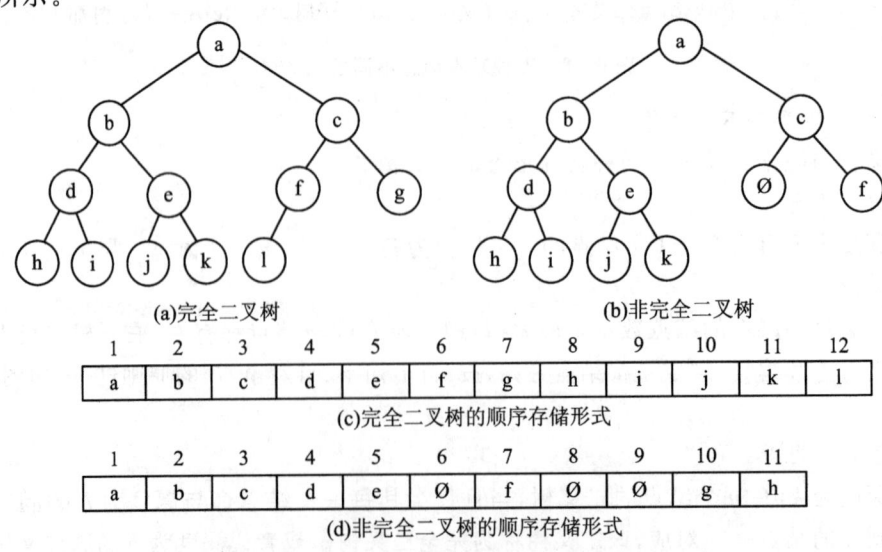

图 6.21 二叉树与顺序存储结构

（2）链式存储结构

在链式存储结构中，用于**存储二叉树中各元素**的存储结点由两部分组成：数据域与指针域。但在二叉树中，由于每一个元素可以有两个子结点，因此，用于存储二叉树的存储结点的指针域有两个：一个用于指向该结点的左子结点，称为左指针域；另一个用于指向该结点的右子结点，称为右指针域。由于二叉树的存储结构中每一个存储结点有两个指针域，因此二叉树的链式存储结构也称为二叉树链表，如图 6.22 所示。

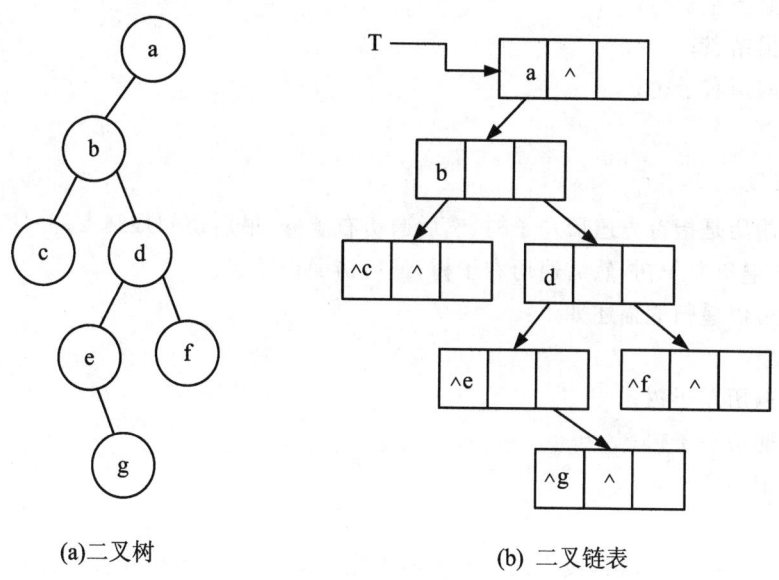

(a)二叉树　　　　　　　　　　(b) 二叉链表

图 6.22　二叉树与链式存储结构

6.3.3　二叉树的遍历

遍历二叉树是指以一定的次序访问二叉树中的每个结点，并且每个结点仅被访问一次。所谓访问结点是指对结点进行各种操作的简称。例如，查询结点数据域的内容，或输出它的值，或找出结点位置，或是执行对结点的其他操作。遍历二叉树的过程实质是把二叉树的结点进行线性排列的过程。假设遍历二叉树时，访问结点的操作就是输出结点数据域的值，那么遍历的结果得到一个结点的线性序列。由于二叉树有左、右子树，所以遍历的次序不同，得到的结果就不同。

在遍历二叉树的过程中，一般先遍历左子树，然后再遍历右子树。在先左后右的原则下，根据访问根结点的次序，二叉树的遍历可以分为三种：前序遍历、中序遍历和后序遍历。

1. 前序遍历

所谓前序遍历是指首先访问根结点，然后遍历左子树，最后遍历右子树；并且，在遍历左、右子树时，仍然先访问根结点，然后遍历左子树，最后遍历右子树。

前序遍历可以递归的描述如下：

如果根不空：

　　访问根结点；

　　前序遍历左子树；

　　前序遍历右子树；

否则返回。

2. 中序遍历

所谓中序遍历是指首先遍历左子树,然后访问根结点,最后遍历右子树;并且,在遍历左、右子树时,仍然先遍历左子树,然后访问根结点,最后遍历右子树。

中序遍历可以递归的描述如下:

如果根不空:

  中序遍历左子树;

  访问根结点;

  中序遍历右子树;

否则返回。

3. 后序遍历

所谓后序遍历是指首先遍历左子树,然后遍历右子树,最后访问根结点;并且,在遍历左、右子树时,仍然先遍历左子树,然后遍历右子树,最后访问根结点。

后序遍历可以递归的描述如下:

如果根不空:

  后序遍历左子树;

  后序遍历右子树;

  访问根结点;

否则返回。

如图 6.22 所示的二叉树,按不同的次序遍历此二叉树,将访问的结点按先后次序排列起来的次序为:

  前序遍历:$abcdegf$

  中序遍历:$cbegdfa$

  后序遍历:$cgefdba$

6.4 图

图(Graph)是对结点的前趋和后继的个数不加限制的数据结构。较之线性表和树形结构,图是一种更为复杂的非线性数据结构,图中各数据元素之间的关系可以是"多对多"的关系。如,铁路交通图、通信网络结构图等。

图的应用极为广泛,已渗入到诸如语言学、逻辑学、物理、化学、电讯、计算机科学以及数学的其他分支。例如,可以用图形数据结构表示一个交通运输的网络,根据一定的规则,从其中一个点出发,把货物送到各个地方,选择什么样的路径才能使总花费最少。也可以用图来解决周游问题,即采用什么样的路线能够将图中所有的结点均访问一遍,且路径路程为所有路径之中的最小值。这一类的最优化问题均可使用图作为数据组织的方式。

6.4.1 图的定义

图 G 由集合 V 和 E 组成。记为 $G=(V,E)$。图中的结点又称为顶点,其中 V 是顶点的非空有穷集合,相关顶点的偶对称为边,E 是边的有穷集合。

若图中的边是顶点的有序对,则称此图为有向图,如图 6.23(a)所示。有向边又称为弧,通常用尖括号表示一条有向边,$\langle v_i, v_j \rangle$ 表示从顶点 v_i 到 v_j 的一段弧,v_i 称为边的始点(或尾顶点),v_j 称为边的终点(或头顶点),$\langle v_i, v_j \rangle$ 和 $\langle v_j, v_i \rangle$ 代表两条不同的弧。若图中的边是顶点的无序对,则称此图为无向图,如图 6.23(b)所示。通常用圆括号表示无向边,(v_i, v_j) 表示顶点 v_i 和 v_j 间相连的边。在无向图中 (v_i, v_j) 和 (v_j, v_i) 表示同一条边,如果顶点 v_i、v_j 之间有边 (v_i, v_j),则 v_i、v_j 互称为邻接点。

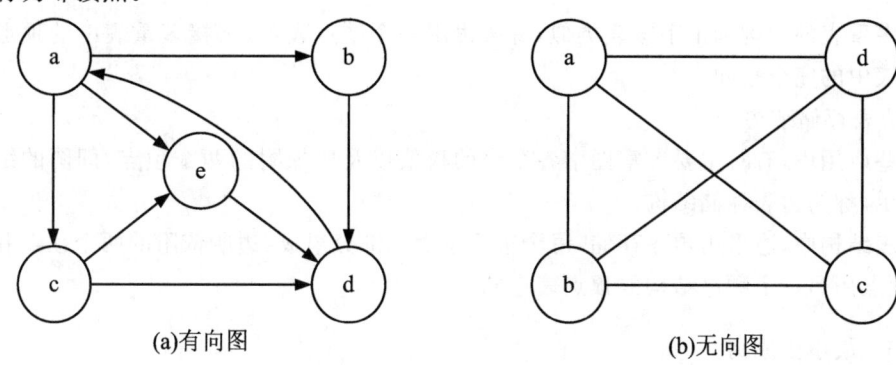

图 6.23　图的示例

6.4.2　图的实现

图的存储结构比较复杂,其复杂性主要表现在:①任意顶点之间可能存在联系,无法以数据元素在存储区中的物理位置来表示元素之间的关系;②图中顶点的度不一样,有的可能相差很大,若按度数最大的顶点设计结构,则会浪费很多存储单元,反之按每个顶点自己的度设计不同的结构,又会影响操作。

图的常用的存储结构有:邻接矩阵、邻接链表、十字链表、邻接多重表和边表。

(1) 邻接矩阵

邻接矩阵是表示一个图的常用存储表示。它用两个数组分别存储数据元素(顶点)的信息和数据元素之间的关系(边或弧)的信息。元素之间关系的信息用一个二维数组来表示。

在邻接矩阵中,以顶点在二维数组中 A 的下标代表顶点,邻接矩阵中的元素 A[i][j] 存放的是顶点 i 到顶点 j 之间关系的信息。

(2) 邻接链表存储结构

图的邻接链表存储结构是一种顺序分配和链式分配相结合的存储结构。它包括两个部分,一部分是链表,另一部分是向量。在链表部分中共有 n 个链表(n 为顶点数),即每个顶点对应一个链表。每个链表由一个表头结点和若干个表结点组成。表头结点用来指示第 i 个顶点 v_i 所对应的链表;表结点由顶点域和链域组成。顶点域指示了与 v_i 相邻接的顶点的序号,所以一个表结点实际上代表了一条依附于 v_i 的边,链域指示了依附于 v_i 的下一条边的结点。因此,第 i 个链表就表示了依附于顶点 v_i 的所有的边。对于有向图来说,第 i 个链表就表示了从 v_i 发出的所有的弧。

(3) 十字链表法

十字链表是有向图的另一种链式存储结构,是将有向图的正邻接表和逆邻接表结合起来得到的一种链表。

在这种结构中,每条弧的弧头结点和弧尾结点都存放在链表中,并将弧结点分别组织到以弧尾结点为头（顶点）结点和以弧头结点为头（顶点）结点的链表中。

(4) 邻接多重表

邻接多重表是无向图的另一种链式存储结构。

邻接表是无向图的一种有效的存储结构，在无向图的邻接表中，一条边(v,w)的两个表结点分别初选在以 v 和 w 为头结点的链表中，很容易求得顶点和边的信息，但在涉及到边的操作会带来不便。

邻接多重表的结构和十字链表类似，每条边用一个结点表示；邻接多重表中的顶点结点结构与邻接表中的完全相同。

(5) 边表存储结构

在某些应用中，有时主要考察图中各个边的权值以及所依附的两个顶点，即图的结构主要由边来表示，称为边表存储结构。

在边表结构中，边采用顺序存储，每个边元素由三部分组成：边所依附的两个顶点和边的权值；图的顶点用另一个顺序结构的顶点表存储。

6.4.3 最小生成树

假设要在 n 个城市之间建立通信网络，则连通 n 个城市只需要 $n-1$ 条线路。这时，自然会考虑这样一个问题，如何在最节省经费的前提下建立这个通信网络。

在两个城市之间都可以设置一条线路，每一条线路的设置都有对应的代价。n 个城市之间，最多可能设置 $n(n-1)/2$ 条线路，那么，如何在这些线路中选择 $n-1$ 条，使得总耗费最少？

可以用图来表示这个通信网络，图中的顶点表示网络中的城市，边表示两个城市之间的一条路线，每条边可以赋予一定的权值，代表这条路线的代价。和树类似，如果从图的某一顶点出发，访遍图中的其余顶点，且每个顶点仅被访问一次，这一过程就叫做图的遍历。遍历时经过的边和图的所有顶点所构成的子图，称作该图的生成树。对于 n 个顶点的连通图，可以建立不同的生成树，而每条边代价之和最小的那棵生成树，就是解决连通 n 个城市总耗费最少的方案。此时所得到的生成树称为最小生成树。

下面介绍最小生成树普里姆（Prim）算法。

假设设 $N=(V, E)$ 是具有 n 个顶点的连通网，$T=(U, TE)$ 是 N 的最小生成树，T 的初始状态为 $U=\{u_0\}(u_0 \in V), TE=\{\}$，重复执行下述操作：在所有 $u \in U, v \in V-U$ 的边中找一条代价最小的边 (u, v) 并入集合 TE，同时 v 并入 U，直至 $U=V$。即：

(1) 从连通网络 $N=\{V, E\}$ 中的某一顶点 u_0 出发，选择与它关联的具有最小权值的边 (u_0, v)，将其顶点加入到生成树的顶点集合 U 中。

(2) 以后每一步从一个顶点在 U 中，而另一个顶点不在 U 中的各条边中选择权值最小的边 (u, v)，把它的顶点加入到集合 U 中。如此继续下去，直到网络中的所有顶点都加入到生成树顶点集合 U 中为止。

【例 6.12】用普里姆算法求图的最小生成树，如图 6.24～6.25 所示。

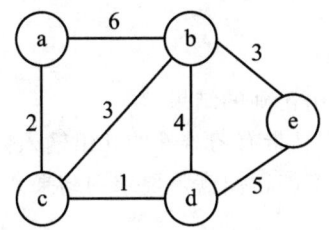

图 6.24 一个带权连通网络

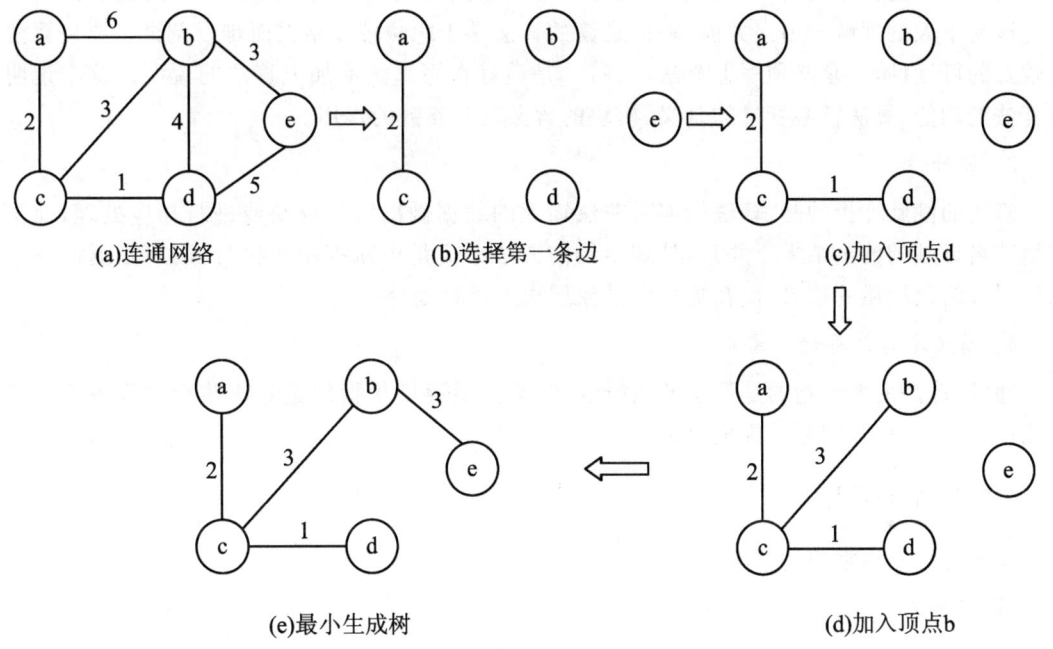

图 6.25 普里姆算法构造最小生成树的过程

6.5 算法设计技术

　　算法设计追求用较低的时间和空间复杂性,计算得到满意的结果。虽然设计一个好的求解算法更像是一门艺术,而不像是技术,但仍然存在一些行之有效的能够用于解决许多问题的算法设计方法,可以使用这些方法来设计算法,并观察这些算法是如何工作的。最典型的算法设计技术有分而治之、贪心策略、动态规划、回溯法及分支－限界法等技术。任何算法设计都要利用待解决问题的特殊性质,一般情况下,为了获得较好的性能,必须对算法进行细致地调整。算法经过调整之后性能仍无法达到要求,这时就必须寻求另外的方法来求解该问题。

6.5.1 策略与技巧

设计算法时,通常应考虑达到以下目标:

1. 正确性

所谓算法是正确的,首先应当满足以特定的"规格说明"方式给出的需求。其次,对算法是否"正确"的理解有以下四个层次：

① 不含语法错误。

② 对于几组输入数据能够得出正确的结果。

③ 对于精心选择的典型、苛刻且带有刁难性的几组输入数据能够得出正确的结果。

④ 对于一切合法的输入数据都能得出满足要求的结果。

2．可读性

在算法是正确的前提下，算法的可读性是摆在第一位的，这在当今大型软件需要多人合作完成的环境下是很重要的。算法主要是为了人的阅读与交流，其次才是为计算机执行，因此算法应该易于人的理解。另一方面，晦涩难读的算法易于隐藏较多错误而难以调试。要使算法具有较好的可读性，一是必须写上算法注释；二是最好在写算法前加上算法的说明。这个说明包括算法的功能、算法核心变量的含义、模块的含义及其参数的作用。

3．健壮性

算法的健壮性指的是，算法能够对非法输入的数据做出恰当反映或进行相应处理，而不是产生莫名奇妙的输出结果。并且，处理出错的方法不应是中断程序的执行，而应是返回一个表示错误或错误性质的值，以便在更高的抽象层次上进行处理。

4．高效率与低存储量需求

通常，算法的效率指的是算法的执行时间，算法的存储量指的是算法执行过程中所需最大存储空间，两者都与问题的规模有关。

6.5.2 算法设计

下面介绍几种常用的算法设计技术。

1．穷举法

有一些问题一时难以找到规律或者公式，或者根本没有规律、公式。这时可以利用计算机高速运算的特点，使用一一列举的方法来解决。穷举法（Exhaustive Attack Method）是一种简单、直接解决问题的方法。它对可能是解的众多候选解按某种顺序进行逐一枚举和检验，并从中找出那些符合要求的候选解作为问题的解。穷举法列举所有可能情形，最直观的是联系循环的算法。

【例 6.13】"水仙花数"是指一个三位正整数，其各位数字立方和等于该数本身，例如：153 就是一个水仙花数，因为 $1^3+5^3+3^3=153$。编写程序，求出所有的水仙花数。

要想解决这个问题，只需要把可能满足条件的数值逐一验证，然后将符合条件的数据输出即可。由于水仙花数是一个三位正整数，只需要将 100～999 之间的整数逐一验证即可。

【程序 6.7】求解"水仙花数"

```
//＊＊＊＊＊＊＊＊＊＊＊＊＊＊＊＊＊
//＊            水仙花数             ＊
//＊＊＊＊＊＊＊＊＊＊＊＊＊＊＊＊＊
#include<iostream.h>
int main()
{
    int ge,shi,bai;//定义个位、十位、百位上的数字
```

```
    intnumber;

    for(number=100;number<1000;number++)
    {
    bai=number/100;//计算百位上的数值
      shi=(number%100)/10;//计算十位上的数值
    ge=number%10;//计算个位上的数值
    if(number==bai*bai*bai+shi*shi*shi+ge*ge*ge)
        cout<< number<<"是水仙花数。"<<endl;
    }
    return 0;
    }
```

穷举通常应用循环结构来实现。在循环体中,根据所求解的具体条件,应用选择结构实施判断筛选,求得所要求的解。

2. 分治法

任何一个可以用计算机求解的问题所需的计算时间都与其规模有关。例如,对一系列整数排序所需要的时间就与待排序的整数的个数有关。问题规模越小,解题所需的计算时间往往也越少,从而也越容易计算。当问题的规模变得比较大时,想解决这个问题有时会变得相当困难。

分治法(Divide and Conquer)的本质就是各个击破、分而治之。它的基本思想是将一个规模较大的问题分解为若干规模较小的子问题,找出各子问题的解,然后把各子问题的解组合成整个问题的解。在求解子问题时,往往继续采用同样的策略进行,即继续分解问题,逐个求解,最后合并解。这种不断用同样的策略求解规模较小的子问题,在程序设计语言实现时往往采用递归调用的方式实现。分治法在每一层递归上都有三个步骤:

① 分解:将原问题分解为若干个规模较小、相互独立与原问题形式相同的子问题;

② 解决:若子问题规模较小并且容易被解决则直接得到子问题的解,否则递归地解决各个子问题;

③ 合并:将各个子问题的解合并为原问题的解。

分治法所能解决的问题一般具有以下几个特征:

① 该问题的规模缩小到一定的程度就可以容易地解决。

② 该问题可以分解为若干个规模较小的相同问题,即该问题具有最优子结构性质。

③ 利用该问题分解出的子问题的解可以合并为该问题的解。

④ 该问题所分解出的各个子问题是相互独立的,即子问题之间不包含公共的子问题。

上述的第一条特征是绝大多数问题都可以满足的,因为问题的计算复杂性一般是随着问题规模的增加而增加;第二条特征是应用分治法的前提,它也是大多数问题可以满足的,此特征反映了递归思想的应用;第三条特征是关键,能否利用分治法完全取决于问题是否具有第三条特征,如果具备了第一条和第二条特征,而不具备第三条特征,则可以考虑贪心法或动态规划法。第四条特征涉及分治法的效率,如果各子问题是不独立的,则分治法要做许多不必要的工作,重复地解公共的子问题,此时虽然可用分治法,但一般用动态规划法较好。

分治法最经典的例子就是快速排序和归并排序算法。

3. 贪心法

贪心法(Greedy Algorithm)背后隐藏的基本思想是从小的方案推广到大方案的解决方法。它分阶段工作,在每一个阶段总是选择认为当前最好的方案,而不考虑将来的后果。所以,贪心法只需随着过程的进行保持当前的最好方案。这种"眼下能多占便宜的就先占着"的贪心者的策略就是这类算法名称的来源。

一般地,问题的解由多个元素按确定的格式组成,这种仅满足规定格式的解称为可行解。若一个可行解能使给定的目标函数达到最小值(或最大值),则称该解为最优解。在求最优解问题的过程中,依据某种贪心标准,从问题的初始状态出发,直接去求每一步的最优解,通过若干次的贪心选择,最终得出整个问题的最优解,这种求解方法就是贪心算法。

用这种策略设计的算法往往比较简单,但不能保证求得的最后解是最佳的。在许多情况下,最后解即使不是最优的,只要它能够满足设计目的,这个算法还是具有价值的。

典型的贪心法的例子是找零钱问题:如果有一些硬币,其面值有1角、5分、2分和1分,要求用最少数量的硬币给顾客找某数额的零钱(如2角4分)。贪心法的思路是:每次选取最大面额的硬币,直到凑到所需要找的钱数。如2角4分的找零问题,首先考虑的是用"角",共需要2个1角,还余4分;考虑5分,再考虑2分,最后的结果是用2个1角2个2分。当然,这种找零的方法不能保证最优。例如,若有面值7分的硬币,要找1角4分,贪心法的结果是1个1角,2个2分;而实际上用2个7分的就可以了。

4. 动态规划

动态规划(Dynamic Programming)也称多阶段决策,是运筹学的分支。在现实生活中,有一类活动的过程,由于它的特殊性,可将过程分成若干个互相联系的阶段,在它的每一阶段都需要做出决策,从而使整个过程达到最好的活动效果,这样的过程就构成一个多阶段决策过程。在20世纪50年代,贝尔曼(Richard Bellman)等人根据这类问题的多阶段决策的特性,提出了解决这类问题的"最优性原理",从而创建了最优化问题的一种新的算法设计方法——动态规划(Dynamic Programming)。

和贪心算法一样,在动态规划中,可将一个问题的解决方案视为一系列决策的结果。不同的是,在贪心算法中,每采用一次贪心准则便做出一个不可撤回的决策,而在动态规划中,还要考察每个最优决策序列中是否包含一个最优子序列。

动态规划的实质是分治思想和解决冗余。因此,动态规划是一种将问题实例分解为更小的、相似的子问题,并存储子问题的解而避免计算重复的子问题,以解决最优化问题的算法策略。因此,动态规划法所针对的问题有一个显著的特征,即它所对应的子问题树中的子问题呈现大量的重复。动态规划法的关键就在于,对于重复出现的子问题,只在第一次遇到时加以求解,并把答案保存起来,以后再遇到时便可直接引用,不必重新求解。

最优化原理是动态规划的基础,任何问题,如果失去了最优化原理的支持,就不可能用动态规划方法计算。根据最优化原理导出的动态规划基本方程是解决一切动态规划问题的基本方法。

设计一个标准的动态规划算法,通常可按以下几个步骤进行:

① 划分阶段:按照问题的时间或空间特征,把问题分为若干个阶段。注意这若干个阶段一定要是有序的或者是可排序的(即无后向性),否则问题就无法用动态规划求解。

② 选择状态:将问题发展到各个阶段时所处于的各种客观情况用不同的状态表示出来。

③ 确定决策并写出状态转移方程：之所以把这两步放在一起，是因为决策和状态转移有着天然的联系，状态转移就是根据上一阶段的状态和决策来导出本阶段的状态。所以，如果确定了决策，状态转移方程也就写出来了。但事实上常常是反过来做，即根据相邻两段的各状态之间的关系来确定决策。

④ 写出规划方程（包括边界条件）：动态规划的基本方程是规划方程的通用形式化表达式。

5. 回溯法

回溯法（Backtracking）是一种选优搜索法，按选优条件向前搜索，以达到目标。但当探索到某一步时，发现原先选择并不优或达不到目标，就退回一步重新选择。这种走不通就退回再走的技术称为回溯法，而满足回溯条件的某个状态的点称为"回溯点"。回溯算法是所有搜索算法中最基本的一种算法，采用了一种"走不通就掉头"思想作为其控制结构。

回溯法最典型的例子是 n 皇后问题，这是许多数据结构和算法教科书中经常被引用的经典例子。这个问题是：将 n 个皇后放到 $n \times n$ 的棋盘上，使得任何两个皇后之间不能互相攻击，也就是说，任何两个皇后不能在同一行、同一列或者同一条对角线上。

假设 $n=4$，如图 6.26 所示。

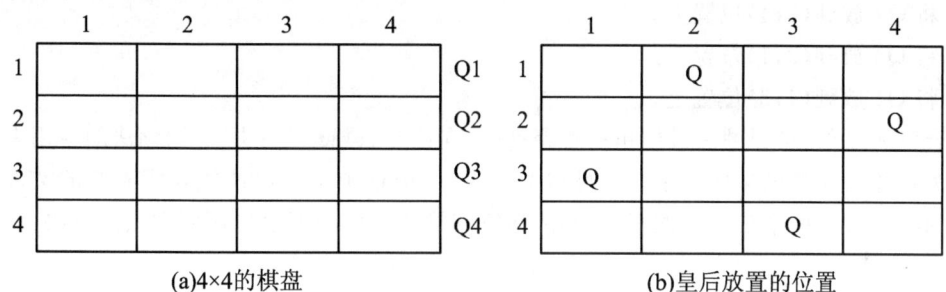

图 6.26 4 皇后问题

假设每个皇后 Q1~Q4 占据一行，我们要考虑的是给皇后在棋盘上分配一个列，如图所示。应用回溯法的思路，求解过程从空棋盘开始，按照顺序进行尝试：

① 将 Q1 放到第 1 行的第 1 个可能位置，就是第 1 列；

② 考虑 Q2。显然第 1 列和第 2 列尝试失败，因此 Q2 放到棋盘的(2,3)位置上，也就是第 2 行第 3 列；

③ 接下来考虑 Q3，发现 Q3 已经无处可放了。这时算法开始倒退（回溯），将 Q2 放到第 2 个可能的位置，就是(2,4)的位置上。

④ 再考虑 Q3，可以放到(3,2)。

⑤ 考虑 Q4，结果无地方可放，再次回溯，考虑 Q3 的位置。

如此下去，直到回溯到 Q1。排除 Q1 原来的选择，把 Q1 放置在第 2 个位置(1,2)，继续考虑 Q2 的位置，如图 6.27 所示。

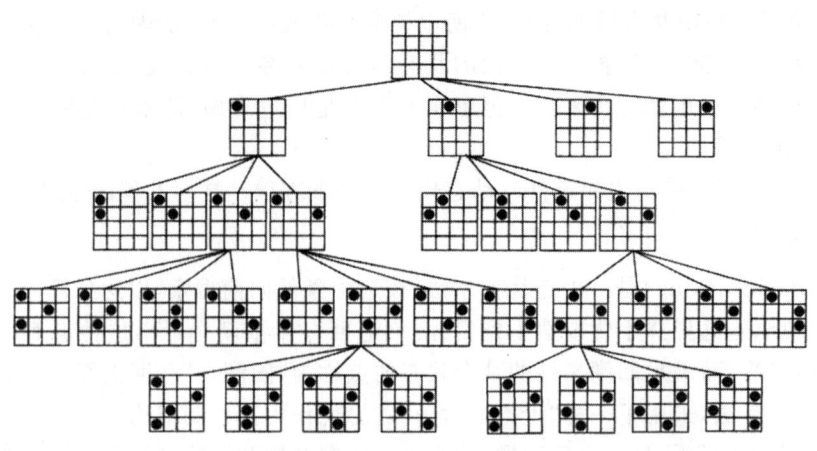

图 6.27　4 皇后问题的棋盘状态树

最后得到解为：

① 将 Q1 放到(1,2)位置上。
② 将 Q2 放到(2,4)位置上。
③ 将 Q3 放到(3,1)位置上。
④ 将 Q4 放到(4,3)位置上。

综合以上过程,对回溯法最简单的解释就是"向前走,碰壁就回头"。回溯法的应用有许多,我们最为熟悉的计算机文件目录结构是树形结构,遍历整个文件以便找到所需要的文件,就需要使用回溯法对文件系统进行搜索。另外,迷宫问题的求解一般也应用回溯法来解决。

本 章 小 结

本章主要介绍了在进行程序设计过程中所使用的基本算法和基本的数据结构,并给出了算法分析的主要概念、数据结构的基本概念以及常用的内部数据和外部数据的实现和组织形式。在算法设计中已有了一些行之有效的算法,通过对这些算法的介绍让读者更加清晰地了解程序设计过程的方法和原则。

习　题

1. 算法分析的方法有几种,如何表示?
2. 写出下列程序段的时间复杂度。
(1) i=1;
　　while(i<n)i=i*2;
(2) for(i=0;i<=n;i++)
　　　for(j=0;j<=i;j++)
　　　　for(k=0;k<=j;k++)
　　　　　s=s+ 1;

3. 简述数据结构的4种基本关系,并画出它们的关系图。

4. 有一棵二叉树,如下图所示,写出三种(前序,中后,后序)遍历的结果。

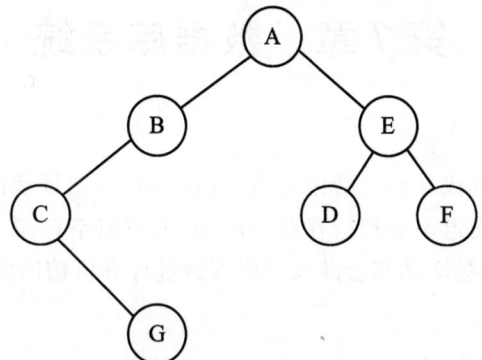

5. 试写一个算法,在一个有序线性表中的适当位置插入一个元素,并保持线性表仍然有序。

6. 用古典的 Eratosthenes 的筛法求从2起到指定范围内的素数。如果要找出2至10中的素数,开始时筛中由2到10的数,然后取走筛中的最小的数2,宣布它是素数,并把该素数的倍数都取走。这样,第一步以后,筛子中还留下奇数3、5、7、9,重复上述步骤,再取走最小数3,宣布它为素数,并取走3的倍数,于是留下5、7。反复重复上述步骤,直至筛中为空时,工作结束,求得2至10中的全部素数。

7. 用欧几里得算法(辗转相除法)求两个整数的最大公约数和最小公倍数。

第 7 章　数据库系统

数据库系统已经成为现代社会生活中的重要组成部分,在日常的工作和生活中,人们经常会或多或少地与数据库打交道。如银行存储与取钱、火车航空订票、书店与图书馆的图书查询以及网络购物等等,所有这些活动都会涉及某些人通过计算机访问数据库。

7.1　概述

数据库系统本质上是一个用计算机存储记录的系统。也就是说,它是收集计算机数据文件的仓库或容器,系统用户可以对这些文件进行增加、删除、检索、更新等操作。

7.1.1　数据库系统基本概念

1. 数据(Data)

数据是指描述事物的符号记录,它是数据库中存储的基本对象。这里的数据包括数字、文字、图形、图像、声音和视频等。通常,数据库中的数据具有集成与共享两个性质。

集成是指数据库中的数据可以合并,以消除数据间的冗余。例如:某高校的学生管理系统与学生成绩管理系统。在学生管理系统中记录了学生的学号、姓名、性别、专业等信息。现在假设可以通过学生成绩管理系统查询的学生的学号、姓名、性别、专业、课程成绩等信息,那么,显然没有必要记录学生管理系统中的重复信息,可以通过从学生管理系统的数据库中查询到。

共享是指数据库中的数据可以被不同的用户共享。也就是说,不同的用户可以访问到同一个数据库中的相同数据。在上面的例子中,学生的基本信息共享就有其代表性,学校中相关部门(如教务处、就业办)都可以使用这一共享信息。

2. 数据库(DataBase,简称 DB)

所谓数据库是指按照数据结构来组织、存储和管理数据的仓库,或者说数据库就是按照某种数据模型组织起来并存放在二级存储器中的数据集合。并且这种数据集合具有如下特点:尽可能避免不必要的数据冗余,以最优方式为某个特定组织的多种应用服务,其数据结构独立于使用它的应用程序,对数据的添加、删除、修改和查询操作由统一的软件进行管理和控制。使用数据库有下述优点:

(1) 数据共享

共享既是指现有的应用程序可以共享数据库中的数据。即:前面介绍数据的概念中所阐述的数据共享;也可以指新的应用程序对这些数据进行操作。换句话说就是不向数据库中添加任何新的数据也能满足新的应用程序的数据要求。

(2) 减少冗余

在非数据库系统中,应用程序都有自己的专用文件来保存它们所需要的数据。这样就会导致在数据的存储产生相当大的冗余。例如在前面的例子中,某高校的有关学生管理与成绩管理的应用程序都同时包含了学生的一些基本信息,使用数据库可以把这两个文件的信息集成以消除冗余。

(3) 避免不一致

这是前一点减少冗余的必然结果。同样的信息保存在多个文件当中,当某些文件的某些信息发生变化时,而其他文件并没有随之变化,这就必然会导致数据的不一致。

(4) 保持完整性

完整性是确保数据库中的数据是正确的。前一点已经提到同样的信息出现不一致,就是缺少完整性。当然,只要存在数据冗余就不可避免会引起这样的问题。例如:学生属于一个不存在的专业等。通过完整性约束可以有效解决这一问题。

(5) 增强安全性

并非所有的用户都可以访问所有的数据或进行任意的操作。例如,高校学生成绩管理系统中,学生只需看到自己的成绩即可。数据库管理员(DataBase Administrator,简称 DBA)可以确保访问数据库的方式是正确的,对于数据库中的所有数据针对不同类型的访问,都可以建立不同的约束以确保安全性。

(6) 数据的独立性

数据的独立性包括数据的物理独立性和逻辑独立性。逻辑独立性是指数据库的逻辑结构和应用程序相互独立;物理独立性是指数据的物理存储变化不影响数据的逻辑结构。

3. 数据库管理系统(DataBase Management System,简称 DBMS)

数据库管理系统是位于用户与操作系统之间的一层数据管理软件。其主要功能有以下几项:

(1) 数据定义功能

DBMS 提供数据定义语言(Data Definition Language,简称 DDL),供用户对数据库中的对象进行定义。

(2) 数据操纵功能

DBMS 提供数据操纵语言(Data Manipulation Language,简称 DML),实现对数据库数据的基本操作,如添加、修改、删除和查询。

(3) 数据库运行管理功能

DBMS 提供数据控制功能,即数据的安全性、完整性和并发控制等对数据库运行进行有效地控制和管理,以确保数据正确有效。

(4) 数据库的建立和维护功能

包括数据库初始数据的装入,数据库的转储、恢复、重组织,系统性能监视、分析等功能。

(5) 数据库的传输

DBMS 提供处理数据的传输,实现用户程序与 DBMS 之间的通信,通常与操作系统协调完成。

目前有许多 DBMS 产品,如 Oracle、Sybase、Informix、Microsoft SQL Server、DB2 等产品,他们各以自己特有的功能在数据库市场上占有一席之地。

4. 数据库系统(DataBase System,简称 DBS)

数据库系统是指在计算机系统引入数据库后的系统组成,包括计算机、数据库、操作系统、数据库管理系统、数据库开发工具、应用系统、数据库管理员和用户(如图7.1所示)。概括来说,数据库系统主要由硬件、数据、软件和用户四部分构成。

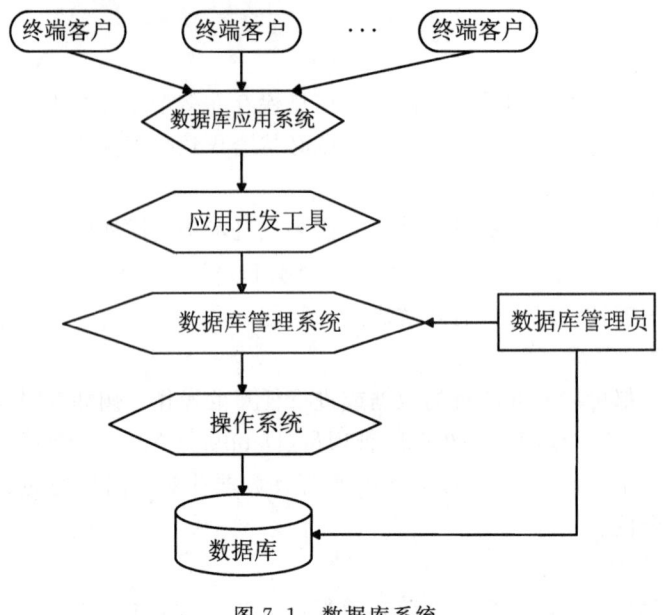

图7.1 数据库系统

(1) 数据

数据是数据库系统中存储的信息,它是数据库系统的操作对象,这一部分前面已经讨论,这里不再赘述。

(2) 硬件

硬件是数据库系统的物理支撑,它包括两部分:一是硬件处理器和相应的主存;二是二级存储设备(通常为磁盘),以及相关的I/O设备、设备控制器等。

(3) 软件

软件包括系统软件与应用软件,其中系统软件包括操作系统及负责对数据库的运行进行控制和管理的核心软件——数据库管理系统;而应用软件是在DBMS的基础上由用户根据实际需要自行开发的应用程序。

(4) 用户

用户指使用数据库的人员,主要由最终用户、应用程序员和数据库管理员三类组成。最终用户是使用数据库应用系统的工程技术或管理人员,他们无须掌握太多的计算机知识,利用应用系统提供的接口查询获取数据库的数据;应用程序员是为终端用户编写数据库应用程序的软件人员;数据库管理员是全面负责数据库系统运行的高级计算机人员,是数据库系统一个很重要的人员组成。

7.1.2 数据管理技术的发展

数据管理是指对各种数据进行分类、组织、编码、存储、检索和维护。数据管理技术经历了人工管理、文件系统和数据库系统三个阶段。

1. 人工管理阶段

20世纪50年代中期以前,计算机主要用于科学计算。外部存储器只有磁带、卡片和纸带,没有磁盘等直接存取存储设备;软件方面只有汇编语言,没有数据管理方面的软件;数据处理采取批处理的方式。这一阶段的特点是:数据不能长期保存;应用程序管理其所涉及的数据;数据不能共享;数据与程序之间不具有独立性。

2. 文件系统阶段

20世纪50年代后期至20世纪60年代中期,计算机不仅用于科学计算,还用于信息管理方面。随着数据量的增加,数据的存储、检索和维护问题成为紧迫的需要,数据结构和数据管理技术迅速发展起来。此时,外部存储器出现了磁盘和磁鼓等直接存取存储设备;软件领域,操作系统提供了专门的数据管理软件。数据处理方式有批处理和联机实时处理。其主要特点是:数据以文件形式可长期保存,由文件系统管理;数据不再属于某个程序,可以重复使用,但是数据的独立性、共享性差,冗余度高。

3. 数据库系统阶段

20世纪60年代后期以来,数据管理技术进入数据库系统阶段。数据库系统克服了文件系统的缺陷,提供了对数据更高级、更有效地管理。这个阶段的程序和数据的联系通过数据库管理系统来实现。数据库系统的特点如下:

(1) 数据的结构化

数据的结构化是数据库系统的主要特征,也是与文件系统的根本区别。在文件系统中,尽管记录内部已经有了结构,但是,记录之间并没有联系。数据库系统采用数据模型表示复杂的数据结构,实现了整体数据的结构化,数据不再针对某个或多个应用,而是面向整个应用系统,具有整体的结构化。

(2) 数据独立性

数据独立性包括数据的物理独立性和数据的逻辑独立性。数据的物理独立性是指用户的应用程序与存储在磁盘上的数据库中的数据是相互独立的。也就是说当数据的物理存储发生变化,应用程序不用变。数据的逻辑独立性是指用户的应用程序与数据库的逻辑结构是相互独立的,即当数据的逻辑结构改变时,应用程序可以不变。数据库管理系统的模式结构和二级映像功能保证了数据库中的数据具有很高的物理独立性和逻辑独立性。

(3) 数据的共享性高、冗余度低

数据库系统从整体角度描述数据,数据不再面向某个或多个应用而是面向整个系统。因此数据可以被多个用户、多个应用共享使用。不同的应用程序可以根据自身需求从数据库中获取数据,大大减少数据冗余,节约存储空间。数据共享还能够保证数据之间的一致性。所谓数据的一致性就是指同一数据不同拷贝的值一样。在人工管理或文件系统管理中,由于数据被重复存储,当不同的应用使用和修改同一数据的不同的拷贝时,很难保证数据的一致性。在数据库中,数据共享减少了由于数据冗余造成的不一致现象。此外,在前面我们也讨论过,数据库中的数据不仅可以被多个现有的应用程序共享,而且可以被新的应用程序共享,这就使得数据库系统易于扩充以适应不同用户的需求。可以取整体数据的子集用于不同的应用系统,当应用需求发生变化时,只需重新选取不同的子集便可以满足新的需求。

数据库系统提供了数据控制功能,包括以下几点:

① 数据库的并发控制:对程序的并发操作加以控制,由于数据库中数据的共享性,必然会造成多用户同时对数据库中同一数据进行操作,若不加以控制可能会造成许多错误。如:数据丢失或读取错误数据等。

② 数据库的恢复:在数据库被破坏或数据不可靠时,如:计算机的软硬件故障或者人为的失误等造成的数据丢失或破坏,系统有能力把数据库恢复到某个已知的正确状态。

③ 数据完整性:保证数据库中数据始终是正确的、有效的。

④ 数据安全性:保证数据的安全,防止数据的丢失、破坏以及防止数据的不合法使用,使用户只能按规定访问数据。

7.1.3 数据模型

1. 层次模型

层次模型是数据库系统中最早出现的数据模型。1968 年,由 IBM 公司推出的 IMS(Information Management System)数据库管理系统是层次数据库系统的典型代表。层次模型是指用树型结构表示实体及其之间的联系,树中每一个节点代表一个记录类型,树状结构表示实体之间的联系。在一个层次模型中有且仅有一个节点,无父节点,此节点为树的根;其他节点有且仅有一个父节点。如图 7.2 所示给出了层次模型的逻辑视图。

在层次模型中,记录之间的联系通过指针实现,查询效率高。但是,只能表示一对多的联系。尽管有许多辅助手段实现多对多的联系,但比较复杂,不易掌握。

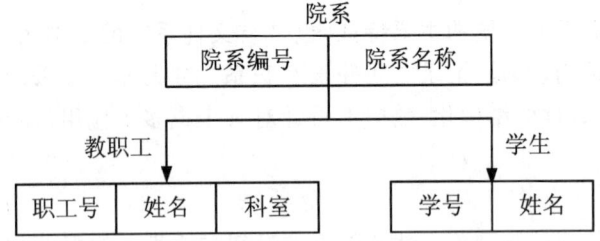

图 7.2 描述大学人员的层次模型

2. 网状模型

网状模型(Network Model)是在 1971 年,由美国 CODASYL(Conferenceon Data Systems Languages,数据系统语言研究会)中的 DBTG(Data Base Task Group,数据库任务组)提出的,并在 1978 年和 1981 年又做了修改和补充。因此网状数据模型又称为 CODASYL 模型或 DBTG 模型。网状数据库系统的典型代表有 Cullinet 软件公司的 IDMS,Honeywell 公司的 IDSII,Univac 公司(后来并入 Unisys 公司)的 DMS1100,HP 公司的 IMAGE 等。

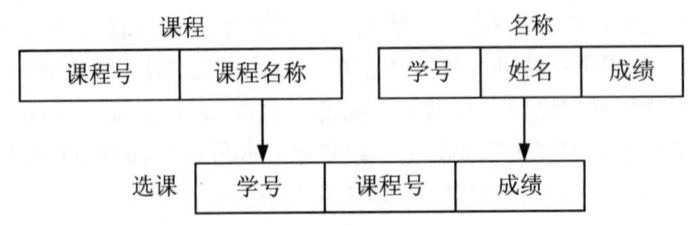

图 7.3 大学选课网状模型

网状模型用图结构表示实体类型及实体间联系的数据结构。网状模型的数据结构与层次模型不同,它允许一个以上的结点无双亲,并且一个结点可以有多于一个的双亲。网状模型的每个结点表示一个记录类型,结点间的连线表示记录类型之间的联系。如图 7.3 所示描述了大学选课网状模型的逻辑视图。

3. 关系模型

关系模型与以往的数据模型不同,它是建立在严格的数学概念的基础上。在关系模型中,数据结构简单清晰,程序和数据具有高度的独立性。其数据语言非过程化程度较高,具有集合处理能力,并有定义、操纵、控制一体化的优点。关系模型中,结构、操作和完整性规则三部分联系紧密。目前,关系模型是数据库设计中最常用的模型。

7.2 常见的数据库管理系统

数据库管理系统(DBMS)是一种操纵和管理数据库的大型软件,用于建立、使用和维护数据库,简称 DBMS。用户通过 DBMS 访问数据库中的数据,数据库管理员也通过 DBMS 进行数据库的维护工作。数据库管理系统是数据库系统的核心,是管理数据库的软件。

数据库管理系统软件的种类有很多,常见的也很多,但是针对不同人群的不同需求,常用的数据库管理系统软件包括 Visual Foxpro、Access、MS SQL Server、Sybase、MySQL、Oracle、DB2、Informix、PostgreSQL 这几种。

1. Visual Foxpro

Visual FoxPro 简称 VFP,是 Microsoft 公司推出的数据库开发软件,操作简单方便,主要用来开发小型数据库系统。目前最新版为 Visual FoxPro 9.0,而在学校教学和教育部门考证中还依然沿用经典版的 Visual FoxPro 6.0。在桌面型数据库应用中,处理速度极快,是日常工作中的得力助手。

Visual FoxPro 6.0 是在 xBASE(dBASE、Clipper、FoxBASE、FoxPro)的基础上发展而来的 32 位数据库管理系统。

1998 年 9 月份美国微软公司推出了 Visual Fox Pro 6.0 系列,其中包括 VFP6。VFP6 的推出为网络数据系统使用者及设计开发者带来了极大的方便。VFP6 不仅提供了更多更好的设计器、向导、生成器及新类,并且使得客户/服务器结构数据库应用程序的设计更加方便简捷,增加了处理 2000 年数据的工具。VFP6 提供了一个集成的开发环境,可借助"项目管理器"创建和集中管理应用程序中的任何元素;可以访问所有向导、生成器、工具栏和其他易于使用的工具。VFP6 在保持标准的面向过程的程序设计方式基础上,增加了面向对象的语言和方式,可以充分使用面向对象程序设计的所有功能。提供了大量的可视化系统开发工具和向导工具。例如数据库设计器、菜单设计器、应用程序生成器等,实现应用程序的快速开发。VFP6 为用户升级提供了一个方便实用的转换器工具,可以将低版本的 VisualFoxPro 的各种文件方便地转换为 VFP6 文件。大部分 Visual FoxPro 的应用程序不需修改就可以移植到 VFP6 中来。可直接使用 Microsoft Excel 及 Word 中的数据,方便地实现数据共享。VFP6 是目前世界流行的小型数据库管理系统中版本最高、性能最好、功能最强的优秀软件之一。

2. Access

Access 数据库是微软研究发布的一款小型数据库管理软件。Access 的全称是 Microsoft Office Access,是微软把数据库引擎的图形用户界面和软件开发工具结合在一起的一个数据库管理系统,它是微软 OFFICE 的一个成员是微软比较有代表性的一款数据库管理软件,其优势为:

(1) 存储方式单一

Access 管理的对象有表、查询、窗体、报表、页、宏和模块，以上对象都存放在后缀为(.mdb)的数据库文件中，便于用户的操作和管理。

(2) 面向对象

Access 是一个面向对象的开发工具，利用面向对象的方式将数据库系统中的各种功能对象化，将数据库管理的各种功能封装在各类对象中。它将一个应用系统当作是由一系列对象组成的，对每个对象它都定义一组方法和属性，以定义该对象的行为和外围，用户还可以按需要给对象扩展方法和属性。通过对象的方法、属性完成数据库的操作和管理，极大地简化了用户的开发工作。同时，这种基于面向对象的开发方式，使得开发应用程序更为简便。

(3) 界面友好、易操作

Access 是一个可视化工具，是风格与 Windows 完全一样，用户想要生成对象并应用，只要使用鼠标进行拖放即可，非常直观方便。系统还提供了表生成器、查询生成器、报表设计器以及数据库向导、表向导、查询向导、窗体向导、报表向导等工具，使得操作简便，容易使用和掌握。

(4) 集成环境、处理多种数据信息

Access 基于 Windows 操作系统下的集成开发环境，该环境集成了各种向导和生成器工具，极大地提高了开发人员的工作效率，使得建立数据库、创建表、设计用户界面、设计数据查询、报表打印等可以方便有序地进行。

(5) Access 支持 ODBC（开发数据库互联，Open Data Base Connectivity）

利用 Access 强大的 DDE（动态数据交换）和 OLE（对象的联接和嵌入）特性，可以在一个数据表中嵌入位图、声音、Excel 表格、Word 文档，还可以建立动态的数据库报表和窗体等。Access 还可以将程序应用于网络，并与网络上的动态数据相连接。利用数据库访问网页对象生成 HTML 文件，轻松构建 Internet/Intranet 的应用。

3. MS SQL Server

SQL Server 是美国 Microsoft 公司推出的一种关系型数据库系统，它是一个可扩展的、高性能的为分布式客户机/服务器计算所设计的数据库管理系统，实现了与 WindowsNT 的有机结合，提供了基于事务的企业级信息管理系统方案。它最初是由 Microsoft Sybase 和 Ashton－Tate 三家公司共同开发的，于 1988 年推出了第一个 OS/2 版本。在 Windows NT 推出后，Microsoft 与 Sybase 在 SQL Server 的开发上就分道扬镳了，Microsoft 将 SQL Server 移植到 Windows NT 系统上，专注于开发推广 SQL Server 的 Windows NT 版本。Sybase 则较专注于 SQL Server 在 UNIX 操作系统上的应用。

SQL Server 的版本包括：

(1) SQL Server 2000

SQL Server 2000 是 Microsoft 公司推出的 SQL Server 数据库管理系统，该版本具有使用方便可伸缩性好与相关软件集成程度高等优点，可跨越从运行 Microsoft Windows 98 的膝上型电脑到运行 Microsoft Windows 2000 的大型多处理器的服务器等多种平台使用。

(2) SQL Server 2005

SQL Server 2005 是一个全面的数据库平台，使用集成的商业智能工具提供了企业级的数据管理。SQL Server 2005 数据库引擎为关系型数据和结构化数据提供了更安全可靠的存储功能，可以构建和管理用于业务的高可用和高性能的数据应用程序。

(3) SQL Server 2008

2008 年,SQL Server 2008 正式发布,SQL Server 2008 可以说是目前为止最优秀最完善的 SQLserver 数据库。该版本功能可以使用存储和管理许多数据类型,包括 XML、E-mail、时间/日历、文件、文档、地理等等。同时提供一个丰富的服务集合来与数据交互作用:搜索、查询、数据分析、报表、数据整合和强大的同步功能。用户可以访问从创建到存档于任何设备的信息,从桌面到移动设备的信息。

(4) SQL Server 2012

2012 年 3 月 7 日,微软正式发布最新的 SQL Server 2012 RTM(Release-to-Manufacturing)版本。跟以往版本的产品相比,SQL Server 2012 更加具备可伸缩性、更加可靠以及前所未有的高性能,可以轻松帮助企业处理每年大量的数据增长。SQL Server 2012 主要版本包括新的商务智能版本,增加 Power View 数据查找工具和数据质量服务,企业版本则提高安全性可用性,以及从大数据到 StreamInsight 复杂事件处理,再到新的可视化数据和分析工具等,都将成为 SQL Server 2012 最终版本的一部分。

4. Sybase

美国 Sybase 公司研制的一种关系型数据库系统,是一种典型的 UNIX 或 WindowsNT 平台上客户机/服务器环境下的大型数据库系统。Sybase 提供了一套应用程序编程接口和库,可以与非 Sybase 数据源及服务器集成,允许在多个数据库之间复制数据,适于创建多层应用。系统具有完备的触发器、存储过程、规则以及完整性定义,支持优化查询,具有较好的数据安全性。Sybase 通常与 SybaseSQLAnywhere 用于客户机/服务器环境,前者作为服务器数据库,后者为客户机数据库,采用该公司研制的 PowerBuilder 为开发工具,在我国大中型系统中具有广泛的应用。

5. MySQL

MySQL 是一个关系型数据库管理系统,由瑞典 MySQL AB 公司开发,目前属于 Oracle 旗下公司。MySQL 在 WEB 应用方面是最好的 DBMS 应用软件之一。MySQL 所使用的 SQL 语言是用于访问数据库的最常用标准化语言。MySQL 软件采用了双授权政策,它分为社区版和商业版,由于其体积小、速度快、总体拥有成本低,尤其是开放源码这一特点,一般中小型网站的开发都选择 MySQL 作为网站数据库。可以使用命令行工具管理 MySQL 数据库也可以从 MySQL 的网站下载图形管理工具 MySQL Administrator 和 MySQL Query Browser。

6. Oracle

Oracle Database 是美国甲骨文公司以分布式数据库为核心的一组软件产品,系统可移植性好、使用方便、功能强,是目前世界上最流行的大型关系数据库管理系统。Oracle 数据库是目前世界上使用最为广泛的数据库管理系统,作为一个通用的数据库系统,它具有完整的数据管理功能;作为一个关系数据库,它是一个完备关系的产品;作为分布式数据库它实现了分布式处理功能。

Oracle 数据库管理系统是一个以关系型和面向对象为中心管理数据的数据库管理软件系统,其在管理信息系统、企业数据处理、因特网及电子商务等领域有着非常广泛的应用。因其在数据安全性与数据完整性控制方面的优越性能,以及跨操作系统、跨硬件平台的数据互操作能力,使得越来越多的用户将 Oracle 作为其应用数据的处理系统。Oracle 提供了基于角色分工的安全保密管理。在数据库管理功能、完整性检查、安全性、一致性方面都有良好的表现。支持大量多媒体数据,如二进制图形、声音、动画以及多维数据结构等。提供了新的分布式数据库能力,可通过网络较方便地读写远端数据库里的数据,并有对称复制的技术。

7. DB2

IBM DB2 是美国 IBM 公司开发的一套关系型数据库管理系统,它主要的运行环境为 UNIX(包括 IBM 自家的 AIX)、Linux、IBM i(旧称 OS/400)、z/OS,以及 Windows 服务器版本。

DB2 主要应用于大型应用系统,具有较好的可伸缩性,可支持从大型机到单用户环境,应用于所有常见的服务器操作系统平台下。DB2 提供了高层次的数据利用性、完整性、安全性、可恢复性以及小规模到大规模应用程序的执行能力,具有与平台无关的基本功能和 SQL 命令。DB2 采用了数据分级技术,能够使大型机数据很方便地下载到 LAN 数据库服务器,使得客户机/服务器用户和基于 LAN 的应用程序可以访问大型机数据,并使数据库本地化及远程连接透明化。DB2 以拥有一个非常完备的查询优化器而著称,其外部连接改善了查询性能,并支持多任务并行查询。DB2 具有很好的网络支持能力,每个子系统可以连接十几万个分布式用户,可同时激活上千个活动线程,对大型分布式应用系统尤为适用。

8. Informix

Informix 是 IBM 公司出品的关系数据库管理系统家族。作为一个集成解决方案,它被定位为作为 IBM 在线事务处理旗舰级数据服务系统。

Informix 数据库目前最新的版本是 11.5,Informix 9、Informix 10 到 Informix 11.5,在数据库性能、数据库管理及应用开发等方面都有了很大的提高,而且推出了很多非常有用的新特性。新版 11.5 在原版基础上进行了多处改良,其领先的稳定性和交易性能得到了进一步的提升,可更好地支持用户减少所需的服务器的数量和成本。它允许客户以更少的硬件服务器管理相同数量的数据,因此大大降低了客户对软件许可、管理成本、能源和空间的需求。

9. PostgreSQL

PostgreSQL 是以加州大学伯克利分校计算机系开发的一个自由的对象－关系型数据库管理系统,适用于各种 Linux 操作系统、Windows、Solaris、BSD 和 Mac OS X。PostgreSQL 遵循 BSD 许可协议,是一个开源软件。它包括了目前世界上最丰富的数据类型的支持,甚至有些商业数据库都不具备的类型如 IP 类型和几何类型。具有全功能的自由软件数据库,很长时间以来,PostgreSQL 是唯一支持事务、子查询、多版本并行控制系统、数据完整性检查等特性的唯一的一种自由软件的数据库管理系统。对接口的支持非常丰富,几乎支持所有类型的数据库客户端接口。PostgreSQL 作为全球第四大关系型数据库服务,正在以飞快的速度发展,目前已经广泛用在各个行业。

7.3 关系数据库应用

关系型数据库,是建立在关系模型基础上的数据库。关系数据库的特点在于它将每个具有相同属性的数据独立地存储在一个表中。对任一表而言,用户可以新增、删除和修改表中的数据,而不会影响表中的其他数据。而结构化查询语言是标准用户和应用程序到关系数据库的接口,是最重要的关系数据库操作语言。

7.3.1 关系数据库

关系模型将数据库表示为一个关系的集合,也就是说,每个关系类似于一个值表,或者在某种程度上类似于一个"平面"文件。关系中的每一个字段就是表中的一列。每一个记录就是表中的一行。关系可以说就是一张二维表,表中的行称为元组,列称为属性。属性的取值范围称为域。能够唯一标识一个元组的属性或属性组称为候选码,选定其中一个为主码。关系模型由关系数据结构、关系操作集合和关系完整性约束三部分组成。

假设建立学生关系,如表 7.1 所示。

该表有三个列首:学号、姓名和专业。这些列首即关系的属性,每个属性分别有其取值范围,即域,专业的域就是所有专业的名称。表中的每一行都是一个三元组,学号可以唯一标识一个元组,即关系的主码。

表 7.1 学生表

学 号	姓 名	专 业
201001001	吴金华	计算机应用
201002186	张成刚	计算机网络
201002162	王婷	计算机网络
201001198	高敬	计算机应用

关系模型具有如下特点:

① 数据结构单一:关系模型的结构就是关系,现实世界中的实体以及实体之间的联系都用关系来表示。

② 采用集合运算:关系是元组的集合,所以对关系的运算就是集合运算。因其运算的对象和结果都是集合,所以可以采用数学上的各种集合运算。

③ 数据完全独立:程序和数据各自独立。

7.3.2 结构化查询语言

结构化查询语言(Structured Query Language,SQL),是一种数据库查询和程序设计语言,用于存取数据以及查询、更新和管理关系数据库系统。同时也是数据库脚本文件的扩展名,今天市场上的任何数据库产品几乎都支持 SQL。

SQL 最初于 20 世纪 70 年代,由 IBM 研究院设计与实现,为其关系数据库管理系统 SYSTEM R 开发的一种查询语言,其前身是 SEQUEL(Structured English Query Language)。

如今无论是像 Oracle、Sybase、DB2、Informix、Microsoft SQL Server 这些大型的数据库管理系统,还是像 Visual Foxpro、PowerBuilder 这些 PC 上常用的数据库开发系统,都支持 SQL 语言作为查询语言。SQL 现在已成为商业关系 DBMS 的标准语言。经 ANSI(美国国家标准)和 ISO(国际标准组织)的共同努力,推出了 SQL 的标准版(ANSI 1986),称为 SQL-86,随后又对该版本做了修改,称为 SQL-92,后来又推出了 SQL-99。

SQL 集数据定义语言(DDL)、数据操作语言(DML)和数据控制语言(DCL)的功能于一体,可以完成数据库生命周期的全部活动,包括数据库的建立、维护、定义关系模式等。SQL 是高级的非过程化编程语言,它不要求用户指定对数据的存放方法,也不需要用户了解具体的数据存放方式,所以具有完全不同底层结构的不同数据库系统,可以使用相同的 SQL 语言作为数据输入与管理的接口。SQL 以集合作为操作对象,所有 SQL 语句接受集合作为输入,返回集合作为输出,这种集合特性允许一条 SQL 语句的输出作为另一条 SQL 语句的输入,所以 SQL 语句可以嵌套,这使其具有极大的灵活性和强大的功能。

7.3.3 应用举例

下面以选课数据库为例说明 SQL 语句的基本使用方法。

选课数据库包括三个基本表:

① 学生表(stuInfo):由学号(stuNo)、姓名(stuName)和专业(stuPro)三个属性组成。

② 课程表(couInfo):由课程号(couID)和课程名称(couName)两个属性组成。

③ 学生选课表(gradeInfo):由学号(stuNo)、课程号(couID)和成绩(stuGrade)三个属性组成。

1. 定义基本表

定义基本表是建立数据库最为重要的过程。SQL 语言使用 create table 创建一个表,其定义语句的一般格式如下:

create table 表名

(列名 1　　数据类型 1[列级完整性约束条件],

　列名 2　　数据类型 2[列级完整性约束条件],…

　列名 n　　数据类型 n[列级完整性约束条件]

[,表级完整性约束条件])

其中表名为定义的基本表(关系)的名称,它有一个或多个列(属性),"[]"符号内的内容为可选。

【例 7.1】创建一个学生表,如表 7.1,由学号 StuNo、姓名 StuName、专业 StuPro 三个属性组成,其中学号不能为空,且值是唯一的,并且姓名也不能为空。

create table stuInfo

(stuNo　　　　varchar(10)　　　not null unique ,

　stuName　　　varchar(20)　　　not null ,

　stuPro　　　 varchar(20),

　primary key(stuNo))

上面的语句定义了学生基本表,其中 not null 用于指定某一列不能为空值,这里指定了学号与姓名不能为空值,而专业没有指定为 not null 则允许为空值。unique 表示所指定列的值唯一,不能重复。这里指定了学号取唯一值,而姓名与专业可以取重复值。primary key 用于指定主键(关系的主属性),这里指定学号为主键。

2. 修改基本表

对于基本表的修改主要是修改表中的列的定义。SQL 语言通过使用 alter table 修改基本表,其一般格式为:

alter table 表名

[add 新列名数据类型[完整性约束条件]]

[drop[完整性约束条件]]

其中表名为要修改的基本表的名称,add 表示添加一列,新列名为所要添加列的列名;drop

用于删除指定的完整性约束条件。

【例 7.2】 在学生表中添加性别 stuSex 一列。

alter table stuInfo add stuSex char(2)

这里添加了性别 stuSex 一列,类型为 char(2),没有指定完整性约束条件,因此,这一列可以为空值,也可以取重复值。

3. 删除基本表

对于一个不再需要的基本表,可以使用 drop table 进行删除,其一般格式为:

drop table 表名

其中表名为要删除的表的名称。

【例 7.3】 删除学生表 stuInfo。

drop table stuInfo

执行语句后,学生表 stuInfo 将被删除。

4. 查询

数据库查询是数据库的核心操作,SQL 提供了用于查询的 select 语句,使用 select 查询语句可以实现从数据库中获取需要的数据。该语句的形式多样、功能丰富,包括简单查询、连接查询、嵌套查询和子查询等查询操作。其一般格式如下:

select 列名[,列名,…列名] from 表[,表,… 表][where 条件表达式]

[group by 列名 [having 条件表达式]]

[order by 列名 [asc | desc]]

其功能是查询出 from 子句指定的基本表中满足 where 条件的所有数据,然后按 select 子句指定的列选出元组中的属性值形成结果表。如果有 group 子句,则按其指定的列的值进行分组。如果有 order 子句,则按其指定的列进行排序,默认为升序(asc),若为 desc 则是降序。

【例 7.4】 查询全体学生的详细信息。

select stuNo, stuName, stuPro from stuInfo

或

select * from stuInfo

当查询表中的全部列时,可以在 select 关键字后列出表中所有的列名,也可以用"*"符号。而查询部分列时,必须列出要查询的所有列的名称。

【例 7.5】 查询专业为计算机应用专业的所有学生的详细信息。

select * from stuInfo where stuPor='计算机应用'

当查询条件为多个时,可以使用逻辑或运算(OR)和逻辑与运算(AND)。

【例 7.6】 查询课程号为 001 的所有学生的成绩和学号信息,查询结果按成绩由高至低的顺序显示。

select stuNo, stuGrade from gradeInfo where couID='001' order by stuGrade desc

这里 order by 表示根据指定的列对结果进行排序,包括升序和降序。desc 表示按降序对记录排序,asc 表示按升序对记录排序,如果不指定排序的顺序,默认按升序对记录进行排序。

5. 数据插入

insert 语句可以用来在指定的表中插入数据。插入数据的一般格式为:

insert into 表名 [(列名 1 [,列名 2,… 列名 n])]

values(常量 1[,常量 2,…常量 n])

其中列名可以为表的全部列或部分列,也可以不写列名。当为全部列时,所赋的常量值与列名一一对应;当为部分列时,未赋值的列则为空值,若该列不能为空值,则会出错;当不写列名时,必须为每一列赋值。

【例 7.7】在学生表中插入一名学生信息,其学号为 201001016、姓名为张成,计算机科学与技术专业。用下面的语句实现:

insert into stuInfo(stuNo,stuName,stuPro)
values('201001016','张成','计算机科学与技术')

或

insert into stuInfo values('201001016','张成','计算机科学与技术')

6. 数据修改

修改基本表中某一列的值使用 update,其一般格式为:
update 表名 set 列名 1＝表达式 1[,列名 2＝表达式 2,…列名 n＝表达式 n]
[where 条件表达式]

其功能为修改指定的表中满足 where 子句条件表达式要求的列值。set 子句表达式的值用于覆盖指定列原值。当 where 子句时,则会修改表中所有的数据。

【例 7.8】修改表 6.1 学生信息表 stuInfo 中学号为 201002186 的专业改为计算机应用。
update stuInfo set stuPro＝'计算机应用' where stuNo＝'201002186'

7. 数据删除

删除基本表中的元组通过使用 delete 实现,其一般格式为:
delete 表名[where 逻辑表达式]

其功能是删除指定表中满足 where 子句条件的所有元组。当省略 where 子句时,则会删除表中所有的数据。

【例 7.9】删除表 6.1 学生信息表 stuInfo 中学号为 201002186 的数据。
delete stuInfo where stuNo＝'201002186'

7.4 数据库系统的应用

随着计算机技术、通信技术和网络技术的迅猛发展,数据库更是信息产业中不可缺少的理论与技术。数据库技术与网络通讯技术、面向对象技术、并行计算技术、多媒体技术、人工智能技术、管理信息系统、决策支持系统等学科互相渗透、互相结合,形成了新一代数据库系统。

7.4.1 管理信息系统

管理信息系统(Management Information System,简称 MIS)是一个以人为主导,利用计算机硬件、软件、网络通信设备以及其他办公设备,进行信息的收集、传输、加工、储存、更新和维护,为企事业单位的运行、管理、分析和决策等职能提供信息支持的综合性计算机应用系统,是管理人员实现其目标的有效工具。

一个完整的 MIS 应包括:辅助决策系统(DSS)、工业控制系统(CCS)、办公自动化系统

(OA)以及数据库、模型库、方法库、知识库和与上级机关及外界交换信息的接口。其中,特别是办公自动化系统(OA)与上级机关及外界交换信息等都离不开 Intranet(企业内部网)的应用。

7.4.2 数据挖掘系统

随着数据库技术的迅速发展及其广泛的应用使得各组织机构可以积累海量数据。然而,在这些数据背后隐藏着许多重要的信息,人们希望能够对其进行深层次的分析,从中提取有用的信息以便更好地利用这些数据。由于数据量太大,传统的数据分析工具和技术已不再适用,比如数据本身具有非传统特点等,面临的问题需要新的技术与方法,数据挖掘技术也就应运而生。

数据挖掘(Data Mining,DM),就是从存放在数据库,数据仓库或其他信息库中的大量的数据中获取有效的、潜在有用的、最终可理解的模式的过程。例如,预测一下某个学生的某门功课期末成绩是否会在 90 分以上。数据挖掘是数据库中知识发现(Knowledge Discovery in Database,KDD)不可缺少的一部分。并非所有的信息发现任务都被视为数据挖掘。例如,使用数据库管理系统查找个别的记录等,这些不是数据挖掘,而是信息检索。

7.4.3 空间数据库

空间数据库是指地理信息系统在计算机物理存储介质上存储的与应用相关的地理空间数据的总和,一般是以一系列特定结构的文件的形式组织在存储介质之上的。由于传统的关系数据库在空间数据的表示、存储、管理、检索上存在许多缺陷,从而形成了空间数据库这一数据库研究领域。而传统数据库系统只针对简单对象,无法有效地支持复杂对象(如图形、图像)。

空间数据库的特点:数据量庞大、具有高可访问性、空间数据模型复杂(涵盖几乎所有与地理相关的数据类型,包括属性、图形图像和空间关系数据。)、属性数据和空间数据联合管理以及应用范围广泛。

7.4.4 多媒体数据库

多媒体数据库是数据库技术与多媒体技术结合的产物。多媒体数据库不是对现有的数据进行界面上的包装,而是从多媒体数据与信息本身的特性出发,考虑将其引入到数据库中之后而带来的有关问题。

多媒体数据库从本质上来说,要解决三个难题。一是信息媒体的多样化,不仅仅是数值数据和字符数据,要扩大到多媒体数据的存储、组织、使用和管理。二要解决多媒体数据集成或表现集成,实现多媒体数据之间的交叉调用和融合,集成粒度越细,多媒体一体化表现才越强,应用的价值也才越大。最后多媒体数据与人之间的交互性,没有交互性就没有多媒体,要改变传统数据库查询的被动性,能以多媒体方式主动表现。

本 章 小 结

本章在阐述数据库系统的基本概念的基础上,具体介绍了关系数据库有关知识,结构化查询语言 SQL 的基本使用方法以及数据库的一些具体的应用。

通过本章的学习,应该理解数据库系统的基本概念与关系数据库的基本知识,掌握 SQL 语言的基本使用方法,了解数据库的应用领域。通过《数据库系统概论》等后续课程的学习,可以进一步理解数据库系统的原理。

习 题

1. 名词解释：数据库、数据库管理系统、数据库系统、结构化查询语言(SQL)、数据库管理员、管理信息系统。

2. 简述数据管理技术的发展经历了哪几个阶段？

3. 使用 SQL 语句完成以下功能：

(1) 创建员工信息表 EmployeeInfo(EmpID，EmpName，EmpDept，EmpAge)、员工信息表 EmployeeInfo 由员工编号(EmpID)、员工姓名(EmpName)、员工所作部门(EmpDept)以及员工年龄(EmpAge)四个属性组成。

(2) 在表中添加数据，姓名张三、年龄29岁、员工编号2011010002、员工所作部门总公司人力资源部。

(3) 查询员工姓名为赵成刚的信息。

(4) 查询年龄大于25岁的且部门为总公司考核处的所有员工的信息。

第 8 章 多媒体技术基础

8.1 多媒体概述

多媒体技术是一门综合计算机技术、通信技术、视听技术以及多种学科和信息领域技术成果的技术，是信息社会发展的一个新方向。多媒体技术已经成为计算机研究、开发和应用领域的新兴热点，它为计算机产业的持续发展提供了机会。多媒体技术目前已经渗透到各行各业，广泛应用于信息管理、计算机辅助教学(Computer Assisted Instruction,CAI)、动画设计、虚拟现实、娱乐、游戏产业等几乎所有的社会和生活领域，多媒体技术必将改变人们的交流方式、学习方式、生活方式和工作方式，给人类的学习、工作和生活带来了一场革命。因此，利用多媒体是计算机技术发展的必然趋势。

8.1.1 基本概念

1. 媒体

所谓媒体(Medium)在计算机领域有两种含义，一是指存储信息的实体，如磁盘、光盘和半导体存储器等；一是指承载信息的载体，如数字、文字、声音、图形、图像和视频等。多媒体技术中的媒体是指后者。根据国际电信联盟(International Telecommunications Union,ITU)，对媒体的分类如下：

① 感觉媒体：直接作用于人的感官，直接使人产生感觉的一类媒体，如人类的语言、文字、音乐、图形，自然界的声音、图像、形态、气味等。

② 表示媒体：为有效地加工和传输感觉媒体而人为构造出来的一种媒体，如语言编码、文本编码、静止和运动图像编码等。

③ 显示媒体：是指感觉媒体与用于通信的电信号之间转换用的一类媒体。它包括输入显示媒体(如键盘、鼠标、光笔、话筒、摄像机、扫描仪等)和输出显示媒体(如显示器、打印机、扬声器等)。

④ 存储媒体：用于存放表示媒体，以方便计算机处理加工和调用。这类媒体主要是指与计算机相关的外部存储设备，如磁盘、光盘等。

⑤ 传输媒体：将媒体从一处传送到另一处的物理载体，传输媒体是通信的信息载体，如双绞线、光缆、光纤、红外线、电磁波、网卡、路由器等。

2. 多媒体和多媒体技术

多媒体就是文本、声音、图形、图像、动画和视频等多种媒体成分及其组合，也就是可以听到优美动听的音乐，看到精致如真的图片，欣赏引人入胜的影视动画等。

多媒体技术是一种以交互方式将文本、声音、图形、图像、动画和视频等多种媒体信息，经过计算机设备的采集、获取、压缩/解压缩、编辑、存储等综合处理后,以单独或合成的形态表现出来的技术和方法。

多媒体从本质上来说具有三个最重要的特征,即多维化(多样化)、集成性(媒体和设备)和交互性。除了以上三个特征之外,多媒体还具有很多其他的特征,如实时性,它主要指类似声音和视频这样的媒体,它们具有很强的时间相关性。

3. 多媒体系统

多媒体计算机系统是对多媒体信息进行逻辑互联、获取、编辑、存储和播放等功能实现的一类多媒体创作计算机系统。它能灵活地调度和使用多种媒体信息,使之与硬件协调的工作,并且具有交互性。因此,多媒体计算机系统是一个软硬件结合的综合系统。多媒体计算机系统与一般的计算机系统结构原则上相同,都是由底层的硬件系统和各层的软件系统组成,区别在于多媒体计算机系需要考虑多媒体信息处理的特性。

一个完整的多媒体计算机系统由硬件和软件两部分组成,其核心是一台计算机,其外围主要是视听等多种媒体设备。多媒体系统的硬件是计算机主机及可以接收和播放多媒体信息的各种输入/输出设备,其软件是多媒体操作系统及各种多媒体工具软件和应用软件。

8.1.2 多媒体的主要特征

多媒体的主要特征包括信息载体的多样性、处理过程的交互性、技术的集成性、信息载体的实时性四个方面,同时这也是多媒体研究中必须解决的主要问题。

1. 交互性

所谓交互性就是用户可以与计算机的多种信息媒体进行交互操作,包括编辑、控制等操作,从而使用户可以更加有效地控制和使用信息。人们在很多情况下都是在被动地接收信息,如看电视、听广播等,而这些并不能称为多媒体,因其不具备交互的能力,这些过程中用户只能被动地接收信息。如果把电视技术具有的图、声、文并茂的信息传播能力,通过多媒体技术与计算机结合起来,提供交互功能,从而形成全新的信息传播方式,这就是多媒体技术。多媒体系统向用户提供交互式使用、加工和控制信息的方法,同时为应用开辟了更加广阔的领域,也为用户提供更加自然的信息存取手段。

交互具有多层含义,根据需求的不同,交互的层次也不同。简单的低层次的交互主要是对信息的交换,交换的对象主要是数据流,数据单一、过程简单,如简单的信息检索与显示等。较复杂的高层次信息交互,交互模式复杂、交互对象是多样化信息,其中包括文字、图形、图像、音频和视频信息等。通过交互使用户介入到信息处理过程中,不仅仅是提取信息,还可以让用户自由控制和干预信息的处理,增加对信息的理解。

2. 多样性

信息载体的多样性是相对于早期计算机只能处理单一数据类型而言的,指的就是信息媒体的多样化,即把计算机所能处理的信息空间范围扩展和放大,而不再局限于数值、文本或是被特别处理的图形、图像。

多媒体就是要把机器处理的信息多样化,这样,在信息交互时,可以具有更加广阔、自由的空间以及更加灵活的方式。多媒体的信息多样化包括信息的输入和信息的输出,但多媒体在处理过程中输入和输出并不一定都是相同的。如果两者完全一样,这只能称为信息的记录和重放。如果对其进行变换、组合和加工,即创作(Authoring),就可以很大程度上丰富信息的表现力和增强效果。通常地,这些创作也不仅仅是局限于对信息数据方面,也包括对设备、网络等多种要素的重组和综合,目的是能够更好地组织、处理和表现信息,从而使用户所接受的信息更全面、更准确。例如,用多媒体系统来辅助地理课教学,不仅有文字、图像、声音的表达,还可以看到热带茂密的丛林,听到鸟儿的歌唱,使其有身临其境之感。

3. 集成性

多媒体中的集成性是在系统级的一次飞跃。早期,多媒体各项技术的应用都是单一的,如声音、图像等,有的仅有静态图像而无动态视频,有的仅有声音而无图像等。多媒体系统将这些媒体集成起来,经过多媒体技术处理后,充分利用了各个媒体之间的关系和蕴涵的大量信息,使它们能够发挥综合作用。随着多媒体技术的发展,这种综合系统效果也越来越明显。

多媒体的集成性主要体现在两个方面:一是多种媒体信息的集成处理,二是处理这些媒体的设备的集成。

首先,各种媒体信息不能是分散或孤立的存在,它们之间是相互联系,应该能够同时且统一地表示信息。尽管可能是多通道的输入或输出,但对用户来说,它们都应该是一体的。这种集成包括采用多途径统一获取信息,统一存储、组织与合成信息等方法。多种信息集成处理的关键就在于把信息看成是一个有机的整体。

其次,多媒体系统是建立在一个大的信息环境之下的,系统的各种设备应该成为一个整体。硬件方面,由于信息量的急剧增加、输入输出通道的单一化、网络通信带宽不足,因此,应具有能够处理各种媒体信息的高速及并行的处理系统、大容量的存储、适合多媒体多通道的输入输出能力及外设、宽带的通信网络接口,以及适合多媒体信息传输的多媒体通信网络。软件方面,应该有集成一体化的多媒体操作系统、适合于多媒体信息管理的数据库系统、合适的多媒体创作工具以及各类应用软件等。

4. 实时性

在多媒体系统中多种媒体之间无论在时间上还是空间上都存在着紧密的联系,是具有同步性和协调性的群体。多媒体系统提供同步和实时处理的能力,这样,在人的感官系统允许的情况下,进行多媒体交互,就好像面对面实时交流一样,图像和声音都是连续的。例如,视频会议系统的声音和图像都不允许停顿,否则传过去的声音和图像就没有意义了。

8.1.3 多媒体技术的发展和应用

多媒体技术的发展是各类需求的集中反映,是计算机技术不断成熟和扩展的必然结果。多媒体技术的飞速发展给计算机应用领域带来了一场革命,把信息社会推向了一个新的历史时期,对人类社会正产生着深远的影响。

1. 多媒体技术的发展

1984 年,美国的 Apple 公司首次推出了 GUI(图形用户界面)的 Macintosh 计算机,引入了"图形窗口"(Window)和图标(Icon)以及交互设备(鼠标)的新概念及新技术。后来 Microsoft 公司的 Windows 进一步发展了这种技术,并且将多种媒体播放、多媒体设备支持和多媒体程序设计作为主要技术性能全力发展。

1985 年,美国 Commodore 公司研制出第一个多媒体计算机系统 Amiga,该公司研制出一系列的多媒体数据处理专用芯片:动画制作芯片 Agnus8370、图形芯片 Denise8362、音响处理及外设接口芯片 Paula8364。

1986年,荷兰Philips和日本SONY联合推出了交互式紧凑光盘系统(Compact Disc Interactive,CD-I),同时还公布了CD-ROM文件格式,后经国际标准化组织(International Standard Organization,ISO)的确认而成为国际标准。

1987年,美国RCA公司推出了交互式数字视频系统(Digital Video Interactive,DVI),后由美国Intel公司和IBN公司于1989年联合将DVI技术发展成为新一代多媒体开发平台Action Media 750。

除了这些重要事件外,还有很多发明、技术和器件对多媒体技术的发展产生了重要的影响,典型的有网络、存储器、CPU、外设以及MPEG等技术标准。

2. 多媒体技术的应用

多媒体技术集图像、文字、声音等多种媒体于一体,多媒体最初应用于公司内部的培训和产品的演示,目前,多媒体的应用极为广泛,几乎涉及人类生活的各个领域。总的来说,主要表现在以下几个方面。

(1) 教育领域

教育领域是应用多媒体技术最早的领域,也是发展最快的领域。以多媒体计算机为核心的现代教育技术使教学变得丰富多彩,并引发教育的深层次改革。计算机多媒体教学已在较大范围内替代了基于黑板的教学方式,从以教师为中心的教学模式,逐步向学生为中心、学生自主学习的新型教学模式转移。

多媒体为丰富多彩的教学方法又增添了一种新的手段:音频、动画和视频的加入。各种CAI及各类视听类教材、图书、培训材料等使现代教育教学和培训的效果越来越好。多媒体技术在有些领域的培训工作中发挥着重要的作用,最具有代表性的例子是对飞行员的飞行培训,飞行员在采用多媒体技术的飞行模拟器中模拟进行各种气候条件下的安全飞行,进而掌握处理紧急情况的基本技能。这不仅能大幅度降低训练成本,而且还可以确保飞行员和设备的万无一失。

(2) 商业领域

在商业和公共服务中,多媒体扮演一个重要的角色。在广告和销售服务工作中,采用多媒体技术可以高质量地、实时地、交互地接受和发布商业信息,进行商品展示、销售演示,并且把设备的操作和使用说明制作成产品操作手册,以提高产品促销的效果,为广大商家及时地赢得商机。另外,各种基于多媒体技术的演示查询系统和信息管理系统,如车票销售系统、气象咨询系统、病历库、新闻报刊音像库等也在人们的日常生活中扮演着重要的角色,发挥着重要的作用。

(3) 文化娱乐

有声信息已经广泛用于各种应用系统中。通过声音录制可获得各种声音或语音,用于宣传、演讲或语音训练等应用系统中,或作为配音插入电子讲稿、电子广告、动画和影视中。

数字影视和娱乐工具也已进入我们的生活,如人们利用多媒体技术制作影视作品、观看交互式电影等;而在娱乐领域,游戏软件无论是在色彩、图像、动画、音频的创作表现,还是在游戏内容的精彩程度上也都是空前的。

(4) 网络通信

随着网络的不断发展与健全,多媒体在网络中的应用已悄然兴起,让用户不出家门就能享受多媒体给他们带来的方便。如以多媒体为主体的综合医疗信息系统,可以使大众在千里之遥享受名医为自己精心诊脉,充分改善了大众的医疗状况。再如视频会议系统,可以使广大异地与会者在繁忙工作中准时出席;通过摄像头、监视器等多媒体技术,让每一个与会者虽没亲身前往会议地,却具有身临其境的感觉。还有视频点播系统等。

(5) 计算机支持协作系统

计算机支持协作学习:这是基于网络多媒体进行的群体或小组形式的学习,强调通过网络和计算机支持学者与同伴之间的交互活动。

计算机支持协同工作:是指在网络上利用计算机支持群体成员间进行协同工作,以共同完成某项任务,并为他们提供一个共享环境的界面。多媒体通信技术和分布式计算机技术相结合所组成的分布式多媒体计算机系统能够支持远程协同工作。

此外,多媒体还广泛应用于工农业生产、通信、旅游、军事、航空航天等领域。

3. 多媒体技术的发展前景

① 虚拟现实:创建和体验虚拟世界的计算机系统,如模拟汽车、模拟飞行、军事和航天训练、工业和建筑物辅助设计、医疗、科学研究和计算机的可视化、教育、游戏等。

② 多媒体数据库和基于内容检索:是指在传统的数据库中引入多媒体数据和操作,及基于内容的图像等多媒体数据的检索。

③ 多媒体通信技术:是多媒体技术和通信技术的结合,如视频电话、网络会议等。

8.2 多媒体系统的组成

多媒体系统是指能综合处理多种媒体信息,使信息之间能建立联系,并具有交互性的计算机系统。多媒体计算机系统一般由多媒体计算机硬件系统和多媒体计算机软件系统组成,通常应包括五个层次结构,如表 8.1 所示。

表 8.1 多媒体计算机系统层次结构

多媒体应用系统	第五层
多媒体著作工具及软件	第四层
多媒体应用程序接口	第三层
多媒体操作系统	第二层
多媒体通信软件	
多媒体输入/输出控制卡及接口	第一层
多媒体计算机硬件	
多媒体外围设备	

多媒体系统是一个能处理多媒体信息的计算机系统。它是在现有 PC 计算机基础上加上硬件板卡和相应的软件,使其具有综合处理声音、文字、图像、视频等多种媒体信息的多功能计算机。可见,多媒体系统是计算机和视觉、听觉等多种媒体系统的综合。多媒体计算机系统与普通计算机一样,也是由多媒体硬件和多媒体软件两部分组成。其核心是一台计算机,外围主要是视听等多种媒体设备。因此,简单地说,多媒体系统的硬件是计算机主机及可以接收和播放多媒体信息的各种输入/输出设备,其软件是音频/视频处理核心程序、多媒体操作系统及各种多媒体工具软件和应用软件。

第一层为多媒体计算机主机(Multimedia PC,MPC)、各种多媒体外设的控制接口和设备。

构成多媒体硬件系统除了需要较高性能的计算机主机硬件外,通常还需要音频、视频处理设备、光盘驱动器,各种媒体输入/输出设备等。例如,摄像机、电视机、话筒、录像机、录音机、视盘、扫描仪、CD-ROM、高分辨率屏幕、视频卡、声卡、实时压缩和解压缩专用卡、家电控制卡、通信卡、操纵杆、键盘、触摸屏等。

第二层为多媒体操作系统、设备驱动程序。该层软件除驱动、控制多媒体设备外,还要提供输入输出控制界面程序(I/O接口程序)。操作系统负责对多媒体计算机的硬件、软件的控制与管理。

第三层为多媒体应用程序接口 API,为上层提供软件接口,使程序开发人员能在高层通过软件调用系统功能,并能在应用程序中控制多媒体硬件设备。

第四层是媒体制作平台和媒体制作工具软件。设计者可利用该层提供的接口和工具采集、制作媒体数据。多媒体制作工具软件可缩短多媒体应用系统的开发周期,降低对设计人员技术方面的要求。

第五层为多媒体应用系统的运行平台,即多媒体播放系统。该层直接面向用户,要求有较强的交互功能和良好的人—机界面。

8.2.1 多媒体硬件系统

多媒体硬件系统包括计算机硬件、声音/视频处理器、多种媒体输入/输出设备及信号转换装置、通信传输设备及接口装置等,如图 8.1 所示。其中,最重要的是根据多媒体技术标准而研制生成的多媒体信息处理芯片和板卡,光盘驱动器等。

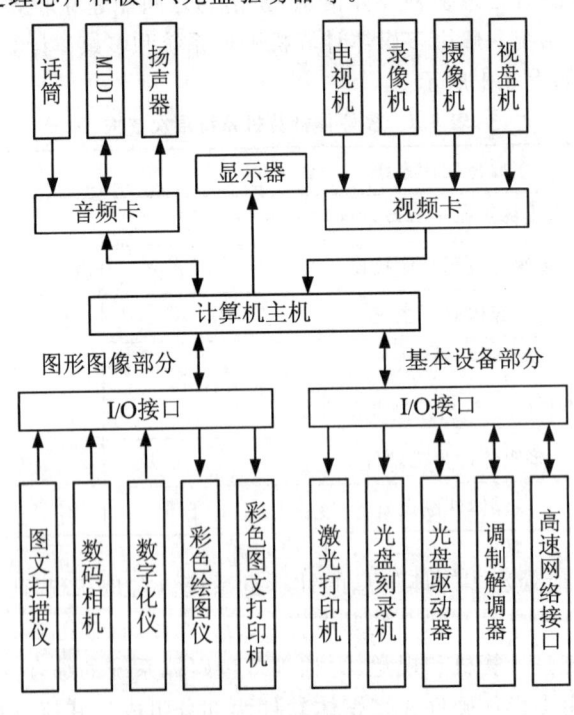

图 8.1 多媒体硬件结构

多媒体硬件是指支持多媒体信息交互处理所需的硬件设备,包括主机、视频部分、音频部分、基本输入/输出设备以及其他高级多媒体设备。

这里主机是多媒体计算机的核心,用得最多的还是微机,目前主机主板上可能集成有多媒体专用芯片。视频部分负责多媒体计算机图像和视频信息的数字化摄取和回放,主要包括视频压缩卡、电视卡、加速显示卡等。视频卡主要完成视频信号的 A/D(Analog/Digital)和 D/A(Digital/Analog)转换及数字视频的压缩和解压缩功能,其信号源可以是摄像头、影碟机等。电视卡完成普通电视信号的接收、解调、A/D 转换及主机之间的通信,从而可在计算机上观看电视节目,同时还可以以 MPEG 压缩格式录制电视节目。加速显示卡主要完成视频的流畅输出,是 Intel 公司为解决 PCI 总线带宽不足的问题而提出的图形加速端口。音频部分主要完成音频信号的 A/D 和 D/A 转换及数字音频的压缩、解压缩及播放等功能,主要包括声卡、外接音箱、话筒、耳麦、MIDI 设备等。视频/音频输入设备包括摄像机、录像机、影碟机、扫描仪、话筒、录音机、激光唱盘和 MIDI 合成器等,视频/音频输出设备包括显示器、电视剧、投影电视、扬声器、耳机等,人机交互设备包括键盘、鼠标、触摸屏和光笔等,数据存储设备包括 CD－ROM、磁盘、打印机、可擦写光盘等。其他高级多媒体设备主要是随着科技的进步,出现的一些新的输入/输出设备。

8.2.2 多媒体软件系统

多媒体软件可以划分成不同的层次或类别,这种划分是在发展过程中形成的,并没有绝对的标准,主要包括多媒体操作系统、多媒体数据准备软件、多媒体创作工具与开发环境、多媒体外部设备驱动和驱动器接口程序等。多媒体应用软件是在多媒体创作平台上设计开发的面向应用领域的软件系统。

1. 多媒体驱动软件

多媒体软件中直接和硬件交互的软件称为驱动程序,它的功能主要包括完成设备的初始化、各种设备的操作以及基于硬件的压缩解压、图像快速变换等。这种软件一般随着硬件提供。

2. 多媒体操作系统

多媒体操作系统又称多媒体核心系统(Multimedia Kernel System),通常是指除具有一般操作系统的功能外,还具有多媒体底层扩充模块,支持高层多媒体信息的采集、编辑、播放和传输等处理功能的系统。例如,微软在 PC 机上推出的 Windows 系列操作系统。

多媒体操作系统大致可分为三类:
① 具有编辑和播放双重功能的开发系统;
② 以具备交互播放功能为主的教育/培训系统;
③ 用于家庭娱乐和学习的家用多媒体系统。

3. 媒体素材制作软件

媒体素材指的是文本、图像、声音、动画、视频等不同种类的媒体信息,它们是多媒体产品的重要组成部分。媒体素材制作软件是指对上述各种媒体数据进行操作的软件,包括数据的采集、输入、处理、存储和输出等操作。

媒体素材制作软件种类繁多,包括文字编辑、图像处理、动画制作、音频处理和视频处理等软件。由于媒体素材制作软件各自的局限性,因此,在制作和处理较为复杂的多媒体素材时,需要使用多个软件共同完成。

① 文本编辑软件,如 Microsoft Word、WPS 等。
② 文本录入软件包括 IBM 的 ViaVoice、汉王语音录入和手写软件、清华 OCR、尚书 OCR 等。

③ 图形图像处理软件，如 PhotoShop、CorelDRAW 等。
④ 音频编辑与处理软件，如 voyetra 公司的 Wavedit、Create WaveStudio 等。
⑤ MIDI 的编辑软件，如 voyetra 公司的 MIDI Orchestrator 等。
⑥ 视频编辑软件 Adobe Premiere 等。
⑦ 二维动画制作软件 Animator Studio、Flash 等。
⑧ 三维动画制作软件 3D Studio MAX 等。

4. 多媒体创作软件

多媒体创作软件又称多媒体著作工具，是多媒体专业人员在多媒体操作系统之上开发的供特定应用领域的专业人员处理多媒体数据，并把它们连接成完整的多媒体应用系统的工具。这些多媒体开发工具综合了计算机信息处理的各种最新技术，如数据采集技术、数据压缩技术、三维动画技术、虚拟现实技术、超文本和超媒体技术等，并且能够灵活地处理、调度和使用这些多媒体数据，使其能和谐工作，形象逼真地传播和描述要表达的信息，真正成为多媒体技术的灵魂。

早期，多媒体应用软件的制作大多是使用程序语言开发的。但是，由于多媒体技术的复杂性以及各种媒体处理与合成的难度较高，通常用程序设计多媒体应用系统比一般计算机应用系统的开发难度要高许多。为了能够有效地提高开发多媒体应用系统的质量和速度，各种开发需要的多媒体著作工具也就随之出现，通过使用这些工具，使得多媒体应用系统不再是只有程序员才能开发，普通应用领域的技术人员也能够高效率地制作出适合不同领域的多媒体应用系统。

多媒体著作工具种类繁多，基于创作方法和结构特点的不同，可将其划分为以下几类。

(1) 基于卡片或页的多媒体著作工具

这类软件提供了一种可以将对象连接到页面或卡片的工作环境。一页或一张卡片类似于书本中的一页书或数据袋内的一张卡片，只是这种页面或卡片的结构比书本上的一页书或数据袋内的一张卡片的数据类型更为多样化。在这种著作工具中，可以将这些页面或卡片连接成有序的序列，可以用面向对象的方式来处理多媒体元素，这些元素用属性来定义，允许播放声音元素及动画和数字化视频节目，可以根据命令从一页跳至所需的任何一页，形成多媒体作品。

这类工具的优点是组织和管理多媒体素材方便，但是在要处理的内容非常多时，由于卡片或页面数量过大，不利于维护与修改。

典型代表如 Power Point、ToolBook 等。

(2) 基于图标或流程的多媒体著作工具

在这类创作工具中，多媒体成分和交互队列（事件）按结构化框架或过程组织为对象。它使项目的组织方式简化而且多数情况下是显示沿各分支路径上各种活动的流程图。创作多媒体作品时，创作工具提供一条流程线，供放置不同类型的图标使用。多媒体素材的展现是以流程为依据的，在流程图上可以对任一图标进行编辑。

这类工具的优点是调试方便，在复杂的结构中，流程图有利于开发过程，能确保按流程图所规定的程序解决问题，但是当多媒体应用软件规模很大时，图标及分支增多，进而复杂度增大。

典型的工具如 Authorware 和 IconAuthor 等。

(3) 基于时基的多媒体著作工具

这种工具主要用来制作电影、卡通片等，即以看得见的时间轴来决定事件的顺序和对象演示的时间。这种时间轴包括许多行道或频道，以安排多种对象同时展现。它还可以用来编程控制转向一个序列中的任何位置的节目,从而增加了导航功能和交互控制。通常基于时基的多媒体创作工具中都具有一个控制播放的面板,它与一般录音机的控制面板类似。在这些创作系统中,各种成分和事件按时间路线组织。

其优点是操作简便、形象直观,在一时间段内,可任意调整多媒体素材的属性,如位置、转向等;缺点是要对每一素材的展现时间都要作出精确安排,调试工作量大,如 Director 和 Action 等。

(4) 基于传统程序语言为基础的多媒体著作工具

在这类工具中,设计者既可用传统语言撰写程序,发挥自己的特长,又可借助于开发好的文本绘图等工具箱,使这些工具箱内的编码(如绘图、按钮、窗体等)可直接取用成为可重用编码,较为轻松地进行多媒体应用程序设计。但是需要用户编程量较大,不便于组织和管理多媒体素材、调试困难,如 Visual Basic 等。

5. 多媒体应用软件

多媒体应用软件是在多媒体硬件平台上设计开发的、面向应用的软件系统,目前多媒体应用软件种类繁多,既有可以广泛使用的公共型应用支持软件,如多媒体数据库系统等,又有不需要二次开发的应用软件。这些软件已开始广泛应用于教育、电子出版、影视特技、动画制作、咨询服务等各个反面;也可以支持各种信息系统过程,如通信、数据管理等;而且,它还将逐渐深入到社会生活的各个领域。

8.3 媒体信息处理技术

多媒体技术是使用计算机交互式综合技术和数字通信网络技术处理多种媒体信息,多媒体开发研究的目标是将多种计算机软硬件技术、数字化声像技术和高速通信网络技术综合应用,实现对多种媒体信息获取、加工、处理、传输、存储和表现。它涉及计算机技术、数字化处理技术、音视频技术、网络通信技术等多学科的综合应用技术。

8.3.1 音频处理技术

声音是一种由机械振动产生的波,称为声波,其强弱体现在声波振动的幅度大小上,音调的高低体现在声波振动的频率上。声音是一种连续变化的模拟信号,数字化音频就是通过采样和量化,对模拟量表示的声音信号进行编码后转换成二进制的音频文件,数字化音频的质量取决于采样频率和量化位数这两个参数。

采样是每间隔一段时间读取一次声音信号幅度,使声音信号在时间上被离散化。采样频率是指将模拟声音波形数字化时,每秒钟所抽取声波幅度样本的次数,其计算单位是千赫兹(KHz)。一般来讲,采样频率越高声音失真越小,用于存储数字音频的数据量也越大。奈奎斯特(Nyquist)采样定律:采样频率不应低于声音信号最后频率的两倍,就能把以数字表达的声音还原成原来的声音。例如,电话话音的信号频率约为 3.4KHz,采样频率就选为 8KHz;高质量声音(如 CD)采样频率为 44.1KHz。量化就是采样得到的声音信号幅度转换为数字值,是声音信号在幅度上被离散化。量化位数是每个采样点能够表示数据范围,常用的有 8 位、12 位和 16 位。

凡是通过声音形式传递信息的媒体都属于听觉类媒体,主要有三种类型:波形声音、语音和音乐。

1. 波形声音

波形声音就是通过对模拟声音按一定间隔采样获得的幅度值,再经过量化和编码后得到的便于计算机存储和处理的数据格式。波形声音实际上已经包含了所有的声音形式,是声音的一般形态。其相关的技术参数如下:

① 频率:采用的频率等于波形被等分的份数。频率越高,声音质量越接近原始声音,所需的存储量也就越多。标准的采样频率有44.1KHz、22.05KHz和11.025KHz。

② 信息量:每个采样点存放的信息数量是指采样点测量的精度。采样的信息量是通过将每个波形采样垂直等分而形成的,8位采样值的是采用幅度划分为256等份,16位采样是65536等份。显然,用来描述波形特性的垂直单位数量越多,采样越接近原始的模拟波形,存储量也就越大。

③ 声道数:声音通道的个数表明声音记录只产生一个波形(单声道)还是产生两个波形(双声道)。双声道显然要比单声道的声音丰满且有空间感,但需要的存储量也更大。

④ 数据量:如果不经过压缩,声音的数据量可由公式推出,数据量=(采样频率×每个采样位数×声道数)/8,单位是字节/秒。例如,一分钟声音、单声道、8位采样位数、11.025KHz采样频率,数据量为0.66MB/分。

波形声音的获取是通过声音数字化接口进行的,输入的声音经过数字化后存入计算机中,在需要时,再将其恢复成原始波形输出。对于声音的处理主要集中在压缩、编辑和效果处理上。压缩常在硬件或低层软件中完成,以求降低数据量。对声音的编辑常常是进行分段、组合、收尾处理等,以求单一的声音片段能以干净、准确的形式出现。效果处理也常常放在编辑操作中,常用的处理有回声处理、倒序处理、音色效果处理等。

2. 数字音乐

波形声音也可以表示音乐,但是并没有将它看成是音乐。而音乐是用符合来表示的,可以把音乐看成是符号的声音媒体。音乐符符号化的形式有许多种,最主要的是乐器数字接口(Musical Instrument Digital Interface,MIDI),是数字音乐的国际标准。任何电子乐器,只要有处理MIDI消息的微处理器,并有合适的硬件接口,就可以成为一个MIDI设备。MIDI传输的不是声音信号,而是音符、控制参数等指令,它指示MIDI设备要做什么、怎么做。它们被统一表示成MIDI消息。

MIDI格式数字化文件可以看作是乐谱的数字化描述,它记录的是乐器的种类,音阶的高低、长短、强弱、速度等因素,即MIDI消息,存储为MIDI文件。当需要播放时,从相应的MIDI文件中读出的MIDI消息,通过音乐合成器产生相应的声音波形,经放大后,再由扬声器输出。

与波形声音相比,MIDI数据本身并非数字化声音而是指令,所以它的数据量比波形声音少得多。半小时的立体声16位高品质音乐,如果用波形文件无压缩录制,约需300MB的存储空间。而同样时间的MIDI数据大约只需200KB,两者相差1500多倍。此外,MIDI文档的大小与播放质量完全无关,由于MIDI文件非常小,可以嵌入到网页中,因此下载和播放要比相当的数字音频速度快。在有些情况下,如果使用的MIDI声源质量很高,MIDI将会比数字音频文件效果更好。

MIDI的另一个特点是,由于数据量小,故可以在多媒体应用中与其他波形声音配合使用,形成伴音的效果。而两个波形声音一般是不可能同时使用的。当然,MIDI的声音不能做到音质上与真正的乐器完全相似,在质量上还需要进一步提高,MIDI 也无法模拟出自然界中其他非乐曲类声音。

常用的软件有 Cakewalk Sonar、Logic Audio、Band in a Box、Guitar Pro 等,主要完成 MIDI 乐谱的制作、编辑等功能。

3. 语音

语言方式是最直接的信息交流方式,人们无法满足通过键盘和显示器与计算机进行信息交互的方式,因此,计算机语音学随之诞生,它包括语音编码、语音合成、语音识别等方面。

语音编码主要研究的是如何高效率地采样数字方式表达模拟信号,去除冗余,达到数据压缩的目的。

语音合成则是人工的方法生成语音,让机器"能说会道"。语音合成与传统的声音回放设备(系统)有着本质的区别。传统的声音回放设备(系统),如磁带录音机,是通过预先录制声音然后回放来实现"让机器说话"的。这种方式无论是在内容、存储、传输或者方便性、及时性等方面都存在很大的限制。而通过语音合成则可以在任何时候将任意文本转换成具有高自然度的语音,从而真正实现让机器"像人一样开口说话"。

语音识别是使机器分析和理解人的语音,最终"听懂"人类语言,涉及的领域包括信号处理、模式识别、概率论和信息论、发声机原理和听觉原理、人工智能等。

近些年来,人类对信息交换和处理的需求更为广泛和迫切,语音技术已成为国际上的热门课题,并已在办公、军事、机器人、通信等领域得到了部分应用。目前,虽然语音技术取得了相当的进展,但仍存在许多亟待解决的问题,如提高合成语音的自然度。

8.3.2 图形图像处理技术

图像信息以其信息量大、传输速度快、作用距离远等一系列优点,成为人类获取信息的主要来源及利用信息的重要手段。数字图像处理技术发展迅速,已成为各领域、各学科之间学习和研究的对象。

1. 图形图像基本概念

图像是指能为人类视觉所感知的信息形式或人们心目中的有形想象统称为图像,如图片、照片、光学影像等。静止的图像是一个矩阵,由一些排成行列的点组成,这些点称为像素点(pixel),这种图像称为位图(bitmap)。位图中的位是每个像素点的颜色和亮度。对于黑白图常用 1 位表示,对于灰度图常用 4 位或 8 位表示该点的亮度,而彩色图像则有多种描述方法。位图图像适合于表现含有大量细节(如明暗变化、场景复杂、轮廓色彩丰富)的对象,如照片、绘图等,通过图像软件可进行复杂图像的处理以得到更清晰的图像或产生特殊效果。图像文件在计算机中的存储格式有多种,如 BMP、TIF、TGA、GIF、JPG 等。

图形是指由外部轮廓线条构成的矢量图,即由计算机绘制的直线、圆、曲线、矩形等。在图形文件中只记录生成图的算法和图上的某些特征点。通过读取这些指令并将其转换为屏幕上所显示的形状和颜色,而生成图形的软件通常称为绘图程序。在计算机还原输出时,相邻的特征点之间用特定的诸多段小直线连接就形成曲线,若曲线是一条封闭的图形,也可靠着色算法来填充颜色。图形最大优点在于可以分别控制处理图中的各个部分。因此,图形主要用于描述轮廓不很复杂,色彩不是很丰富的对象,如几何图形、工程图纸、CAD、3D 造型等。由于图形只保存算法和特征点,所以对于图像的大数据量来说,它占用的存储空间也就较小,但在屏幕每次显示时,它都需要经过重新计算。此外,在打印输出和放大时,图形的质量较高。在计算机中图形的存储格式不固定,根据各个软件的特点而定,常用的有 3DS、DXF 等。

2. 数字图像处理

数字图像处理是指将通过图像输入设备获取的图像信号转换为数字信号,并利用计算机对其进行处理的过程。图像获取是利用各种图像输入设备将外部世界的图像信息进行采集,如扫描仪、数码相机等,主要有以下三个步骤。

① 采样:将外部世界的模拟画面分成若干个小的网格,每个网格都是一个采样点,即将模拟图像转换为许多采样点组成的阵列。

② 量化:对每个采样点的每个颜色分量进行 A/D 变换。

③ 编码:采样一定的格式来记录图像数据,以及采用一定的算法压缩数据以减少存储空间。

数字图像处理需要利用专业的图像处理软件对图像进行处理、变换、压缩、保存等操作,包括调整图像的像素、处理图像的几何效果、转换图像格式等,常用的图像处理软件有 Adobe Photoshop 等。

8.3.3 视频处理技术

由于人眼的视觉惰性作用,在亮度信号消失后亮度感觉仍可以保持 1/20~1/10 秒的时间。动态图像就是根据这个特性而产生的。从物理意义上看,任何动态图像都由多幅连续的图像序列构成的。每一幅图像以一定的速度(一般为每秒 25~30 帧),连续不断地更换就形成了运动图像的感觉。

动态图像序列根据每一帧图像的产生形式,又分为不同的种类。当每一帧图像是人工或计算机产生的图形时,称为动画;当每一帧图像为实时获取的自然景物图像时,称为动态影像视频,简称动态视频或视频;当每一帧图像为计算机产生的具有真实感的图像时,称为三维真实感动画。实际上,还有许多种叫法,但总的来说都可归入动画和视频两大类或者是它们的混合方式。常用的视频文件格式如 AVI 和 MPG 等。

1. 动画

计算机实现动画有两种,造型动画与帧动画。帧动画是由多幅连续的画面组成的图像或图形序列。造型动画是对每一个活动的对象分别进行设计,赋予每个对象一些特征,然后用这些对象组成完整的画面。

2. 视频

与动画一样,视频也是由连续的画面组成,只是画面图像是自然景物的图像。与动画一样,视频序列也是由节段构成的。由于压缩必须考虑前后帧的顺序,而操作则要求能双向运行,所以关键帧就可以作为随机访问操作的起点一般是间隔 10~15 帧为一个单位。播放的方向取决于压缩时对于帧序的处理方式。

3. 相关技术参数

帧速:动画和视频都是利用快速变换帧的内容而达到运动的效果。视频根据制式的不同有 30 帧/秒、25 帧/秒两种最为常用。

数据量:如不计压缩应是帧速乘以每幅图像的数据量。假设一幅图像为 1MB,则每秒将达到 30MB。但经过压缩后将减少到几十倍分之一甚至更多。

图像质量:除了原始数据质量外,还与视频数据压缩的倍数有关。一般来说,压缩比较小时对图像质量不会有太大影响,而超过一定倍数后,将会明显看出图像质量下降。

8.3.4 多媒体数据压缩和编码技术

多媒体计算机面临的最大难题是大量数据的存储与传送问题。在所有可能的数据库中,图像是数据量最大的数据类型。

数据是用来记录和传送信息的,或者说数据是信息的载体。对于人类而言,真正有用的不是数据本身,而是数据所携带的信息。

信息量与数据量的关系是:信息量＝数据量＋数据冗余。

多媒体数据中存在的数据冗余类型有:①空间冗余;②时间冗余;③编码冗余;④结构冗余;⑤知识冗余;⑥视觉冗余;⑦其他冗余。

在多媒体计算系统中,信息从单一媒体转到多种媒体,若要表示、传输和处理大量数字化的声音/图片/视频信息等,数据量相当大。例如,一幅分辨率为 640×480 像素的真彩色图像(24位/像素),它的数据量约为每帧 7.37Mb。若要达到每秒 25 帧的全动态显示要求,每秒所需的数据量为 184Mb,而且要求系统的数据传输速率必须达到 184Mb/s。对于声音也是如此。若用量化位数为 16bit,采样率选为 44.1kHz,则双声道立体声声音每秒将有 176KB 的数据量。由此可见音频、视频的数据量之大。如果不进行处理,计算机系统几乎无法对它们进行存取。因此,在多媒体计算机系统中,为了达到令人满意的图像、视频画面质量和听觉效果,必须解决视频、图像、音频信号数据的大容量存储和实时传输问题。由于数据之间尤其是相邻的数据之间常存在着相关性,如图片中常常有色彩均匀的背影、电视信号的相邻两帧之间可能只有少量的变化、声音信号有时具有一定的规律性和周期性等,因此有可能利用某些变换来尽可能地去掉这些相关性,达到数据压缩的效果。当然,这种变换有时会带来不可恢复的损失和误差。

1. 数据压缩的基本原理和方法

多媒体是将文本、图形、音频、视频、动画、通信和计算机技术结合在一起的一种新技术。人们发现,在处理图形、图像、声音、动画、影像等多媒体信息时,必须要占用相当大的存储空间。因此,以压缩的方式存储数字化的多媒体信息是解决这一问题的唯一途径。

可用多种方法,对数据压缩处理方法进行。

(1) 按照解码后的数据与原始数据一致性分类

根据解码后的数据与原始数据是否完全一致来进行划分,数据压缩方法有两类:可逆编码方法和不可逆编码方法。

可逆编码方法又称无损压缩编码。用可逆编码方法压缩的图像,其解码图像与原始图像严格相同,即压缩是完全可以恢复的或没有偏差的。多媒体应用中经常使用的无损压缩方法主要是基于统计的编码方法,如游程编码、Huffman 编码、算术编码和 LZW 编码等。

不可逆编码方法又称有损压缩编码。用不可逆编码方法压缩的图像,其还原图像较原始图像存在一定的误差,但视觉效果一般是可以被接受的。因此,该方法大多数被使用在把人类视觉作为对象的场合。

常用的有损压缩方法有脉码调制(PCM)、预测编码、变换编码、插值和外推法等。新一代的数据压缩方法有矢量量化和子带编码、基于模型的压缩、分型压缩和小波变换压缩等。

衡量一种数据压缩技术的优劣有三个重要的性能指标。

① 压缩比:指输入数据和输出数据比。

② 恢复效果:对于有损压缩,失真情况很难量化,只能对测试的图像进行估计。而无损压缩不存在这一问题。

③ 压缩解压速度:在许多情况下,压缩和解压缩可能不同时用在不同的位置、不同的系统中。所以,压缩、解压速度分别估计。在静态图像中,压缩速度没有解压速度严格;在动态图像中,压缩、解压速度都有要求,因为需要实时地从摄像机或其他设备中抓取动态视频。

(2) 按方法的原理分类

根据方法的原理进行分类,可以划分为统计编码、预测编码、编号编码和混合编码等。

常用的数据压缩方法有以下几种。

① 统计编码:根据信息出现概率的分布特性而进行的压缩编码,其中典型的有行程编码、Huffman 编码、LZW 编码、算术编码等。

② 预测编码:先对原始模拟信号作脉冲取样,把实际样值与预测样值之间的差进行量化。解压时,也用同样的预测器,把预测出的值与存储的量化后差值相加,产生近似的原始信号。

③ 编号编码:指先对信号进行某种函数变换,从一种信号变换到另一种信号,再对变换后的信号进行编码。

④ 混合编码:使用两种或两种以上的编码方式进行编码称为混合编码。它能提高数据压缩的效率。例如,多媒体图像压缩标准中都采用混合编码,如 JPEG、MPEG 等。

2. 音频信号的压缩编码

音频信号是多媒体信息的重要组成部分。音频信号可以分成电话质量的语音、调幅广播质量的音频信号和高保真立体声信号。语音信号的频率范围是 300Hz 到 3400Hz。随着带宽的增加,信号的自然度将逐步得到改善。高保真音频信号的频率范围是 20Hz 到 20000Hz。

从方法上看,声音信号的编码方式可以分为以下三大类。

① 波形编码:要求重构的声音信号尽可能地接近于原始声音。典型的波形编码技术有脉冲编码调制(PCM)、自适应差分脉冲编码调制(ADPCM)、自适应预测编码(APC)、子带编码(SDC)、自适应变换编码(ATC)等。

② 分析合成编码:以声音信号产生模型为基础,将声音信号变换成模型参数后再进行编码,又称为参数编码方法。典型的分析和合成技术有通道声码器、共振峰声码器、同态声码器、线性预测声码器等。

③ 混合型编码:是一种在保留分析合成编码技术精华的基础上,引用波形编码准则去优化激励源信号的方案,可以在 4.8k 位/秒~9.6k 位/秒的编码率上获得较高质量的合成声音。

3. 视频信号的压缩编码

近年来,图像和视频处理技术越来越得到人们的重视。多媒体技术中的关键技术之一就是要用计算机存储和显示静止或活动图像,这就要求计算机具有实时编辑处理、存储和显示数兆字节活动图像的能力。

(1) 视频信号的压缩编码分类

在多媒体系统中,图像压缩方法主要利用消除图像在空间和时间上很强的相关性带来的数据冗余度来满足应用要求。图像压缩方法可以分成两种类型:有损压缩和无损压缩。

(2) 视频信号的压缩编码标准

JPEG 和 MPEG 就是得到国际标准化组织认可并推荐的两个国际标准。

（3）JPEG 静止图像压缩算法

JPEG 标准是面向连续色调、多级灰度、彩色或单色静止图像的压缩标准,它定义了两种基本的压缩算法:一种是无失真压缩算法,另一种是有失真压缩算法。

（4）MPEG 运动图像压缩算法

MPEG 用于减少空域冗余信息的技术与 JPEG 标准采用的方法基本相同,分三个阶段进行:

① 作 DCT 变换,计算变换系数;
② 对变换系数进行量化;
③ 对变换系数进行编码。

本 章 小 结

多媒体技术是一门迅速发展的新兴技术,许多概念还在扩充、深入和更新。本章从基础内容出发,介绍了多媒体技术,包括媒体、多媒体、多媒体系统等基本概念,多媒体系统架构、多媒体系统硬件、多媒体系统软件,音频处理、图形图像处理、视频处理等多媒体基本技术。

习 题

1. 多媒体信息不包括（　　）
   A. 音频、视频　　　　　　　　　　　B. 文字、动画
   C. 声卡、解压卡　　　　　　　　　　D. 声音、图形
2. 多媒体技术是（　　）
   A. 一种图像和图形处理技术
   B. 文本和图形处理技术
   C. 超文本处理技术
   D. 计算机技术、电视技术和通信技术相结合的综合技术
3. 在计算机领域中,字符的 ASCII 码属于（　　）
   A. 感觉媒体　　　　　　　　　　　　B. 表现媒体
   C. 表示媒体　　　　　　　　　　　　D. 存储媒体
4. 简述多媒体关键特性。
5. 数据压缩技术可以分为几大类? 各有什么特点?
6. 简述多媒体系统的组成。

第9章 计算机网络基础

计算机网络是计算机技术和通信技术紧密结合的产物。它的诞生使计算机体系结构发生了巨大变化,在当今社会的各个行业中发挥着不可忽视的作用,计算机网络已经成为人们社会生活不可或缺的一个重要组成部分。从某种意义上讲,计算机网络的发展水平不仅反映了一个国家的计算机科学和通信技术水平,而且已经成为衡量其国力及现代化程度的重要标志之一。

9.1 计算机网络概述

9.1.1 计算机网络的定义

计算机网络已经深入到人类工作、学习和生活的各个方面。人们可以通过电话线以多种方式或通过网卡以局域网方式或智能手机等连接到 Internet,享受 Internet 所提供的如 WWW 浏览、收发电子邮件、网上聊天、网络游戏等多种服务,不仅拓展了人们获取信息、与他人交流的渠道,也丰富了人们的生活、工作、学习和娱乐方式。在其他的许多地方也都可以感受到各种网络应用的存在,如超市、银行、医院、企业和政府部门等。总之,网络与网络应用无处不在。

计算机网络是指将地理位置不同且具有独立功能的计算机系统通过通信设备和线路互相连接在一起,并由功能完善的网络软件(协议、方式控制程序和网络操作系统)控制,从而实现网络资源共享和远程通信的系统。

其一,这里所谓的独立功能的单台计算机系统指的是组成计算机网络中的计算机系统应该是独立自主的,也就是说,网络的计算机都能独立自主地进行数据处理,各个计算机之间的地位是平等的。

其二,网络中的计算机地理位置是相互分散的,可以在一个房间内、一个学校、一个城市、一个国家甚至全球范围内,但之间是相互耦合的。

其三,各个计算机之间相互连接需要相应的通信设备和传输介质,如电缆、光线、紫外线等有形和无形的传输介质。

其四,构成计算机网络必须装配完善的网络软件,主要包括网络协议和网络操作系统,其目的就是为用户提供网络服务。

最后,计算机网络的最基本功能是数据通信和资源共享。计算机网络的基本资源包括硬件资源、软件资源和数据资源。

共享资源即共享网中的硬件、软件和数据资源。网络中可共享的硬件资源一般包括海量存储器、绘图仪、激光打印机等硬件设备。可以共享的软件包括各种应用软件、工具软件、系统开发所用的支撑软件、语言处理程序及其他控制程序等。同时,分散在不同地点的网内计算机用户可以共享网内的大型数据库,而不必自己再去重新设计和构建这些数据库。

数据传输是计算机网络的基本功能之一,用以实现计算机与终端,或计算机与计算机之间传送各种信息。例如,随着因特网在世界各地的流行,传统的通信方式受到了前所未有的冲击,与以前人们常用的电话、电报、信件的邮递相比,网络电话的收费价廉;各类聊天软件的开发与应用,使得有计算机的用户可以随时随地进行通话;电子邮件的快速已经成为用户广泛接受的通信方式;网络银行可以进行实时汇兑,速度快且收费低;视频会议也可以解决因参加会议而浪费太多工作时间的实际问题。随着数据通信技术的发展,网络的应用会更加深入到人们的日常生活,从而提高了计算机系统的整体性能,也大大方便了人们的工作和生活。

9.1.2 计算机网络的产生与发展

计算机网络是计算机技术和通信技术相结合的产物。它是信息社会最重要的基础设施,并将构筑成人类社会的信息高速公路。

随着计算机技术和通信技术的不断发展,计算机网络也经历了从简单到复杂,其发展过程大致可分为以下几个阶段。

1. 终端-主机通信网络阶段

终端-主机通信网络又称终端(Terminal,以下简称 T)-计算机网络,时间在 20 世纪 50 年代到 60 年代中期,是早期计算机网络的主要形式。这一代计算机网络是以单个计算机为中心的远程联机系统。典型应用如由一台计算机和全美范围内 2 000 多个终端组成的飞机订票系统。终端是一台计算机的外部设备包括显示器和键盘,无 CPU 和内存。当时计算机比较少,以单个计算机为中心的远程联机系统,远程终端

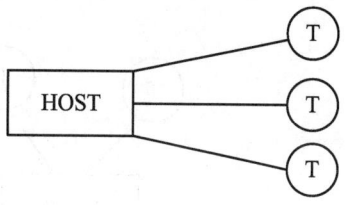

图 9.1 终端-主机通信网络

利用通信线路与计算机主机相连,构成面向终端的计算机网络。它是将一台计算机经通信线路与若干终端直接相连,但是终端之间不能进行通信,如图 9.1 所示。

在简单的终端-主机通信网络中,主机负担较重,既要进行数据处理,又要承担通信功能。为了减轻主计算机负担,20 世纪 60 年代出现了在主计算机和通信线路之间设置通信控制处理机(或称为前端处理机,简称前端机(Front End Processor,FEP)或通信控制器(Communication Control Unit,CCU)的方案,专门负责与终端之间的通信控制,出现了数据处理与通信控制的分工,以便更好地发挥中心计算机的处理能力。还可以互相连接,并连接多个主机,具有路由选择功能,它能根据数据包的地址把数据发送给适当的主机,不过当时它的功能还不是很强。

此外,在终端聚集处与前端处理机一样也可以设置集中器,终端集中器的硬件配置相对简单,它主要负责从终端到主机的数据集中,从主机到终端的数据分发。显然,采用终端集中器可提高远程高速通信线路的利用率,如图 9.2 所示。

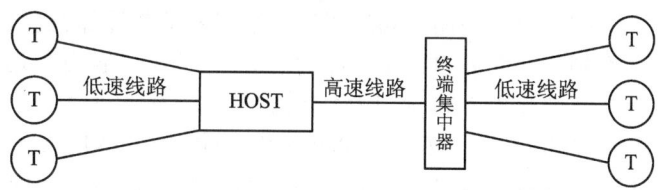

图 9.2 使用终端-集中器的通信系统

这一时期的特征是:主机一个,终端多个,以主机为中心,终端之间不能进行通信。但为后期网络的产生奠定了技术基础。若要严格按照计算机网络定义理解,这种终端-主机通信网络并不是真正的计算机网络。

2. 计算机—计算机网络阶段

计算机—计算机网络又称计算机互联网络,从 20 世纪 60 年代中期开始,出现了若干个计算机互联系统,开创了计算机—计算机通信时代,即利用通信线路将多台计算机连接起来,实现了计算机与计算机之间的通信。

20 世纪 60 年代至 70 年代,美国和前苏联两个超级大国一直处于相互对立的冷战阶段,美国国防部为了保证不会因其军事指挥系统中的主计算机遭受来自前苏联的核打击而使整个系统瘫痪,委托其所属的高级研究计划局于 1969 年成功研制了世界上第一个计算机网络——ARPAnet,该网络是一个典型的以实现资源共享为目的的计算机—计算机网络,它为计算机网络的发展奠定了基础。

ARPAnet 的主要特点是:以通信子网(主机间的通信通过通信控制机 CCP (Communication Control Processor))的中继功能间接进行,由 CCP 组成的传输网络(称为通信子网)为中心,多台计算机通过通信子网构成一个有机整体。原来单一的主机的负载可以分散到全网的各个机器上,单机故障不会导致整个网络系统的瘫痪,如图 9.3 所示。

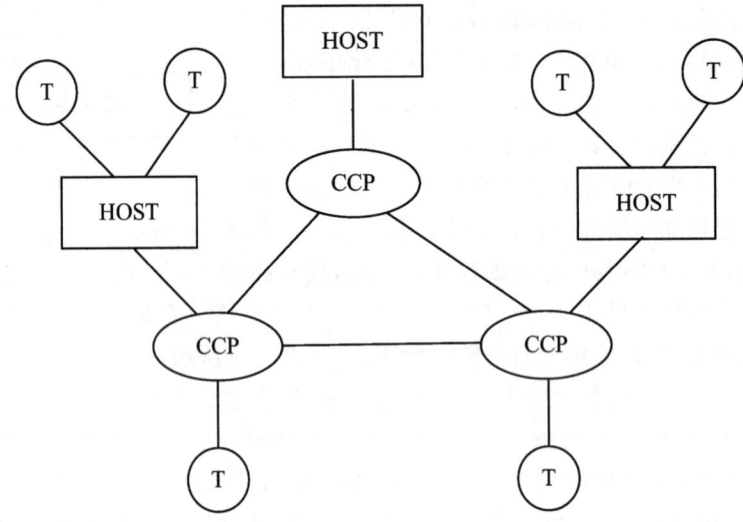

图 9.3　计算机—计算机网络

这一时期的主要特征是:以通信子网为中心,多主机多终端。这一阶段的代表,在 ARPAnet 上首先实现了以资源共享为目的不同计算机互连的网络,它奠定了计算机网络技术的基础,成为今天 Internet 的前身。

3. 开放式标准化网络阶段

20 世纪 60 年代末,ARPAnet 等的成功运用极大地刺激了各计算机公司对网络的热衷,自 70 年代中期开始,各大公司在宣布各自网络产品的同时,也公布了各自采用的网络体系结构标准,提出成套设计网络产品的概念。例如,IBM 公司于 1974 年率先提出了"系统网络体系结构"(SNA),DEC 公司于 1975 公布"分布网络体系结构"(DNA),UNIVAC 公司则于 1976 年提出了"分布式通信网络体系结构"(DCA)。在这个时期,不断出现的各种网络虽然极大地推动了计算机网络的应用,但是众多不同的专用网络体系标准给不同网络间的互联带来了很大的不便。鉴于这种情况,国际标准化组织(ISO)于 1977 年成立了专门的机构从事"开放系统互连"问题的研究,目的是设计一个标准的网络体系模型。1984 年 ISO 颁布了"开放系统互连基本参考模型",这个模型通常被称作 OSI 参考模型。只有标准的才是开放的,OSI 参考模型的提出引导着计算机网络走向开放的标准化的道路,同时也标志着计算机网络的发展步入了成熟的阶段。从此,网络产品有了统一标准,促进了企业的竞争,大大加速了计算机网络的发展。在 OSI 参考模型推出后,网络的发展道路一直走标准化道路,而网络标准化的最大体现就是 Internet 的飞速发展。现在 Internet 已成为世界上最大的国际性计算机互联网。Internet 遵循 TCP/IP 参考模型,由于 TCP/IP 仍然使用分层模型,因此 Internet 仍属于第三代计算机网络。

4. 高速、智能的计算机网络阶段

计算机网络经过第一代、第二代和第三代的发展,表现出其巨大的使用价值和良好的应用前景。进入 20 世纪 90 年代以来,微电子技术、大规模集成电路技术、光通信技术和计算机技术不断发展,为网络技术的发展提供了有力的支持;而网络应用正迅速朝着高速化、实时化、智能化、集成化和多媒体化的方向不断深入,新型应用向计算机网络提出了挑战,新一代网络的出现已成必然。计算机网络的发展既受到计算机科学技术和通信科学技术的支撑,又受到网络应用需求的推动。如今,计算机网络从体系结构到实用技术已逐步走向系统化、科学化和工程化。作为一门年轻的学科,它具有极强的理论性、综合性和依赖性,又具有自身特有的研究内容。它必须在一定的约束条件下研究如何合理、有效地管理和调度网络资源(如链路、带宽、信息等),提供适应不同应用需求的网络服务和拓展新的网络应用。网络带宽的不断提高,更加刺激了网络应用的多样化和复杂化,多媒体应用在计算机网络中所占的份额越来越高,同时,用户不仅对网络的传输带宽提出越来越高的要求,对网络的可靠性、安全性和可用性等也提出了新的要求。为了向用户提供更高的网络服务质量,网络管理也逐渐进入了智能化阶段,包括网络的配置管理、故障管理、计费管理、性能管理和安全管理等在内的网络管理任务都可以通过智能化程度很高的网络管理软件来实现。计算机网络已经进入了高速、智能的发展阶段。

9.1.3 计算机网络的功能与应用

1. 计算机网络的功能

计算机网络技术使计算机的作用范围和其自身的功能有了突破性的发展。计算机网络虽然各种各样,但作为计算机网络都应具有如下功能。

(1) 数据通信

数据通信是计算机网络最基本的功能之一,主要完成网络中各个结点之间的通信。任何人都需要与他人交换信息,计算机网络提供了最快捷最方便的途径。它用来快速传送计算机与终端、计算机与计算机之间的各种信息,包括文字信件、新闻消息、咨询信息、图片资料、报纸版面、声音视频等。人们可以在网上传送电子邮件、发布新闻消息、进行电子商务、远程教育、远程医疗等活动。利用这一特点,可实现将分散在各个地区的单位或部门用计算机网络联系起来,进行统一的调配、控制和管理。

(2) 计算机系统的资源共享

对于用户所在站点的计算机而言,无论硬件还是软件,性能总是有限的。一台个人电脑用户,可以通过使用网中的某一台高性能的计算机来处理自己提交的某个大型复杂的问题,用户还可以像使用自己的个人电脑一样,使用网上的一台高速打印机打印报表、文档等。更重要的资源是计算机软件和各种各样的数据库。用户可以使用网上的大容量磁盘存储器存放自己采集、加工的信息,特别是可以使用网上已有的软件来解决某个问题。各种各样的数据库更是取之不尽。随着计算机网络覆盖区域的扩大,信息交流已愈来愈不受地理位置、时间的限制,使得人类对资源可以互通有无,大大提高了资源的利用率和信息的处理能力。

(3) 进行分布式处理

对于综合性的大型问题可采用合适的算法,将任务分散到网中不同的计算机上进行分布式处理。特别是对当前流行的局域网更有意义,利用网络技术将微机连成高性能的分布式计算机系统,使它具有解决复杂问题的能力。

(4) 提高了系统的可靠性和可用性

计算机通过网络中的冗余部件可大大提高可靠性,如在工作过程中,一台机器出了故障,可以使用网络中的另一台机器;网络中一条通信线路出了故障,可由别的路径传输信息或转到别的系统中代为处理,以保证用户的正常操作,不因局部故障而导致系统的瘫痪。

(5) 进行数据信息的集中和综合处理

将分散在各地计算机中的数据资料适时集中或分级管理,并经综合处理后形成各种报表,提供给管理者或决策者分析和参考,如自动订票系统、政府部门的计划统计系统、银行财政及各种金融系统、数据的收集和处理系统、地震资料收集与处理系统、地质资料采集与处理系统等。

2. 计算机网络的应用

随着现代信息社会进程的推进以及通信和计算机技术的迅猛发展,计算机网络的应用日益多元化,打破了空间和时间的限制,几乎深入到社会的各个领域。可以在一套系统上提供集成的信息服务,包括来自政治、经济等方面的信息资源,同时,还提供多媒体信息,如图像、语音、动画等,在多元化发展的趋势下,许多网络应用的新形式不断出现,如电子邮件、IP电话、视频点播、网上交易、视频会议等。其应用可以归纳为以下几个方面。

(1) 方便的信息检索

计算机网络使我们的信息检索变得更加高效、快捷,通过网上搜索、WWW 浏览、FTP 下载,我们可以非常方便地从网络上获得所需要的信息和资料。网上图书馆更以其信息容量大、检索方便的优势赢得了人们的青睐。

(2) 现代化的通信方式

网络上使用最为广泛的电子邮件目前已经成为一种最为快捷、廉价的通信手段。人们可以在几分,甚至几秒内就可以把信息发给对方,信息的表达形式不仅可以是文本,还可以是声音和图片。其廉价的通信费用更是其他通信方式(如信件、电话、传真等)所不能比的。同时,利用网络可以实现 IP 电话,将语音和数据网络进行集成,利用 IP 作为传输协议,通过网络将语音集成到 IP 网络上来,在基于 IP 的网络上进行语音通信,节省长途电话费用。

(3) 办公自动化系统(Office Automation System,OAS)

通过将一个企业或机关的办公电脑及其外部设备连成网络,既可以节约购买多个外部设备的成本,又可以共享许多办公数据,并且可对信息进行计算机综合处理与统计,避免了许多单调重复性的劳动。办公自动化是以先进的科学技术(信息技术、系统科学和行为科学)完成各种办公业务,可充分有效地利用信息资源,以提高生产效率、工作效率和工作质量,更好地辅助决策。

(4) 电子商务与电子政务

计算机网络还推动了电子商务与电子政务的发展。企业与企业之间、企业与个人之间可以通过网络来实现贸易、购物;政府部门则可以通过电子政务工程实施政务公开化,审批程序标准化,提高了政府的办事效率,并使之更好地为企业或个人服务。

(5) 企业的信息化

通过在企业中实施基于网络的管理信息系统和资源制造计划,可以实现企业的生产、销售、管理和服务的全面信息化,从而有效地提高生产效率。例如,医院管理信息系统、民航及铁路的购票系统、学校的学生管理信息系统等都是管理信息系统的实例,它们可以实现企业各部门动态信息的管理、查询和部门间信息的传递,可以大幅提高企业的管理水平和工作效率。

(6) 电子数据交换

电子数据交换,它是一种在公司之间传输订单、发票等作业文件的电子化手段,是将贸易、运输、保险、银行、海关等行业信息用一种国际公认的标准格式,通过计算机网络,实现各企业之间的数据交换,并完成以贸易为中心的业务全过程。

(7) 远程教育与 E-Learning

网络提供了新的实现自我教育和终身教育的渠道。基于网络的远程教育、网络学习使得我们可以突破时间、空间和身份的限制,方便地获取网络上的教育资源并接受教育。

(8) 电子银行 E-Bank

电子银行也是一种在线服务,是一种由银行提供的基于计算机和计算机网络的新型金融服务系统,其主要功能有金融交易卡服务、自动存取款服务、销售点自动转账服务、电子汇款与清算等。目前,最常见的使用如网上交易、淘宝网上购物等。

(9) 丰富的娱乐和消遣

网络不仅改变了我们的工作和学习方式,也给我们带来了新的丰富多彩的娱乐和消遣方式,如网上聊天、网络游戏、网上电影院、视频点播等。

(10) 军事指挥自动化

基于 CAI 的网络应用系统,把军事情报采集、目标定位、武器控制、战地通信和指挥员决策等环节在计算机网络基础上联系起来,形成各种高速高效的指挥自动化系统,是现代战争和军队现代化不可缺少的技术支柱,这种系统在公安武警、交警、火警等指挥调度系统中也有广泛应用。

9.2 计算机网络的组成和分类

9.2.1 计算机网络的组成

计算机网络是计算机应用的高级形式,它充分体现了信息传输与分配手段、信息处理手段的有机联系。从用户角度出发,计算机网络可看成一个透明的数据传输机构,网上的用户在访问网络中的资源时不必考虑网络的存在。从网络逻辑功能角度来看,可以将计算机网络分成通信子网和资源子网两部分,如图 9.4 所示。

计算机网络以通信子网为中心,通信子网处于网络的内层,由网络中的通信控制处理机、其他通信设备、通信线路和只用作信息交换的计算机组成,负责完成网络数据传输、转发等通信处理任务。当前的通信子网一般由路由器、交换机和通信线路组成。

资源子网处于网络的外围,由主机系统、终端、终端控制器、外设、各种软件资源与信息资源组成,负责全网的数据处理业务,向网络用户提供各种网络资源和网络服务。主机系统是资源子网的主要组成部分,它通过高速通信线路与通信子网的通信控制处理机相连接。普通用户终端可通过主机系统连接入网。

通信子网是计算机网络的外层,为资源子网提供传输服务,资源子网上用户间的通信是建

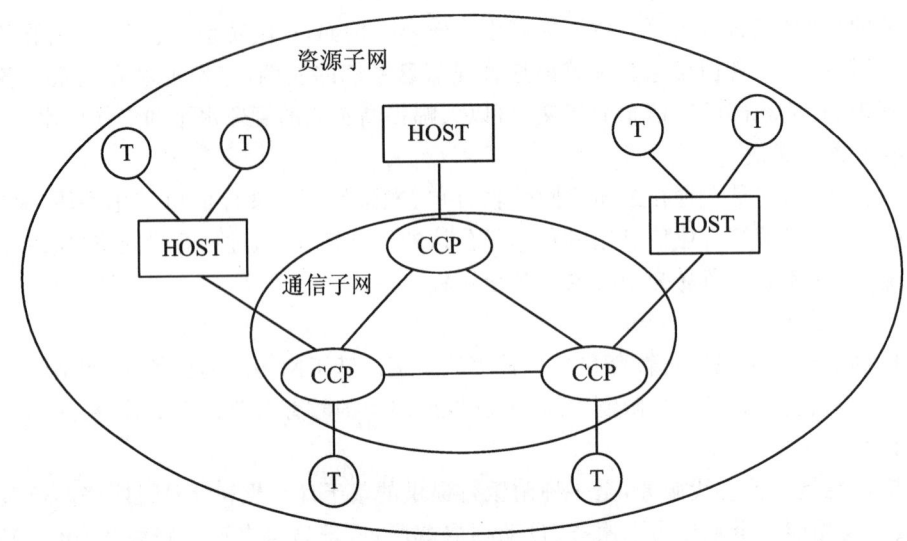

图 9.4　计算机网络逻辑结构

立在通信子网的基础上。没有通信子网,网络就不能工作,而没有资源子网,通信子网的传输也失去了意义。但是从逻辑结构上将网络划分为这两部分是为了便于对网络进行研究和设计,资源子网和通信子网可以单独规划,这两种子网的连接必须满足以下几点要求。

① 资源子网中的主机系统发生故障与通信子网中的某些结点发生故障时,各自的工作互不影响。

② 主机系统与通信子网的连接不应该耗费过多的资源和时间,否则就失去了建立资源子网的意义。

③ 两者分工后应利于全网整体效益的发挥。

随着计算机网络技术的不断发展,在现代的网络系统中,直接使用主机系统的用户在减少,资源子网的概念已有所变化。

9.2.2　计算机网络的分类

计算机网络应用非常广泛,目前对于计算机网络的分类由于计算机网络的复杂,人们可以从各个不同的角度来对计算机进行分类。从不同角度观察网络、划分网络,有利于全面了解网络系统的各种特性。常见的分类如下。

1. 按照距离分类

按网络分布范围的大小来分类,可分为局域网(LAN)、广域网(WAN)和城域网(MAN)。

① 局域网(Local Area Network,LAN)又称为局部区域网,一般用微型计算机通过高速通信线路相连,覆盖范围为几百米到几千米,通常用于连接一幢或几幢大楼。在局域网内的计算机之间一般距离较近,数据传输不存在讯径问题,所以传输速率较高,一般为1~20Mbps;传输可靠,误码率低,配置容易,结构简单容易实现。

② 广域网(Wide Area Network,WAN)又称远程网。当人们提到计算机网络时,通常指的是广域网。广域网一般是在不同城市之间的 LAN 或者 MAN 网络互联,地理范围通常为几十到几千千米,它的通信传输装置和媒体一般由电信部门提供。因为距离较远,广域网常常借用传统的公共传输网(如电话网)进行通信,信息衰减比较严重,这就使广域网的数据传输率比局域网系统慢,传输错误率也较高。随着新的光纤标准和能够提供更宽带宽和更快传输率的全球

光纤通信网络的引入,广域网的速度也将大大提高。

③ 城域网(Metropolitan Area Network,MAN)通常是使用高速的光纤的网络,距离介于局域网和广域网之间,在一个特定的范围内(如校园、社区或城市)将不同的局域网段连接起来,构成一个覆盖该区域的网络,其传输速率比局域网高。城域网网络的所有者需自行安装通信设备和电缆。

2. 按照通信介质分类

根据通信介质的不同,网络可以分为有线网和无线网。

① 有线网:采用同轴电缆、双绞线,甚至利用有线电视电缆来连接的计算机网络,有线网通过"载波"空间进行传输信息,需要用导线来实现。

② 无线网:用空气作传输介质,用电磁波作为载体来传播数据。无线网包括无线电话、语音广播网、无线电视网、微波通信网、卫星通信网。

3. 按照带宽速率分类

带宽速率指的是"网络带宽"和"传输速率"两个概念,传输速率是指每秒传送的二进制位数,通常使用的计量单位为 B/s、KB/s、MB/s。按照网络带宽可以分为基带网(窄带网)和宽带网,按照传输速率可以分为低速网、中速网和高速网。一般来讲,高速网是宽带网,低速网是窄带网。

4. 按照通信协议分类

通信协议是指网络中的计算机进行通信所共同遵守的规则和约定。在不同的计算机网络中采用不同的通信协议。在局域网中采用 CSMA 协议,令牌环网采用令牌环协议,广域网中的报文分组交换网采用 X.25 协议,Internet 网采用 TCP/IP 协议,采用不同协议的网络可以称为"×××协议网"。

5. 按照应用范围分类

按照应用范围分类,网络可分为公用网和专用网。

① 公用网一般是国家的电信部门建造的网络。公用的意思是所有愿意按照电信部门规定缴纳费用的人都可以使用,因此公用网也可称为公众网。Chinanet 是邮电部门经营管理的基于 Internet 网络技术的中国公用计算机互联网,是 Internet 的一部分,是我国的 Internet 骨干网,也是我国的主干公用网。

② 专用网是某个部门根据本系统特殊业务工作需要而建造的网络。这种网络不向本系统以外的人提供服务,如军队、铁路、电力等系统均有本系统的专用网。

6. 按照数据传输方式分类

根据数据传输方式的不同,计算机网络又可以分为"广播网络"和"点对点网络"两大类。

① 广播网络中的计算机或设备使用一个共享的通信介质进行数据传播,网络中的所有结点都能收到任何结点发出的数据信息。广播网络中的传输方式目前有以下三种方式。

单播:发送的信息汇总包含明确的目的地址,所有结点都检查该地址。若与自己的地址相同,则处理该信息;若不同,则忽略。

组播:将信息传输给网络中的部分结点。

广播:在发送的信息中使用一个指定的代码标识目的地址,将信息发送给所有的目标结点。当使用这个指定代码传输信息时,所有结点都接收并处理该信息。

② 点对点网络中的计算机或设备以点对点的方式进行数据传输,两个结点间可能有多条

单独的链路。这种传播方式应用于广域网中。以太网和令牌环网属于广播网络,而 ATM 和帧中继网属于点对点网络。

7. 按照网络组件的关系分类

按照网络中组件的功能来划分,常见的有两种类型的网络:对等网络和基于服务器的网络。

① 对等网络是网络的早期形式,它使用的典型操作系统有 DOS、Windows95/98。网络上的计算机在功能上是平等的,没有客户/服务器之分,每台计算机既可以提供服务,又可以索取服务。这类网络具有各计算机地位平等、网络配置简单、网络的可管理性差等特点。

② 基于服务器的网络采用客户/服务器模型,在这种模型中,服务器给予服务,不索取服务;客户机则是索取服务,不提供服务。这类网络具有网络中计算机地位不平等、网络管理集中、便于网络管理、网络配置复杂等特点。

8. 按照拓扑结构分类

这是一种比较重要的网络分类方法。拓扑这个名词是从几何学中借用来的,从图论演变而来的,是一种研究与大小形状无关的点、线、面特点的方法。网络拓扑就是网络形状,或者它在物理上的连通性,构成网络的拓扑结构有很多种。在计算机网络中把工作站、服务器等网络单元抽象为点,把网络中的电缆等通信介质抽象为线,这样从拓扑学观点看计算机网络系统,就形成了点和线组成的几何图形,从而抽象出了网络系统的具体结构,将这种网络结构称为计算机的网络拓扑结构。

计算机网络系统的拓扑结构主要有星型结构、环型结构、总线型结构、分布式结构、树型结构、网状型结构。

9.2.3 计算机网络的拓扑结构

1. 总线型结构

总线型结构网络中的所有结点均连接到一条称为总线的公共线路上,即所有的结点共享同一条数据通道,结点间通过广播进行通信,如图 9.5 所示。

这种拓扑结构连接形式简单、易于实现、组网灵活方便、所用的线缆最短、增加和撤销结点比较灵活,个别结点发生故障不影响网络中其他结点的正常工作。但是由于在任一时刻只能有一个结点发送信息,所以该网络的性能受到总线上连接的结点数目的影响,传输能力低,易发生"瓶颈"现象;并且安全性低,链路故障对网络的影响大,总线的故障会导致网络瘫痪。

2. 星型结构

星型结构是局域网中最常用的物理拓扑结构,它是一种集中控制式的结构,以一台设备为中央结点,其他外围结点都通过一条点到点的链路单独与中心结点相连,各外围结点之间的通信必须通过中央结点进行。中央结点可以是服务器或专门的集线设备(如 HUB),负责信息的接收和转发,如图 9.6 所示。

这种拓扑结构的结构简单,容易实现,在网络中增加新的结点也很方便,易于维护、管理及实现网络监控,某个结点与中央结点的链路故障不影响其他结点间的正常工作。但是对中央结点的要求较高,如果中央结点发生故障,就会造成整个网络的瘫痪。

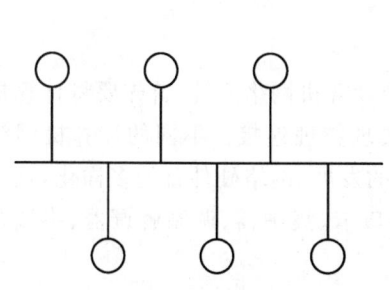
图9.5 总线型拓扑结构
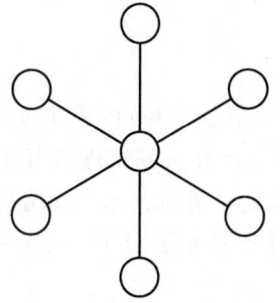
图9.6 星型拓扑结构
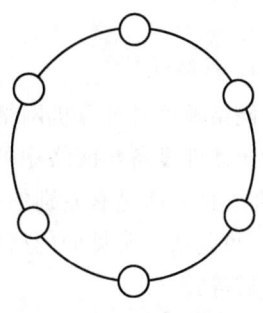
图9.7 环型拓扑结构

3. 环型结构

环型结构各结点通过链路连接,在网络中形成一个首尾相接的闭合环路,信息在环中作单向流动,通信线路共享,如图9.7所示。

这种拓扑结构结构简单,容易实现,信息的传输延迟时间固定,且每个结点的通信机会相同。但是网络建成后,增加新的结点较困难;此外,链路故障对网络的影响较大,只要有一个结点或一处链路发生故障,则会造成整个网络的瘫痪。

4. 树型结构

树型结构可以看作是星形结构的扩展,是一种分层结构,具有根结点和各分支结点。除了叶结点之外,所有根结点和子结点都具有转发功能,其结构比星形结构复杂,数据在传输的过程中需要经过多条链路,时延较大,适用于分级管理和控制系统,是一种广域网常用的拓扑结构,如图9.8所示。

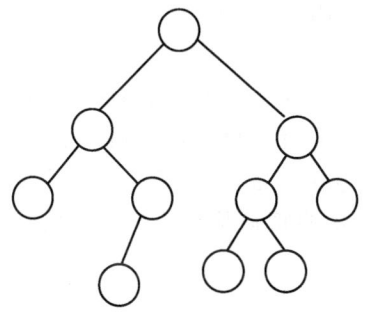
图9.8 树型拓扑结构
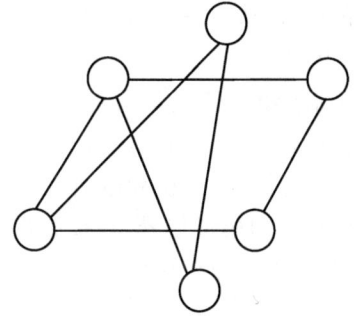
图9.9 网状型拓扑结构

5. 网状型结构

网状型结构由分布在不同地点、各自独立的结点经链路连接而成,每一个结点至少有一条链路与其他结点相连,每两个结点间的通信链路可能不止一条,需进行路由选择,如图9.9所示。

这种结构可靠性高、灵活性好、结点的独立处理能力强、信息传输容量大,但是结构复杂、管理难度大、投资费用高。网状型结构是一种广域网常用的拓扑结构,互联网大多也采用这种结构。

9.2.4 计算机网络的硬件和软件

由计算机网络的定义可知,计算机网络系统的正常运行要使用不同的硬件和各种各样的软件。

1. 网络硬件

网络硬件是计算机网络系统的物质基础。要构成一个计算机网络系统,首先要将计算机及其附属硬件设备与网络中的其他计算机系统连接起来,实现物理连接。不同的计算机网络系统,在硬件方面是有差别的。随着计算机技术和网络技术的发展,网络硬件日趋多样化,且功能更强,更复杂。常见的网络硬件有服务器、工作站、网络接口卡、集中器、调制解调器、终端及传输介质等。

(1) 服务器

在计算机网络中,分散在不同地点担负一定数据处理任务和提供资源的计算机被称为服务器。服务器是网络运行、管理和提供服务的中枢,它影响着网络的整体性能。一般在大型网络中采用大型机、中型机和小型机作为网络服务器,可以保证网络的可靠性。对于网点不多、网络通信量不大、数据的安全可靠性要求不高的网络,可以选用高档微机作网络服务器。

(2) 工作站

在计算机局域网中,网络工作站是通过网卡连接到网络上的一台个人计算机,它仍保持原有计算机的功能,作为独立的个人计算机为用户服务,同时它又可以按照被授予的一定权限访问服务器。工作站之间可以进行通信,可以共享网络的其他资源。

(3) 网络接口卡

网络接口卡也称为网卡或网板,是计算机与传输介质进行数据交互的中间部件,主要进行编码转换。在接收传输介质上传送的信息时,网卡把传来的信息按照网络上信号编码要求和帧的格式接受并交给主机处理。在主机向网络发送信息时,网卡把发送的信息按照网络传送的要求装配成帧的格式,然后采用网络编码信号向网络发送出去。

(4) 调制解调器

调制解调器(MODEM)是调制器和解调器的简称,是实现计算机通信的外部设备。调制解调器是一种进行数字信号与模拟信号转换的设备。例如,计算机处理的是数字信号,而电话线传输的是模拟信号,在计算机和电话线之间需要一个连接设备,将计算机输出的数字信号变换为适合电话线传输的模拟信号,在接收端再将接收到的模拟信号变换为数字信号由计算机处理。因此,调制解调器成对使用。

(5) 终端

终端设备是用户进行网络操作所使用的设备,它的种类很多,可以是具有键盘及显示功能的一般终端,也可以是一台计算机、一台打印机。

(6) 传输介质

传输介质是传送信号的载体,在计算机网络中通常使用的传输介质有双绞线、同轴电缆、光纤、微波及卫星通信等。它们可以支持不同的网络类型,具有不同的传输速率和传输距离。

2. 网络软件

在网络系统中,网络上的每个用户,都可享有系统中的各种资源,系统必须对用户进行控制。否则,就会造成系统混乱、信息数据的破坏和丢失。为了协调系统资源,系统需要通过软件工具对网络资源进行全面的管理、调度和分配,并采取一系列的安全保密措施,防止用户不合理的对数据和信息的访问,以防数据和信息的破坏与丢失。网络软件是实现网络功能不可缺少的软件环境。

网络软件通常包括：
① 网络协议和协议软件：它是通过协议程序实现网络协议功能。
② 网络通信软件：通过网络通信软件实现网络工作站之间的通信。
③ 网络操作系统：网络操作系统是用以实现系统资源共享、管理用户对不同资源访问的应用程序，它是最主要的网络软件。
④ 网络管理及网络应用软件：网络管理软件是用来对网络资源进行管理和对网络进行维护的软件，网络应用软件是为网络用户提供服务并为网络用户解决实际问题的软件。

网络软件最重要的特征是：网络管理软件所研究的重点不是在网络中互连的各个独立的计算机本身的功能，而是在如何实现网络特有的功能。

9.3 计算机网络的体系结构

9.3.1 计算机网络体系结构的定义

网络体系就是为了完成计算机之间的通信合作，把每个计算机的功能划分成定义明确的层次规定，定义了同层次进程通信的协议及相邻层之间的接口及服务。

在这里需要了解三点：
① 层功能：本层具有的通信能力。
② 层服务：本层向上邻层（用户）提供的通信能力。
③ 层协议：为保证层功能实现和层服务的提供而定义的一组有关通信方面的，在语义、语法和时序方面的约定（由相应的标准确定）。有时，同一层次中可能定义多个协议，只有执行相同协议系统之间才能进行通信。

因此可以简单定义网络体系结构：将同层次进程间通信的协议以及相邻层接口统称为网络体系结构。

常见的计算机网络体系结构有 DEC 公司的 DNA 数字网络体系结构、IBM 公司的 SNA 系统网络体系结构等。但是，这些大型公司的网络硬件、软件、网络体系结构等设置各不相同。

为了解决异种计算机系统、异种操作系统及异种网络之间的通信，1977 年国际标准化组织（ISO）为适应网络标准化发展的需求，在吸取了各计算机厂商网络体系标准化经验的基础上，制定了开放系统互联参考模型，形成网络体系结构的国际标准。

9.3.2 通信协议

通过通信信道和设备互连起来的多个不同地理位置的计算机系统，要使其能协同工作实现信息交换和资源共享，它们之间必须有共同的语言，交流什么、怎样交流及何时交流，都必须遵循某种互相都能接受的规则。也就是说，在网络系统中为了保证数据通信双方能正确而自动地进行通信，需要针对通信过程的各种问题，制定一套交互双方必须遵循的规则，这就是网络系统的通信协议。

协议总是指某一层协议，准确地说，它是对同等实体之间的通信制定的有关通信规则约定的集合，即应该发送什么样的控制信息，如何解释这个控制信息，协议的规程说明具有最严格的约束。

其中网络协议设计者不应当设计一个单一、巨大的协议来为所有形式的通信规定完整的细节，而应把通信问题划分成多个小问题，然后为每一个小问题设计一个单独的协议。这样做使得每个协议的设计、分析、时限和测试比较容易。协议划分的一个主要原则是确保目标系统有效且效率高。为了提高效率，每个协议只应该注意没有被其他协议处理过的那部分通信问题；为了主协议的实现更加有效，协议之间应该能够共享特定的数据结构；同时，这些协议的组合应该能处理所有可能的硬件错误以及其他异常情况。为了保证这些协议工作的协同性，应当将协议设计和开发成完整的、协作的协议系列（即协议族），而不是孤立地开发每个协议。这就是随后 OSI 参考模型分层的根本原因所在。

9.3.3 OSI 参考模型

为了解决不同厂家生产的计算机系统之间及网络之间的通信，1977 年国际标准化组织（ISO）为适应网络标准化发展的需求，吸取了各计算机厂商网络体系标准化经验的基础上，制定了开放系统互联（Open System Interconnection，OSI）参考模型，形成网络体系结构的国际标准。OSI 参考模型并不是一个标准，而是一个在制定标准时所使用的概念性的框架。在 OSI 中的"开放"是指只要遵循 OSI 标准，一个系统就可以与位于世界上任何地方、同样遵循同一标准的其他任何系统进行通信；也就是体系结构是抽象的，实现是具体的。

计算机网络系统是一个十分复杂的系统。将一个复杂系统分解为若干个容易处理的子系统，然后"分而治之"，减少研究和实现计算机网络的复杂程度，这种结构化设计方法是工程设计中常见的手段。分层就是系统分解的最好方法之一。由国际标准化组织（ISO）制定的标准化开放式计算机网络层次结构模型如图 9.10 所示。

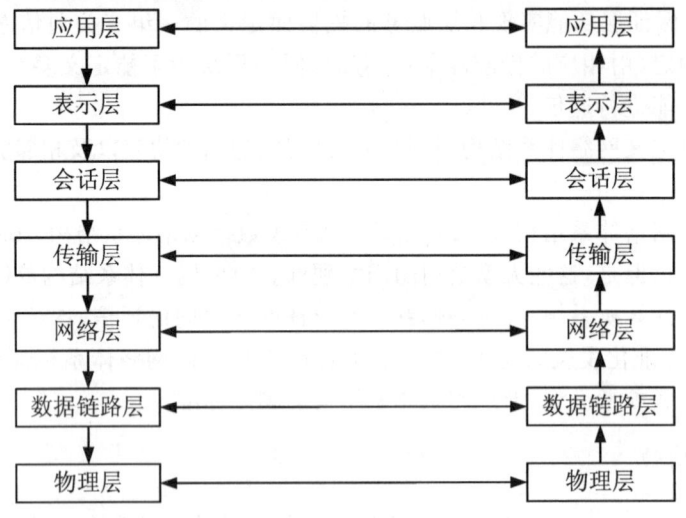

图 9.10　OSI 参考模型

OSI 七层模型从下到上分别为物理层（Physical Layer，PH）、数据链路层（Data Link Layer，DL）、网络层（Network Layer，N）、运输层（Transport Layer，T）、会话层（Session Layer，S）、表示层（Presentation Layer，P）和应用层（Application Layer，A）。

各层功能简要介绍如下：

① 物理层：OSI 模型的最底层或第一层，该层包括物理联网媒介，如电缆连线连接器。物理层的协议产生并检测电压以便发送和接收携带数据的信号。在桌面ＰＣ上插入网络接口卡，

就建立了计算机网的基础。换言之,提供了一个物理层。尽管物理层不提供纠错服务,但它能够设定数据传输速率并监测数据出错率。网络物理问题,如电线断开,将影响物理层。

② 数据链路层:OSI 模型的第二层,它控制网络层与物理层之间的通信。它的主要功能是如何在不可靠的物理线路上进行数据的可靠传递。为了保证传输,从网络层接收到的数据被分割成特定的可被物理层传输的帧。帧是用来移动数据的结构包,它不仅包括原始数据,还包括发送方和接收方的网络地址以及纠错和控制信息。其中的地址确定了帧将发送到何处,而纠错和控制信息则确保帧无差错到达。

数据链路层的功能独立于网络和它的节点和所采用的物理层类型,它也不关心是否正在运行 Word、Excel 或使用 Internet。有一些连接设备,如交换机,由于它们要对帧解码并使用帧信息将数据发送到正确的接收方,所以它们是工作在数据链路层的。

③ 网络层:OSI 模型的第三层,其主要功能是将网络地址翻译成对应的物理地址,并决定如何将数据从发送方路由到接收方。

网络层通过综合考虑发送优先权、网络拥塞程度、服务质量以及可选路由的花费来决定从一个网络中节点 A 到另一个网络中节点 B 的最佳路径。由于网络层处理路由,而路由器因为连接网络各段,并智能指导数据传送,属于网络层。在网络中,"路由"是基于编址方案、使用模式以及可达性来指引数据的发送。

④ 传输层:OSI 模型中最重要的一层。传输协议同时进行流量控制或是基于接收方可接收数据的快慢程度规定适当的发送速率。除此之外,传输层按照网络能处理的最大尺寸将较长的数据包进行强制分割。例如,以太网无法接收大于 1500 字节的数据包。发送方节点的传输层将数据分割成较小的数据片,同时对每一数据片安排一序列号,以便数据到达接收方节点的传输层时,能以正确的顺序重组。该过程即被称为排序。

工作在传输层的一种服务是 TCP / IP 协议套中的 TCP(传输控制协议),另一项传输层服务是 IPX / SPX 协议集的 SPX(序列包交换)。

⑤ 会话层:负责在网络中的两节点之间建立和维持通信。会话层的功能包括建立通信链接,保持会话过程通信链接的畅通,同步两个节点之间的对话,决定通信是否被中断以及通信中断时决定从何处重新发送。

可能常常听到有人把会话层称作网络通信的"交通警察"。当通过拨号 ISP(因特网服务提供商)请求连接到因特网时,ISP 服务器上的会话层向 PC 客户机上的会话层进行协商连接。若电话线偶然从墙上插孔脱落时,终端机上的会话层将检测到连接中断并重新发起连接。会话层通过决定节点通信的优先级和通信时间的长短来设置通信期限。

⑥ 表示层:应用程序和网络之间的翻译官,在表示层,数据将按照网络能理解的方案进行格式化,这种格式化也因所使用网络的类型不同而不同。

表示层管理数据的解密与加密,如系统口令的处理。例如,在 Internet 上查询银行账户,使用的即是一种安全链接。账户数据在发送前被加密,在网络的另一端,表示层将对接收到的数据解密。除此之外,表示层协议还对图片和文件格式信息进行解码和编码。

⑦ 应用层:负责对软件提供接口以使程序能使用网络服务。术语"应用层"并不是指运行在网络上的某个特别应用程序,应用层提供的服务包括文件传输、文件管理以及电子邮件的信息处理。

9.4 互联网应用

9.4.1 Internet 的起源与发展

Internet 是计算机分组交换网的缩写,是一个全球性的计算机互联网络,它的中文名称有"因特网""国际互联网"等,有的称为"信息高速公路"。Internet 并不是一个具体的网络,它是全球最大的、开放的、由众多网络互联而成的一个广泛集合,有人称它为"计算机网络的网络"。

它是利用通信设备和线路将全世界上不同地理位置的功能相对独立的数以千万计的计算机系统互连起来,以功能完善的网络软件(网络通信协议、网络操作系统等)实现网络资源共享和信息交换的数据通信网。

Internet 最早起源于美国国防部高级研究计划署 DARPA(Defence Advanced Research Projects Agency)的前身 ARPAnet,当时建立这个网络的目的只是为了将美国的几个军事及研究用电脑主机连接起来,人们普遍认为这就是 Internet 的雏形。该网于 1969 年投入使用。由此,ARPAnet 成为现代计算机网络诞生的标志。现代计算机网络的许多概念和方法,如分组交换技术都来自 ARPAnet。ARPAnet 不仅进行了租用线互联的分组交换技术研究,而且做了无线、卫星网的分组交换技术研究,其结果导致了 TCP/IP 问世。

1977~1979 年,ARPAnet 推出了目前形式的 TCP/IP 体系结构和协议。1980 年前后,ARPAnet 上的所有计算机开始了 TCP/IP 协议的转换工作,并以 ARPAnet 为主干网建立了初期的因特网。1983 年,ARPAnet 的全部计算机完成了向 TCP/IP 的转换,并在 UNIX(BSD4.1)上实现了 TCP/IP。ARPAnet 在技术上最大的贡献就是 TCP/IP 协议的开发和应用。1985 年,美国国家科学基金组织 NSF 采用 TCP/IP 协议将分布在美国各地的六个为科研教育服务的超级计算机中心互联,并支持地区网络,形成 NSFnet。1986 年,NSFnet 替代 ARPAnet 成为因特网的主干网。

1988 年,因特网开始对外开放。1991 年 6 月,在连通因特网的计算机中,商业用户首次超过了学术界用户,这是因特网发展史上的一个里程碑,商业机构开始进入 Internet,使 Internet 开始了商业化的新进程,也成为 Internet 大发展的强大推动力。从此,因特网成长速度一发不可收拾。1995 年,NSFnet 停止运作,Internet 已彻底商业化了。

现在 Internet 已发展为多元化,不仅仅单纯为科研服务,正逐步进入到日常生活的各个领域。近几年来,Internet 在规模和结构上都有了很大的发展,已经发展成为一个名副其实的"全球网"。

9.4.2 TCP/IP 协议的产生

1972 年,全世界电脑业和通讯业的专家学者在美国华盛顿举行了第一届国际计算机通信会议,就在不同的计算机网络之间进行通信达成协议,会议决定成立 Internet 工作组,负责建立一种能保证计算机之间进行通信的标准规范(即"通信协议");1973 年,美国国防部也开始研究如何实现各种不同网络之间的互联问题。

至 1974 年,IP(Internet 协议)和 TCP(传输控制协议)问世,合称 TCP/IP 协议。TCP/IP 是 Transmission Control Protocol/Internet Protocol 的简写,中文译名为传输控制协议/因特网

互联协议,又叫网络通讯协议,这个协议是 Internet 最基本的协议、Internet 国际互联网络的基础,简单地说,就是由网络层的 IP 协议和传输层的 TCP 协议组成的。这两个协议定义了一种在电脑网络间传送报文(文件或命令)的方法。随后,美国国防部决定向全世界无条件地免费提供 TCP/IP,即向全世界公布解决电脑网络之间通信的核心技术,TCP/IP 协议核心技术的公开最终导致了 Internet 的大发展。

通俗来讲,TCP 负责发现传输的问题,一有问题就发出信号,要求重新传输,直到所有数据安全正确地传输到目的地,而 IP 是给因特网的每一台电脑规定一个地址。

到 1980 年,世界上既有使用 TCP/IP 协议的美国军方的 ARPA 网,也有很多使用其他通信协议的各种网络。为了将这些网络连接起来,美国人温顿·瑟夫(Vinton Cerf)提出一个想法:在每个网络内部各自使用自己的通讯协议,在和其他网络通信时使用 TCP/IP 协议。这个设想最终导致了 Internet 的诞生,并确立了 TCP/IP 协议在网络互联方面不可动摇的地位。

9.4.3 IP 地址和域名

1. IP 地址(IPv4)

每一个 Internet 上的主机在它连接的子网内都有唯一的一个网络地址,每一个网络地址都有它的物理地址和其对应的 IP 地址或域名。

(1) 物理地址

每一个物理网络中的主机都有其真实的物理地址,这是网卡制造者制作在网卡上的无法改变的地址码。物理网络的技术和标准不同,其网卡地址编码也不同。例如,以太网网卡地址用 48 位二进制数编码,因此,可以用 12 个十六进制数表示一个网卡物理地址。

(2) IP 地址

为了确保 Internet 上的主机地址的唯一性、灵活性和适应性,Internet 要对每一台主机进行统一编址,因此,产生了 IP 地址。现有两个版本:IPv4(4.0 版,通常称为 IP 地址)、IPv6(6.0 版)。

所谓 IP 地址就是给每个连接在 Internet 上的主机分配的一个 32bit 地址。按照 TCP/IP 协议规定,IP 地址用二进制来表示,每个 IP 地址的长度为 32 位,分为 4 段,每段 8 位,用十进制数字表示,每段数字范围为 0~255,段与段之间用句点隔开。例如,一个采用二进制形式的 IP 地址是"00001010000000000000000000000001",这么长的地址,人们处理起来也太费劲了。为了方便人们的使用,IP 地址经常被写成十进制的形式,中间使用符号"."分开不同的字节。于是,上面的 IP 地址可以表示为"10.0.0.1"。IP 地址的这种表示法叫作"点分十进制表示法",这显然比 1 和 0 容易记忆得多。

Internet 上的主机唯一的 IP 地址,它和网卡上的物理地址之间的相互转换依靠 IP 协议提供的地址解析协议(ARP)和反向地址解析协议(RARP)两个子协议。IP 协议就是使用这个地址在主机之间传递信息,这是 Internet 能够运行的基础。APR 协议其功能是将 Internet 逻辑地址(IP 地址)转换成物理网络地址。RARP 协议其功能是将物理网络地址转换成 Internet 逻辑地址(IP 地址)。

IP 地址有两部分组成,由网络 ID 和主机 ID 两部分构成。根据网络规模,IP 的编址方案将 IP 地址分为 A 到 E 五类,其中 A、B、C 类称为基本类,用于主机地址,D 类用于组播,E 类为保留不用,常用的是 B 和 C 两类,如图 9.11 所示。

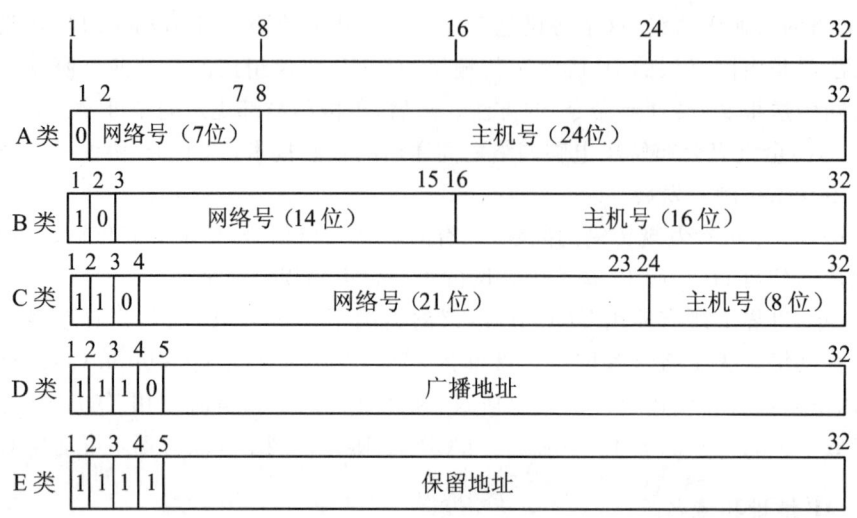

图 9.11 IP 地址编址方案

由图 9.11 可知,用此种方法表示的 IP 地址范围为 0.0.0.0 到 255.255.255.255。5 类 IP 地址的十进制数表示范围如下:

A 类:0.0.0.0~127.255.255.255

B 类:128.0.0.0~191.255.255.255

C 类:192.0.0.0~223.255.255.255

D 类:224.0.0.0~239.255.255.255

E 类:240.0.0.0~249.255.255.255

A 类地址用于主机数目非常多且超大规模的网络。A 类地址的最高位为 0,接下来的 7 位完成网络 ID,剩余的 24 位二进制位代表主机 ID。第一个字节在 1~126。A 类地址理论上允许 128 个网络,实际上可用的有 126(2^7-2,其中有两个特殊使用,即全 0 和全 1)个,每个网络最多可设 $2^{24}-2$ 台主机。

B 类地址用于中型到大型网络,该类地址的前两个字节为网络 ID,后两个字节为主机 ID。B 类地址的最高位为 10,接下来的 14 位完成网络 ID,剩余的 16 位二进制位代表主机 ID。第一个字节在 128~191。B 类地址理论上共有 16384 个网络,实际上可用的有 16382($2^{14}-2$)个,每个网络最多可设 65534($2^{16}-2$)台主机。

C 类地址用于小型本地网络,该类地址的前三个字节为网络 ID,最后一个字节为主机 ID。C 类地址的最高位为 110,接下来的 21 位完成网络 ID,剩余的 8 位二进制位代表主机 ID。第一个字节在 192~223。C 类地址共有约 200 万($2^{21}-2$)个网络,每个网络最多可设 254(2^8-2)台主机。

D 类地址用于多重广播组(广播传送给多个目的地址用)。一个多重广播组可能包括一台或更多台主机,或根本没有。D 类地址的最高位为 1110,第一个字节在 224~239。剩余的位设计给客户机参见的特定组。在多重广播组中没有网络或主机位,数据包将传送到网络中选定的主机子集中。只有注册了多重广播地址的主机才能接收到数据包。Microsoft 支持 D 类地址,用于应用程序将多重广播数据发送到网络间的主机上,包括 WINS 和 Microsoft NetShow。

E 类地址是一个通常不使用的实验性地址,它保留作为以后使用。E 类地址的最高位通常为 11110,第一个字节在 240~239。对于 248~254 位无规定。

IP 地址规则如表 9.1 所示,网络 ID 与主机 ID 的规则:

① 不能全为"0"或"255"。

② 网络 ID 不能为"127","127"是一个特殊的网络 ID,是用来检查 TCP/IP 协议的工作状态。

③ 每个 ID 具有唯一性。

④ 主机 ID 是"255"的作为广播地址。A 类为 X.255.255.255 直接广播,B 类为 X.B.255.255 直接广播,C 类为 X.C.C.255 直接广播。

表 9.1 IP 地址的规则

网络 ID	主机 ID	代表意义
全 0	全 0	无效、未知主机
非全 0	全 0	具体的网络
全 0	非全 0、全 1	本地网的具体主机
全 1	非全 0、全 1	无效或子网掩码
非全 0、非全 1	全 1	直接广播
全 1	全 1	有限广播

保留的 IP 地址:为了满足像企业网、校园网、办公室、网吧等内部网络使用 TCP/IP 协议的需要,IANA(Internet Assigned Numbers Authority)将 A、B、C 类地址的一部分保留下来作为私人 IP 地址空间。保留 IP 地址的特点是当局域网使用这些地址并接入 Internet 时,它们不会与 Internet 相连的其他使用相同 IP 地址的局域网发生地址冲突。正因为如此,所以当组建一个局域网时,内部网络的 IP 地址可选择保留的 IP 地址,这样当该局域网接入 Internet 后,即使与 Internet 相连的其他局域网也使用了相同的 IP 地址范围(事实上有成千上万的局域网在使用着这些 IP 地址),但它们之间不会发生 IP 地址的冲突。保留 IP 地址的范围如表 9.2 所示。

表 9.2 保留 IP 地址的范围

类别	IP 地址范围	网络 ID	网络数
A	10.0.0.0~10.255.255.255	10	1
B	172.16.0.0~172.31.255.255	172.16~172.31	16
C	192.168.0.0~192.168.255.255	192.168.0~192.168.255	256

2. 子网划分

(1) 子网和主机

图 9.12 显示了一个 B 类地址的子网地址表示方法。此例中,B 类地址的主机地址共 16 位,用它的高 7 位作为子网地址,主机地址的低 9 位作为每个子网的主机号。

假定原来的网络地址为 129.10.0.0,划分子网后,129.10.2.0 表示第 1 个子网;129.10.4.0 表示第 2 个子网,……

在这个方案中,最多可以有 $2^7-2=126$ 个子网(不含全 0 和全 1 的子网,因为路由协议不支持全 0 或全 1 的子网掩码,全 0 和全 1 的网段都不能使用)。每个子网最多可以有 $2^9-2=510$ 台主机(不含全 0 和全 1 的主机)。

子网地址的位数没有限制(但显然不能是 1 位,其实 1 位的子网地址相当于并未划分子网,主机地址也不能只保留 1 位),可由网络管理人员根据所需子网个数和子网中主机数目确定。

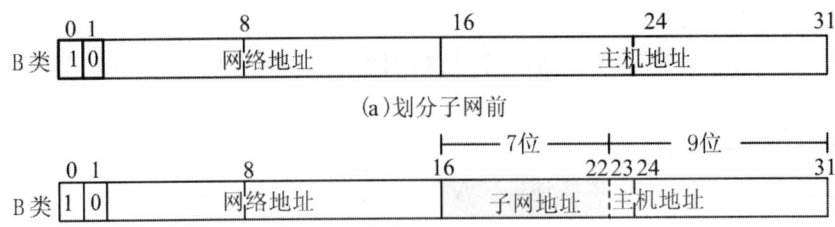

图 9.12 B 类地址划分

(2) 子网掩码(网络掩码)

IP 地址能适应于不同的网络规模,但是个人电脑普及使小型网络(特别是小型局域网络)越来越多,网络中的每个电脑必须有唯一的 IP 地址,这样 IP 地址非常浪费(即使采用 C 类地址),为了克服 IP 地址浪费,并且在数据的传输中,路由器必须从 IP 数据报的目的 IP 地址中分离出网络地址,才能知道下一站的位置。为了分离网络地址,就要使用网络掩码。

网络掩码为 32 位二进制数值,分别对应 IP 地址的 32 位二进制数值。对于 IP 地址中的网络号部分在网络掩码中用"1"表示,对于 IP 地址中的主机号部分在网络掩码中用"0"表示。

A 类地址的网络掩码为:255.0.0.0。

B 类地址的网络掩码为:255.255.0.0。

C 类地址的网络掩码为:255.255.255.0。

划分子网后,将 IP 地址的网络掩码中相对于子网地址的位设置为 1(与 IP 地址的网络号和子网号相对应的位用"1"表示,与 IP 地址的主机号相对应的位用"0"表示),就形成了子网掩码,又称子网屏蔽码,它可从 IP 地址中分离出子网地址,供路由器选择路由。换句话说,子网掩码用来确定如何划分子网。

如图 9.12 所示的例子,B 类 IP 地址中划分子网后主机地址的高 7 位设为子网地址,则其子网掩码为 255.255.254.0。

可以将子网掩码与 IP 地址的逻辑运算获得网络地址和主机地址。

获取网络地址的方法:将网络掩码与 IP 地址按二进制位做逻辑与运算。

获取主机地址的方法:将掩码反码与 IP 地址按二进制位做逻辑与运算。

在局域网中,各个主机的 IP 地址与其相应的子网掩码进行逻辑与运算后,若结果相同,则它们属于同一个网段,否则它们属于不同的网段。例如,在一个局域网中,有三台主机的 IP 地址分别为 202.200.119.27、202.200.119.23 和 202.200.203.105,若该局域网中每台主机的子网掩码都是 255.255.255.0,则将这三台主机的 IP 地址与其子网掩码进行逻辑与运算得到结果分别是 202.200.117.0 和 202.200.203.0。由此说明,前两个 IP 地址的主机属于同一个网段,而第三个 IP 地址的主机属于另外一个网段。

因此,网络掩码主要有两大作用:

① 充分利用 IP 地址,减少地址空间浪费。它可将一个网段划分为多个子网段,便于网络管理。

② 便于网络设备尽快地区分本网段地址和非本网段的地址。

3. IPv6

随着网络的迅猛发展、全球数字化和信息化步伐的加快,越来越多的设备、电器、各种机构、个人等加入到争夺 IP 地址的行列中，IPv4 地址资源的匮乏，促使了 IPv6 的产生。

IPv6 是下一代网络的核心协议，它在下一代网络的演进中，在基础设施、设备服务、媒体应用、电子商务等方面将形成具有巨大潜力的产业。IPv6 对我国也具有非常重要的意义。

IPv6 只能在发展中不断完善，不可能在一夜之间发生，过渡需要时间和成本，但从长远看，IPv6 有利于互联网的持续和长久发展。目前，国际互联网组织已经决定成立两个专门工作组，制定相应的国际标准。

进入 21 世纪，在美国、欧洲、日本已经出现了 IPv6 商用网。我国在 2003 年 8 月启动了中国下一代互联网示范工程 CNGI 项目，开始建设我国自己的基于 IPv6 的下一代互联网。2004 年底，CNGI 核心网之一——CERNET2 主干网建成，成为目前全球最大的纯 IPv6 网络。2008 年奥运会也体现了使用 IPV6 后在视频、音频方面的高质量保证。

4. 域名

IP 地址是一串数字，显然人们记忆有意义的字符串比记忆数字更容易。为此，因特网采用了域名系统，将二进制的 IP 地址转换成字符型地址，即域名地址，简称域名（Domain Name）。

网络中命名资源（如客户机、服务器、路由器等）的管理集合即构成域（Domain）。从逻辑上，所有域自上而下形成一个森林状结构，每个域都可包含多个主机和多个子域，树叶域通常对应于一台主机。每个域或子域都有其固有的域名。

Internet 所采用的这种基于域的层次结构名字管理机制叫作域名系统（Domain Name System，DNS）。它一方面规定了域名语法以及域名管理特权的分派规则，另一方面描述了关于域名－地址映射的具体实现。

域名系统将整个 Internet 视为一个由不同层次的域组成的集合体，即域名空间，并设定域名采用层次型命名法，从左到右，从小范围到大范围，表示主机所属的层次关系。

域名由字母、数字和连字符组成，开头和结尾必须是字母或数字，最长不超过 63 个字符，而且不区分大小写。完整的域名总长度不超过 255 个字符。在实际使用中，每个域名的长度一般小于 8 个字符。通常格式如下：主机名.机构名.网络名.最高域名。比如，www.henu.edu.cn 就是河南大学一台计算机的域名地址。

顶层域名又称最高域名，分为两类：一类通常由三个字母构成，一般为机构名，是国际顶级域名；另一类由两个字母组成，一般为国家或地区的地理名称。

① 机构名称。如表 9.3 所示。
② 地理名称。如 cn 代表中国，us 代表美国，ru 代表俄罗斯等，如表 9.4 所示。

表 9.3 国际顶级域名－机构名称

域名	含义	域名	含义
com	商业机构	net	网络组织
edu	教育机构	int	国际结构
gov	政府部门	org	其他非盈利组织
mil	军事机构		

表 9.4 国家或地区代码

地区代码	国家或地区	地区代码	国家或地区
AU	澳大利亚	JP	日本
BR	巴西	KR	韩国
CA	加拿大	MO	中国澳门
CN	中国	RU	俄罗斯
FR	法国	SG	新加坡
DE	德国	TW	中国台湾
HK	中国香港	UK	英国

例如,www.henu.edu.cn,cn 代表中国,edu 代表教育机构,henu 代表河南大学,www 代表万维网,从这个域名例子中我们可以看出域名的命名规则。

IP 地址和域名相对应,域名也是全球唯一的。域名是 IP 地址的字符表示,目的是便于记忆,它与 IP 地址是等效的。

因特网中的一台主机只能有一个 IP 地址,而一个 IP 地址可以对应有多个域名(一般用于不同的目的)。这有点类似于人的身份证和姓名之间的关系:一个人只能拥有唯一的身份证号码(IP 地址),而可以有多个名字(域名),如曾用名、笔名、昵称等。

一台主机从一个地方移到另一个地方,当它属于不同的网络时,其 IP 地址必须更换,但是可以保留原来的域名。

将域名翻译为对应 IP 地址的过程称为域名解析(Name Resolution)。

运行域名和 IP 地址转换服务软件的计算机称作域名服务器(Domain Name Server,DNS),它负责管理、存放当前域的主机名和 IP 地址的数据库文件,以及下级子域的域名服务器信息。DNS 是今天在 Internet 上成功运作的名字服务系统。Internet 的应用服务,如电子邮件系统、远程登录、文件传输、WWW 等都需要 DNS 服务。

当用户使用 IP 地址时,负责管理的计算机可直接与对应的主机联系,而使用域名时,则先将域名送往域名服务器 DNS,通过服务器上的域名和 IP 地址对照表翻译成相应的 IP 地址,传回负责管理的计算机后,再通过该 IP 地址与主机联系。

9.4.4 Internet 的服务功能

因特网的巨大吸引力,来源于它的无以计数的信息资源和高效的服务功能。下面介绍因特网的电子邮件、文件传输、远程登录、万维网等几大主要功能。

1. 电子邮件(E-mail)

电子邮件是因特网最基本、最重要的服务功能,通过网上电子邮件工具,用户之间可以彼此快捷地收发电子邮件。由于因特网几乎覆盖了全世界的所有国家,因此它成了最为便捷的全球通信工具。

(1) 电子邮件系统组成

电子邮件系统主要由三部分组成:用户代理、邮件服务器和电子邮件使用的协议,如图9.13所示。

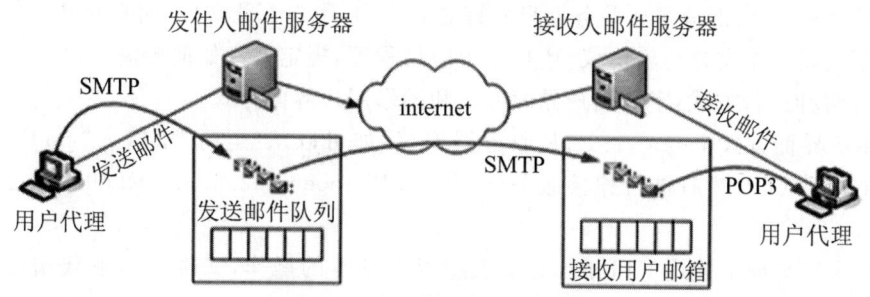

图 9.13 电子邮件系统的组成

用户代理(User Agent):是用户和电子邮件系统的接口,它使用户通过一个友好的接口(如图形窗口界面)来发送和接收邮件。

邮件服务器:是电子邮件系统的核心构件,其功能是发送和接收邮件,同时还要向发信人报告邮件传送的情况。

邮件服务器使用的协议:SMTP(Simple Mail Transfer Protocol)用于发送邮件,当两台使用 SMTP 协议的计算机通过 Internet 实现了连接,它们之间就可以进行邮件交换;POP3(Post Office Protocol)用于接收邮件,主要是用于处理电子邮件客户如何从邮件服务器中取回等待的邮件。

(2) 它的工作方式

电子邮件系统使用的协议是 SMTP 和 POP3,并采用"存储-转发"的工作方式。在这种工作方式下,当用户向对方发送邮件时,邮件从该用户的计算机发出,通过网络中的发送服务器及多台路由器中转,最后到达目的服务器,并把该邮件存储在对方的邮箱中;当对方启用电子邮件软件进行联机接收时,邮件再从其邮箱中转发到他的计算机中。

与普通邮件一样,电子邮件也必须按地址发送。电子邮件地址标识邮箱在网络中的位置,E-mail 地址的一般格式为 username@hostname.domainname,其中 username 指用户在申请时所得到的账户名;@ 即"at",意为"在";hostname 指账户所在的主机,有时可省略;domainname 是指主机的 Internet 域名。例如,Hw@henu.edu.cn,其中 Hw 是账户名,这一账户在域名为 henu.edu.cn 的主机上。

电子邮件系统的设置如下例描述。设置你的姓名,如木木;设置你的 E-mail 地址,如 mumu@mail.shu.edu.cn;设置你的邮件服务器:POP3 服务器,如 mail.shu.edu.cn,SMTP 服务器,如 smtp.shu.edu.cn;设置你的登录账号,如 mumu,设置你的密码,如 ********。

2. 文件传输(FTP)

文件传输可以将一台计算机上的文件传送到另一台计算机,且与计算机的位置无关。为了在具有不同结构、运行不同操作系统的计算机之间能够交换文件(上传或下载),达到资源共享的目的,需要有一个统一的文件传输协议(File Transfer Protocol),即 FTP。

FTP 服务器包括匿名 FTP 服务器和非匿名 FTP 服务器两类。

匿名 FTP 服务器是任何用户都可以自由访问的 FTP 服务器,当用户登录时,使用"anonymous"(匿名)用户名和一个任意的口令就可以访问了。

非匿名 FTP 服务器,用户必须首先获得该服务器系统管理员分配的用户名和口令,才能登录和访问(如作业服务器)。连接到 FTP 服务器,输入有效的账号和口令后,才能将文件下载(download)到自己的计算机。

出于安全考虑，大部分匿名服务器只允许匿名 FTP 用户下载文件，而不允许上传文件。

FTP 不仅是一个文件传输协议，还是一个应用程序，规定文件如何传输。

FTP 有两种运行方式，字符用户界面方式和图形用户界面方式。

字符用户界面方式下与一个 FTP 服务器连接，如可以从"运行"中输入"cmd"，然后输入"ftp"，即启动了 FTP；然后进行连接服务器，如 FTP＞open 202.123.122.69。自己可动手练习。

注意在字符界面下使用 FTP 时，需要熟悉以下基本的操作，文件上传下载用命令：get 或 recv 文件名；传输多个文件可用：mget——传输多个文件，文件命名：get 文件名新文件名，断开连接：bye——退出 FTP、disconnect——留在 FTP 中。

图形用户界面下可以直接输入 FTP 202.123.122.69，这里只是举例服务器的例子（202.123.122.69），可以利用身边的真实可用的服务器去练习。

常用的软件有 CuteFTP、Serv-U 等。

3. 远程登录(Telnet)

远程登录是为了共享资源而设的，但并不意味着任何一台主机都允许随便什么人登陆，更不意味着可以完全免费地使用别人系统的全部资源。要使用这些超级计算机或主机资源时，首先要提交使用计算机资源的充分理由和申请在该机上建立账户。当建立好账号后，进入该主机登录时，必须输入用户名(User ID)和口令(Password)。计算机管理员(主机的超级用户)对不同账户可以给予不同的权限，如有的只准许浏览部分文件，有的可以运行某些程序，而有些可以使用全部资源。但很多 Internet 上的主机提供特殊的账户供普通访问者登录，但只允许访问者运行某些服务程序如 ftp，及浏览部分目录和文件等。使用这些服务程序花费的主机开销是全部免费的。使用远程登录所联的那台主机称为远程系统(Remote Site, Remote Machine)或服务器端，而用户自己的计算机称为本地系统(Local Machine)或客户端。

Telnet 远程登录程序由运行在用户的本地计算机(客户端)上的 Telnet 客户程序和运行在要登录的远程计算机(服务器端)上的 Telnet 服务器程序所组成。

远程登录允许将自己的本地计算机与远处的服务器进行连接，然后在本地计算机上发出字符命令送到远程的计算机上执行。远程登录所对应的通信协议称为 Telnet，所以远程登录功能又称为 Telnet 功能。

利用远程登录功能，使本地的计算机能作为远程的高性能计算机的终端进行工作，充分共享了网络的软硬件资源。Telnet 的应用体现以下这些方面，如作为高性能超级计算机完成复杂的运算，可以作为访问 BBS 的途径之一，可以作为公共文献检索系统查询等。

运行 Telnet 程序进行远程登录的方法之一是，直接输入命令：Telnet ＜远程主机网络地址＞。例如，登录复旦大学的 BBS，在 PC 机上从开始——运行——，输入：telnet bbs.fudan.edu.cn。。

4. 万维网(WWW)

WWW(World Wide Web)又称万维网，简称为 Web 或 3W，是 Internet 技术发展中的一个重要里程碑。

WWW 中使用了一种重要信息处理技术——超文本(Hypertext)。它是文本与检索项共存的一种文件表示和信息描述方法。查找和表示信息，利用链接从一个站点跳到另一个站点，彻底摆脱了以前查询工具只能按特定路径一步步地查找信息的限制。

WWW 提供了一种简单、统一的方法来获取网络上丰富多彩的信息,它屏蔽了网络内部的复杂性,WWW 技术为 Internet 的全球普及扫除了技术障碍,促进了网络飞速发展,已成为 Internet 最有价值的服务。

超文本置标语言(Hypertext Markup Language,HTML),它是一种专门用于 WWW 的编程语言。超文本文件是按其格式写成,WWW 文本不仅含有文本和图像,还含有超链接,超链接还可以指向声音、电影等多媒体。

WWW 由三部分组成:浏览器(Browser)、Web 服务器(Web Server)和超文本传送协议(HTTP)。浏览器向 Web 服务器发出请求,Web 服务器向浏览器返回其所要的万维网文档,然后浏览器解释该文档,并按照一定的格式将其显示在屏幕上。浏览器与 Web 服务器使用 HTTP 进行互相通信。为了指定用户所要求的万维网文档,浏览器发出的请求采用 URL 形式描述。

WWW 工作原理:WWW 采用客户机/服务器(C/S)模式,客户端软件称为 WWW 浏览器(Browser),简称浏览器。浏览器软件种类繁多,目前常见的有 IE(Internet Explorer)、Netscape Navigator、世界之窗浏览器等,浏览器和服务器之间通过超文本传输协议(HyperText Transfer Protocol,HTTP)进行通信和对话,该协议建立在 TCP 连接之上,默认端口为 80。用户通过浏览器建立与 WWW 服务器的连接,交互地浏览和查询信息。

(1) 统一资源定位符 URL

WWW 的一个重要特点就是采用了统一资源定位符 URL(Uniform Resource Locator),URL 是一种用来唯一标识网络信息资源的位置和存取方式的机制,是 WWW 中用来寻找资源地址的办法。URL 的思想是为了使所有的信息资源都能得到有效利用,从而将分散的孤立信息点连接起来,实现资源(指在 Internet 可以被访问的任何对象,包括文档、图像、声音、视频等)的统一寻址。

URL 的格式由三部分组成:协议、主机名和端口、路径。其中对于常用服务端口可以省略,格式如下:<协议>://<主机的域名或 IP 地址>:<端口>/<路径文件名>

① 第一部分是协议(或称服务方式,目前支持 http、ftp、telnet 等);
② 第二部分是存有该资源的主机 IP 地址(有时也包括端口号);
③ 第三部分是主机资源的具体地址,如目录和文件名等;
④ 第一部分和第二部分之间用"://"符号隔开;
⑤ 第二部分和第三部分用"/"符号隔开;
⑥ 第一部分和第二部分是不可缺少的,第三部分有时可以省略。

其中,<协议>定义所要访问的资源类型(见表 9.5)。如果路径文件名缺省,大部分主机会提供一个缺省的文件名,如 index.html、default.html 或 homepage.html 等。例如,

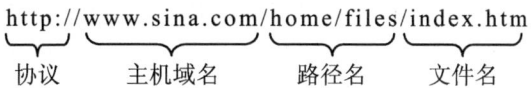

http://www.sina.com/home/files/index.htm
协议　　主机域名　　路径名　　文件名

表 9.5 部分资源类型的含义

资源类型	含义
file	访问本地主机
ftp	访问 FTP 服务器
http	访问 WWW 服务器
telnet	访问 Telnet 服务器

(2) 超文本传送协议 HTTP(WWW 工作过程)

浏览器首先向 WWW 服务器发出 HTTP 请求,WWW 服务器作出 HTTP 应答并返回给浏览器,然后浏览器装载超文本页面,并解释 HTML,从而显示给用户。工作过程如图 9.14 所示。

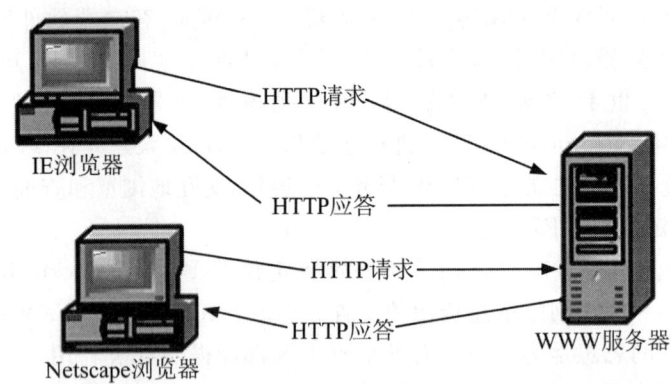

图 9.14 WWW 工作过程

9.5 无线通信技术

9.5.1 无线通信技术简介

无线通信是指利用电磁波信号在自由空间传播的特性进行信息交换的一种通信方式,近年来在信息通信领域中发展最快、应用最广的一种技术。与"有线"方式相比,具有不用架线、灵活性强的优点。

(1) 无线通信技术发展历史

1896 年,马克尼发明无线电报,标志着无线通信技术的诞生,在无线通信初期,受技术条件限制,大量使用长波及中波通信。20 世纪 20 年代初,短波通信开始出现,目前对应急通信和军用通信依然有一定的使用价值。

(2) 无线通信技术发展的五个阶段

第一阶段:20 年代初至 50 年代初,舰船及军用,短波及电子管技术。

第二阶段:50 年代至 60 年代,扩展至 450MHz,半导体器件技术,移动环境中的专用系统。

第三阶段:70 年代初至 80 年代初,800MHz,蜂窝系统概念(贝尔实验室)。

第四阶段:80 年代初至 90 年代末,900MHz~1.9GHz,二代数字移动通信,个人业务。

第五阶段:90年代末至今,移动数据、计算、多媒体运作需求,三代数字移动通信兴起。

(3) 无线通信技术种类

按传输距离分:

近距离:小于等于1m,如RFID、NFC等。

短距离:1m至几百米,如红外、蓝牙、Wi-Fi、HomeRF、UWB、UHF无线数传、Zigbee等。

中距离:几百米至几千米,如微波通信。

长距离:可至几百千米,如GPRS、GSM、3G等。

按移动性分:固定接入和移动接入技术。

(4) 无线通信技术发展趋势:

① 联合化和一体化:联合各种技术手段,采用一体化的思路建设无线通信网络。

② 宽带化:更宽的网络带宽和更高的通信效率。

③ 网络的融合化:包括核心网、接入技术,以及业务的融合。其中核心网的融合表现为移动与固定网络,通信、计算机与广电网,以及信息通信网与基于传感器和RFID的物联网融合。

④ 无线通信终端的信息个人化:移动智能终端将是移动智能网与IP技术的进一步融合。

⑤ 无线通信技术的跨行业创新应用:多个学科,如健康、生物、环境、信息之间彼此关联。

9.5.2 典型无线通信技术

(1) 蓝牙技术

蓝牙(Bluetooth©)是一种无线技术标准,可实现固定设备、移动设备和楼宇个人域网之间的短距离数据交换(使用2.4~2.485GHz的ISM波段的UHF无线电波)。蓝牙技术最初由电信巨头爱立信公司于1994年创制,当时是作为RS232数据线的替代方案。蓝牙可连接多个设备,克服了数据同步的难题。

如今蓝牙由蓝牙技术联盟(Bluetooth Special Interest Group,SIG)管理。蓝牙技术联盟在全球拥有超过25 000家成员公司,它们分布在电信、计算机、网络和消费电子等多重领域。IEEE将蓝牙技术列为IEEE 802.15.1,但如今已不再维持该标准。蓝牙技术联盟负责监督蓝牙规范的开发,管理认证项目,并维护商标权益。制造商的设备必须符合蓝牙技术联盟的标准才能以"蓝牙设备"的名义进入市场。蓝牙技术拥有一套专利网络,可发放给符合标准的设备。

蓝牙技术可以在包括移动电话、PDA(Personal Digital Assistant,掌上电脑)、无线耳机、笔记本电脑、相关外设等众多设备之间进行无线信息交换。蓝牙技术主要用于点对点的文件传输,通过彼此之间的配对连接进行信息交换。

目前蓝牙技术的应用非常普遍,产品涉及PC、移动电话等信息设备和A/V设备、汽车电子、家用电器和工业设备等领域,如各种无线设备(如PDA、手机登)、图像处理设备、消费娱乐产品、汽车产品、家用电器、楼宇无线局域网、医疗健身设备、玩具等。

(2) Wi-Fi技术

Wi-Fi是一种允许电子设备连接到一个无线局域网(WLAN)的技术,通常使用2.4G UHF或5G SHF ISM、射频频段。连接到无线局域网通常是有密码保护的;但也可是开放的,这样就允许任何在WLAN范围内的设备可以连接上。无线保真是一个无线网络通信技术的品牌,由Wi-Fi联盟所持有,目的是改善基于IEEE 802.11标准的无线网路产品之间的互通性。有人把使用IEEE 802.11系列协议的局域网称为无线保真,甚至把无线保真等同于无线网际网路(Wi-Fi是WLAN的重要组成部分)。

但是无线保真信号也是由有线网提供的,如家里的 ADSL、小区宽带等,只要接一个无线路由器,就可以把有线信号转换成无线保真信号。

Wi-Fi 主要的应用为无线接入互联网,任何支持 Wi-Fi 的设备在 Wi-Fi 热点覆盖的地方,均可以无线接入互联网,而大部分 Wi-Fi 热点均位于大众访问的地方,如机场、大型办公室、车间、酒店宾馆、旅馆、书店以及校园等。

Wi-Fi 典型的行业应用主要有:

① 交通运输:航空行李及货物控制、移动售票、无线安全监控、停车管理系统、机场因特网访问无线接入等。

② 医疗:病房看护监控、生理支持系统及监护、急救系统监控等。

③ 教育:迅速构建校区网络、学生宿舍网络接入系统、学术交流的临时性网络等。

(3) UHF 无线数传技术

无线数传技术是一种无线数据传输技术,用户可以通过无线数传部分或全部的替代有线传输,将原本有线的数据链路无线化,以达到减少布线、降低成本的目的,多用于环境恶劣人烟稀少或者不方便布线的场合。

典型的无线数传技术利用无线信道实现远程数据传输,可兼具通话功能,有效覆盖半径因产品而异,可长达几十千米。无线数传技术一般使用 VHF 和 UHF 频段,其中 UHF 频段抗干扰能力强,并支持各种点对点、点对多点的无线数据通信方式,具有收发一体、安全隔离、安装隔离、使用简单、性价比高、稳定可靠等优点。

无线数传技术一般用于条件比较恶劣的工业远程控制与测量场合,即通常所说的"三遥"(即遥控、遥测、遥感)系统,因此对技术指标及可靠性的要求很严格,常见应用包括航海通信、LED 屏幕控制、POS 机的联网、交通联网控制、PLC 控制与管理、停车设备联网控制、水力、电力、油田数据监测以及其他 RS-232/485 设备联网应用等。

(4) GPRS 技术

移动通信技术从第一代的模拟通信系统发展到第二代的数字通信系统,以及之后的 3G、4G、5G,正以突飞猛进的速度发展。在第二代移动通信技术中,GSM 的应用最广泛。但是 GSM 系统只能进行电路域的数据交换,且最高传输速率为 9.6kbit/s,难以满足数据业务的需求。因此,欧洲电信标准委员会(ETSI)推出了 GPRS(General Packet Radio Service,通用分组无线业务)。

分组交换技术是计算机网络上一项重要的数据传输技术。为了实现从传统语音业务到新兴数据业务的支持,GPRS 在原 GSM 网络的基础上叠加了支持高速分组数据的网络,向用户提供 WAP 浏览(浏览因特网页面)、E-mail 等功能,推动了移动数据业务的初次飞跃发展,实现了移动通信技术和数据通信技术(尤其是 Internet 技术)的完美结合。

GPRS 是介于 2G 和 3G 之间的技术,也被称为 2.5G。它后面还有个 EDGE,被称为 2.75G。它们为实现从 GSM 向 3G 的平滑过渡奠定了基础。

GPRS 主要应用范围包括移动办公、移动商务、移动信息服务、移动互联网和多媒体业务等。

9.6 网络安全概述

据统计,每年全球因计算机网络的安全系统被破坏而造成的经济损失达数百亿美元。网络安全技术,尤其是网络信息的安全,关系到个人、企业甚至是国家的信息安全。

9.6.1 网络安全的含义

从本质上来讲,网络安全就是网络上的信息安全。从广义上讲,凡是涉及网络信息的保密性、完整性、可用性、真实性和可控性的相关技术和理论都是网络完全所要研究的领域。网络信息安全涉及计算机技术、网络技术、通信技术、密码技术、应用数学、数论等多种学科和技术。一般认为,网络的安全是指网络系统的硬件、软件及其系统中的数据受到保护,不受偶然的或者恶意的原因而遭到破坏、更改、泄露,系统连续可靠正常地运行,网络服务不中断。

从内容来看,网络安全大致包括以下四个方面。

① 网络实体安全:计算机机房的物理条件、物理环境及设施的安全,计算机硬件、附属设备及网络传输线路的安装及配置等。

② 软件安全:保护网络系统不被非法侵入,系统软件与应用软件不被非法复制、篡改,不受病毒的侵害等。

③ 数据安全:保护数据不被非法存取,确保完整性、一致性、机密性等。

④ 安全管理:运行时对突发事件的安全处理等,包括采取计算机安全技术,建立安全管理制度,开展安全审计,进行风险分析等。

从安全属性来看,网络完全包括以下五个基本要素。

(1) 完整性(Integrity)

完整性指维护信息的一致性,即信息在生成、传输、存储和使用过程中不应发生人为或非人为的非授权篡改。一般通过访问控制阻止篡改行为,同时通过消息摘要算法来检验信息是否被篡改。信息的完整性包括两个方面:

① 数据完整性:数据没有被(未授权)篡改或者损坏;

② 系统完整性:系统未被非法操纵,按既定的目标运行。

(2) 机密性(Confidentiality)

机密性指保证信息不能被非授权访问,即使非授权用户得到信息也无法知晓信息内容,因而不能使用。它的任务是确保信息不会被未授权的用户访问。通常通过访问控制阻止非授权用户获得机密信息,通过加密变换阻止非授权用户获知信息内容。

(3) 可用性(Availability)

可用性指保障信息资源随时可提供服务的能力特性,即授权用户根据需要可以随时访问所需信息。可用性是信息资源服务功能和性能可靠性的度量,涉及物理、网络、系统、数据、应用和用户等多方面的因素,是对信息网络总体可靠性的要求。

(4) 不可否认性(Non-repudiation)

不可否认性指通信双方在信息交互过程中,确信参与者本身,以及参与者所提供的信息的真实同一性,即所有参与者都不可能否认或抵赖本人的真实身份,以及提供信息的原样性和完成的操作与承诺。

(5) 可控性(Controllability)

可控性指对流通在网络系统中的信息传播及具体内容能够实现有效控制的特性,即网络系统中的任何信息要在一定传输范围和存放空间内可控。美国政府提倡"密钥托管""密钥恢复"等措施就是实现信息安全可控性的例子。

其中,完整性、机密性、可用性也称为信息安全的三要素。

9.6.2 影响网络安全的因素

1. 网络系统自身的脆弱性

网络系统自身的脆弱性是指系统的硬件资源、通信资源、软件及信息资源等因可预见或不可预见甚至恶意的原因,可能导致系统受到破坏、更改、泄露或失效,从而使网络处于异常状态,甚至导致崩溃、瘫痪等的可能性。计算机网络由于系统本身可能存在不同程度的脆弱性,因而为各种动机的攻击提供了入侵或破坏系统的可利用途径和方法,主要包括:

(1) 硬件系统

网络硬件系统的安全隐患主要源于设计,主要表现为硬件物理安全方面的问题。各种计算机和网络设备(主机、电源、交换机、路由器等)都可能因人为或自然的原因而损坏,除了难以抗拒的自然灾害外,温度湿度、静电和电磁场等也可能造成信息的泄露或失效。

(2) 软件系统

软件系统的安全隐患来源于软件设计和软件工程中的问题。软件设计中的疏忽肯定留下安全漏洞。软件系统的安全隐患主要表现在操作系统、数据库系统和应用软件上。

(3) 网络和通信协议

目前,因特网普遍使用的标准主要是基于TCP/IP架构。TCP/IP并不是一个协议,而是一组协议,TCP和IP只是其中最基本也是最主要的两个协议。TCP/IP协议是美国政府资助的高级研究计划署(ARPA)在20世纪70年代的一项研究成果,其目的是使全球的研究网络联在一起形成一个虚拟网络,也就是国际互联网。由于最初TCP/IP是在可信任环境中开发出来的成果,在协议进行总体构想和设计的时候基本未考虑安全问题,因此它不能提供人们所需要的安全性和保密性。因特网存在严重的安全隐患包括缺乏用户身份鉴别机制、缺乏路由协议鉴别认证机制、缺乏保密性和TCP/IP服务的脆弱性。

2. 完全威胁

网络安全的基本威胁主要包括:

(1) 信息泄露

信息泄露是指敏感数据在有意、无意中被泄露、丢失或透露给某个未授权的实体。它通常包括信息在传输中被丢失或泄露(如利用电磁波泄露或搭线窃听等方式截获信息),通过网络攻击进入存放敏感信息的主机后非法复制,通过对信息流向、流量、通信频度和长度等参数的分析推测出有用信息(如用户账号、口令等重要信息)。

(2) 完整性破坏

完整性破坏是指以非法手段窃得对信息的管理权,通过未授权的创建、修改、删除和重放等操作而使数据的完整性遭到破坏。

(3) 服务拒绝

服务拒绝是指网络系统的服务功能下降或丧失。服务拒绝由两个方面的原因造成:一是受到攻击所致,攻击者通过对系统进行非法的、根本无法成功的访问尝试而产生过量的系统负载,从而导致系统资源对合法用户的服务能力下降或者丧失;二是由于系统或组件在物理上或者逻辑上遭到破坏而中断服务。

(4) 未授权访问

未授权访问是指未授权实体非法访问系统资源,或授权实体超越权限访问系统资源。例如,有意避开系统访问控制机制,对信息设备及资源进行非法操作或运行;擅自提升权限,超越访问系统资源;假冒和盗用合法用户的身份信息,非法进入网络系统进行操作等。

网络安全是相对的,绝对安全的计算机是根本不存在的。计算机只要投入使用,就或多或少存在着安全问题,只是程度不同而已。到底需要多大的安全性,完全依赖实际需要以及自身能力而定。

3. 完全威胁的来源

归纳起来,对网络安全的威胁和攻击可能来自以下几个方面。

(1) 内部操作不当

信息系统内部工作人员操作不当,特别是系统管理员和安全管理员出现管理配置的操作失误,可能会导致重大安全事故的发生。由于大多数网络用户并非计算机专业人员,他们只是将计算机作为一个工具,加上缺乏必要的安全意识,因此他们可能出现一些错误的操作,比如将用户口令张贴在计算机上,使用电话号码、个人生日作为口令等。

(2) 内部管理漏洞

信息系统内部缺乏健全的管理制度或制度执行不力将给内部工作人员犯罪留下机会,其中以系统管理员和安全管理员恶意违规和犯罪造成的危害最大。内部人员私自安装拨号上网设备,绕过系统安全管理控制点,利用隧道技术与外部人员内外勾结犯罪等,这些都是防火墙和监控系统难以防范的。

与来自外部的威胁相比较,来自内部的威胁和攻击更难防范,而且来自内部的威胁和攻击是网络安全威胁的主要来源。

(3) 外部威胁和犯罪

一般认为,计算机网络系统的安全威胁主要来自黑客攻击、计算机病毒和拒绝服务攻击三个方面。

9.7 网络信息安全技术

9.7.1 防火墙技术

防火墙是一种连接内部网络和外部网络的关卡,提供对进入内部网络连接的访问控制能力。它能够根据预先定义的安全策略,允许合法连接进入内部网络,阻止非法连接,抵御黑客入侵,保护内部网的安全。尽管近年来各种网络安全技术不断涌现,但到目前为止防火墙仍然是网络中保护系统安全最常用的技术。

"防火墙"一词源于我国古代,它是一道隔在房屋之间的墙壁,当有房屋失火的时候防止火势蔓延到附近的房屋。当今应用于网络的防火墙也是一种屏障,只不过它隔离的是被保护网络(内部网络)和外部网络,像在两个网络之间设置了一道关卡。内部网络被认为是安全和可信赖的,而外部网被认为是不安全和不可信赖的。防火墙的作用是防止不希望的、未经授权的通信进出内部网络,通过边界控制来达到内部网络的安全政策。防火墙的安放位置是可信网络和不可信网络的边界,它所保护的对象是网络中有明确闭合边界的网段。

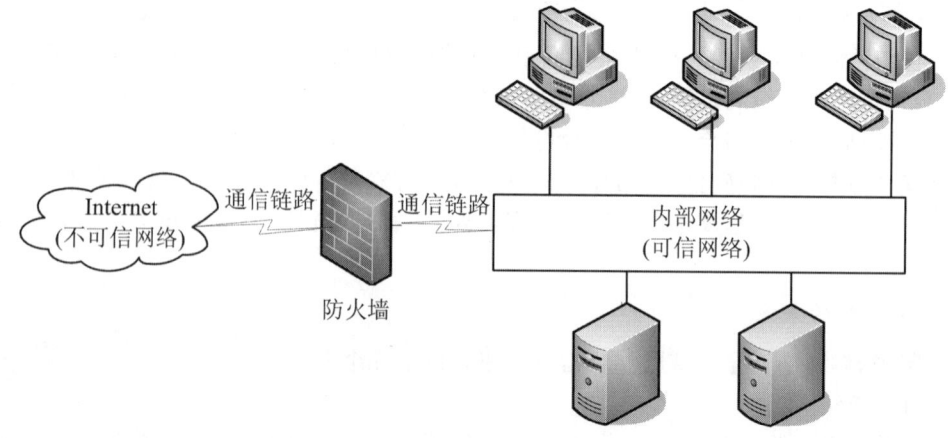

图 9.15　防火墙的位置

如图 9.15 所示,防火墙的安放位置是可信网络和不可信网络的边界,它被设计为只运行专用的访问控制软件的设备,而没有其他的服务,因此也就意味着相对少一些缺陷和漏洞。防火墙是可信网络通向不可信网络的唯一出口,在被保护网络周边形成被保护网与外部网络隔离,防范来自被保护网络外部的对保护网络安全的威胁。如果采用了防火墙,可信网络中的主机将不再直接暴露给来自不可信网络的攻击。因此,对内部网络主机的安全管理就变成了对防火墙的管理,这样就使安全管理更加易于控制,也使可信网络更加安全。

一个防火墙系统需要具备功能如下:

① 访问控制功能。这是防火墙最基本也是最重要的功能。

② 内容控制功能。通过控制可信任网络与不可信任网络之间的通信内容来保证信息的安全。

③ 全面的日志功能。防火墙需要完整地记录网络访问情况,对网络进行监控,一旦发生入侵或是遭到破坏,就可以对日志进行审计和查询。

④ 集中的管理功能。一个网络系统不是单个简单的计算机,防火墙也可能不只一台,所以防火墙必须易于集中管理,这样更方便,更人性化。

⑤ 自身的安全和可用性。防火墙首先要保证自身的安全,才能真正起到对整个安全体系的保护。另外,防火墙也要保证可用性,如果网络连接中断,防火墙的使用也就失去了意义。

⑥ 随着防火墙功能的强大,防火墙也渐渐融合了一些设备的功能,如流量控制、网络地址转换(Network Address Translation,NAT)、虚拟专用网(Virtual Private Network,VPN)。

防火墙的种类多种多样,在不同的发展阶段,采用的技术也各不相同,因而也就产生了不同类型的防火型。

(1) 包过滤技术

包过滤就是根据数据包头信息和过滤规则决定是否允许数据包通过防火墙。当数据包到达防火墙时,防火墙就检查数据包包头的源地址、目的地址、源端口、目的端口及其协议类型。若是可信连接,就允许通过,否则就丢弃。

包过滤最大的优点是对用户透明,传输性能高。但只能进行较为初步的安全控制,对于恶意的拥塞攻击、内存覆盖攻击或病毒等高层次的攻击手段,则无能为力。而且不具备用户身份认证功能,不具备检测通过高层协议实现的安全攻击的能力。

(2) 应用代理技术

应用层代理防火墙也被称为应用层网关,这种防火墙的工作方式同包过滤防火墙的工作方式具有本质区别。代理服务器是运行在防火墙主机上的专门的应用程序或者服务器程序。应用层代理为一特定应用服务提供代理,它对应用协议进行解析并解释应用协议的命令。应用层代理防火墙的优点是能解释应用协议,支持用户认证,从而能对应用层的数据进行更细粒度的控制;缺点是效率低,不能支持大规模的并发连接,只适用于单一协议。

(3) 状态检测技术

状态检测防火墙也叫自适应防火墙。状态检测防火墙在包过滤的同时,检查数据包之间的关联性和数据包中动态变化的状态码。它有一个检测引擎,采用抽取有关数据的方法对网络通信的各层实施监测,抽取状态信息,并动态保存作为以后执行安全策略的参考。当用户访问请求到达网关的操作系统前,状态监视器要抽取有关数据进行分析,结合网络配置和安全规定做出接纳、拒绝、身份认证、报警或给该通信加密处理等动作。

虽然状态检测防火墙只是在网络层和传输层检测数据包,功能比较有限,但是它是目前使用最为广泛的防火墙,用来防护黑客攻击。

(4) 自适应代理技术

自适应代理防火墙一般是通过应用层验证新的连接,同时具有代理防火墙和状态检测防火墙的特性。防火墙能够动态地产生和删除过滤规则。由于这种防火墙将后续的安全检查重定向到网络层,使用包过滤技术,因此对后续的数据包的应用层数据没有进行有效地检查。同样,由于使用了代理技术,而代理技术不能检测未知的攻击行为。

(5) 内容过滤技术

目前越来越多的攻击出现在应用层。由于应用层协议较底层多而复杂,有较大的发挥空间,大量的网络攻击利用应用系统的漏洞来实现,这逐渐演变为一种趋势,危害力也越来越大。兼顾对网络层和运输层的保护的同时,对应用层的安全检测也变得至关重要,其性能好坏成为衡量防火墙产品安全性能的重要因素。

保护应用层的有效手段是对应用层的数据进行内容过滤。内容过滤和信息检索有着极为密切的联系,内容过滤本质是建立在信息检索的基础之上的。但信息检索领域所关心的信息需求是用户感兴趣的信息,网络安全领域中的内容过滤所表达的是用户不需要的信息。另外,信息检索对内容过滤的时间要求不严格,甚至可以定期在后台进行,而网络安全对内容过滤有实时性要求。

内容过滤技术一般包括 URL 过滤、关键词匹配、图像过滤、模版过滤和智能过滤等。目前内容过滤技术还处于初级阶段,图像过滤和模板过滤还处于理论研究阶段,许多技术瓶颈尚未解决,实际应用并不多见。智能过滤同样只限于研究领域,没有大量应用。相比之下,URL 过滤和关键词匹配基本成熟。其中,URL 过滤已经成为内容过滤产品的基本功能,但其主要用途在于访问控制而不是内容安全。所以,提供关键词过滤或应用层命令、病毒、攻击代码扫描和垃圾邮件过滤的功能是防火墙的发展趋势。

目前,防火墙的体系结构一般有以下几种:双重宿主主机体系结构、被屏蔽主机体系结构、被屏蔽子网体系结构。

1. 双重宿主主机体系结构

双重宿主主机体系结构是围绕具有双重宿主的主机计算机而构筑的,该计算机至少有两个网络接口。这样的主机可以充当与这些接口相连的网络之间的路由器,它能够从一个网络到另一个网络发送 IP 数据包。然而,实现双重宿主主机的防火墙体系结构禁止这种发送功能。因而,IP 数据包从一个网络(如因特网)并不是直接发送到其他网络(如内部的、被保护的网络)。防火墙内部的系统能与双重宿主主机通信,同时防火墙外部的系统(在因特网上)能与双重宿主主机通信,但是这些系统不能直接互相通信。它们之间的 IP 通信被完全阻止。

双重宿主主机的防火墙体系结构是相当简单的:双重宿主主机位于两者之间,并且被连接到因特网和内部的网络,如图 9.16 所示。

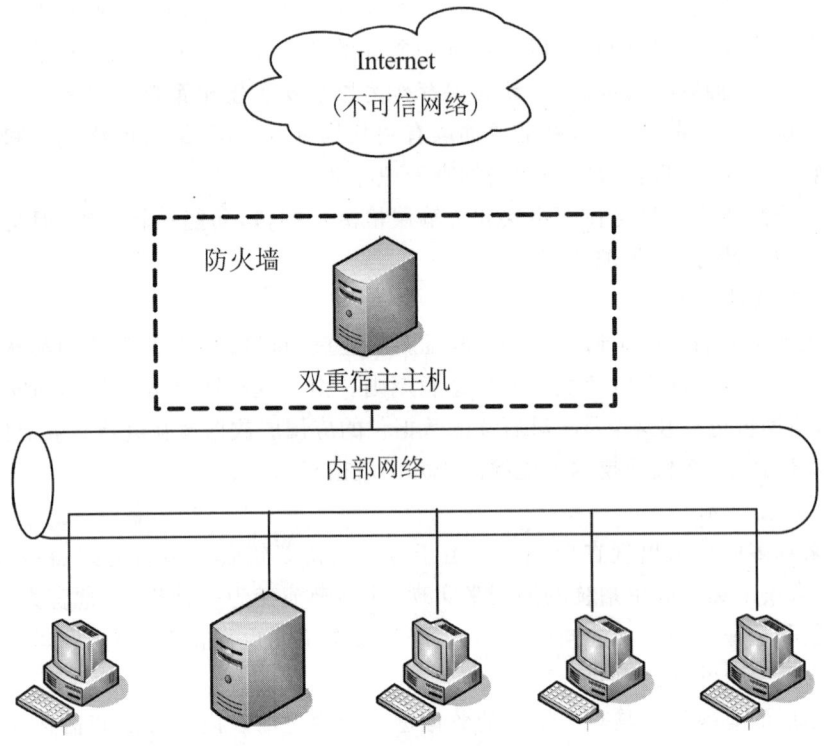

图 9.16　双重宿主主机体系结构

2. 被屏蔽主机体系结构

双重宿主主机体系结构提供来自于多个网络相连的主机的服务(但是路由关闭),而被屏蔽主机体系结构使用一个单独的路由器提供来自仅仅与内部的网络相连的主机的服务,如图9.17所示。在这种体系结构中,主要的安全由数据包过滤。在屏蔽的路由器上的数据包过滤是按这样一种方法设置的:即堡垒主机是因特网上的主机能连接到内部网络上的系统的桥梁(如传送进来的电子邮件)。即使这样,也仅有某些确定类型的连接被允许。任何外部的系统试图访问内部的系统或者服务将必须连接到这台堡垒主机上。因此,堡垒主机需要拥有高等级的安全。数据包过滤也允许堡垒主机开放可允许的连接(什么是"可允许"将由用户的站点的安全策略决定)到外部世界。

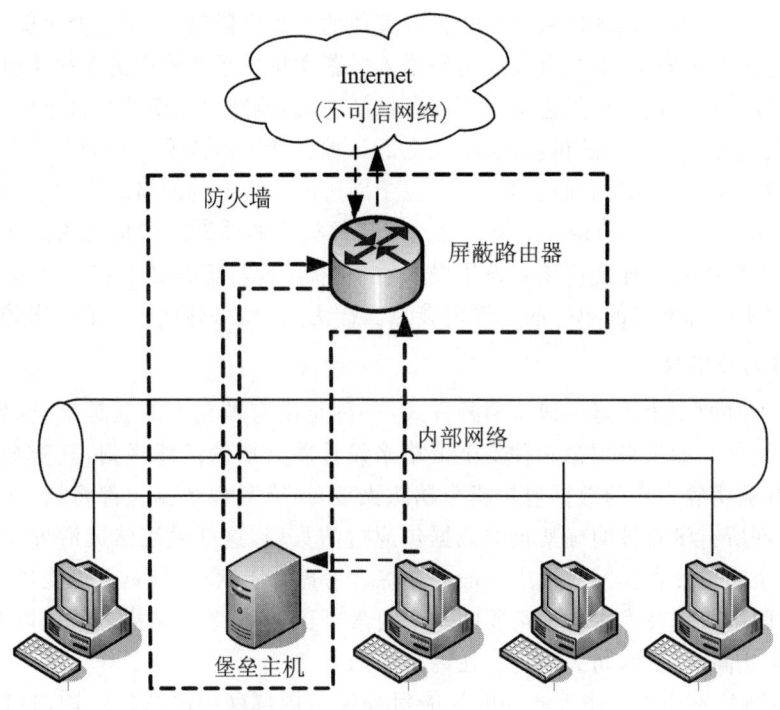

图 9.17 被屏蔽主机体系结构

3. 被屏蔽子网体系结构

被屏蔽子网体系结构添加额外的安全层到被屏蔽主机体系结构,即通过添加周边网络更进一步地把内部网络与 Internet 隔离开,如图 9.18 所示。

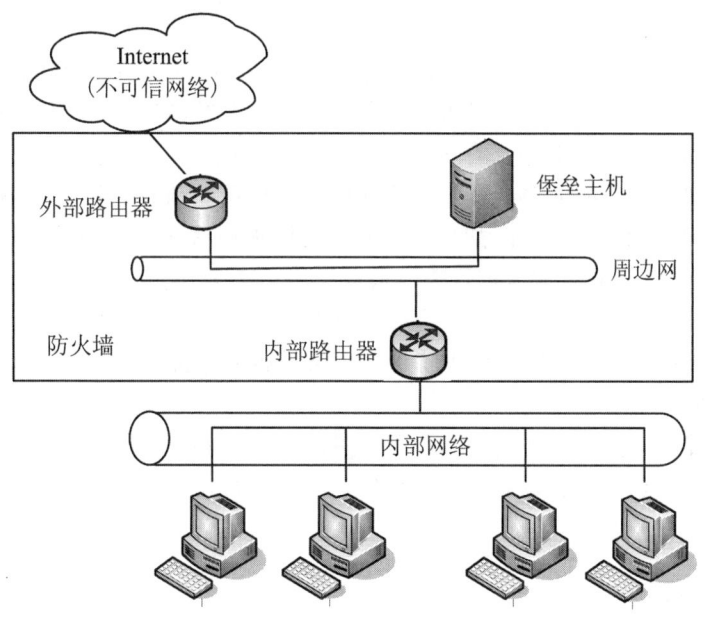

图 9.18 被屏蔽子网体系结构

堡垒主机是用户的网络上最容易受侵袭的机器。任凭用户尽最大的力气去保护它,它仍是最有可能被侵袭的机器,因为它本质上是能够被侵袭的机器。如果在被屏蔽主机体系结构中,用户的内部网络对来自用户的堡垒主机的侵袭门户洞开,那么用户的堡垒主机是非常诱人的攻击目标。在它与用户的其他内部机器之间没有其他的防御手段时(除了它们可能有的主机安全之外,这通常是非常少的)。如果有人成功地侵入屏蔽主机体系结构中的堡垒主机,那就毫无阻挡地进入了内部系统。通过在周边网络上隔离堡垒主机,能减少在堡垒主机上侵入的影响。可以说,它只给入侵者一些访问的机会,但不是全部。被屏蔽子网体系结构的最简单的形式为,两个屏蔽路由器每一个都连接到周边网。一个位于周边网与内部的网络之间,另一个位于周边网与外部网络之间(通常为 Internet)。为了侵入用这种类型的体系结构构筑的内部网络,侵袭者必须要通过两个路由器。即使侵袭者设法侵入堡垒主机,他将仍然必须通过内部路由器。在此情况下,没有损害内部网络的单一的易受侵袭点。作为入侵者,只是进行了一次访问。

4. 防火墙的局限性

防火墙设计时的安全策略一般有两种方式:一种是没有被允许的就是禁止,另一种是没有被禁止的就是允许。如果采用第一种安全策略来设计防火墙的过滤规则,其安全性比较高,但灵活性差,只有被明确允许的数据包才能跨越防火墙,所有其他数据包都将被丢弃。而第二种安全策略则允许所有没有被明确禁止的数据包通过防火墙,这样做当然灵活方便,但同时也存在着很大的安全隐患。在实际应用中一般需要综合考虑以上两种策略,尽可能做到既安全又灵活。防火墙是网络安全技术中非常重要的一个因素,但不等于装了防火墙就可以保证系统百分之百的安全,从此高枕无忧,防火墙仍存在许多的局限性。

① 防火墙防外不防内。防火墙一般只能对外屏蔽内部网络的拓扑结构,封锁外部网上的用户连接内部网上的重要站点或某些端口,对内也可屏蔽外部的一些危险站点,但是防火墙很难解决内部网络人员的安全问题,如内部网络管理人员蓄意破坏网络的物理设备,将内部网络的敏感数据拷贝到软盘等,防火墙将无能为力。据统计,网络上的安全攻击事件有 70% 以上来自网络内部人员的攻击。对于来自知情者的威胁只能要求加强内部管理,如主机安全和用户教育、管理、制度等。

② 防火墙难于管理和配置,容易造成安全漏洞。由于防火墙的管理和配置相当复杂,对防火墙管理人员的要求比较高,除非管理人员对系统的各个设备(如路由器、代理服务器、网关等)都有相当深刻的了解,否则在管理上有所疏忽是在所难免的。

③ 不能防范绕过防火墙的攻击。防火墙能够有效地防止通过它进行传输信息,然而不能防止不通过它而传输的信息。例如,如果站点允许对防火墙后面的内部系统进行拨号访问,那么防火墙绝对没有办法阻止入侵者进行拨号入侵。

④ 防火墙往往只认机器(IP 地址),不认人(用户身份),并且控制粒度较粗。

⑤ 防火墙不能防止病毒。防火墙不能防止感染了病毒的软件或文件的传输。这只能在每台主机上装防病毒软件。

⑥ 防火墙不能防止数据驱动式攻击。当有些表面看来无害的数据被邮寄或复制到内部网主机上并被执行而发起攻击时,就会发生数据驱动攻击。特别是随着 Java、JavaScript、ActiveX 的应用,这一问题更加突出。

9.7.2 入侵检测技术

网络安全技术发展到今天,除了防火墙和杀毒系统的防护,入侵检测技术也成为抵御黑客攻击的有效方式,被认为是防火墙之后的第二道安全闸门。

入侵检测(Intrusion Detection)技术主要是通过对计算机网络或计算机系统中的若干关键点收集信息并对其进行分析,从中发现网络或系统中潜在的违反安全策略的行为和被攻击的迹象,并有针对性地进行防范的一种技术。与其他安全措施不同的是,它需要更多的智能模块,使得能够将得到的数据进行分析并得出有用的结果,对入侵攻击行为能及时报警或采取相应的防护手段。

具有入侵检测功能的系统称为入侵检测系统(Intrusion Detection System,IDS),入侵检测系统的作用主要体现在以下几个方面:

① 识别入侵者;
② 识别入侵行为;
③ 检测和监视已成功的安全突破;
④ 为对抗入侵及时提供重要信息,阻止事件的发生和事态的继续扩大;
⑤ 使系统恢复正常工作,同时搜集证据。

入侵检测系统通过对计算机网络和主机系统中的关键信息进行实时采集和分析,从而判断出非法用户入侵和合法用户滥用资源的行为,并做出适当响应。它在传统的网络安全技术的基础上,实现了检测与响应,起着主动防御作用,从而使得对网络安全事故的处理由原来的事后发现发展到了事前报警、自动响应,并可以为追究入侵者的法律责任提供有效证据。因此,入侵检测技术的出现使网络安全领域的研究进入了一个新的阶段。

根据数据来源和系统结构的不同,入侵检测系统可以分为基于主机、基于网络和混合型入侵检测系统三类。

1. 基于主机的入侵检测系统(Host-based Intrusion Detection System,HIDS)

此系统主要用于保护运行关键应用的服务器。它通过监视与分析主机的审计记录和日志文件来检测入侵。日志中包含发生在系统上的不寻常和不期望活动的证据,这些证据可以指出有人正在入侵或已成功入侵了系统。通过查看日志文件,能够发现成功的入侵或入侵企图,并很快地启动相应的应急响应程序。通常,基于主机的 IDS 可监测系统、事件和 Windows NT 下的安全记录以及 UNIX 环境下的系统记录,从中发现可疑行为。当有文件发生变化时,IDS 将新的记录条目与攻击标记相比较,看它们是否匹配。如果匹配,系统就会向管理员报警并向别的目标报告,以采取措施。对关键系统文件和可执行文件的入侵检测的一个常用方法,是通过定期检查校验来进行的,以便发现意外的变化。反应的快慢与轮询间隔的频率有直接的关系。此外,许多 IDS 还监听主机端口的活动,并在特定端口被访问时向管理员报警。

HIDS 主要有易于用户定制、不受网络带宽限制、误报率低、视野集中等优点,缺点表现在成本高、依赖操作系统、系统负荷比较大。

2. 基于网络的入侵检测系统(Network Intrusion Detection System,NIDS)

近年来随着网络的迅速普及应用,来自网络的入侵事件逐渐成为信息系统的最大威胁,基于网络的入侵检测系统已经成为当前 IDS 发展的主要趋势。NIDS 放置在比较重要的网段内,通过线路窃听的手段对截获的网络分组进行处理,从中提取有用的特征模式,再通过与已知入侵特征相匹配或与正常网络行为原型相比较来识别入侵事件。NIDS 根据网络流量、协议分析、简单网络管理协议信息等数据来检测入侵,如 NETSTAT。基于网络的入侵检测系统搜集来自网络层的信息。这些信息通常是通过使用嗅探技术,从混杂模式的网络接口中获得。基于网络的入侵检测系统位于客户端与服务端的通信链路中央,它可以访问到通信链路的所有层次。因此可以监视和检测网络层的攻击。

NIDS 具有如下优点:成本较低、容易部署,不增加网络中主机的负载,便于取证,操作系统无关性、隐蔽性好等。但是 NIDS 由于其自身检测条件的限制,其也存在着一些缺点,如受限于高速网络、不适合交换网络、不适合加密环境、误报率较高等。

3. 混合型入侵检测系统

混合型入侵检测系统是基于主机和基于网络的入侵检测系统的结合,它为前两种方案提供了互补,综合了 HIDS 和 NIDS 两种结构特点的入侵检测系统,既可发现网络中的攻击信息,也可从系统日志中发现异常情况。一个完备的入侵检测系统应该是基于主机和基于网络两种方式兼备的分布式系统。

入侵检测技术是入侵检测系统的核心,它直接关系到攻击的检测效果、效率、误报率等性能。入侵检测方法主要分为异常检测技术、误用检测技术两大类。两种类型的入侵检测方法也可以结合起来,共同构建混合类型的入侵检测系统。

(1) 异常检测(Abnormal Detection)

异常检测假设入侵者活动异常于正常主体的活动。根据这一理念事先建立对系统正常活动行为的描述,通过分析各种收集到的信息,标识出那些与系统正常行为偏离很大的行为并被视为可能的入侵企图。

正常行为的描述包括 CPU 利用率、内存利用率、文件校验和用户行为等。对正常行为的描述过程可以人为定义,也可以利用程序来收集、处理系统行为的特征,并用统计的方法自动获得。这种检测方法的难题在于如何定义所谓的"正常"行为以及如何设计统计算法,从而不把正常的操作作为"入侵"或忽略真正的"入侵"行为。

异常检测与系统相对无关,通用性较强。它甚至有可能检测出以前未出现过的攻击方法,不像滥用检测那样受已知脆弱性的限制。但因为很难对整个系统内的所有用户行为进行全面准确的描述,况且每个用户的行为是经常改变的,所以它的主要缺陷在于误报率很高。

(2) 误用检测(Misuse Detection)

误用检测也被称为基于特征检测,主要是假设入侵者活动可以用一种模式来表示,系统的目标就是检测主体活动是否符合这些模式。

误用检测与杀毒软件的方法有些相似,它基于已知的系统缺陷和攻击模式预先把攻击方法以某种模式或特征表示出来,检测时将收集到的信息与已知的攻击模式或特征进行匹配,从而可以判断是否存在入侵行为。用来检测攻击特征的是过滤器(或称预处理器),它把攻击特征的描述转换成机器可读的代码或查询表。

误用检测的关键在于是否能够准确地描述攻击模式。误用检测需要构造完备的知识特征库,通过依据具体的特征库进行判断,一般检测准确度都很高。并且因为检测结果有明确的参照,也为系统管理员做出相应措施提供了方便。同时相对于异常检测,其开发难度较小。但是误用检测的难点在于如何将具体入侵手段准确地抽象成知识特征,同时又不会将正常的活动行为包含进来,若抽象出的特征不够准确,则在检测时就会产生大量的误报。由于误用检测其自身检测条件的限制,当出现新的攻击并且该攻击模式还未被加入到知识特征库中时,滥用检测则对此类攻击无能为力。

误用检测可以直接识别攻击,误报率低;缺点是只能检测已定义的攻击方法,对新的攻击方法无能为力,必须及时更新模式库。

Dorothy Denning 在 1987 年提出了 IDS 的通用模型 CIDF(Common Intrusion Detection Framework),它将入侵检测系统分为事件产生器、事件分析器、事件数据库、响应单元和目录服务器。CIDF 将 IDS 需要分析的数据统称为事件,它既可是网络中的数据包,也可是从审计日志等其他途径中获得的信息。

CIDF 定义的入侵检测系统体系结构如图 9.19 所示。

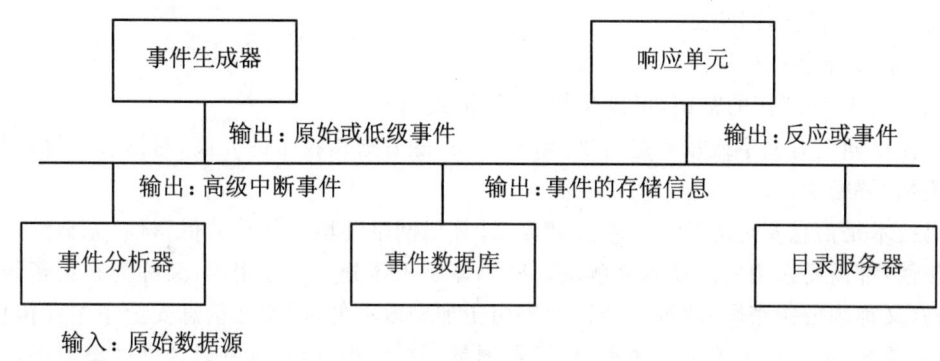

图 9.19　入侵检测系统体系结构

① 事件生成器：它是采集和过滤事件数据的程序或模块。负责收集原始数据，它对数据流、日志文件等进行追踪，然后将搜集到的原始数据转换成事件，并向系统的其他部分提供此事件。

② 事件分析器：事件分析器是分析事件数据和任何 CIDF 组件传送给它的各种数据。例如，将输入的事件进行分析，检测是否有入侵的迹象，或描述对入侵响应的响应数据，都可以发送给事件分析器进行分析。

③ 事件数据库：负责存放各种原始数据或已加工过的数据。它从事件产生器或事件分析器接收数据并进行保存，它可以是复杂的数据库，也可以是简单的文本。

④ 响应单元：是针对分析组件所产生的分析结果，根据响应策略采取相应的行为，发出命令响应攻击。

⑤ 目录服务器：目录服务器用于各组件定位其他组件，以及控制其他组件传递的数据并认证其他组件的使用，以防止入侵检测系统本身受到攻击。目录服务器组件可以管理和发布密钥，提供组件信息和用户组件的功能接口。

在 CIDF 模型中，事件数据库是核心。事件数据库体现了 IDS 的检测能力。但 CIDF 目前还不成熟，仍在不断地改进和完善之中，不过，它仍是入侵检测领域最具影响力的建议，CIDF 很可能会成为未来的 IDS 国际通用标准。

9.7.3　信息加密策略

密码技术是保护信息安全的主要手段之一，它是结合数学、计算机科学、电子与通信等诸多学科于一身的交叉学科。它不仅具有保证信息机密性的信息加密功能，而且具有数字签名、身份验证等功能。使用密码技术不仅可以保证信息的机密性，而且可以保证信息的完整性和正确性。

加密作为保障数据安全的一种方式，其起源可以追溯于公元前 2000 年，虽然它不是现在我们所讲的加密技术（甚至不叫加密），但作为一种加密的概念，确实早在几个世纪前就诞生了。当时埃及人是最先使用特别的象形文字作为信息编码的，随着时间推移，巴比伦、美索不达米亚和希腊文明都开始使用一些方法来保护他们的书面信息。

简单地说，加密就是把数据信息（称为明文）转换为不可辨识形式（称为密文）的过程，使不应该了解该数据的人不能够知道和识别。将密文转变为明文,就是解密的过程。加密和解密过程组成加密系统,明文和密文称为报文。任何加密系统,基本上由以下四个部分组成:

① 待加密的报文,即明文;

② 加密后的报文,即密文;

③ 加密、解密装置或算法;

④ 用于加密和解密的密钥,可以是数字、词汇或语句。

密码在早期仅对文字或数码进行加、解密变换,随着通信技术的发展,对语音、图像、数据等都可实施加、解密变换。

密码技术是信息安全的核心技术。如今,计算机网络环境下信息的保密性、完整性、可用性和抗抵赖性,都需要采用密码技术来解决。密码体制大体分为对称密码(又称为私钥密码)和非对称密码(又称为公钥密码)两种。公钥密码由于加密效率低,因而在信息安全中主要担负密钥协商、数字签名、消息认证等重要角色,加密数据量一般较小,而对称密码加密效率较高,通常用于数据量大的场合,对称密码和非对称密码一般结合起来使用。

对称密码算法是传统的算法。它就是用加密数据所使用的密钥可以计算出用于解密数据的密钥,反之亦然。绝大多数对称加密算法的加密密钥和解密密钥都是相同的。对称加密算法要求通讯双方在建立安全信道之前,约定好所使用的密钥。对于好的对称加密算法,其安全性完全决定于密钥的安全,算法本身是可以公开的,因此一旦密钥泄漏就等于泄漏了被加密的信息。图 9.20 展示了对称加密/解密的原理。

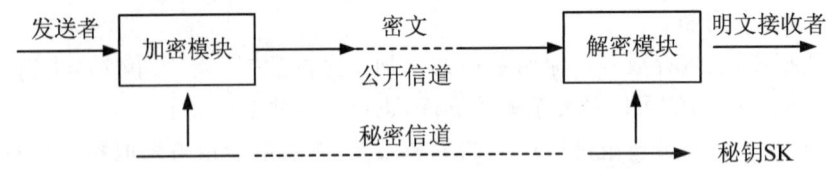

图 9.20 对称加密/解密过程示意图

图中 SK 为秘密密钥,SK 密钥的传递通过秘密的物理信道。

常见的对称密码算法有 DES 算法及其各种变形、FEALN、RC4 和 RC5 等算法。DES 是目前应用最普遍、研究最透彻的对称加密算法。

非对称加密算法也称公钥密码算法,由 Niffie 和 Hellman 于 1976 年提出,是指用于加密的密钥与用于解密的密钥是不同的,而且从加密的密钥无法推导出解密的密钥。这类算法之所以被称为公钥算法是因为用于加密的密钥是可以广泛公开的,任何人都可以得到加密密钥并用来加密信息,但是只有拥有对应解密密钥的人才能将信息解密。

传统的对称加密算法中,若密钥在分发、传发时泄漏,则整个安全体系毁于一旦。非对称加密成功地避开了对称加密中存在的密钥管理复杂的问题。非对称加密如图 9.21 所示。

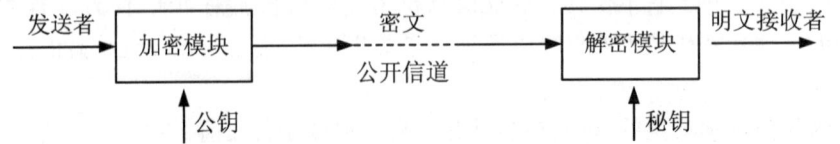

图 9.21 非对称加密/解密过程示意图

公钥加密也存在很多算法,如 RSA、背包密码、McEliece 密码、Diffe—Hellman、椭圆曲线等,其中 RSA 算法是最有代表性的一种。

非对称加密算法具有算法复杂、加密数据速度和效率较低、加密密文较长的缺点。因此在实际应用中往往采用对称和非对称加密相结合的方式，提高系统的效率和可实施性。

本 章 小 结

本章初步介绍了计算机网络概念及其基础内容、无线通信技术和网络安全概念及其相关安全技术，有助于日常使用网络时遇到问题进行简单分析，并引导学生从原理上了解网络并对网络有更深刻的认识和兴趣。

习 题

一、选择题

1. 在 Internet 中，用字符串表示的 IP 地址称为（ ）
   A. 账户　　　　B. 域名　　　　C. 主机名　　　　D. 用户名
2. 计算机网络以（ ）为中心。
   A. 通信子网　　B. 资源子网　　C. 分组交换网　　D. 局域网
3. 计算机的域名可以有（ ）个。
   A. 多个　　　　B. 一个　　　　C. 两个　　　　　D. 三个
4. 局域网的英文缩写是（ ）。
   A. WAN　　　　B. LAN　　　　C. MAN　　　　　D. VAN
5. 下列域名中，表示教育机构的是（ ）
   A. ftp.bta.net.cn　　　　　　　B. ftp.cnc.ac.cn
   C. www.ioa.ac.cn　　　　　　　D. www.buaa.edu.cn

二、思考题

1. 计算机网络按照作用范围可以分为哪几类？
2. OSI 参考模型分为哪几层？你能简单阐述各层的主要功能吗？
3. 什么是子网？如何设定子网掩码？
4. IP 地址怎么表示？206.119.122.156 是哪一类网址？
5. 什么是域名？域名的各个部分怎么理解？
6. 什么是信息安全，具有什么特征？
7. 威胁网络安全的因素有什么？
8. 什么是恶意软件，调研最近一些恶意软件破坏的例子。
9. 网络攻击有什么类型？
10. 什么是防火墙，具有什么功能？
11. 有哪些防火墙技术？
12. 什么是入侵检测，如何分类？
13. 加密的过程是什么？有哪些密码算法，写一份调研报告。

第 10 章 软件工程

在现代社会中,软件应用于多个方面。各个行业几乎都有计算机软件的应用,比如工业、农业、银行、航空、政府部门等。这些应用促进了经济和社会的发展,使得人们的工作更加高效,同时提高了生活质量。但随着软件功能的日益强大,软件的复杂性越来越高,人们的软件开发能力就显得力不从心,相对于计算机硬件的发展,软件技术的发展存在着"瓶颈"。为了扭转这种局面,自 20 世纪 60 年代末以来,人们十分重视软件开发方法、工具和环境的研究,并在这些领域取得了一些重要的成果。本章主要介绍软件和软件工程的基本概念、软件过程模型,软件开发方法学、软件项目管理方面的原理,为今后学习软件工程、UML 以及进行课程设计奠定基础。

10.1 软件危机和软件过程

由于软件开发时缺少好的方法指导和工具的辅助,同时又缺少必要的文档,使得软件难以维护,这些问题严重制约了软件的发展。人们在认真地分析了软件危机的原因之后,开始探索用工程的方法进行软件开发的可能性,即用现代工程的概念、原理、技术和方法进行计算机软件的开发、管理、维护和更新。于是,计算机科学技术的一个新领域——"软件工程"诞生了。

10.1.1 什么是软件危机

20 世纪 60 年代以前,计算机刚刚投入实际使用,软件设计往往只是为了一个特定的应用而在指定的计算机上设计和编制,采用密切依赖于计算机的机器代码或汇编语言,软件的规模比较小,文档资料通常也不存在,很少使用系统化的开发方法,设计软件往往等同于编制程序,基本上是个人设计、个人使用、个人操作、自给自足的私人化的软件生产方式。到了 60 年代中期,大容量、高速度计算机的出现,使计算机的应用范围迅速扩大,软件开发急剧增长,高级语言开始出现,操作系统的发展引起了计算机应用方式的变化,大量数据处理导致第一代数据库管理系统的诞生。软件系统的规模越来越大,复杂程度越来越高,软件可靠性问题也越来越突出。

在那个时代,很多的软件最后都得到了一个悲惨的结局。很多的软件项目开发时间大大超出了规划的时间。一些项目导致了财产的流失,甚至某些软件导致了人员伤亡。同时,软件开发人员也发现软件开发的难度越来越大。

IBM/360 被认为是一个典型的案例。IBM/360 系统由 4000 多个模块组成,约 100 万条指令,开发总投资 5 亿美元。在研制期间,布鲁克斯主持了这个项目,率领着 2000 名程序员夜以继日地工作,单单 OS/360 操作系统的开发就用了 5000 个人年(1 人年为一个人工作一年的工作量)。但这个操作系统每次发行的新版本都是从前一版本中找出上千个程序错误而修正的结果。如今经历了数十年,这个极度复杂的软件项目甚至产生了一套不包括在原始设计方案之中的工作系统。

软件的错误可能导致巨大的财产损失。1996年6月4日,在欧洲阿里亚娜火箭的首次航行中,发射大约飞行了40秒后开始偏离航向,在地面控制系统的引导下,火箭通过远程控制被销毁。销毁这个未保过险的火箭不仅损失了火箭本身,而且也损失了它装载的四颗卫星。这次灾难在当时共造成50亿美元的损失。从火箭导航系统到它各个组成部分的运行,几乎所有方面都与软件有关。火箭发射的失败以及随后的销毁提出了很多与软件质量有关的问题。调查委员会在调查原因时,把重点放在了软件质量及软件质量保证上。

软件的错误也会导致人员伤亡。1995年12月泛美航空公司喷气式飞机在机长输入目的地Cali的坐标之后不久,在哥伦比亚坠毁,致使机上163人中除4人生还外其余全部丧生。美国调查人员总结说,虽然机长以为他输入了正确的目的地坐标,但是,在大多数南美洲的航空图上,Cali的单字母编码与波哥大(Bogota)的编码相同,而波哥大位于相反方向的132英里处。正是波哥大的坐标引导飞机撞到了山上。计算机的数据库和航空图的不一致造成了这场悲剧。另一个在软件工程界被大量引用的案例是Therac-25事故。Therac-25是加拿大原子能有限公司所生产的一种辐射治疗的机器。由于其软件设计时的瑕疵,致命地超过剂量设定导致在1985年6月到1987年1月之间,6件已知的医疗事故中,患者死亡或严重辐射灼伤。事后的调查发现整个软件系统没有经过充分的测试,而最初所做的Therac-25全分析报告中有关系统安全分析只考虑了系统硬件,没有把计算机故障(包括软件)所造成的隐患考虑在内。

这一系列在计算机软件的开发和维护过程中所遇到的一系列严重问题,称之为软件危机。这类问题绝不仅仅是"不能正常运行的软件"才具有的,实际上几乎所有软件都不同程度地存在这类问题。软件危机从计算机诞生的那一天起就出现了,只不过到了1968年,北大西洋公约组织的计算机科学家在联邦德国召开的国际学术会议上第一次提出了"软件危机"(software crisis)这个名词。

具体地说,软件危机主要有下列表现。

① 软件开发费用和进度失控。费用超支、进度拖延的情况屡屡发生。有时为了赶进度或压成本不得不采取一些权宜之计,这样又往往严重损害了软件产品的质量。

② 用户对"已完成"系统不满意的现象经常发生。这主要是由于在开发的初期,软件需求不够明确,开发过程中又未能和用户及时交换意见,致使开发出的软件不能满足用户的需求,甚至无法使用。

③ 软件产品的质量往往靠不住。尽管耗费了大量的人力物力,而系统的正确性却越来越难以保证,出错率大大增加,由于软件错误而造成的损失十分惊人。

④ 软件的可维护程度非常之低。很多程序缺乏相应的文档资料,程序中的错误难以定位,难以改正,有时改正了已有的错误又引入新的错误。随着软件的社会拥有量越来越大,维护占用了大量人力、物力和财力。

⑤ 软件通常没有适当的文档资料。文档资料是软件必不可少的重要组成部分。缺乏必要的文档资料或者文档资料不合格,将给软件开发和维护带来许多严重的困难和问题。

⑥ 软件成本在计算机系统总成本中所占比例逐年上升。软件开发的生产率每年只以4%~7%的速度增长,远远落后于硬件的发展速度;而且软件开发需要大量的人力,软件成本随着通货膨胀以及软件规模和数量的不断扩大而逐年上升。

10.1.2 软件工程

1968年10月,NATO的科技委员会召集了近50名一流的程序工程人员、计算机科学家和工业界巨头,讨论和制定摆脱"软件危机"的对策,Fritz Bauer 首次提出了软件工程的概念,他认为,软件工程是为了经济地获得能够在实际机器上高效运行的可靠软件而建立和使用的一系列好的工程化原则。

随后,人们对软件开发是否符合工程化思想这一核心问题进行了长达数年的探索,以及软件工程作为一门学科又和自身特点等问题展开了广泛的讨论和研究,从而形成了软件工程的各种各样定义。

P. Wegtner 和 B. Boehm 曾为软件工程下了定义:运用现代科学技术知识来设计并构造计算机程序及为开发、运行和维护这些程序所必需的相关文件资料。这里的"设计"应该广义地去理解,它包括软件的需求分析和对软件进行修改时所进行的再设计活动。

F. L. Baner 认为,为了经济地获得软件,且这个软件是可靠的,并且能在实在的计算机工作,这需要确立健全的工程原理(方法)和过程。

1993 年,IEEE 计算机学会将软件工程定义为:软件工程是将系统化、规范化、可度量的方法应用于软件的开发、运行和维护过程,即将工程化应用于软件中的方法的研究。

尽管后来又有一些人提出了许多更为完善的定义,但主要思想都是强调在软件开发过程中需要应用工程化的原则。总之,为了解决软件危机,既要有技术措施(包括方法和工具),又要有必要的组织管理措施。软件工程正是从管理和技术两方面研究如何更好地开发和维护计算机软件的一门新兴学科。

10.1.3 软件工程的基本原理

自从 1968 年提出"软件工程"这一术语以来,研究软件工程的专家学者们陆续提出了许多关于软件工程的准则或信条。美国著名的软件工程专家 Boehm 根据自身多年开发软件的经验,同时综合这些专家的意见,于 1983 年提出了软件工程的七条基本原理。Boehm 认为,这七条原理是确保软件产品质量和开发效率的原理的最小集合。这七条原理是相互独立、缺一不可的最小集合,同时又是相当完备的。

下面简要介绍软件工程的七条原理。

1. 用分阶段的生命周期计划严格管理

这一条是吸取前人的教训而提出来的。统计表明,50%以上的失败项目是由于计划不周而造成的。在软件开发与维护的漫长生命周期中,需要完成许多性质各异的工作。这条原理意味着,应该把软件生命周期分成若干阶段,并相应制定出切实可行的计划,然后严格按照计划对软件的开发和维护进行管理。Boehm 认为,在整个软件生命周期中应指定并严格执行六类计划:项目概要计划、里程碑计划、项目控制计划、产品控制计划、验证计划和运行维护计划。

2. 坚持进行阶段评审

当时已经认识到,软件的质量保证工作不能等到编码阶段结束之后再进行。这样说至少有两个理由:第一,大部分错误是在编码之前造成的,例如,根据 Boehm 等人的统计,设计阶段的错误占软件错误的 63%,编码阶段的错误仅占 37%;第二,错误发现与改正得越晚,所需付出的代价也越高。因此,在每个阶段都进行严格的评审,以便尽早发现在软件开发过程中所犯的错误,是一条必须遵循的重要原则。

3. 实行严格的产品控制

在软件开发过程中不应随意改变需求,因为改变一项需求往往需要付出较高的代价,但是,在软件开发过程中改变需求又是难免的,由于外部环境的变化,相应地改变用户需求是一种客观需要,显然不能硬性禁止客户提出改变需求的要求,而只能依靠科学的产品控制技术来顺应这种要求。也就是说,当改变需求时,为了保持软件各个配置成分的一致性,必须实行严格的产品控制,其中主要是实行基准配置管理。所谓基准配置又称基线配置,它们是经过阶段评审后的软件配置成分(各个阶段产生的文档或程序代码)。基准配置管理也称为变动控制:一切有关修改软件的建议,特别是涉及对基准配置的修改建议,都必须按照严格的规程进行评审,获得批准以后才能实施修改。绝对不能谁想修改软件(包括尚在开发过程中的软件),就随意进行修改。

4. 采纳现代程序设计技术

从 20 世纪六七十年代的结构化软件开发技术,到最近的面向对象技术,从第一、第二代语言,到第四代语言,人们已经充分认识到:方法比气力更有效。采用先进的技术既可以提高软件开发的效率,又可以减少软件维护的成本。

5. 结果应能清楚地审查

软件产品不同于一般的物理产品,它是看不着摸不着的逻辑产品。软件开发人员(或开发小组)的工作进展情况可见性差,难以准确度量,从而使得软件产品的开发过程比一般产品的开发过程更难于评价和管理。为了提高软件开发过程的可见性,更好地进行管理,应该根据软件开发项目的总目标及完成期限,规定开发组织的责任和产品标准,从而使所得到的结果能够清楚地审查。

6. 开发小组的人员应少而精

开发人员的素质和数量是影响软件质量和开发效率的重要因素,应该少而精。这一条基于两点原因:高素质开发人员的效率比低素质开发人员的效率要高几倍到几十倍,开发工作中犯的错误也要少得多;当开发小组为 N 人时,可能的通信信道为 $N(N-1)/2$,可见随着人数 N 的增大,通信开销将急剧增大。

7. 承认不断改进软件工程实践的必要性

遵从上述六条基本原理,就能够较好地实现软件的工程化生产。但是,上述六条原理只是对现有的经验的总结和归纳,并不能保证赶上技术不断前进发展的步伐。因此,Boehm 提出应把承认不断改进软件工程实践的必要性作为软件工程的第七条原理。根据这条原理,不仅要积极采纳新的软件开发技术,还要注意不断总结经验,收集进度和消耗等数据,进行出错类型和问题报告统计。这些数据既可以用来评估新的软件技术的效果,也可以用来指明必须着重注意的问题和应该优先进行研究的工具和技术。

10.2 软件过程模型

随着计算机应用的飞速发展,软件的复杂程度不断提高,源代码的规模越来越大,软件开发过程越来越不容易被控制。在长期的研究与实践中,人们越来越深刻地认识到,建立简明、准确的表示模型是把握复杂系统的关键。为了更好地理解软件开发过程的特性,以及跟踪、控制和改进软件产品的开发过程,就必须对这一开发过程模型化。

模型是对事物的一种抽象,人们常常在正式建造实物之前,首先建立一个简化的模型,以便更透彻地了解它的本质,抓住问题的要害。使用模型可以使人们从全局上把握系统的全貌及其相关部件之间的关系,可以防止人们过早地陷入各个模块的细节。

经过软件领域的专家和学者不断努力,科学、切合实际的各种软件过程模型不断被推出,它们来源于实践,是用户的需求和软件开发技术共同促进的结果。

10.2.1 瀑布模型

Winston Royce 于 1970 年提出了"瀑布模型",直到 20 世纪 80 年代早期,它一直是唯一被广泛采用的软件过程模型。

瀑布模型规定了各项软件工程活动,包括制订开发计划、进行需求分析、软件设计、程序编码、测试及运行维护,如图 10.1 所示。它规定了各项软件工程活动自上而下、相互衔接的固定次序,如同瀑布流水,逐级下落。瀑布模型中的每一个开发活动都具有下列特征:

① 上一项活动接受该项活动的工作对象作为输入;
② 利用这一输入实施该项应完成的内容;
③ 产生本阶段活动的相关产出,作为输出传给下一项活动;
④ 对本阶段活动执行情况进行评审,若活动执行得到确认,则继续进行下一项活动;否则返回前一项,甚至更前项的活动进行返工。

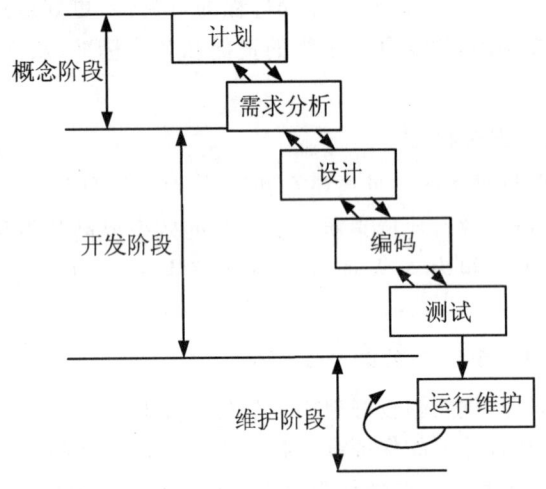

图 10.1 瀑布模型

瀑布模型有利于大型软件开发过程中人员的组织及管理,有利于软件开发方法和工具的研究与使用,从而提高了大型软件项目开发的质量和效率。然而软件开发的实践表明,上述各项活动之间并非完全是自上而下且呈线性图式的,因此瀑布模型存在严重的缺陷。当开发成果尚未经过测试时,用户无法看到软件的效果。软件与用户见面的时间间隔越长,风险较大。在软件开发前期未发现的错误传到后面的开发活动中时,可能会扩散,进而可能会造成整个软件项目开发失败。而且,在软件需求分析阶段,完全确定用户的所有需求是比较困难的,甚至可以说是不太可能的。

10.2.2 原型模型

原型通常是指模拟某种最终产品的原始模型,在工程领域中得到了广泛应用。例如,一座大桥在开工建设之前需要建立很多原型,如风洞实验原型、抗震实验原型等,以检验大桥设计方案的可行性。在软件开发过程中，原型是软件的一个早期可运行的版本，它反映了最终系统的部分重要特征。

由于软件的规模和复杂性越来越大，软件开发在需求获取、技术实现手段选择、应用环境适应等方面都出现了前所未有的困难，特别是对变化需求的控制和技术实现尤为突出。为了应对早期需求获取困难以及后期需求的变化，人们采取了原型方法构造软件系统。当获得一组基本需求之后，通过快速分析构造出一个小型的软件系统原型，满足用户的基本要求。用户可在使用原型系统的过程中得到亲身感受和受到启发，做出反应和评价。然后开发人员根据用户的反馈意见对原型加以改进，如图 10.2 所示。随着不断构造、交付、使用、评价、反馈和修改，一轮一轮产生新的原型版本，如此周而复始，逐步减少分析过程中用户和开发人员之间的沟通误解，逐步使原本模糊的各种需求细节清晰起来。对于需求的变更，也可以在变更后的原型版本中做出适应性调整，从而提高了最终产品的质量。

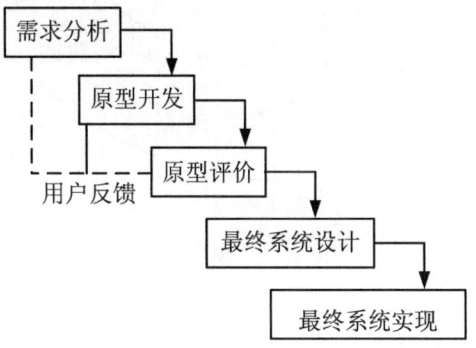

图 10.2 原型模型

原型系统能够逐步明确用户需求，能够适应需求的变化；由于用户介入到软件开发过程，因此能够及早发现问题从而降低风险。在软件开发过程中，面对快速变化的市场需求和新技术发展，最大的风险往往来自对需求的分析和技术实现手段的选择，通过原型方法，可以以合理的成本细化需求、试验技术手段，在总体上降低软件开发的风险，加快软件产品的形成，降低软件开发的成本。

原型模型的优点是使用户能够感受到实际的系统，使开发者能够快速地构造出系统的框架。其缺点是产品的先天性不足，因为开发者常常需要做实现上的折中，可能采用不合适的操作系统或程序设计语言，以使原型能够尽快工作。

10.2.3 螺旋模型

软件风险是普遍存在于任何软件开发项目中的实际问题。对于不同的项目，其差别只是风险有大有小而已。软件风险是由于某些不确定或难以确定的因素造成的。实践表明，项目规模越大，问题越复杂，资源、成本、进度等因素的不确定性越大，承担项目所冒的风险也越大。总之，风险是软件开发不可忽视的潜在不利因素，它可能在不同程度上损害到软件开发过程或软件产品的质量。驾驭软件风险的目标是在造成危害之前，及时对风险进行识别、分析、采取对策，进而消除或减少风险的损害。

螺旋模型如图 10.3 所示，它是 Boehm 于 1988 年提出来的。其基本思想是，使用原型及其他方法来尽量降低风险。螺旋模型中的每个回路被分在四个象限上，分别表达了四个方面的活动。

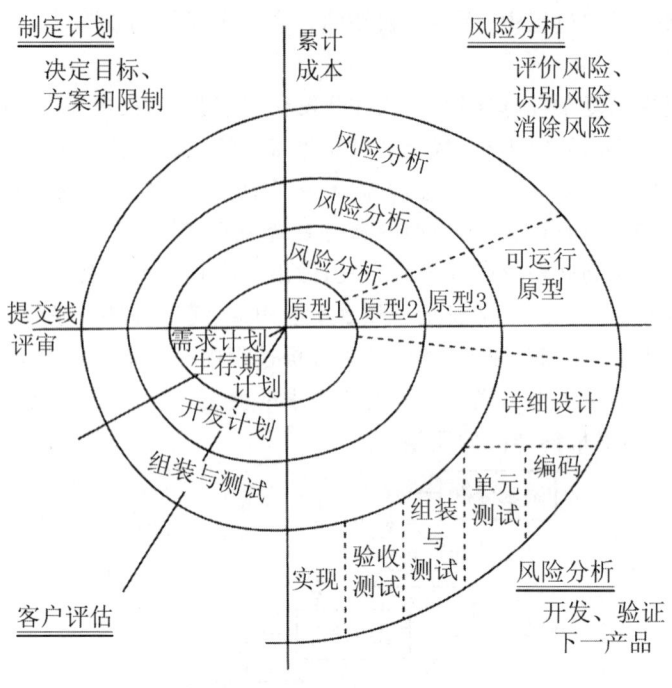

图 10.3 螺旋模型

(1) 制定计划

确定软件项目目标；明确对软件开发过程和软件产品的约束；制定详细的项目管理计划；根据当前的需求和风险因素，制定实施方案，并进行可行性分析，选定一个实施方案，并对其进行规划。

(2) 风险分析

明确每一个项目分险，估计风险发生的可能性、频率、损害程度，并制定风险管理措施规避这些风险。例如，需求不清晰的风险，需要开发一个原型来逐步明确需求；可靠性要求较高的风险，需要开发一个原型来试验及技术方案能否达到可靠性要求；对于时间性能要求较高的风险，需要开发一个原型来试验算法性能能否达到时间要求等。风险管理措施应该纳入选定的项目实施方案中。

(3) 实施工程

当采用原型方法对系统风险进行评估之后，就需要针对每一个开发阶段的任务要求执行本开发阶段的活动，如需求不明确的项目需要用原型来辅助进行需求分析，界面设计不明确时需要用到原型来辅助进行界面设计。这一象限中的工作就是根据选定的开发模型进行软件开发。

(4) 客户评估

客户使用原型，反馈修改意见；根据客户的反馈，对产品及其开发过程进行评审，决定是否进入螺旋线的下一个回路。

沿螺旋线自内向外每旋转一圈便开发出新的一个更为完善的软件版本。例如，在第一圈，确定了初步的目标、方案和限制条件以后，转入右上象限，对风险进行识别和分析；如果风险分析表明，需求有不确定性，那么在右下的工程象限内，建立原型以帮助开发人员和客户，考虑其他开发模型，并对需求作进一步修正；客户对工程成果作出评价之后，给出修正建议；在此基础上需再次计划，并在此进行风险分析。在每一圈螺旋线上，做出风险分析的终点是判断是否继续下去的标准。加入风险过大,开发者和用户无法承受,项目有可能终止。多数情况下沿螺旋线的活动会继续下去,自内向外,逐步延伸,最终得到所期望的系统。

对于大型系统及软件的开发来说,螺旋模型是一个很现实的方法。因为软件随着过程的进展演化,开发者和用户能够更好地理解和对待每一个演化级别上的风险。螺旋模型使用原型作为降低风险的机制,更重要的是,它使开发者在产品演化的任一阶段均可应用原型方法。它保持了传统生命周期模型中系统的、阶段性的方法,但将其并进了迭代框架,更加真实地反映了现实世界。螺旋模型要求在项目的所有阶段直接考虑技术风险,如果应用得当,能够在风险变成问题之前降低它的危害。

不过,螺旋模型可能难以使用户(尤其在有合同约束的情况下)相信演化方法是可控的;同时也需要相当的风险评估的专门技术,且其成功依赖于这种专门技术,如果一个大的风险未被发现和管理,毫无疑问会出现问题。

10.2.4 增量模型

增量模型也称渐增模型,是由 Mills 等人于 1980 年提出的,它可以让客户得到一些机会延迟对详细需求的决策,即客户的需求可以逐步提出来,如图 11.4 所示。

使用增量模型开发软件时,把软件产品作为一系列的增量构件来设计、编码、集成和测试。每个构件由多个相互作用的模块构成。使用增量模型时,第一个增量构件往往实现软件的基本需求,提供最核心的功能。例如,使用增量模型开发自处理软件时,第一个增量构件提供基本的文件管理、编辑和文档生成功能,第二个增量构件提供更完善的编辑和文档生成功能,第三个增量构件实现拼写和语法检查功能,第四个增量构件完成高级的页面布局功能。把软件产品分解增量构件时,应该使构件的规模适中,规模过大或过小都不好,最佳分解方法因软件产品特点和开发人员的习惯而异。分解时必须遵守的约束条件是,当把新构件集成到现有软件中时,所形成的产品必须是可测试的。

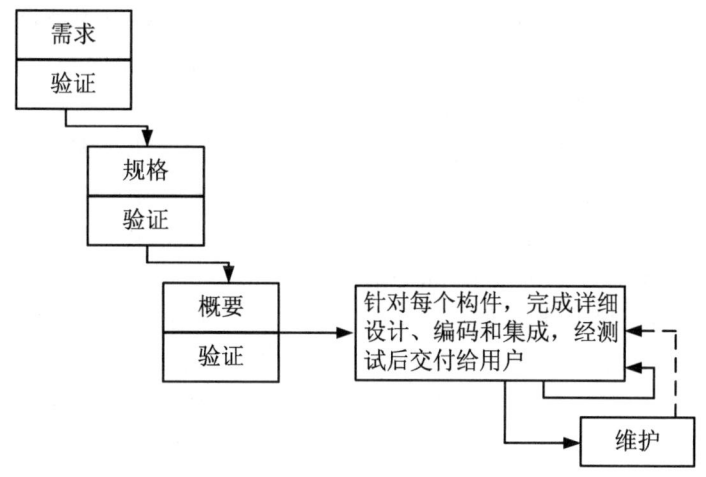

图 10.4 增量模型

一旦一个增量已完成开发,客户就可以使用实现了核心需求的部分产品,并对其进行评价,反馈需求修改和补充意见。下一个增量的内容包括这些反馈意见,同时可以包括下一个优先级的增量需求。当新的增量开发完成,系统的功能就随着每个增量的集成而改进,并最终实现完成的系统,经系统测试和验收测试交付用户使用。

增量模型的优点是能在较短时间内,向用户提交可完成部分工作的产品。另一个优点是,逐步增加产品功能,可以使用户有较充裕的时间学习和适应新产品,从而减少一个全新的软件可能给客户组织带来的冲击。

使用增量模型的困难是,在把每个新的增量模型构件集成到现有软件体系结构中时,必须不破坏原来已经开发出的产品,要求软件体系结构必须是开发的,便于扩充。另外,增量的粒度选择也很难把握,有时候很难将客户的需求映射到适当规模的增量上。

10.3 软件工程方法学

软件工程中的开发方法又称为软件工程方法论。软件开发方法是指软件开发过程中所应遵循的方法和步骤,有些软件开发方法是针对某些活动的,属于局部软件开发方法,也有覆盖开发过程的全局软件开发方法。实践表明,针对分析和设计的开发方法更加重要。到目前为止,已经形成了几种成熟的软件开发方法,但是没有哪种方法能够适应各种软件开发的需要,不同的开发方法适合开发不同类型的系统,当需要选用一种开发方法时,可以考虑如下四个因素:
① 对该软件开发方法是否已具有经验,或已受过训练的人员;
② 为软件开发提供的软件硬件资源及可使用的工具的情况;
③ 该开发方法在计划、组织和管理方面的可行性;
④ 对开发项目所涉及领域的知识的掌握情况。

10.3.1 结构化方法

结构化方法也称为面向功能的软件开发方法或 Yourdon 方法,是由 E. Yourdon 和 L. Constantine 提出的,是 20 世纪 80 年代使用最广泛的软件开发方法。

结构化方法是采用结构化分析方法(Structured Analysis,SA)对软件进行需求分析,然后用结构化设计方法(Structured Design,SD)进行总体设计和详细设计,最后是结构化编程(Structured Programming,SP)。

结构化分析的主要工作是按照功能分解的原则,自顶向下、逐步求精,直到实现软件功能为止。在分析问题时,系统分析人员一般利用图表的方式描述用户需求,使用的工具有数据流图、数据字典、问题描述语言、判定表和判定树等。结构化设计是以结构化分析为基础,将分析得到的数据流图推导为描述系统模块之间关系的结构图。

结构化方法的主要问题是构造的软件系统不够稳定,它以功能分解为基础,而用户的功能是经常改变的,必然导致系统的框架结构不稳定。另外,从数据流程图到软件结构图之间的过渡有明显的断层,导致设计回溯到需求有困难。但是由于该方法非常简单、实用,并可有效地控制系统的复杂度,至今仍然有许多软件开发机构在使用结构化方法。

10.3.2 面向数据结构的开发方法

面向数据结构的软件开发方法有两种:一种是 1974 年由 J. D. Warnier 提出的结构化数据系统开发方法(Data Structured System Development,DSSD),又称 Warnier 方法;另一种是 1975 年由 M. A. Jackson 提出的 Jackson 系统开发方法(Jackson Systems Development,JSD),简称 Jackson 方法。

面向数据结构开发方法的基本思想是:从目标系统的输入/输出数据结构入手,导出程序的基本框架结构,在此基础上,对细节进行设计,得到完整的程序结构图。

从表面上看,Wanier 方法与 Jackson 方法十分相似,开发的重点都在于数据结构,通过对数据结构的分析导出软件结构。但它们之间仍存在许多差别,而且两种方法使用不同的图形工具(Warnier 图和 Jackson 图)描述信息的层次结构。

系统开发面向数据结构的设计方法的最终目标是得出对程序处理过程的描述,这种方法最适合于在详细设计阶段使用,也就是说,在完成了软件结构设计之后,可以使用面向数据结构的方法来设计每个模块的处理过程。

10.3.3 面向对象的方法

20 世纪 90 年代以来,一些专家按照面向对象的思想,对面向对象的分析和设计(OOA/OOD)工作的步骤、方法、图形工具等进行了详细研究,提出了多种实施方案。

面向对象方法比较其他的软件开发方法更符合人类的思维方式。它通过将现实世界问题向面向对象解空间映射的方式,实现对现实世界的直接模拟。由于面向对象的软件系统的结构是根据实际问题域的模型建立起来的,它以数据为中心,而不是基于对功能的分解。因此,当系统功能发生变化时不会引起软件结构的整体变化,往往只需要进行一些局部的修改,相对来说,软件的重用性、可靠性、可维护性等特性都较好。反之,传统的软件开发方法以功能为基础,所建立的软件系统的结构与系统功能是密切相关的,而功能是不稳定的因素,一旦功能发生变化时,整个软件结构也必须改变。因此其软件的重用性较差,维护起来也相对困难。采用面向对象方法使得软件开发在需求分析、可维护性和可靠性这三个关键环节和质量指标上有了实质性的突破,较好地解决了在这些方面存在的严重问题。

20 世纪 90 年代以来,出现了很多种面向对象的分析或设计方法,比较流行的有十几种。这些方法中,有较大影响的有 Booch 方法、OMT 方法、OOSE 方法、Coad/Yourdon 方法和 UML 方法。

10.4 标准建模语言

软件开发技术和模型的表现手法层出不穷,但在目前的软件开发方法中,面向对象的方法占据着主导地位。面向对象方法的主导地位也决定着软件开发过程模型化技术的发展,面向对象的建模技术方法也就成为主导的方法。

公认的面向对象建模语言出现于 20 世纪 70 年代中期。从 1989 年到 1994 年,其数量从不到 10 种增加到了 50 多种。20 世纪 90 年代中期,一批新方法出现了,其中最引人注目的是 Booch 1993、OOSE 和 OMT－2 等。面对众多的建模语言,用户由于没有能力区别不同语言之间的差别,因此很难找到一种比较适合其应用特点的语言;其次,众多的建模语言实际上各有千秋,极大地妨碍了用户之间的交流。因此,在客观上有必要在精心比较不同的建模语言优缺点及总结面向对象技术应用实践的基础上,组织联合设计小组,根据应用需求,取其精华,去其糟粕,求同存异,统一建模语言。

20 世纪 90 年代,Rational 软件公司(现已并入 IBM)聘请了 Jim Rumbaugh 参加 Grady Booch 的工作,将 Booch 1993 和 OMT－2 两种技术合二为一,并于 1995 年 10 月发布了第一个

公开版本——UM 0.8(UnitiedMethod),称之为统一方法。1995年秋,OOSE的创始人Jacobson也加入了Rational公司,与Rumbaugh和Booch一同工作,经过Booch、Rumbaugh和Jacobson三人的共同努力,于1996年6月共同开发了统一方法的0.9版。此后,许多公司加入了Jacobson、Rumbaugh和Booch发起的UML联盟。UML联盟将统一方法更名为统一建模语言(Unified Modeling Language,UML),于1997年将UML1.0版作为标准草案正式提交给对象管理组OMG。OMG是一个非官方的独立标准化组织,它接管了UML标准的制定和开发工作,之后先后推出了UML的多个版本。UML的发展历史如图10.5所示。在美国,截至1996年10月,UML获得了工业界、科技界和应用界的广泛支持,已有700多个公司表示支持采用UML作为建模语言。1997年10月17日,OMG采纳UML1.1作为面向对象技术的标准建模语言。在我国,UML也成为广大软件公司的建模语言。1999年底,UML已稳占面向对象技术市场的90%,成为可视化建模语言事实上的工业标准。

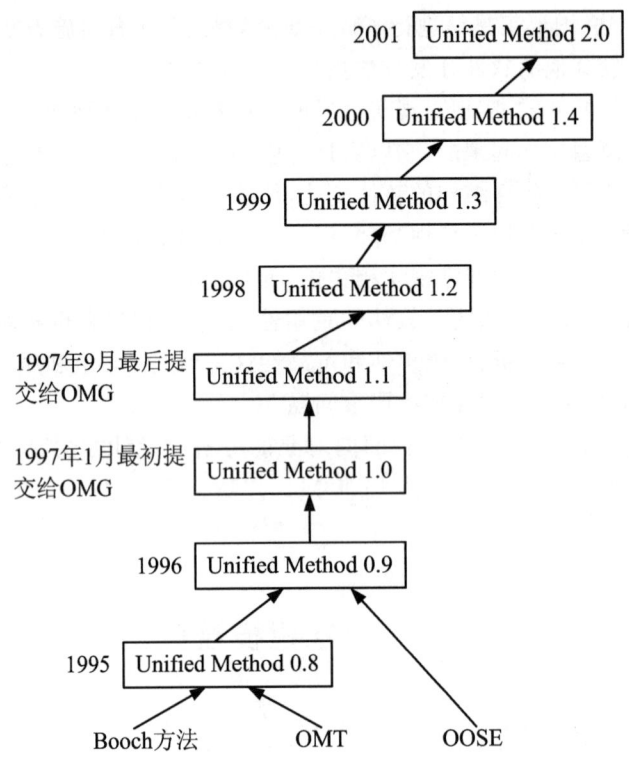

图 10.5 UML 的发展历史

UML与其他建模表示法的主要不同在于UML不是由Booch、Rumbaugh和Jacobson等个人发明的,是由许多供业界的专家、软件开发工具供应商、联合软件开发组织和许许多多的业界人士一同制定的建模语言标准。因此,UML的诞生,使得软件开发领域第一次出现了世界级的标准建模语言。UML代表了面向对象方法的软件开发技术的发展方向,具有巨大的市场前景,也具有重大的经济价值和国防价值。

UML的目标是以面向对象图的方式来描述任何类型的系统,具有很广的应用领域。其中最常用的是建立软件系统的模型,但它同样可以用于描述非软件领域的系统,如机械系统、企业机构和业务过程,以及处理复杂数据的信息系统,具有实时要求的工业系统或工业过程等。总之,UML是一个通用的标准建模语言,可以对任何具有静态结构和动态行为的系统进行建模。

此外,UML适用于系统开发过程中从需求规格描述到系统完成后测试的不同阶段。在需求分析阶段,可以用用例来捕获用户需求。通过用例建模,描述对系统感兴趣的外部角色及其对系统的功能需求。分析阶段主要关心问题域中的主要概念(如抽象、类和对象等)和机制,需要识别这些类以及它们之间的关系,并用 UML 类图来描述。为实现用例,类之间的协作可以用 UML 动态模型来描述。在分析阶段,只对问题域的对象(现实世界的概念)建模,而不考虑定义软件系统中技术细节的类(如处理用户接口、数据库、通信和并行性等问题的类)。这些技术细节将在设计阶段引入,因此设计阶段为构建阶段提供更详细的规格说明。UML 模型还可作为测试阶段的依据。系统通常需要经过单元测试、集成测试、系统测试和验收测试。不同的测试小组可以使用不同的 UML 图作为测试依据。单元测试使用类图和类规格说明,集成测试使用部件图和合作图,系统测试使用用例图来验证系统的行为,验收测试由用户进行,以验证系统测试的结构是否满足在分析阶段确定的需求。

总之,标准建模语言 UML 适用于以面向对象技术来描述任何类型的系统,而且适用于系统开发的不同阶段,从需求规格描述直至系统完成后的测试和维护。

10.5 软件项目管理

开发软件项目与开发硬件项目一样,需要一定的人力、财力、时间,也需要一定的技术和工具。为了使项目能够按照预定成本、进度、质量顺利完成,需要对成本、人员、进度、风险等进行分析和管理。管理在软件工程项目中的地位和作用与其他工程项目一样,是十分重要的。但是,软件项目管理和其他的项目管理相比有相当的特殊性。首先,软件是纯知识产品,其开发进度和质量很难估计和度量,生产效率也难以预测和保证。其次,软件系统的复杂性也导致了开发过程中各种风险的难以预见和控制。因此,软件项目管理不仅有它的特殊性,也有一定的困难。软件项目管理贯穿于软件生命周期的全过程。

简单地说,软件项目管理的主要职能包括以下几点:
① 制订计划:规定待完成的任务、要求、资源、人力和进度等。
② 建立组织:为实施计划,保证任务的完成,需要建立分工明确的责任制机构。
③ 配置人员:任用各种层次的技术人员和管理人员。
④ 指导:鼓励和动员软件人员完成所分配的工作。
⑤ 检验:对照计划或标准,监督和检查实施的情况。
下面主要从人员组织和管理、成本管理、进度与软件配置管理几个方面来介绍。

10.5.1 人员的组织与管理

小型软件项目成功的关键是高素质的软件开发人员。然而大多数软件产品的规模都很大,以致单个的软件开发人员无法在合理的时间内完成软件产品的生产,因此必须把许多软件开发人员组织起来,使他们分工协作共同完成开发的工作。因而大型软件项目成功的关键除了高素质的开发人员以外,还必须有高水平的管理。没有高水平的管理,软件开发人员的素质再高,也无法保证软件项目的成功。

为了成功地完成大型的软件开发工作,项目的组成人员必须以一种有意义、有效的方式彼此交流与通信。如何安排项目组成人员是一个管理问题,管理者必须合理地组织项目组,使项目组有尽可能高的生产率,能够按照预定的进度计划完成所承担的工作。经验表明,影响项目进展和质量的最重要因素是组织管理水平,项目组织得越好,生产效率就越高,产品质量也越好。

10.5.2 人员的配置和管理

软件开发中的开发人员是重要的资源。对人员的配置,调度安排贯穿整个软件过程,人员的组织管理是否得当,是影响对软件项目质量的决定性因素。

首先在软件开发的一开始,要合理地配置人员,根据项目的工作量,所需要的专业技能,再参考各个人员的能力、性格、经验,组织一个高效、和谐的开发小组。一般来说,一个开发小组人数在8到10人之间最为合适,如果项目规模很大,可以采取层级式结构,配置若干个这样的开发小组。

在选择人员的问题上,要结合实际情况来决定是否选入一个开发组员。并不是一群高水平的程序员在一起就一定可以组成一个成功的小组。作为考察标准,技术水平,与本项目相关的技能和开发经验,以及团队工作能力都是很重要的因素。一个一天能写一万行代码但却不能与同事沟通融洽的程序员未必适合一个对组员之间通信要求很高的项目。还应该考虑分工的需要,合理配置各个专项的人员比例。例如,一个网站开发项目,小组中有页面美工,后台服务程序,数据库几个部分,应该合理地组织各项工作的人员配比。对于一个中型导购网站,对数据采集量要求较高,一个人员配比方案可以是2个美工、2个后台服务程序编写、3个数据采集整理人员。

10.5.3 成本的估计与控制

软件开发成本主要是指软件开发过程中所花费的工作量及相应的代价。它不同于其他物理产品的成本,它不包括原材料和能源的消耗,主要是人的劳动消耗。人的劳动消耗所需的代价是软件产品的开发成本。另一方面,软件产品的开发成本的计算方法不同于其他物理产品成本的计算。如软件产品不存在重复制造的过程,它的开发成本是按照一次性开发所花费的代价来计算的。因此,软件开发成本的估算应是从软件计划、需求分析、设计、编码、单元测试、组装测试到确认测试,即整个软件开发全过程所花费的代价作为依据的。

10.5.4 进度计划

项目管理者的目标是定义全部醒目任务,识别出关键任务,跟踪关键任务的进展状况,以保证能及时发现拖延进度的情况。为达到上述目标,管理者必须制定一个足够详细的进度表,以便监督项目进度并控制整个项目。

软件项目的进度安排是这样一项活动,它通过把工作量分配给特定的软件工程任务并规定完成各项任务的起止时间,从而将估算出的项目工作量分配于计划好的项目持续期内。进度计划将随时间的流逝而不断演化。在项目计划的早期,首先制定一个宏观的进度安排表,标识出主要的软件活动和这些活动影响到的产品功能。随着项目的进展,把宏观进度表中的每个条目都精化成一个详细进度表,从而标识出完成一个活动所必须实现的一组特定任务,并安排好实现这些任务的进度。

10.5.5 软件配置管理

在软件开发过程中,变动和修改是不可避免的。这些变动常常在项目开发人员之间引起混乱和误会。如果修改之前不作分析，修改后不作记录，不通知有关的人员，修改时亦不注意质量和正确性，混乱的程度必将更加严重。解决这一问题的唯一途径是加强软件开发的管理，而软件开发管理的核心是软件配置管理。

软件配置管理是一套规范、高效的软件开发基础结构。作为管理软件开发过程有效的方法，早已被发达国家软件产业的发展和实践所证明。软件配置管理可以系统地管理软件系统中的多重版本；全面记载系统开发的历史过程，包括为什么修改，谁作了修改，修改了什么；管理和追踪开发过程中危害软件质量以及影响开发周期的缺陷和变化。软件配置管理对开发过程进行有效的管理和控制，完整、明确地记载开发过程中的历史变更，形成规范化的文档，不仅使日后的维护和升级得到保证，而且更重要的是，这还会保护宝贵的代码资源，积累软件财富，提高软件重用率，加快投资回报。

从某种角度来讲，软件配置管理是一种标识、组织和控制修改的技术，目的是使错误降为最小并最有效地提高生产效率，是通往 ISO9000 和 SEI CMM 标准的一块基石。

简单地说，在软件开发过程中，配置管理的主要任务是控制软件的修改，包括：
① 标识软件配置中的各种对象；
② 管理软件的各种版本；
③ 建立系统；
④ 控制对软件的修改；
⑤ 审计配置；
⑥ 报告配置状况。

常用的配置管理工具有 SourceSafe、SVN 和 CVS。

本 章 小 结

本章首先介绍了软件危机的概念，对软件工程的基本原理进行了阐述。然后对软件发展过程中出现的一些重要软件开发过程模型的原理和特点进行了重点介绍。作为一种重要的软件建模语言，UML 已经成为面向对象技术领域占主导地位的标准建模语言，本章对 UML 的发展及其功能进行了简单介绍。最后，介绍了软件项目管理过程中的一些核心内容，为今后学习软件工程课程奠定基础。

习 题

1. 什么是软件危机？
2. 如何应对软件危机？
3. 什么是软件生命周期，包含哪几个阶段？
4. 请调研现存的软件过程模型，指出优缺点。
5. 有哪些软件开发方法，有什么特点？
6. 什么是 UML，有什么作用？

第 11 章　计算机领域新技术

人类进入 21 世纪,以计算机和网络技术为核心的现代技术飞速地发展,越来越深刻地改变我们生活中的一切。信息的获取、分析、处理、应用的能力将作为现代人最基本的能力和素质的标志。

11.1　云计算

随着互联网时代信息与数据的快速增长,科学、工程和商业计算领域需要处理大规模、海量的数据,对计算能力的需求远远超出自身 IT 架构的计算能力,这时就需要不断加大系统硬件投入来实现系统的可扩展性。另外,由于传统并行编程模型应用的局限性,客观上要求一种容易学习、使用、部署的新的并行编程框架。在这种发展背景下,云计算应运而生。

11.1.1　云计算的基本概念

云计算(Cloud Computing)是在分布式计算(Distributed Computing)、并行计算(Parallel Computing)和网格计算(Grid Computing)的基础上发展而来的,是一种新兴的商业计算模型。云计算的概念起源于亚马逊 EC2(Elastic Compute Cloud)产品和 Google—IBM 分布式计算项目。

云计算是网格计算、分布式计算、并行计算、效用计算(Utility Computing)、网络存储技术、虚拟化、负载均衡等传统计算机技术和网络技术发展融合的产物,它旨在通过网络把多个成本相对较低的计算实体整合成一个具有强大计算能力的完美系统,并借助 SaaS、PaaS、IaaS、MSP 等先进的商业模式把这强大的计算能力分布到终端用户手中。云计算的一个核心理念就是通过不断提高"云"的处理能力减少用户终端的处理负担,最终使用户终端简化成一个单纯的输入/输出设备,并能按需享受"云"的强大计算机处理能力。云计算可以让用户体验每秒 10 万亿次的运算能力,拥有这么强大的计算能力可以模拟核爆炸、预测气候变化和市场发展趋势。

在云计算的发展中,不同的学者或机构从不同的方面给予云计算不同的定义。为了给云计算的混沌世界中引入一些规则,2009 年 4 月美国政府的国家标准与技术研究所(NIST)制定了云计算的标准定义和参考架构。NIST 将云计算定义为"一种无处不在、便捷且按需对一个共享的可配置计算资源(如网络、服务器、存储、应用和服务)进行网络访问的模式,它能够通过最少量的管理及服务供应商的互动实现计算资源的迅速供给和释放"。简单地说,在云计算模式下,用户只需通过终端接入到网络中,可以向"云"提出需求;"云"接受请求后组织资源,通过网络为用户提供服务。云计算不是一个工具、平台或者架构,而是一种计算的方式。

云计算具有以下基本特征:
① 按需自助服务。消费者无需同服务提供商交互就可以自动地得到自助的计算资源能力,如服务器的时间、网络存储等。
② 无所不在的网络访问。借助于不同的客户端来通过标准的应用对网络访问的可用能力。

③ 划分独立资源池。根据消费者的需求来动态地划分或释放不同的物理和虚拟资源,这些池化的供应商计算资源以多租户的模式来提供服务。用户经常并不控制或了解这些资源池的准确划分,但可以知道这些资源池在哪个行政区域或数据中心。

④ 快速弹性。一种对资源快速和弹性提供和对资源快速、弹性释放的能力。对消费者来讲,所提供的这种能力是无限的(随需的、大规模的计算机资源),并且在任何时间以任何量化方式可购买。

⑤ 服务可计量。云系统对服务类型通过计量的方法来自动控制和优化资源使用(如存储、处理、带宽以及活动用户数)。资源的使用可被监测、控制以及对供应商和用户提供透明的报告(即付即用的模式)。

云软件可充分借助于云计算的范式优势来面向服务,聚焦于无状态的、松耦合、模块化以及语义解释的能力。

11.1.2 云计算架构

云计算可以按需提供弹性资源,它的表现形式是一系列服务的集合。结合当前云计算的应用与研究,其体系架构可分为核心服务、服务管理、用户访问接口三层,如图 11.1 所示。核心服务层将硬件基础设施、软件运行环境、应用程序抽象成服务,这些服务具有可靠性强、可用性高、规模可伸缩等特点,满足多样化的应用需求。服务管理层为核心服务提供支持,进一步确保核心服务的可靠性、可用性与安全性。用户访问接口层实现端到云的访问。

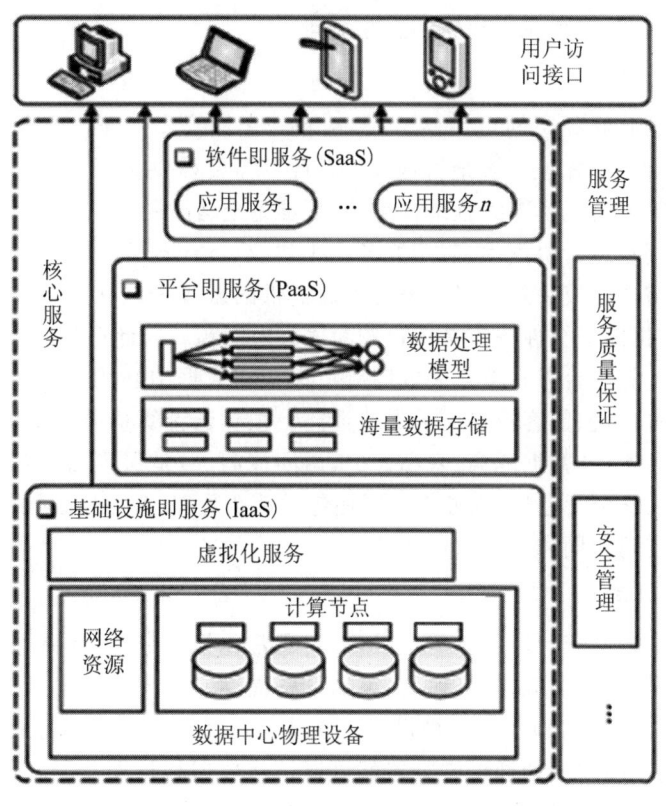

图 11.1 云计算系统架构

1. 核心服务层

云计算核心服务通常可以分为三个子层：基础设施即服务层（Infrastructure as a Service，IaaS）、平台即服务层（Platform as a Service，PaaS）、软件即服务层（Software as a Service，SaaS）。

IaaS 提供硬件基础设施部署服务，为用户按需提供实体或虚拟的计算、存储和网络等资源。在使用 IaaS 层服务的过程中，用户需要向 IaaS 层服务提供商提供基础设施的配置信息，运行于基础设施的程序代码以及相关的用户数据。由于数据中心是 IaaS 层的基础，因此数据中心的管理和优化问题近年来成为研究热点。另外，为了优化硬件资源的分配，IaaS 层引入了虚拟化技术。借助于 Xen、KVM、VMware 等虚拟化工具，可以提供可靠性高、可定制性强、规模可扩展的 IaaS 层服务。

PaaS 是云计算应用程序运行环境，提供应用程序部署与管理服务。通过 PaaS 层的软件工具和开发语言，应用程序开发者只需上传程序代码和数据即可使用服务，而不必关注底层的网络、存储、操作系统的管理问题。由于目前互联网应用平台（如 Facebook、Google、淘宝等）的数据量日趋庞大，PaaS 层应当充分考虑对海量数据的存储与处理能力，并利用有效的资源管理与调度策略提高处理效率。

SaaS 是基于云计算基础平台所开发的应用程序。企业可以通过租用 SaaS 层服务解决企业信息化问题，如企业通过 GMail 建立属于该企业的电子邮件服务。该服务托管于 Google 的数据中心，企业不必考虑服务器的管理、维护问题。对于普通用户来讲，SaaS 层服务将桌面应用程序迁移到互联网，可实现应用程序的泛在访问。

2. 服务管理层

服务管理层对核心服务层的可用性、可靠性和安全性提供保障。服务管理包括服务质量（Quality of Service，QoS）保证和安全管理等。云计算需要提供高可靠、高可用、低成本的个性化服务。然而云计算平台规模庞大且结构复杂，很难完全满足用户的 QoS 需求。为此，云计算服务提供商需要和用户进行协商，并制定服务水平协议（Service Level Agreement，SLA），使得双方对服务质量的需求达成一致。当服务提供商提供的服务未能达到 SLA 的要求时，用户将得到补偿。此外，数据的安全性一直是用户较为关心的问题。云计算数据中心采用的资源集中式管理方式使得云计算平台存在单点失效问题。保存在数据中心的关键数据会因为突发事件（如地震、断电）、病毒入侵、黑客攻击而丢失或泄露。根据云计算服务特点，研究云计算环境下的安全与隐私保护技术（如数据隔离、隐私保护、访问控制等）是保证云计算得以广泛应用的关键。除了 QoS 保证、安全管理外，服务管理层还包括计费管理、资源监控等管理内容，这些管理措施对云计算的稳定运行同样起到重要作用。

3. 用户访问接口层

用户访问接口实现了云计算服务的泛在访问，通常包括命令行、Web 服务、Web 门户等形式。命令行和 Web 服务的访问模式既可为终端设备提供应用程序开发接口，又便于多种服务的组合。Web 门户是访问接口的另一种模式。通过 Web 门户，云计算将用户的桌面应用迁移到互联网，从而使用户随时随地通过浏览器就可以访问数据和程序，提高工作效率。虽然用户通过访问接口使用便利的云计算服务，但是由于不同云计算服务商提供接口标准不同，导致用户数据不能在不同服务商之间迁移。为此，在 Intel、Sun 和 Cisco 等公司的倡导下，云计算互操作论坛（Cloud Computing Interoperability Forum，CCIF）宣告成立，并致力于开发统一的云计算接口(Unified Cloud Interface,UCI),以实现"全球环境下,不同企业之间可利用云计算服务无缝协同工作"的目标。

11.1.3 云计算的应用及发展

云计算的应用有电子政务、教育、科研、电信、装备制造、网络安全、金融、能源、军事、医学、天文学等领域,现在云计算正朝着更广泛的领域迈进。下面主要介绍云计算在电子政务、教育、电信行业、装备制造领域的应用。

① 云计算在电子政务中的应用:政府机构建设的公共信息服务平台,就是从管理型政府转变为服务型政府的方式之一,利用云计算的虚拟化技术集群信息服务平台服务器,为政府机构及时发布社会重点关切的问题,提高服务意识与服务能力有重要作用。

② 云计算在教育中的应用:云技术可以利用大数据技术,构建共享教育资源库、数字化图书馆、教研科研环境、网络协同办公等。这样彻底打破了教学资源的共享效率低、资源严重浪费、系统伸缩性差等缺陷的传统教育模式。云计算的应用与促进教育公平又进一步,同时也在降低教育成本、改变教学方法、提高教育服务能力、创新教育模式等方面对老师的教与学生的学都产生了巨大的影响。

③ 云计算在电信行业中的应用:现在很多电信企业既提供网络接入服务,也提供云计算服务。提供应用解决方案服务和主机租赁等服务,还包括一些应用付费服务。通过对不同行业用户需求进行分析,研发与之相匹配的云服务产品,树立行业品牌。

④ 云计算在装备制造中的应用:云计算技术对装备制造企业的传统应用模式也有很大的冲击力。现在很多企业选择云服务商提供云服务,不再自行购买服务器,也不需要购置高昂的存储设备来增加存储空间,也不用担心因服务器运行能力差而更新服务器来提升运算能力,减少了经济投入,降低了运营成本。

云计算发展的总体趋势是终将成为整个社会信息化的基础设施。从技术的角度来讲,云计算未来主要呈现如下几个发展趋势。

① 标准化:现阶段,云计算的技术和服务尚未成熟。标准化是云计算快速发展、走进大众的助推器。要实现云计算真正的产业化并步入平稳发展阶段,必须制定统一的技术标准和运营标准。确保云计算平台的互操作性以及云服务的可移植性和互操作性,即应优先制定云服务提供商之间的接口标准以及云服务提供商与用户之间的接口标准。由中国重点参与的两项云计算国际标准《信息技术-云计算-概述和词汇》《信息技术-云计算-参考框架》已正式发布。这两项国际标准的发布标志着云计算国际标准化工作进入了一个新的阶段。

② 云计算的未来属于PaaS:云计算的三种服务模型IaaS、SaaS和PaaS正在快速演变。由于企业对软件开发和维护所投入的时间和资金有限,导致SaaS原地停留。IaaS为用户提供灵活性和自主权的同时,增添了复杂性。另外,IaaS可能无法通过门户提供系统实时编制(Orchestration)能力。PaaS屏蔽底层的硬件基础架构,为用户提供覆盖软件全生命周期中需求分析、设计、开发、测试、部署、运行及维护各阶段所需的工具,降低用户进行应用程序开发的技术难度及开发成本。因此,有理由相信,更多的中小企业将会在未来的几年采用PaaS云。PaaS将是云计算的最终目标。在一个通用、可移植的平台上进行SaaS或私有软件的开发,将有助于打破基础架构的禁锢,并能使应用更具可移植性、健壮性和可扩展性。

③ 混合云将成用户首选:随着云计算成为主流,企业采用云计算已经成为了必然的选择。目前,大多数企业采用的是公有云或私有云,以满足不同的需求。私有云意味着用户连接的是

本地资源。尽管它缺乏灵活性和价格昂贵,但是对于某些IT部门,比如需要处理各种规章制度的组织来说,私有云不可或缺。公有云意味着用户需要连接外部的由云服务提供商提供的服务。公有云的使用在计算领域掀起了一场革命。

目前,既使用私有云服务用于某种目标,又可以使用公有云用于其他目的的混合云已成为企业关注的焦点。混合云不仅是一个可定制的解决方案,而且其架构结合了私有云(可信、可控、可靠)和公有云(简单、低成本、灵活)的优势。因此,未来真正被跨国的云服务提供商视为爆发点的应该是混合云市场。

④ 图应用作为一种云服务:运行高端图形应用程序通常需要大量的硬件设施,但云计算是不断变化的。随着新兴的面向云的图形技术的兴起,终端用户将可以在云端运行图形密集应用。

11.2 大数据技术

借助 Internet 的高速发展、数据库技术的成熟和普及、高内存高性能的存储设备和存储介质的出现,人类在日常学习、生活、工作中产生的数据量正以指数形式增长,世界上每分钟产生 1700TB 的数据,呈现"爆炸"状态。美国互联网数据中心指出,互联网上的数据每年将增长 50%,每两年便翻一番,而目前世界上 90% 以上的数据都是最近几年才产生的。预计 2020 年,全世界所产生的数据规模将达到今天的 44 倍。"大数据问题"(Big Data Problem)就是在这样的背景下产生的,成为科研学术界和相关产业界的热门话题,并成为 IT 技术领域的重要前沿课题之一。

11.2.1 大数据的概念与特点

大数据是一个较为抽象的概念,在维基百科中关于大数据的定义为:大数据是指利用常用软件工具来获取、管理和处理数据所耗时间超过可容忍时间的数据集。IDC 在对大数据作出的定义为:大数据一般会涉及两种或两种以上数据形式。它要收集超过 100TB 的数据,并且是高速、实时数据流;或者是从小数据开始,但数据每年会增长 60% 以上。这个定义给出了量化标准,但只强调数据量大、种类多、增长快等数据本身的特征。研究机构 Gartner 给出了这样的定义:大数据是需要新处理模式才能具有更强的决策力、洞察发现力和流程优化能力的海量、高增长率和多样化的信息资产。这也是一个描述性的定义,在对数据描述的基础上加入了处理此类数据的一些特征,用这些特征来描述大数据。当前,较为统一的认识是大数据有四个基本特征:数据规模大(Volume)、数据种类多(Variety)、数据要求处理速度快(Velocity)、数据价值密度低(Value)、即所谓的四 V 特性,如图 11.2 所示。这些特性使得大数据区别于传统的数据概念。大数据的概念与"海量数据"不同,后者只强调数据的量,而大数据不仅用来描述大量的数据,还更进一步指出数据的复杂形式、数据的快速时间特性以及对数据的分析、处理等专业化处理,最终获得有价值信息的能力。

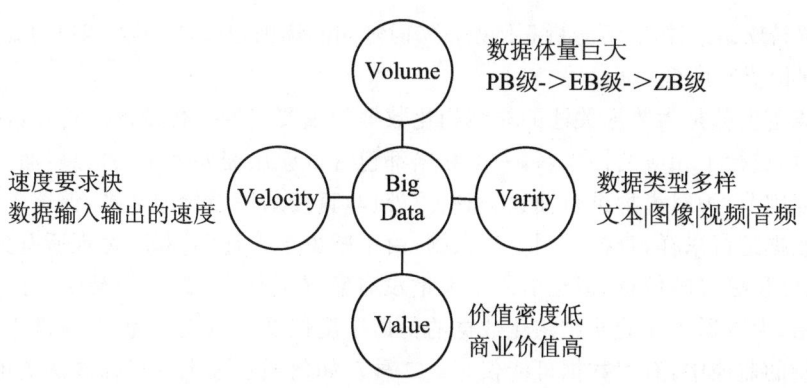

图 11.2 大数据的特征

(1) 数据规模大

大数据聚合在一起的数据量是非常大的,根据 IDC 的定义至少要有超过 100TB 的可供分析的数据,数据量大是大数据的基本属性。导致数据规模激增的原因有很多,首先是随着互联网络的广泛应用,使用网络的人、企业、机构增多,数据获取、分享变得相对容易,以前,只有少量的机构可以通过调查、取样的方法获取数据,同时发布数据的机构也很有限,人们难以短期内获取大量的数据,而现在用户可以通过网络非常方便地获取数据,同时用户在有意的分享和无意的点击、浏览都可以快速地提供大量数据;其次是随着各种传感器数据获取能力的大幅提高,使得人们获取的数据越来越接近原始事物本身,描述同一事物的数据量激增。

(2) 数据类型多样化

数据类型繁多,复杂多变是大数据的重要特性。以往的数据尽管数量庞大,但通常是事先定义好的结构化数据。结构化数据是将事物向便于人类和计算机存储、处理、查询的方向抽象的结果,结构化在抽象的过程中,忽略一些在特定的应用下可以不考虑的细节,抽取了有用的信息。而随着互联网络与传感器的飞速发展,非结构化数据大量涌现,非结构化数据没有统一的结构属性,难以用表结构来表示,在记录数据数值的同时还需要存储数据的结构,增加了数据存储、处理的难度。而时下在网络上流动着的数据大部分是非结构化数据,人们上网不只是看看新闻、发送文字邮件,还会上传下载照片、视频、发送微博等非结构化数据,同时,遍及工作、生活中各个角落的传感器也时刻不断地产生各种半结构化、非结构化数据,这些结构复杂、种类多样,同时规模又很大的半结构化、非结构化数据逐渐成为主流数据。如上所述,非结构化数据量已占到数据总量的 75% 以上,且非结构化数据的增长速度比结构化数据快 10 倍到 50 倍。在数据激增的同时,新的数据类型层出不穷,已经很难用一种或几种规定的模式来表征日趋复杂、多样的数据形式,这样的数据已经不能用传统的数据库表格来整齐地排列、表示。

(3) 处理速度快

要求数据的快速处理,是大数据区别于传统海量数据处理的重要特性之一。随着各种传感器和互联网络等信息获取、传播技术的飞速发展普及,数据的产生、发布越来越容易,产生数据的途径增多,个人甚至成为了数据产生的主体之一,数据呈爆炸的形式快速增长,新数据不断涌现,快速增长的数据量要求数据处理的速度也要相应地提升,才能使得大量的数据得到有效的利用,否则不断激增的数据不但不能为解决问题带来优势,反而成了快速解决问题的负担。当前,人们对数据的实时应用需求更加普遍,比如通过手持终端设备关注天气、交通、物流等信息。数据处理的高速性要求具有时间敏感性和决策性的分析——能在第一时间抓住重要事件发生的信息。比如,当有大量的数据输入时或者需要马上做出决定的情况。例如,一天之内需要审查 500

万起潜在的贸易欺诈案件;需要分析5亿条日实时呼叫的详细记录,以预测客户的流失率。

(4) 数据价值密度低

数据价值密度低是大数据关注的非结构化数据的重要属性。传统的结构化数据,依据特定的应用,对事物进行了相应的抽象,每一条数据都包含该应用需要考量的信息,而大数据为了获取事物的全部细节,不对事物进行抽象、归纳等处理,直接采用原始的数据,保留了数据的原貌,且通常不对数据进行采样,直接采用全体数据,由于减少了采样和抽象,呈现所有数据和全部细节信息,可以分析更多的信息,但也引入了大量没有意义的信息,甚至是错误的信息,因此相对于特定的应用,大数据关注的非结构化数据的价值密度偏低。以视频为例,一部1小时的视频,在连续不间断的监控中,有用数据可能仅有一二秒。如何通过强大的机器算法更迅速地完成数据的价值"提纯"成为目前大数据背景下亟待解决的难题。

11.2.2 大数据处理技术

大数据技术,就是从各种类型的数据中快速获得有价值信息的技术。大数据领域已经涌现出了大量新的技术,它们成为大数据采集、存储、处理和呈现的有力武器。大数据处理关键技术一般包括大数据采集、大数据预处理、大数据存储及管理、大数据分析及挖掘、大数据展现与应用(大数据检索、大数据可视化、大数据应用、大数据安全等)。

1. 大数据采集技术

数据是指通过RFID射频数据、传感器数据、社交网络交互数据及移动互联网数据等方式获得的各种类型的结构化、半结构化(或称之为弱结构化)及非结构化的海量数据,是大数据知识服务模型的根本。重点要突破分布式高速高可靠数据爬取或采集、高速数据全映像等大数据收集技术;突破高速数据解析、转换与装载等大数据整合技术;设计质量评估模型,开发数据质量技术。

大数据采集一般分为大数据智能感知层:主要包括数据传感体系、网络通信体系、传感适配体系、智能识别体系及软硬件资源接入系统,实现对结构化、半结构化、非结构化的海量数据的智能化识别、定位、跟踪、接入、传输、信号转换、监控、初步处理和管理等。必须着重攻克针对大数据源的智能识别、感知、适配、传输、接入等技术。基础支撑层:提供大数据服务平台所需的虚拟服务器,结构化、半结构化及非结构化数据的数据库及物联网络资源等基础支撑环境。重点攻克分布式虚拟存储技术,大数据获取、存储、组织、分析和决策操作的可视化接口技术,大数据的网络传输与压缩技术,大数据隐私保护技术等。

2. 大数据预处理技术

其主要完成对已接收数据的辨析、抽取、清洗等操作。①抽取:因获取的数据可能具有多种结构和类型,数据抽取过程可以帮助我们将这些复杂的数据转化为单一的或者便于处理的构型,以达到快速分析处理的目的。②清洗:对于大数据,并不全是有价值的,有些数据并不是我们所关心的内容,而另一些数据则是完全错误的干扰项,因此要对数据通过过滤"去噪"从而提取出有效数据。

3. 大数据存储及管理技术

大数据存储及管理要用存储器把采集到的数据存储起来,建立相应的数据库,并进行管理和调用。重点解决复杂结构化、半结构化和非结构化大数据管理与处理技术,主要解决大数据的可存储、可表示、可处理、可靠性及有效传输等几个关键问题。

4. 大数据分析及挖掘技术

大数据分析技术主要通过改进已有数据挖掘和机器学习技术,开发数据网络挖掘、特异群组挖掘、图挖掘等新型数据挖掘技术,突破基于对象的数据连接、相似性连接等大数据融合技术,突破用户兴趣分析、网络行为分析、情感语义分析等面向领域的大数据挖掘技术。

数据挖掘就是从大量的、不完全的、有噪声的、模糊的、随机的实际应用数据中,提取隐含在其中的、人们事先不知道的,但又是潜在有用的信息和知识的过程。数据挖掘涉及的技术方法很多,有多种分类法。根据挖掘任务可分为分类或预测模型发现、数据总结、聚类、关联规则发现、序列模式发现、依赖关系或依赖模型发现、异常和趋势发现等,根据挖掘对象可分为关系数据库、面向对象数据库、空间数据库、时态数据库、文本数据源、多媒体数据库、异质数据库、遗产数据库以及环球网 Web,根据挖掘方法可粗分为机器学习方法、统计方法、神经网络方法和数据库方法。

5. 大数据展现与应用技术

大数据技术能够将隐藏于海量数据中的信息和知识挖掘出来,为人类的社会经济活动提供依据,从而提高各个领域的运行效率,大大提高整个社会经济的集约化程度。在我国,大数据将重点应用于以下三大领域:商业智能、政府决策、公共服务。例如,商业智能技术,政府决策技术,电信数据信息处理与挖掘技术,电网数据信息处理与挖掘技术,气象信息分析技术,环境监测技术,警务云应用系统(道路监控、视频监控、网络监控、智能交通、反电信诈骗、指挥调度等公安信息系统),大规模基因序列分析比对技术,Web 信息挖掘技术,多媒体数据并行化处理技术,影视制作渲染技术,其他各种行业的云计算和海量数据处理应用技术等。

11.2.3 大数据应用领域与挑战

大数据时代凸显了数据资源的重要意义。2012 年奥巴马政府宣布投资 2 亿美元拉动大数据相关产业的发展,将"大数据战略"上升为国家战略,将大数据定义为"未来的新石油",把对数据的占有和控制视为陆权、海权、空权之外的另一种国家核心资产。2013 年,法国政府发布了其《数字化路线图》,列出了将会大力支持的五项战略性高新技术,"大数据"就是其中一项。2012 年,日本总务省发布 2013 年行动计划,明确提出"通过大数据和开放数据开创新市场"。联合国在 2012 年发布的大数据政务白皮书中指出,大数据对于联合国和各国政府来说是一个历史性的机遇。我国也将大数据产业看作为战略性产业,成立了"大数据专家委员会"。

大数据可以运用到各行各业,在宏观经济方面,IBM 日本公司建立经济指标预测系统,从互联网新闻中搜索影响制造业的 480 项经济数据,计算采购经理人指数的预测值;印第安纳大学利用谷歌公司提供的心情分析工具,从近千万条网民留言中归纳出六种心情,进而对道琼斯工业指数的变化进行预测,准确率达到 87%;在制造业方面,华尔街对冲基金依据购物网站的顾客评论,分析企业产品销售状况;一些企业利用大数据分析实现对采购和合理库存量的管理,通过分析网上数据了解客户需求,掌握市场动向,等等。大数据也可以应用到政治、娱乐、医疗服务等众多领域。例如,2012 年 11 月,奥巴马大选连任成功的胜利果实也被归功于大数据,因为他的竞选团队进行了大规模与深入的数据挖掘。2013 年,微软纽约研究院的经济学家大卫·罗斯柴尔德利用大数据成功预测 24 个奥斯卡奖项中的 19 个,成为人们津津乐道的话题。2014 年,罗斯柴尔德再接再厉,成功预测第 86 届奥斯卡金像奖颁奖典礼 24 个奖项中的 21 个,继续向人们展示现代科技的神奇魔力。2009 年,Google 通过分析 5000 万条美国人最频繁检索的词汇,将之和美国疾病中心在2003年到2008年间季节性流感传播时期的数据进行比较,并建立一个特定的数学模型,最终google成功预测了2009冬季流感的传播甚至可以具体到特定的地区和州。明尼苏达州一家塔吉特门店被客户投诉,一位中年男子指控塔吉特将婴儿产品优惠券寄给他的正在读高中的女儿。但没多久他却来电道歉,因为女儿经他逼问后坦承自己真的怀孕了。塔吉特百货就是靠着分析用户所有的购物数据,然后通过相关关系分析得出事情的真实状况。从这些案例中可以发现,大数据技术正在越来越深刻地影响着我们的工作和生活。

虽然大数据日益升温,但与大多数信息学领域的问题一样,大数据的一些技术要点、大数据要解决核心问题等诸多方面仍存在一些挑战,下面从技术和政策法规方面介绍一下大数据面临的挑战。

大数据在技术方面的挑战主要有以下几个方面。

① 高速网络:对大数据的传输和处理需要超高速网络的支撑,对目前的网络架构和技术带来挑战。

② 集群计算编程:分布式并行计算技术需要跟上大数据处理技术的发展,目前主流的MapReduce计算模式并不能解决大数据处理的一切问题,有其局限性。

③ 云计算的扩展:云计算需要与大数据进行完美的融合。

④ 机器学习及其他数据分析方法:机器学习等分析算法需要朝深度学习发展,更加智能化,提出更多新型、有效的智能算法。

⑤ 广域部署(移动计算环境下的应用):大数据技术需要能够在移动计算环境下方便、高效地部署使用。

⑥ 隐私和安全保护:大数据隐私和安全保护技术需要跟上大数据技术应用的发展。其中,大数据安全和隐私保护是当前大数据技术面临的最大挑战,这些隐私和安全问题需要从多个角度去综合解决,包括技术的手段和政策法律方面的手段。

大数据技术在所依托的政策和法规方面的挑战主要来自以下几个方面。

① 政策法律:要尽快建立完善的信息安全法律法规体系,从国家层面,对军队、政府、行业和个人的数据进行安全和隐私保护,维护国家、机构和个人的权益。

② 数据交易与共享机制:在国家相关法律法规的框架下,建立通畅和合法的数据交易与共享渠道与机制,避免暗箱交易和非法交易,同时也要避免数据过度保护。

③ 数据隐私和安全:技术和法律两方面的手段相结合,解决数据隐私和安全问题,调和法律保护与数据挖掘分析相对立的问题,促进大数据技术的应用。

④ 国家和行业标准的建立:由相关标准化管理机构牵头组织,进行大数据技术的行业标准、通用标准的制定和推广。

11.3 物联网

物联网(Internet of Things,IOT)自从诞生一来,被认为是继计算机、互联网、移动通信网之后的又一次信息产业浪潮。2009年以来,美国、欧盟、日本等纷纷出台物联网发展计划,进行相关技术和产业的前瞻布局,我国的"十二五"规划中也将物联网作为战略性新兴产业予以重点关注和推进。

11.3.1 物联网的基本概念

"物联网"的概念于1999年由麻省理工学院的Auto－ID实验室提出,将书籍、鞋、汽车部件等物体装上微小的识别装置,就可以时刻知道物体的位置、状态等信息,实现智能管理。Auto－ID的概念以无线传感器网络和射频识别技术为支撑。1999年在美国召开的移动计算和网络国际会议Mobi－Com 1999上提出了传感网是下一个世纪人类面临的又一个发展机遇。同年,麻省理工学院的Neil Gershenfeld教授撰写了"When Things Start to Think"一书,以这些为标志开始了物联网的发展。

2005年11月17日,在突尼斯举行的信息社会世界峰会(WSIS)上,国际电信联盟(ITU)发布了《ITU互联网报2005:物联网》,正式提出了"物联网"的概念。报告指出:无所不在的"物联网"通信时代即将来临,世界上所有的物体都可以通过互联网主动进行信息交换。射频识别技术(RFID)、无线传感器网络技术(WSN)、纳米技术、智能嵌入技术将得到更加广泛的应用。2006年3月,欧盟召开会议"From RFID to the Internet of Things",对物联网做了进一步的描述,并于2009年制定了物联网研究策略的路线图。2008年起,已经发展为世界范围内多个研究机构组成的Auto－ID联合实验室组织了"Internet of Things"国际年会。2009年,IBM首席执行官Samuel J. Palmisano提出了"智慧地球"(Smart－Planet)的概念,把传感器嵌入和装备到电网、铁路、桥梁、隧道、公路、建筑、供水系统、大坝、油气管道等各种应用中,并且通过智能处理,达到智慧状态。

可以认为,"物联网"(Internet of Things)是指将各种信息传感设备及系统,如传感器网络、射频标签阅读装置、条码与二维码设备、全球定位系统和其他基于物—物通信模式(M2M)的短距无线自组织网络,通过各种接入网与互联网结合起来而形成的一个巨大智能网络。如果说互联网实现了人与人之间的交流,那么物联网可以实现人与物体的沟通和对话,也可以实现物体与物体互相间的连接和交互。物联网的概念模型如图11.3所示。

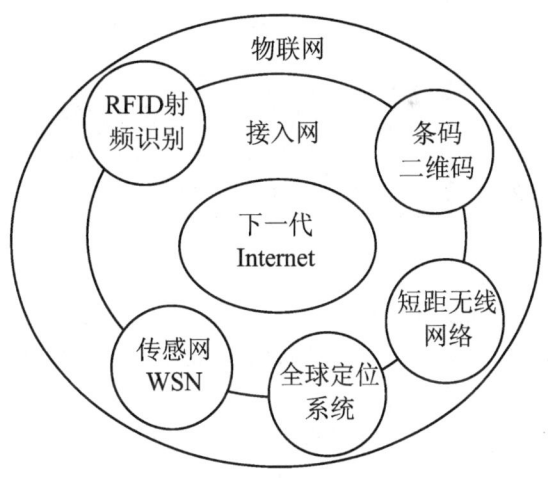

图11.3 物联网的概念模型

从通信对象和过程来看,物联网的核心是物与物以及人与物之间的信息交互。物联网的基本特征可概括为全面感知、可靠传送和智能处理。

① 全面感知。利用射频识别、二维码、传感器等感知、捕获、测量技术随时随地对物体进行信息采集和获取。

② 可靠传送。通过将物体接入信息网络,依托各种通信网络,随时随地进行可靠的信息交互和共享。

③ 智能处理。利用各种智能计算技术,对海量的感知数据和信息进行分析并处理,实现智能化的决策和控制。

11.3.2 物联网体系结构和关键技术

物联网的技术体系框架如图 11.4 所示，它包括感知层技术、网络层技术、应用层技术和公共技术。

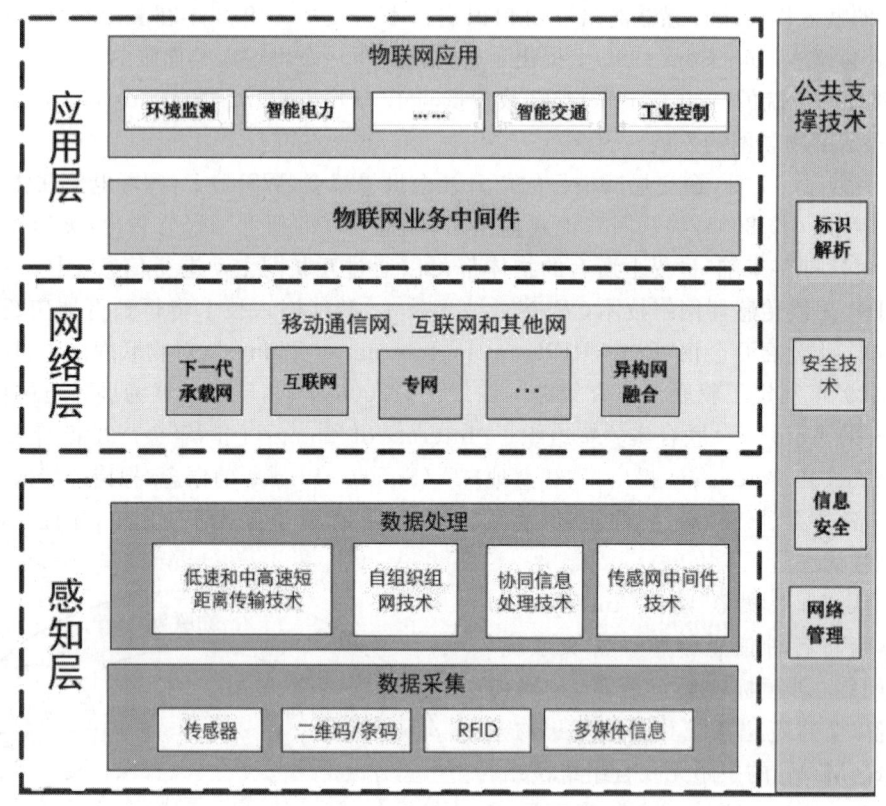

图 11.4 物联网体系结构

感知层负责数据采集与感知，主要用于采集物理世界中发生的物理事件和数据，包括各类物理量、标识、音频、视频数据。物联网的数据采集涉及传感器、RFID、多媒体信息采集、二维码和实时定位等技术。

传感器网络组网和协同信息处理技术实现传感器、RFID 等数据采集技术所获取数据的短距离传输、自组织组网以及多个传感器对数据的协同信息处理过程。

网络层用来实现更加广泛的互联功能，能够把感知到的信息无障碍、高可靠性、高安全性地进行传送，需要传感器网络与移动通信技术、互联网技术相融合。经过十余年的快速发展，移动通信、互联网等技术已比较成熟，基本能够满足物联网数据传输的需要。

应用层主要包含应用支撑平台子层和应用服务子层。其中应用支撑平台子层用于支撑跨行业、跨应用、跨系统之间的信息协同、共享、互通的功能，应用服务子层包括智能交通、智能医疗、智能家居、智能物流、智能电力等行业应用。

公共技术不属于物联网技术的某个特定层面，而是与物联网技术架构的三层都有关系，它包括标识与解析、安全技术、网络管理和服务质量（QoS）管理。

物联网的产业链可细分为标识、感知、信息传送和数据处理这四个环节，其中的核心技术主要包括射频识别技术、传感技术、智能信息处理技术、网络与通信技术和数据的挖掘与融合技术等。

(1) 射频识别技术

RFID 技术是一种无接触的自动识别技术,利用射频信号及其空间耦合传输特性,实现对静态或移动待识别物体的自动识别,用于对采集点的信息进行"标准化"标识。鉴于 RFID 技术可实现无接触的自动识别,全天候、识别穿透能力强、无接触磨损,可同时实现对多个物品的自动识别等诸多特点,将这一技术应用到物联网领域,使其与互联网、通信技术相结合,可实现全球范围内物品的跟踪与信息的共享,在物联网"识别"信息和近程通讯的层面中,起着至关重要的作用。另一方面,产品电子代码(EPC)采用 RFID 电子标签技术作为载体,大大推动了物联网发展和应用。

(2) 传感技术

信息采集是物联网的基础,而目前的信息采集主要是通过传感器、传感节点和电子标签等方式完成的。传感器作为一种检测装置,作为摄取信息的关键器件,由于其所在的环境通常比较恶劣,因此物联网对传感器技术提出了较高的要求。一是其感受信息的能力,二是传感器自身的智能化和网络化,传感器技术在这两方面应当实现发展与突破。

将传感器应用于物联网中可以构成无线自治网络,这种传感器网络技术综合了传感器技术、纳米嵌入技术、分布式信息处理技术、无线通讯技术等,使各类能够嵌入到任何物体的集成化微型传感器协作进行待测数据的实时监测、采集,并将这些信息以无线的方式发送给观测者,从而实现"泛在"传感。在传感器网络中,传感节点具有端节点和路由的功能:首先是实现数据的采集和处理,其次是实现数据的融合和路由,综合本身采集的数据和收到的其他节点发送的数据,转发到其他网关节点。传感节点的好坏会直接影响整个传感器网络的正常运转和功能健全。

(3) 智能信息处理技术

在物联网中,为了感知某一事件的发生,需要部署多种类别不同的感应设备来监测事件的不同属性,通过对感知数据的融合处理,来判别事件是否发生,其中的关键技术是如何将感知的物理数据转化为便于人和机器理解的逻辑数据。智能信息处理技术融合了智能计算、数据挖掘、优化算法、机器学习等,通过智能技术我们可以将物品"讲话"的内容进行智能处理和分析,最终将结果交付给用户。例如,当我们在超市拿起一个物品时,通过智能信息处理技术可以将产品的产地、结构成分等用户关心的信息返回给我们,帮助我们更好地了解该产品。物联网所带来的变革是将思想注入物体中,使其能和人进行直接交流,形成一个智能化的网络,如何使"物"具有思想,我们认为其关键就是各种智能技术的引入。

(4) 网络与通信技术

物联网的实现涉及近程通信技术和远程通信技术。近程通信技术涉及 RFID、蓝牙等,远程通信技术涉及互联网的组网、网关等技术。

作为物联网信息传递和服务支撑的基础通道,通过增强现有网络通信技术的专业性与互联功能,以适应物联网低移动性、低数据率的业务要求,实现信息安全可靠地传送,这是目前物联网研究的一个重点。传感器网络通信技术主要包括广域网络通信和近距离通信等两个方面,广域网络通信主要包括 IP 互联网、2G/3G 移动通信、卫星通信等技术,而以 IPv6 为核心的新联网的发展,更为物联网提供了高效的传送通道;在近距离通信方面,当前的主流则是以 IEEE 802.15.4 为代表的近距离通信技术。

M2M 技术也是物联网实现的关键。与 M2M 可以实现技术结合的远距离连接技术有

GSM、GPRS、UMTS等,Wi-Fi、蓝牙、ZigBee、RFID和UWB等近距离连接技术也可以与之相结合,此外还有XML和CORBA,以及基于GPS、无线终端和网络的位置服务技术等。M2M可用于安全检测、自动售货机、货物跟踪领域,应用广泛。

(5) 数据的挖掘与融合

从物联网的感知层到应用层,各种信息的种类和数量都成倍增加,需要分析的数据量也成级数增加,同时还涉及各种已购网络或多个系统之间数据的融合问题,如何从海量的数据中及时挖掘出隐藏信息和有效数据的问题,给数据处理带来了巨大挑战,因此怎样合理、有效地整合、挖掘和智能处理海量数据是物联网研究的难题。结合P2P、云计算等分布式计算技术,成为解决上述难题的有效途径。

云计算为物联网提供了一种新的高效率计算模式,可通过网络按需提供动态伸缩的廉价计算,具有相对可靠并且安全的数据中心,同时兼有互联网服务的便利、廉价和大型机的能力,可以轻松实现不同设备间的数据与应用共享,用户无需担心信息泄露,黑客入侵等棘手问题。云计算是信息化发展进程中的一个里程碑,它强调信息资源的聚集、优化和动态分配,节约信息化成本并大大提高了数据中心的效率。

11.3.3 物联网的发展与应用领域

物联网的发展可追溯到1995年,微软总裁比尔·盖茨先生在《未来之路》一书中首次提出物联网,但受限于无线网络、硬件及传感器的发展,当时并没有引起太多关注。1998年,美国麻省理工学院(MIT)创造性地提出了当时被称作EPC(电子产品代码)系统的"物联网"构想。1999年,美国Auto-ID中心首先提出"物联网"概念,主要是建立在物品编码、RFID技术和互联网基础上。同年在美国召开的移动计算和网络国际会议上提出"传感网是下一个世纪人类面临的又一个发展机遇"。中科院早在1999年就启动了传感网的研究,并取得一些科研成果。2003年,美国《技术评论》杂志提出传感网络技术将是未来改变人们生活的十大技术之首。2005年11月27日,在突尼斯举行的信息社会峰会上,国际电信联盟(ITU)发布了《ITU互联网报告2005:物联网》,正式提出了物联网的概念。报告指出,无所不在的"物联网"通信时代即将来临,射频识别技术(RFID)、传感器技术、纳米技术、智能嵌入技术将得到更加广泛的应用。报告曾描绘"物联网"时代的图景:当司机出现操作失误时汽车会自动报警,公文包会提醒主人忘带了什么东西,衣服会"告诉"洗衣机对颜色和水温的要求,等等。2009年1月,奥巴马曾与美国工商业领袖举行了一次"圆桌会议",IBM首席执行官彭明盛首次提出"智慧地球"这一概念,建议新政府投资新一代的智慧型基础设施,随后得到美国各界的高度关注。同时,美国奥巴马政府将物联网发展上升为美国国家发展战略。同年,欧盟推出"物联网战略研究路线图",并力推物联网在航空航天、汽车、医疗、能源等18个主要领域的应用。2009年,我国领导人提出了"感知中国"的理念。2010年,我国政府把包含物联网在内的新一代信息技术列入国务院重点培育和发展的七大战略性新兴产业中,同时延伸到国家的"十二五"发展规划。全球主要发达国家都在积极发展物联网,日本早在2004年就提出了"u-Japan"战略,后来又制订了"iJapan战略2015",韩国在2006年提出了"u-Korea"战略,新加坡正在推进"智慧国2015"计划。澳大利亚、英国、法国等国政府都提出了信息化发展目标,将科技引领国家经济社会的发展作为应对经济危机的重要战略决策。

物联网的应用涵盖了国民经济和社会的各个领域,包括工业、农业、电力、城市管理、交通、银行、环保、物流、医疗、家居生活等,其功能可包括定位、监控、支付、安保、盘点、预测等,可用于政府、企业、社会组织、家庭、个人等。物联网的普及和推广,将给整个物联网产业链带来丰厚的利润。

(1) 智能交通

智能交通系统(Intelligent Transportation System,ITS)是未来交通系统的发展方向,它是将先进的信息技术、数据通讯传输技术、电子传感技术、控制技术及计算机技术等有效地集成运用于整个地面交通管理系统而建立的一种在大范围内、全方位发挥作用的、实时、准确、高效的综合交通运输管理系统。智能交通系统可以为交通参与者提供多样性的服务。在该系统中,车辆靠自己的智能在道路上自由行驶,公路靠自身的智能将交通流量调整至最佳状态,借助于这个系统,管理人员对道路、车辆的行踪将掌握得一清二楚。

(2) 智能电网

物联网在整个电网的发、出、变、配、调、用都可以得到极大的应用。比如用电环节,智能电网的电价是实时变动的,电厂、电力公司根据用电的高峰期和低谷期来定制电价。智能变电站通过物联网技术建立传感测控网络,实现真正意义上的"无人值守和巡检"。不久的将来,人们熟悉的水、电、气抄表员这一职业将成为历史,各种计量表上跳动的数字,都可以自动传送到一个数据采集器中,通过3G无线网络,将数据传送到水、电、气公司。只要登录网络,各家各户的用量便一目了然。

(3) 智能家居

智能家居系统是利用先进的计算机技术、网络通讯技术、综合布线技术、医疗电子技术依照人体工程学原理,融合个性需求,将与家居生活有关的各个子系统如安防、灯光控制、窗帘控制、煤气阀控制、信息家电、场景联动、地板采暖、健康保健、卫生防疫、安防保安等有机地结合在一起,通过网络化综合智能控制和管理,实现"以人为本"的全新家居生活体验。物联网可以将洗衣机、电视、碎纸机、电灯、微波炉等家用电器连接成网,并能通过网络对这些电器进行远程操作。比如,在炎热的夏天,到家之前,只要发一条简单的短信,家中的空调收到短信指令,就能提前开启,让你进门就能享受到凉爽的感觉;走出家门,只要拿着手机拨弄一下,就将屋内所有的照明和电器全部关闭。

(4) 智能物流

智能物流打造了集信息展现、电子商务、物流配载、仓储管理、金融质押等功能为一体的物流园区综合信息服务平台。借助电子识别系统,使配送中的物资可被跟踪、监控,为用户提供货物的全程实时跟踪查询,货运车辆全部安装 GPS 卫星定位系统,调度中心可实时掌握车辆及货物的情况,车辆在什么地方、离商店还有多远、还有多长时间能运达商店等。

(5) 智能医疗

智能医疗方面,人体佩戴的小型传感器可收集心电图、脑电波、心率、体温、血压、呼吸以及脉搏等各种健康相关数据,通过无线通信将数据传给数据中心,从而达到实时监测的目的。医生还能据此分析一个人的健康状况,并建议其采取有针对性的预防措施。传感网还可将乡村医院的 CT、MRI 等电子诊断结果无线传输至千里之外的大型医疗中心,以便专家进行会诊。将腕式 RFID 标签佩戴于工作人员和病人手腕上,可实现对手术病人、精神病人和智障患者等的24小时实时状态监护。

(6) 智能安防

智能安防技术的主要内涵是其相关内容和服务的信息化、图像的传输和存储、数据存储和处理等。一个完整的智能安防系统主要包括门禁、报警和监控三大部分。智能安防具有防盗报警系统、视频监控报警系统、出入口控制报警系统、保安人员巡更报警系统、GPS车辆报警管理系统和110报警联网传输系统等子系统。各子系统可单独设置、独立运行,也可由中央控制室集中进行监控,还可与其他综合系统进行集成和集中监控。

11.4 虚拟现实

随着计算机技术、网络技术等新技术的高速发展及应用,虚拟现实技术发展迅速,并呈现多样化的发展趋势,应用领域越来越广泛。业内人士认为,20世纪80年代是个人计算机的时代,90年代是网络、多媒体的时代,而21世纪则将是虚拟现实技术的时代。

11.4.1 虚拟现实的概念与特征

虚拟现实是从英文 Virtual Reality 一词翻译过来的,简称 VR 技术。这一名词是由美国 VPL 公司创建人拉尼尔在20世纪80年代提出的,也称灵镜技术或人工环境,国内也有人翻译为"灵镜"或"幻真"。作为一项尖端科技,虚拟现实是通过多媒体技术与仿真技术相结合生成逼真的视觉、听觉和触觉的一体化的虚拟环境,用户以自然的方式与虚拟环境中的客体进行体验和交互作用,从而产生身临其境的感受和体验,利用计算机生成的能给人多种感官刺激的人机交互系统。

虚拟现实是把客观上存在的或并不存在的东西,通过运用计算机技术,在用户眼前生成一个虚拟的环境,使人感到沉浸在虚拟环境中的一种技术。虚拟现实(VR)是一种由计算机和电子技术创造的新世界,是一个看似真实的模拟环境,通过多种传感设备用户可根据自身的感觉,使用人的自然技能对虚拟世界的物体进行考察或操作,参与其中的事件;同时提供视觉、听觉、触觉等多通道的信息,用户通过视、听、摸等直观而又自然的实时感知,并使参与者沉浸于模拟环境中。尽管该环境并不真实存在,但它作为一个逼真的三维环境,仿佛就在人们周围。可见,虚拟现实的概念包含以下含义:

Virtual 的英文本意是表现上具有真实事物的某些属性,但本质上是虚幻的。

Reality 的英文本意是"真实"而不是"现实"。但是"虚拟现实"的名称已经在中国广泛使用了。

从这个名字可以看出,它的英文本意是"真实世界的一个映像"。典型的虚拟现实系统主要包括虚拟环境、感知、自然技能和传感设备等诸多要素。

虚拟环境就是由计算机生成的具有双视点的、实时动态的三维立体逼真图像。逼真就是要达到三维视觉,甚至包括三维视听、触觉及嗅觉等的逼真,而虚拟环境可以是由某一特定现实世界的真实实现,也可以是虚拟构想的世界。

感知是指理想的虚拟现实技术,应该具有一切人所具有的感知。除了计算机图形技术所生成的视觉感知外,还有听觉、触觉、力觉、运动等感知,甚至还包括嗅觉和味觉等,也被称为多感知。

自然技能是指人的头部转动、眼睛、手势或其他人体行为动作,由计算机来处理和参与者的动作相适应的数据,对用户的输入(手势、口头命令等)做出实时响应,并分别反馈到用户的五官,使用户有身临其境的感觉,并成为该虚拟环境中的一个内部参与者,还可以和在该环境中的其他参与者打交道。

传感设备是指三维交互设备,常用的有立体头盔、数据手套、三维鼠标和数据衣等穿戴于用户身上的装置和设置于现实环境中的传感装置,如摄像机、地板压力传感器等。

从系统的观点来看,虚拟现实技术将所有组成部分作为一个整体去追求系统整体性能的最优。因此,该技术是把抽象、复杂的计算机数据表示为直观的、参与者熟悉的事物,其实质在于提供了一种高级的人与计算机的交互接口。

1993 年 Burdea G 在 Electro93 国际会议上发表的"Virtual Reality System and Application"一文中,提出了虚拟现实技术三个特征,即沉浸感、交互性、想象性。

沉浸感是指用户可以沉浸于计算机生成的虚拟环境中和使用户投入到计算机生成的虚拟场景中的能力,用户在虚拟场景中有"身历其境"之感。它所看到的、听到的、嗅到的、触摸到的,完全与真实环境中感受的一样。它是虚拟现实系统的核心。

交互性是指用户与虚拟场景中各种对象相互作用的能力。它是人机和谐的关键性因素。用户进入虚拟环境后,通过多种传感器与多维化信息的环境发生交互作用,用户可以进行必要的操作,虚拟环境中做出的相应响应,亦与真实的一样,如拿起虚拟环境中的一个篮球,你可以感受到球的重量,扔在地上还可以弹跳。交互性包含对象的可操作程度及用户从环境中得到反馈的自然程度、虚拟场景中对象依据物理学定律运动的程度等。例如,当物体受到力的作用时,物体会沿着力的方向移动、翻倒或者从桌面落到地面等。

想象性是指通过用户沉浸在"真实的"虚拟环境中,与虚拟环境进行了各种交互作用,从定性和定量综合集成的环境中得到感性和理性的认识,从而可以深化概念,萌发新意,产生认识上的飞跃。因此,虚拟现实不仅仅是一个用户与终端的接口,而且可以使用户沉浸于此环境中获取新的知识,提高感性和理性认识,从而产生新的构思。这种构思结果输入到系统中去,系统会将处理后的状态实时显示或由传感装置反馈给用户。如此反复,这是一个学习—创造—再学习—再创造的过程,因而可以说,虚拟现实是启发人的创造性思维的活动。

11.4.2 虚拟现实的关键技术

虚拟现实是在计算机图形学、图像处理与模式识别、智能接口技术、人工智能技术、多传感技术、语音处理与音响技术、网络技术、并行处理技术和高性能计算机系统等信息技术的基础上发展起来,是这些技术更高层次的集成和渗透。虚拟现实的主要技术包括:

① 动态环境建模技术。虚拟环境的建立是虚拟现实技术的核心内容,应用动态环境建模技术能获取实际环境的三维数据,并根据需要,利用获取的三维数据建立相应的虚拟环境模型。

② 实时三维图形生成技术。目前,三维图形的生成技术已较成熟,而关键是如何满足实时性的要求。为了达到实时的目的,至少要保证图形的刷新频率不低于 15 帧/s,最好高于 30 帧/s,在不降低图形质量和复杂程度的前提下,提高刷新频率。这里,图形生成的硬件体系结构以及在虚拟现实的真实感图形生成中用于加速的各种有效技术是关键。

③ 立体显示和传感器技术。虚拟现实依赖于立体显示和传感器技术的发展,立体显示技术涉及人眼的生理原理及在计算机上如何产生深度线索的技术。现有的硬件系统如头盔显示器、单目镜及可移动视觉显示器有待进一步研究,光学显示还存在许多局限性;传感器技术中需解决设备的可靠性、可重复性、精确性及安全性等问题,各种类型传感器的性能急需提高。

④ 应用系统开发工具。技术最终要面向应用,通用平台的开发可缩短与应用结合的时间,为此,必须研究虚拟现实的开发工具。目前,常用的虚拟现实系统开发工具有 Superscape 公司的 VRT,它是一个可视化平台,允许较高程度的交互和网络处理;Sense8 公司的 WTK 是一个

C函数库,提供了一个完整的合成虚拟环境的应用开发环境;MultiGen公司的MultiGen系列软件是一个交互式的图形建模系统;MultiGen－Paradigm公司的Vega可用于实时视觉和听觉仿真,使用简单;SGI公司的IRIS Performer是一种强有力的API,用于生成实时可视仿真和其他交互式三维图形应用;CG2公司的VTree是实时三维图形开发软件包,可以实现视觉仿真、实时场景生成等应用。

⑤ 多种系统集成技术。VR系统的最终集成是必然的,它包含了大量表达信息的模型,必须根据设计意图合理组合集成技术包括信息的同步、模型的标定、数据转换、数据管理模型、模式识别与合成等技术。

11.4.3 虚拟现实应用领域

早在20世纪70年代便开始将虚拟现实用于培训宇航员。由于这是一种省钱、安全、有效的培训方法,现在已被推广到各行各业的培训中。目前,虚拟现实已被推广到不同领域中,得到了广泛的应用。

在科技开发上,虚拟现实可缩短开发周期,减少费用。例如,克莱斯勒公司1998年初便利用虚拟现实技术,在设计某两种新型车上取得突破,首次使设计的新车直接从计算机屏幕投入生产线,也就是说完全省略了中间的试生产。由于利用了卓越的虚拟现实技术,使克莱斯勒避免了1500项设计差错,节约了8个月的开发时间和8000万美元费用。利用虚拟现实技术还可以进行汽车冲撞试验,不必使用真的汽车便可显示出不同条件下的冲撞后果。

在虚拟现实技术已经和理论分析、科学实验一起,成为人类探索客观世界规律的三大手段。用它来设计新材料,可以预先了解改变成分对材料性能的影响。在材料还没有制造出来之前便知道用这种材料制造出来的零件在不同受力情况下是如何损坏的。

商业上,虚拟现实常被用于推销。例如,建筑工程投标时,把设计的方案用虚拟现实技术表现出来,便可把业主带入未来的建筑物里参观,如门的高度、窗户朝向、采光多少、屋内装饰等,都可以感同身受。它同样可用于旅游景点以及功能众多、用途多样的商品推销。因为用虚拟现实技术展现这类商品的魅力,比单用文字或图片宣传更加有吸引力。

医疗上,虚拟现实应用大致上有两类:一类是虚拟人体,也就是数字化人体,这样的人体模型医生更容易了解人体的构造和功能;另一类是虚拟手术系统,可用于指导手术的进行。

军事上,利用虚拟现实技术模拟战争过程已成为最先进的多快好省的研究战争、培训指挥员的方法。也是由于虚拟现实技术达到很高水平,所以尽管不进行核试验,也能不断改进核武器。战争实验室在检验预定方案用于实战方面也能起巨大作用。1991年海湾战争开始前,美军便把海湾地区各种自然环境和伊拉克军队的各种数据输入计算机内,进行各种作战方案模拟后才定下初步作战方案。后来实际作战的发展和模拟实验结果相当一致。

古迹复原方面,随着科技的进步和数字时代的道来,人们开始研究使用虚拟技术来保护珍贵的人类文化遗产工作。虚拟现实技术凭其对海量场景数据运算和仿真功能,能将消失在几千年前的古迹真实再现,更能让人置身其中进行游览。随着历史的变迁,将各种人类文化遗产进行虚拟复原的价值就会更加明显。

娱乐上的应用是虚拟现实最广阔的用途。英国出售的一种滑雪模拟器。使用者身穿滑雪服、脚踩滑雪板、手拄滑雪棍、头上载着头盔显示器,手脚上都装着传感器。虽然在斗室里,只要做着各种各样的滑雪动作,便可通过头盔式显示器,看到堆满皑皑白雪的高山、峡谷、悬崖陡壁——从身边掠过,其情景就和在滑雪场里进行真的滑雪所感觉的一样。

11.5 移动计算

随着计算机技术和通信技术的迅猛发展及用户对网络应用的更高需求,一种新的计算模式——移动计算(Mobile Computing)随之产生。国外早在 20 世纪 80 年代后期就开始了对移动计算模式的研究,我国从 20 世纪 90 年代也展开了这方面的工作。随着 3G、4G 技术的应用,移动计算在理论、技术、产品、应用、市场等多个层面获得了飞速发展,成为当前计算机技术的前沿领域。

11.5.1 移动计算的基本概念

移动计算就是应用便携式计算设备与移动通信技术,使用户能够随时随地地访问因特网上的信息或能够获取相关计算环境下的服务。一个移动计算系统由移动终端、无线网络单元、移动支持基站(Mobile Support Station,MSS)、固定节点和固定网络连接组成,如图 11.5 所示。

图 11.5 移动计算系统组成

其中,终端的实体主要是笔记本电脑、智能手机、PDA 等各种移动终端设备。固定网络构成连接固定节点的主干;固定节点包含通常的文件服务器和数据库服务器;MSS 是一类特殊的固定节点,它带有支持无线通信的接口,负责建立一个 MU,MU 内的移动终端通过 MU 与 MSS 连接,进而通过 MSS 和固定网络与固定节点(固定主机和服务器)以及其他移动计算机(或移动终端)通信。

相对于分布式计算,移动计算具有以下几个特点。

(1) 移动性

在移动计算环境中,最突出的特征是设备的移动性。一个移动设备可以在不同的地方连通网络,而且在移动的同时也可以保持网络连接。这种计算平台的移动性可能导致系统访问布局的变化和资源的移动性。

(2) 频繁断接性

移动设备在移动过程中,由于使用方式、电源、无线通信费用、网络条件等因素的限制,一般都不采用保持持续联网的工作方式,而是主动或者被动地间歇性与网络连接或者断开。

(3) 网络条件多样性

移动设备的移动性使得不同时间可用的网络条件:网络带宽、通信代价、服务质量、网络延迟等呈现不同的特性。移动设备既可以联入高速的固定网络,也可以同低带宽的无线设备连接,在 MSS 不能覆盖的地方,也可能处于断接状态。

(4) 无线连接的低带宽

和固定网络相比,无线连接的带宽要小很多,它只有几十个 Kbps,目前最新的无线 LAN 带宽可以达到 11Mbps,但这和数据增长的速度相比,还是远远不够的,尤其是对于需要传输多媒体数据的应用。

(5) 网络通信的非对称性

由于物理通信媒介的限制,一般的无线网络通信都是非对称性的。移动计算环境中固定服务器节点可以拥有强大的发送设备,而移动设备的发送能力有限,所以导致下行链路(服务器到移动设备)的通信带宽与代价比上行链路(移动设备到服务器)高很多,这与分布式计算的网络通信相比具有很大的差别。

(6) 低可靠性

无线网络与固定网络相比,可靠性低,更容易受到电子干扰而出现网络故障;对于移动终端来说,虽然便携性增加了用户的灵活性,但是由于终端丢失、损坏等因素也给移动计算带来潜在的不安全因素。

(7) 移动设备的资源有限性

与固定设备相比,移动设备的资源相对有限,比如 CPU 速度、存储容量、电源时间等,移动设备主要靠电池供电。

研究表明,由于上述移动计算的特点,使得传统的分布式计算技术不能够满足移动计算环境,而必须对其进行扩充和改造。目前移动计算研究已经成为一个独立的学科,覆盖许多研究领域的课题,如应用层的各种无线软件技术,移动联网的数据链路层、网络层、传输层等技术。

11.5.2 移动计算模型与关键技术

1. 移动计算模型

计算模型即计算机系统完成计算所必须遵循的基本框架和原则。因为移动性所带来的设备断接性、通信与计算的非均衡性等特殊点及节能性等特殊要求,移动计算模型与分布式计算模型相比有明显不同,需增加对移动性和弱连接性的支持。移动计算模型要解决的核心问题是确定移动终端与服务器的功能如何分配及根据需要怎样进行动态调整。

移动计算模型主要分为三类:移动客户/服务器模型、移动 P2P 模型和移动 Agent 模型。

在移动客户/服务器模型中,资源主要集中在服务器上,客户端与服务器的信息交换主要通过远程过程调用(RPC),这种模型中服务器容易成为瓶颈。可通过在服务器与客户端之间添加代理来提高系统性能。

移动 P2P 模型弱化了服务器的概念,系统中的各个节点不再区分服务器和客户端的关系。每个节点既可以请求服务,也可提供服务,这种模型避免了服务器瓶颈、单点失效等问题。但要求尽快发现对等体并建立联系在移动环境中难度较大,且在瘦客户机上难以实现。

在移动 Agent 模型中,移动 Agent 与移动环境有天然的匹配性,可迁移到资源主机上执行任务,然后把结果带回到客户端,使得中间过程的远程通信与信息交换减少。在减少网络延迟、支持轻载移动设备、异步信息搜索、数据访问能力方面具有其他移动计算模型不可比拟的优势。

2. 移动计算关键技术

移动计算给人们提供了一种全新的计算模式,但同时也带来了新的挑战。移动计算系统可以看成是两个不对称的子系统构成的分布式计算系统,其中移动子系统由移动设备和移动通讯介质组成,固定子系统由固定网络及固定主机组成。与传统的分布式系统相比,这两个分布式系统之间有巨大的性能差异,这为信息的处理带来了较大的困难。

首先两个子系统的网络性能差别较大。一般情况下,以太网的速度可以达到 10Mbps,而快速以太网速度甚至可以达到千兆;而无线蜂窝通讯系统的典型速度是 9~14 Kpbs,红外线通讯网的速度也只有 19.2Kbps,现在最快的无线局域网的速度也只有 11Mbps。随着无线技术的快速发展,这些速度的差异会随着时间慢慢缩小。另外,与固定网络相比,无线通讯的费用十分的昂贵,移动用户不得不经常关闭其网络连接以节省费用。此外,为移动用户提供服务得涉及不同的网络,也就是说用户在移动过程中,可能会穿越多个异质网络,而不同网络之间的性能可能有很大的差异,甚至用户可能会移动到服务的"盲区"。

其次,就移动终端处理能力来说,与目前桌面计算机系统的 1G～3GHz 的主频,128MB 以上内存,40GB 以上的外存相比,移动终端处理能力低得多。典型的掌上电脑的处理能力只有 20MHz,128KB 内存,几兆的外存。另外,移动终端还受到电源的限制,为了减少电源的损耗,就需要尽量减少网络通讯。

基于以上几点原因,传统的分布式计算技术已经不能适用于移动计算,所以需要在各个相关技术领域对其进行研究。目前研究的关键技术主要有以下几个方面。

(1) 缓存技术

分布式系统中利用缓存主要是为了减少维护数据一致性的网络通信开销。在移动环境中,由于移动终端本身的内存很小,网络通信费用很高,为了节省网络带宽,我们总是希望尽量利用终端内存的数据来满足用户的需求,这就要改进算法,提高缓存的命中率;另外,由于移动用户与网络的断接性,还需要维护移动终端和主机的数据一致性,所以移动环境下缓存策略设计的目标是在尽量减少网络开销的前提下,尽可能满足用户更多的请求。

(2) 语义缓存一致性维护策略

通过缓存的一致性维护策略可以保证缓存数据与服务方数据当前的取值相同,使客户缓存命中获得的结果与服务方处理的结果一致。移动计算下,由于其环境的特殊性,其缓存一致性研究与传统策略不同,主要特点为:强连接下,一致性维护策略在性能方面的目标是尽量使相应时间最小,而弱连接下则减少网络开销为主要性能优化目标。断接造成客户在一段时间内无法与服务方取得联系,缓存数据也无法保证有效性。断接重连时,缓存的一致性可能需要特别的维护。

(3) 数据广播

在移动计算的环境中,其网络的带宽是非对称性的。在一个无线单元内,从服务器到移动客户机的下行通信带宽一般要远大于从移动客户机到服务器的上行通信带宽,而且移动客户机从服务器接收数据的开销也远小于发送开销。并且移动设备只有很小的存储能力,为了支持大量 MU 并发访问服务器上的数据,人们提出了服务器向空中广播数据,MU 从空中获取数据的新的数据发送方式,即数据广播。

(4) 复制技术

复制技术是移动计算环境中研究的热点之一,其研究的目的是,根据当前移动客户的分布与访问情况,动态调整数据复制布局和策略,使移动用户可以就近访问所有数据,从而减少网络流量,提高访问性能。复制技术的优点在于:将数据冗余存放在多个场地,当其中一些场地出现软硬件故障时,其他场地的数据副本仍然可被存取,提高系统的可靠性;另外,多副本可以进行不同场地的并行处理,加快了系统的响应速度,并有利于负载均衡;最后,用户可以选择本地或者附近副本进行操作,降低网络通讯开销。当然,复制技术的多副本之间的主要问题就是如何保持数据的一致性。

(5) 移动事务处理技术

移动数据的复制技术是支持断接操作的一种有效办法,但是由于其必须保存大量副本,并且要保证副本间的一致性,所以具有一定的局限性。在许多情况下,直接对数据库服务器进行访问是一种更为理想的信息存取方式,这就涉及该方式下的一个重要技术——移动事务处理技术。和传统的分布式处理事务模型相比,在移动环境下,由移动终端发起的事务称为移动事务。由于移动计算环境的特点,移动事务处理应该注意减少因断接造成的事务丢弃,保证固定和移动主机上共享数据操作的正确性,减少事务阻塞来提高并发行,另外提高移动事务的自治性也有助于在移动主机断接时继续事务执行。

(6) 位置管理和位置相关数据查询

随着人们移动性的增加,位置成为移动计算中非常重要的约束。用户需要访问跟他们的地理位置相关的应用和数据,如查找陌生地方的信息等。这类位置相关查询在移动计算中位置日益重要,但是现有的空间查询语言不能有效地支持位置相关的数据。在移动计算中,客户是移动的,客户的位置可以是查询的一部分,查询结果不仅依靠于客户的位置,也依赖于客户的移动方向。另外,定位移动用户是移动计算环境的基本问题,有两个基本操作:查找移动用户的当前位置,当用户移动到新的位置时更新其位置。

还有一个关键技术就是基于位置的数据查询。随着人们移动性的增加,在许多移动商务的应用中,位置成为非常重要的约束条件,很多用户需要访问跟他们地理位置相关的应用和数据,如道路导航系统、位置定位系统、本地黄页等。查询中的位置相关性隐含着被访问的信息相关于一个位置,这类位置相关查询在移动计算中越来越重要。

(7) 移动计算的安全技术

从本质上讲,无线连接的网络远没有固定网络安全,这是由于无论从何地都可以轻而易举地侦听和发射无线电波,且很难发觉。因此,数据的无线传输比固定线路传输更容易受到盗用和欺骗,带来的问题是:一台计算机容易冒充另外一台计算机的身份,怎样才能防止这种非法数据访问;其次是移动计算机携带方便,但容易失窃,如何避免在移动计算机失窃后对接收或发送数据的盗用;还有,移动计算环境使用户可以连入任意网络,如何防止这些移动用户的泛滥可能对被访问网络环境造成的偶然或者恶意的破坏,这些都是移动数据库的安全技术问题。

11.5.3 移动计算应用领域与挑战

面向普适服务的移动计算技术的目标是使任何人可以随时随地地访问感兴趣的信息或得到任何所需要的服务。移动应用多种多样,下面对几种典型的应用作详细阐述。

1. 移动电子商务

移动电子商务就是利用手机、PDA及掌上电脑等无线终端进行的B2B、B2C或C2C的电子商务。移动电子商务将因特网、移动通信技术、短距离通信技术及其他相关技术结合,使轻便、功能强大的移动终端可以作为用户的电子钱包、信息库、电子信用卡等而存在,极大地方便了用户的生活和工作。

2. 移动银行系统

移动银行系统移动用户是最具有消费潜力的群体,因此针对移动用户开发的移动银行业务具有很大的市场潜力,而且能够推动移动电子商务的发展。移动银行业务主要有以下几类:银行账户操作、支付账单、信用卡账户操作、股票买卖、联机外汇、讯息通知、移动商务和第三方身份验证。随着广大移动用户被移动银行所吸引,开展这项业务的银行将吸引大量的新客户,便利的服务将刺激客户更多地使用银行服务,从而扩大银行的业务量。银行可充分利用移动计算设备,建立与客户快速而直接的沟通,很多客户事务均可以利用移动设备的短信息功能发布,提高银行的工作效率。

3. 移动医疗急救

人们对提高健康水平的要求日益迫切,传统的远程医疗已远远不能满足人们的需要,移动医疗(Mobile Medical)提供了一种通过对远地移动对象生理参数的检测来研究其生理功能的方法,并提供向监控中心发送数据的功能,为监控中心的医护人员有效赢得急救时间,已成为远程医疗领域内一个新的研究热点。移动医疗系统由移动单元、数字蜂窝网和监护中心组成:移动单元由数据采集模块、移动模块组成,由用户随身携带,随时检测用户生理数据并在必要时"告知"监控台;监护中心由监控台(包括监控计算机、移动模块)、信息管理系统以及联系两者之间的局域网组成,用于接收移动单元发来的信号,为医护人员的救援工作提供信息。

4. 移动物流系统

在物流的几个重要环节,如运输、储存保管、配送等,移动计算有着广阔的应用前景。

在运输方面,利用移动计算机与 GPS/GIS 车辆信息系统相连,使得整个运输车队的运行受到中央调度系统的控制。中央控制系统可以对车辆的位置、状况等进行实时监控。利用这些信息可以对运输车辆进行优化配置和调遣,极大地提高运输工作的效率,同时能够加强成本控制。另外,通过将车辆载货情况以及到达目的地的时间预先通知下游单位配送中心或仓库等,有利于下游单位合理地配置资源、安排作业,从而极大地提高运营效率,节约物流成本。

物流的储存保管环节,带有小型移动数据库的手持移动计算机将是一个非常理想的工具,通过这种移动计算机库存校对或控制的数据通过无线通信网直接写入中央数据库,这样,数据输入手持计算机与这样数据库的工作一次完成,大大提高了工作效率和信息的时效性,有利于物流的优化控制。

在配送环节,带有小型移动数据库的手持移动计算机同样是非常理想的信息工具,在物品投递的同时,输入手持计算机的数据,通过无线通信网同时输入中央数据库。因此,几乎在物品投递的同时,用户即可查询到物品已投递的信息。

除此之外,移动计算在制造、零售及军事等领域也有广泛应用。

移动环境下网络带宽的有限性和不对称性直接影响了客户远程访问数据的性能,而且在移动计算环境下,设备的断接性也对数据访问带来了不便。因此,如何提高移动环境下客户的数据访问性能,包括断接下提供数据访问支持,是移动数据库所面临的问题之一。当前对该问题的有效解决方法,就是在客户方设置缓存,来支持断接情况下用户对数据的访问;通过有效的缓存替换算法,可以提高本地的缓存命中率,减少连接情况下无线网络传输费用。由于移动计算环境下移动用户的断接性,移动事务的提交都是长事务,对于事务提交的处理也是当前研究的热点之一。有效的事务提交策略,可以减少数据的回滚,减少网络传输流量。另外,移动计算环境下,如何构建能为用户提供不同级别用户的 QoS 服务,确定相应的资源预留协议和策略,也是当前研究的热点之一。移动 agent 的技术如何更好地应用于移动计算环境下,还有待进一步研究探讨。

本 章 小 结

随着计算技术的迅速发展,计算机领域在过去的十年内发生了巨大变化,新技术的出现也促使新的产业不断涌现,促进了社会的发展。十年前,全球市值前10名主要还集中在能源、金融等传统产业。现在,已经被苹果、谷歌等高科技与互联网企业占据半壁江山。未来计算机产业的发展方向和着力点一直被计算机科学家和IT企业所关注。本章介绍了一些最新的计算机领域新技术,包括云计算、大数据、物联网、虚拟现实和移动计算,分别从基本概念、关键技术、应用及发展等方面对这些新技术进行了阐述。

习　题

1. 云计算技术的特点是什么？
2. 云计算的应用领域有哪些？
3. 什么是大数据？
4. 什么是物联网？物联网包括哪些核心技术？
5. 什么是虚拟现实？虚拟现实的关键技术是什么？
6. 移动计算发展面临的挑战是什么？
7. 请查阅一些文献资料,谈谈你对计算机领域最新技术发展的认识。

第 二 部 分

实验 1　熟悉 Windows 7 系统

一、实验目的

(1) 掌握操作系统的启动和关闭方法。
(2) 掌握资源管理器中文件和文件夹的管理。
(3) 掌握单个与多个文件的操作方法。
(4) 学习利用 Windows 7 控制面板提供的功能完成对计算机各种参数进行个性化配置。
(5) 熟悉 MS-Dos 常用命令。

二、实验内容及要求

(一) 开机和关机

开机前观察一下主机、显示器、键盘和鼠标之间的连接情况；观察电源开关的位置、指示灯位置和键盘上各键的位置。

按主机箱上的开机按钮,计算机在没有加电的状态下初始加电,一般原则是:先开外设电源,后开显示器,最后开主机电源,因为主机的运行需要非常稳定的电源,为了防止外设启动引起电源波动影响主机运行,应该先把外设电源接通,同时应避免主机启动后,在同一电源线上再启动其他电器设备,如打印机、扫描仪等。因此正确的开机顺序是:先开其他设备,再开显示器,最后开主机;而关机的顺序正好相反,应该在关闭计算机程序后,先关闭主机再关闭外设,这样可以防止外设电源断开一瞬间产生的电压感应冲击对主机造成意外伤害。

(二) 鼠标与键盘操作

鼠标是一种最常用的输入设备,用来定位光标、选择命令或代替键盘输入数据,通常连接到 PS/2 或 USB 接口。鼠标指针是屏幕上显示的一个特殊标志,用来指示当前操作位置或操作状态,只要在桌面或垫子上轻轻移动鼠标,鼠标指针就会随之移动。

1. 鼠标操作练习

(1) 指向

在桌面上滑动鼠标,计算机屏幕上的鼠标指针将随之移动,将鼠标指针移动到某一对象上

(如"我的电脑"图标)。

(2) 单击

将鼠标指向某一对象,如"我的电脑"图标,按下鼠标左键一次后释放,"我的电脑"图标将以蓝底反白显示。

(3) 双击

将鼠标指向某一对象,例如"我的电脑"图标,连续两次快速单击鼠标左键,将打开"我的电脑"窗口。

(4) 拖动

将鼠标指向某一对象,如"我的电脑"窗口的标题栏,按住鼠标左键移动至某个位置后,释放鼠标,则"我的电脑"窗口移动到新的位置。

(5) 右击

移动鼠标,将鼠标指针指向某个对象,快速按下并释放鼠标右键,将打开不同的快捷菜单,显示针对该对象的一些常用操作命令,其中"属性"命令中包含该对象的有关信息。实验图 1.1 为右击"回收站"时打开的快捷菜单;实验图 1.2 所示为右键单击"Internet Explorer"时打开的桌面快捷菜单。

实验图 1.1 "回收站"快捷菜单　　　　实验图 1.2 "Internet Explorer"快捷菜单

随着指向位置或工作状态的改变,鼠标指针的形状会发生变化,不同形状代表不同的含义,常见鼠标指针形状和代表含义如实验图 1.3 所示。

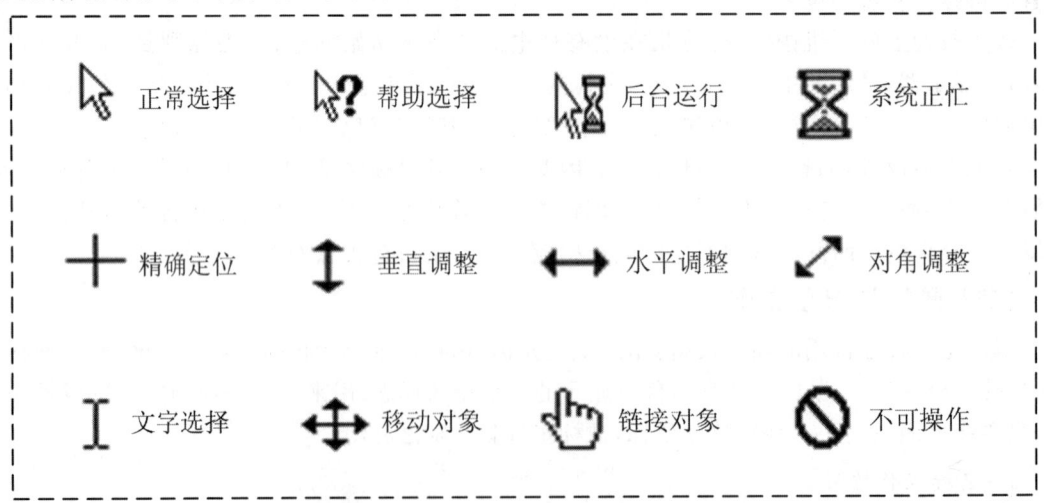

实验图 1.3 鼠标指针形状及含义

2. 键盘的功能和使用

常用的微机键盘有 104 键盘和 107 键盘,它包括数字、字母、常用符号和功能键等,现将键盘常用键及功能列入表 1.1、表 1.2、表 1.3,供读者参考使用。

表 1.1 常用操作键的使用方法

键	功　能
Enter	回车键。确认有效或结束逻辑行。
Backspace	退格键。按一次则删除光标左侧的一个字符
Shift	换档键。按住此键不放,再按双字符键,则取双字符键上边显示的字符。对字母键,则取与当前所处状态相反的大写或小写字母形式。
Caps Lock	大小写字母转换键。按下此键后键盘右上角的 Caps Lock 指示灯亮(再次按下时熄灭),键入字母为大写,否则为小写字母。
Num Lock	小键盘数字锁定键。控制小键盘的数字/编辑键之间的换档,按下此键后 Num Lock 灯亮,表示数字键盘有效,否则编辑键有效。
Print Screen	拷屏键。按此键将屏幕信息复制到剪贴板中(在 DOS 环境下为输出到打印机上)
空格键	用于输入空格,即输入空字符。

表 1.2 常用控制键的使用方法

键	功　能
Ctrl	控制键。和其他键一起使用完成某一功能。
Alt	控制键。与其他键合用完成某种功能。
Tab	制表键。按一次光标右移八个字符位置。
Esc	取消键。按下该键,则取消当前进行的操作。
Ctrl+Alt+Del	热启动组合键。

表 1.3 常用编辑键的使用方法

键	功　能
Home	光标移到行首。
End	光标移到行尾。
Page Up	向上翻页键,按一次光标上移一屏。
Page Down	向下翻页键,按一次光标下移一屏。
Insert	插入/改写状态转换键。
Delete	删除键。每按一次删除光标右侧的一个字符。
Ctrl+Home	光标移至文档的开始。
Ctrl+End	光标移至文档的尾部。

(三) 建立文件和文件夹

1. 建立文件

在桌面界面上(或任意界面上)单击右键,出现菜单栏,鼠标左键点击"新建"所要选择的文件类型。如实验图1.4所示。

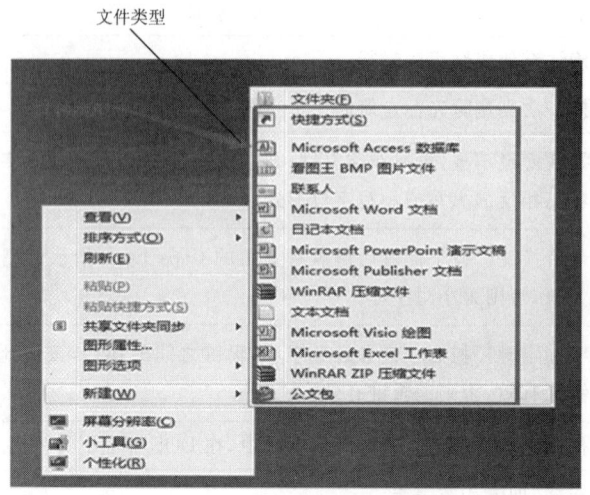

实验图1.4 新建文件类型

2. 建立文件夹

在桌面(或任意界面上)点击右键,出现菜单栏,鼠标左键单击"新建",然后鼠标左键单击选择"新建文件夹",如实验图1.5所示。然后给新建的文件夹重命名(默认文件夹名称是新建文件夹)。

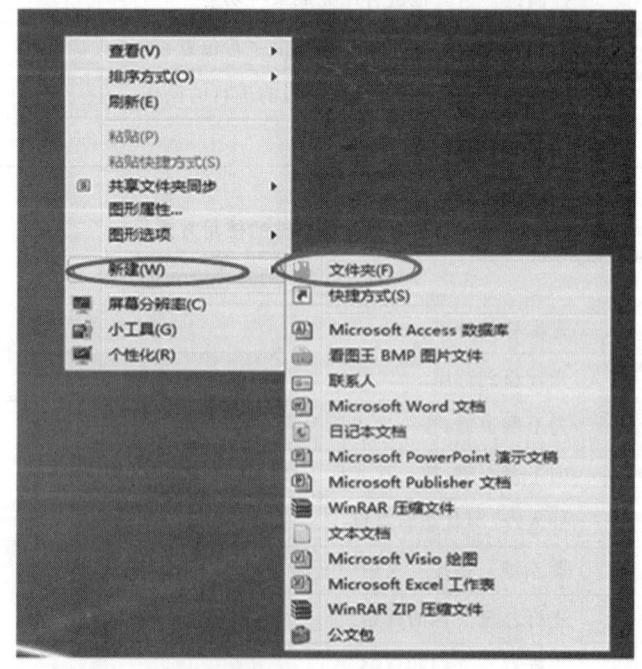

实验图1.5 新建文件夹

(四) 文件和文件夹的移动、复制、删除

1. 复制

鼠标右键单击文件或文件夹,鼠标左键单击"复制"。在需要被复制的地方单击鼠标右键,然后左键点击选择"粘贴"。

2. 删除

鼠标右键单击文件或文件夹,鼠标左键单击"删除"。

3. 文件属性的操作

将文件的属性设置为"只读"和"隐藏"

① 选定文件,在该文件上右击,在弹出的快捷菜单中选择"属性",弹出该文件的"属性"设置对话框,如实验图 1.6 所示。

② 在该对话框中选择"只读"和"隐藏"复选框。单击"确定"按钮即可。

实验图 1.6 文件属性操作

(五) 单个与多个文件的选取方法

① 单个文件:鼠标左键单击选取。

② 选取多个连续文件:长按"shift"键,同时鼠标左键单击要选择的文件。

③ 选取多个不连续文件:长按"Ctrl"键,同时鼠标左键单击要选择的文件。

(六) 校准计算机系统的时间

① 在桌面右下角任务栏内鼠标左键单击时间。鼠标左键单击"更改日期和时间设置",如实验图 1.7 所示。

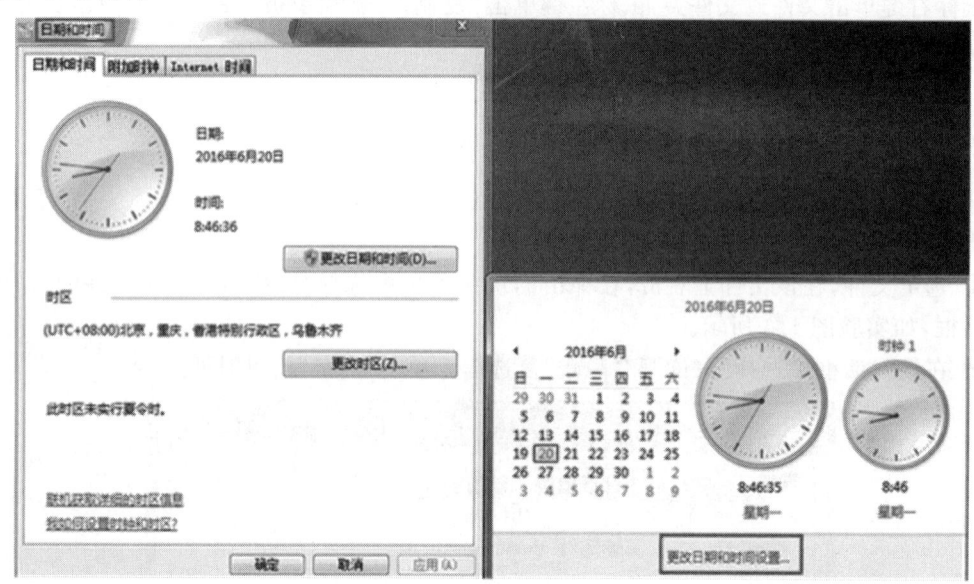

实验图 1.7 修改系统日期和时间

② 在所弹出的选项卡中选择 internet 时间。

③ 鼠标左键单击"更改设置",选择"与 internet 时间服务器同步,鼠标左键单击"确定"按钮,校准成功。

(七) 查看系统配置的详细信息

① 鼠标双击"计算机"图标,选择"系统属性"查看计算机的系统配置,如实验图 1.8 所示。

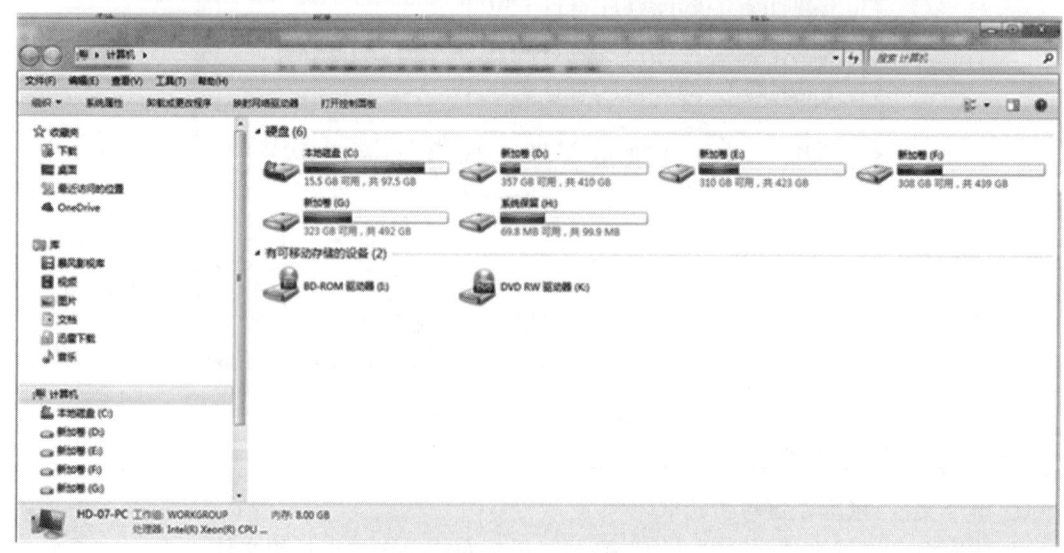

实验图 1.8 查看系统配置信息

② 鼠标右键单击桌面"计算机"图标,选择"属性"查看有关计算机的基本信息。如实验图 1.9 所示。

实验图 1.9　计算机基本信息

(八) 添加、删除程序

① 鼠标左键单击左下角"开始",单击右侧的"控制面板",打开控制面板界面。具体操作示意如实验图 1.10 所示。

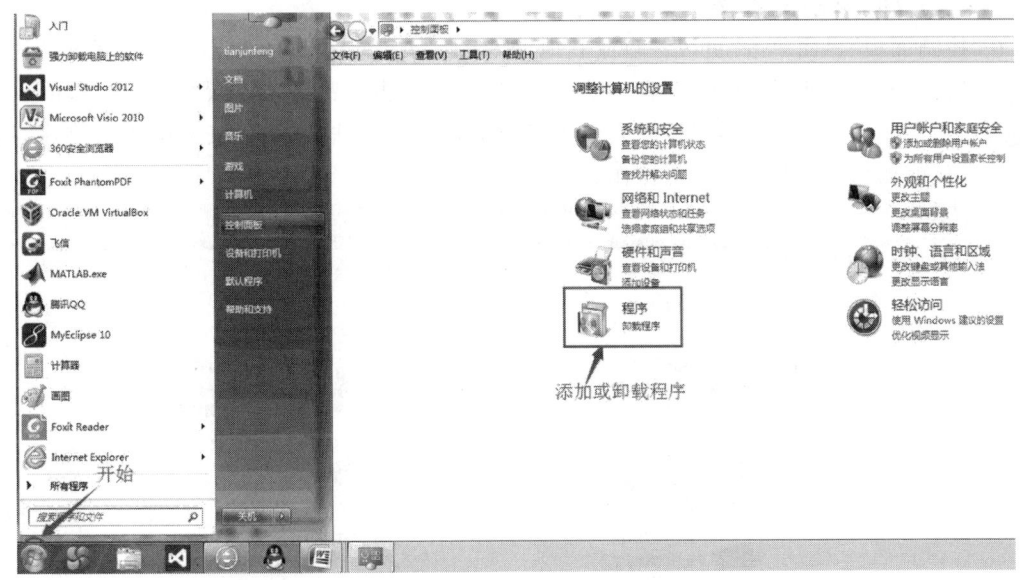

实验图 1.10　打开控制面板操作

② 在出现的选项卡中选择"卸载程序"。

③ 根据需要进行操作,如实验图 1.11 所示。

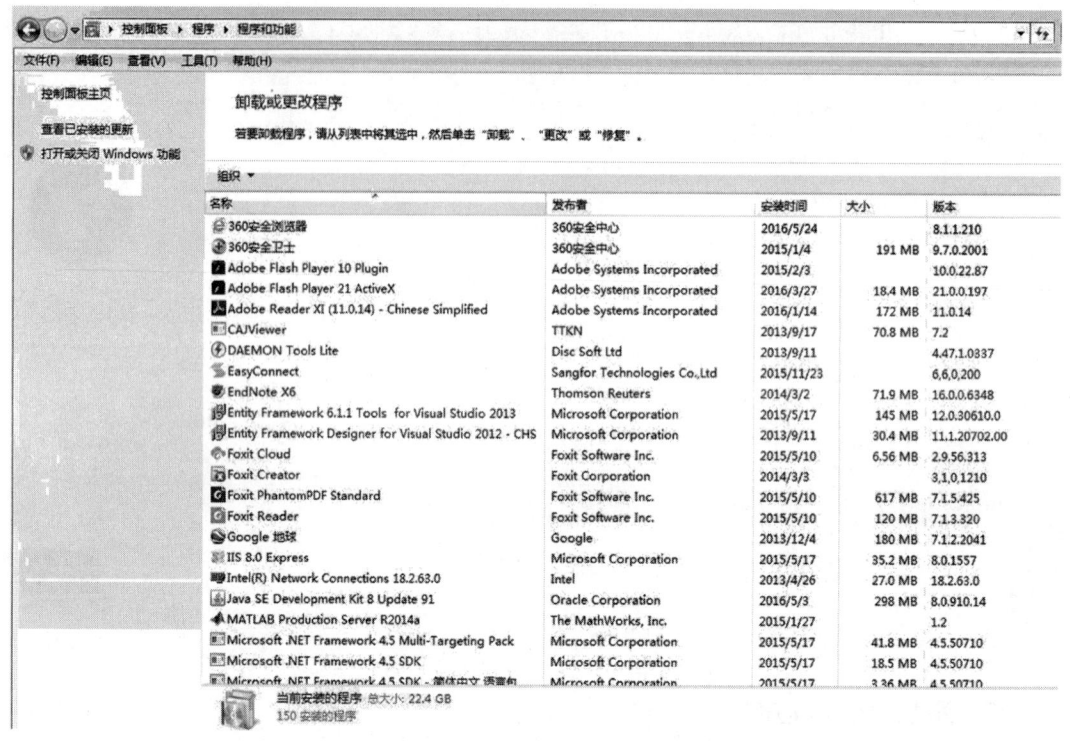

实验图 1.11　卸载或更改程序操作

（九）添加、删除输入法

在"控制面板"界面单击"更改键盘或其他输入法",如实验图 1.12 所示,进入"区域和语言"界面,如实验图 1.13 所示,选中"键盘和语言"选项,点击"更改键盘",进入"文本服务和输入语言"界面,如实验图 1.14 所示,在该界面中可以设置默认输入法,调整已安装输入法顺序,添加新的输入法或删除已安装输入法等操作。

实验图 1.12　控制面板界面

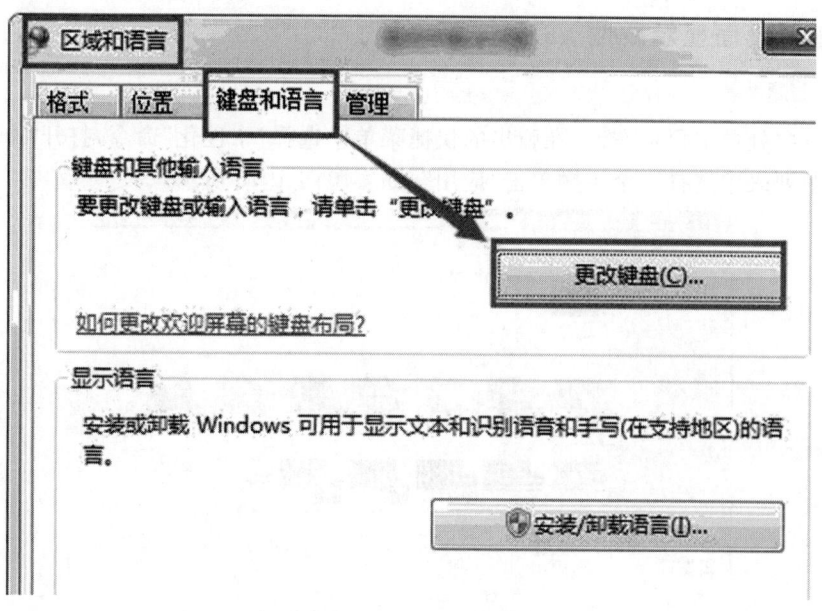

实验图 1.13　区域和语言界面

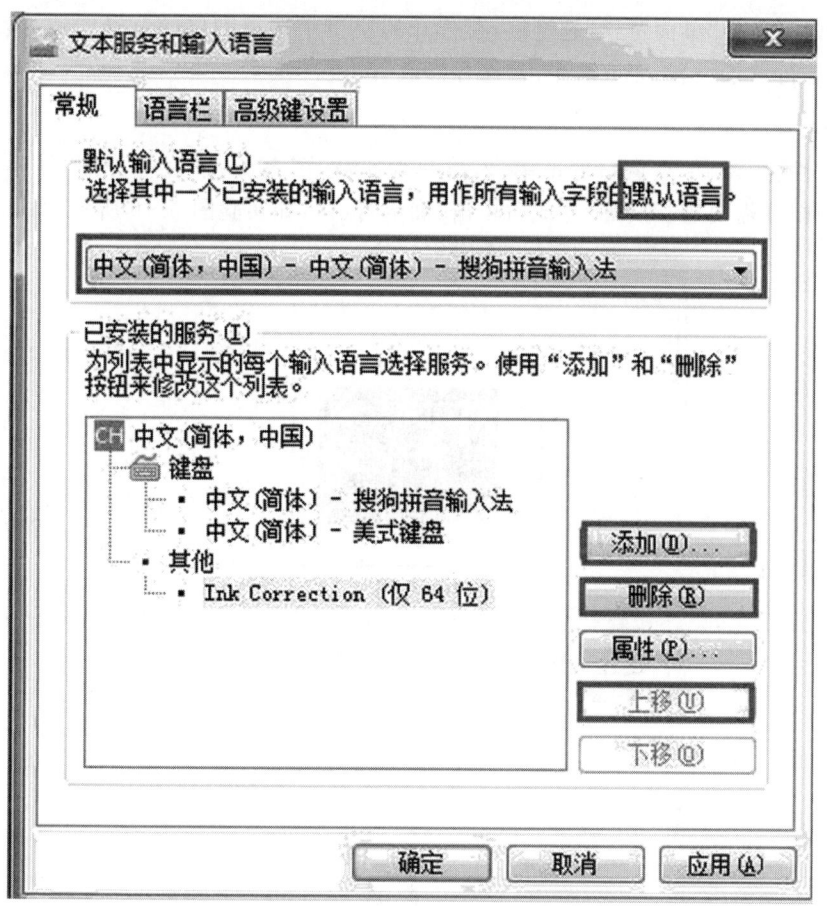

实验图 1.14　文本服务和输入语言

(十) 配置桌面显示属性

1. 设置主题

在桌面空白处单击鼠标右键,在弹出的快捷菜单中选择"个性化"命令,打开"个性化"窗口,在中间的主题列表中选择一个主题单击"应用",如实验图 1.15 所示。

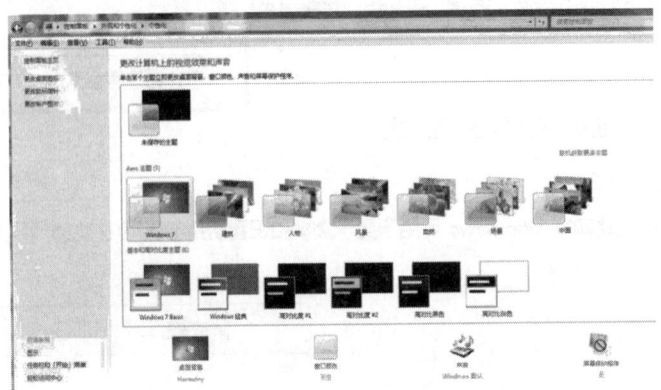

实验图 1.15　个性化操作界面

2. 设置桌面背景

单击窗口下方的"桌面背景"超链接,在打开的窗口中选择需要的背景图片,然后在窗口下方按照需要进行背景设置,完成后单击"保存修改"按钮。

3. 屏保

返回"个性化"窗口,在窗口底部单击"屏幕保护程序"超链接,在打开的"屏幕保护程序设置"对话框中根据需要进行设置,完成后单击"确定"按钮,如实验图 1.16 所示。

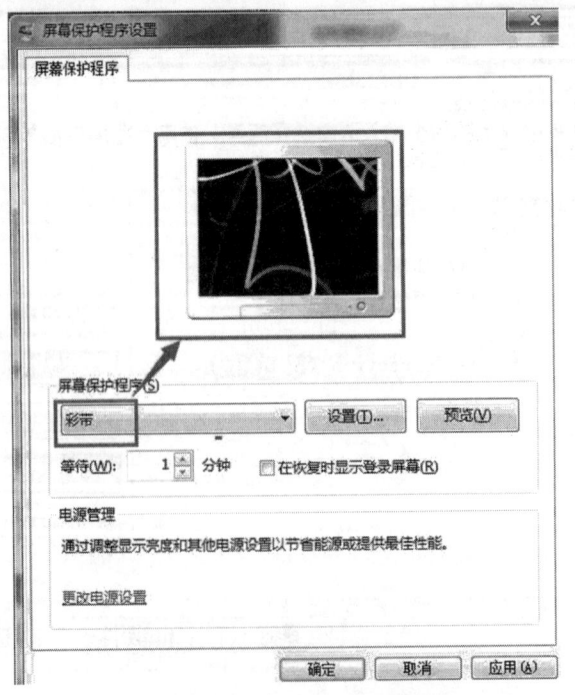

实验图 1.16　屏幕保护程序设置

(十一) Ms-Dos 常用命令操作

1. 打开 Ms-Dos 的基本方法

① 通过开始菜单,在"搜索"框内输入 cmd,然后按回车就可打开命令行,如实验图 1.17 所示。

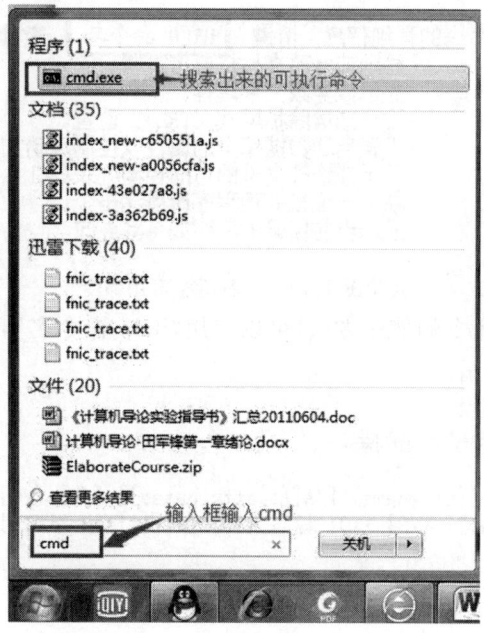

实验图 1.17　通过搜索打开命令行

② 通过开始菜单,在"所有程序"→"附件"→"命令提示符",即可打开命令行,如实验图 1.18 所示。

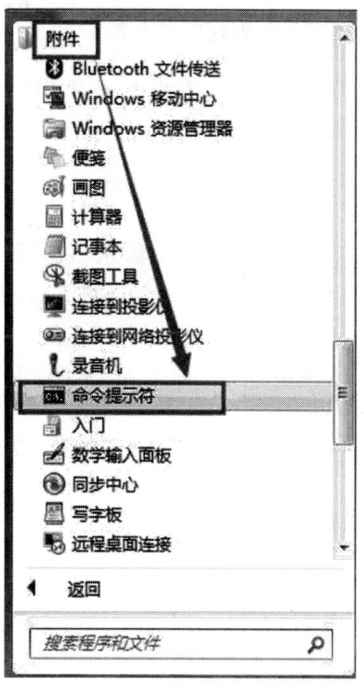

实验图 1.18　直接找到 Dos 应用程序打开

2. 查看所有 Dos 命令和查看所有命令参数

① Help：查看系统内可用的 Dos 命令，直接在命令行输入 help，按回车键，就会显示系统所有可用命令，如实验图 1.19 所示。

实验图 1.19　查看所有可用命令

如果想了解某个具体命令的使用方法，可以使用"help 命令名"，按回车就可显示命令的详细用法。如实验图 1.20 所示。

实验图 1.20　查看 dir 命令用法

②【command】/？：查看某个命令的参数信息。

③ 命令不区分大小写。

④ 退出命令行命令为：exit。

⑤ 不同盘符之间切换方法：在命令行直接输入"盘符："，按回车。例如，当前目录在 C:\Windows＞，在命令行输入"D:"回车，进入 D 盘。如实验图 1.21 所示。

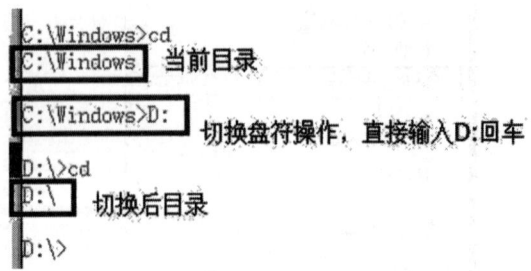

实验图 1.21　不同盘符之间切换

3. 常用 Dos 命令

（1）目录操作

熟练运用 MD,CD,RD 通过相对路径或者绝对路径建立、改变、删除目录。

灵活运用 DIR 察看目录和文件及其相关参数的使用。

若当前目录是 D:\>,用 DIR 宽屏且逐屏察看 C:\WINDOWS\COMMAND 的文件或目录。操作方法如下：

方法一：D:\>DIR C:\WINDOWS\COMMAND /W/P 使用绝对路径

方法二：D:\>CD C:\WINDOWS\COMMAND

　　　　D:\>C:

　　　　C:\WINDOWS\COMMAND\>DIR /W/P

请尝试用其他方法完成此操作。

(2) 文件操作

熟练运用 COPY,DEL,实现对文件的拷贝、删除,了解 COPY 命令的多种用法,以及 DEL、RD 的区别。例如：

C:\>MD MY 在 C 盘下建立一个目录 MY

C:\>COPY CON C:\MY\1.TXT 将键盘输入作为 1.TXT 的内容,必须以 Ctrl+Z 键结束。

C:\>D: 将盘符转到 D:

D:\>MD MY 在 D 盘下建立一个目录 MY

D:\>CD MY 改变当前目录为 D:\MY

D:\MY>COPY C:\MY\1.TXT 2.TXT 将 C 盘中 MY 目录下 1.TXT 考到 D 盘中的 MY 下,文件名改为 2.TXT。

例如,若想删除 D 盘中的 MY 目录该怎么办呢?（假定当前盘为 C:）

C:\>D: 改变盘符为 D:

D:\>CD MY 改变当前路径为 D:\MY

D:\MY>DEL *.* 删除 D:\MY 下的所有文件

D:\MY>CD.. 退回到上一级目录

D:\>RD MY 删除目录 MY

(3) 磁盘操作

学会运用 format 对磁盘进行格式化。了解"/q"、"/s"、"/u"的意义。

能够使用 DISKCOPY,DISKCOMP,CHKDSK 等命令对软盘进行操作。

(4) 系统命令

TIME DATA CLS VER 等,输入时,一定要注意 TIME、DATA 的格式。

3. 实验练习

① 用 MD 命令在 D 盘根目录下建立如实验图 1.22 所示目录结构；

② 在 Windows 环境中,在 C 盘下新建立如实验图 1.23 所示文档,并在文本文件中任意添加若干文字；

③ 用 copy 命令把刚才新建的文件复制到如实验图 1.24 所示的目录中；

④ 用 rd 命令删除整个 word 文件夹；

⑤ 用 type 命令查看 file1.txt 文件中的内容；

⑥ 用 ren 命令将 excel 目录下的 excel1.xls 文件名修改为 exc.xls；

⑦ 用 attrib 命令修改文件 file2.txt 文件属性为只读；

⑧ 用 del 命令删除 file1.txt 文件；

⑨ 用 data 和 time 命令修改系统时间为 2016 年 10 月 10 日 10:10:10，完成后到 windows 下查看是否已修改。

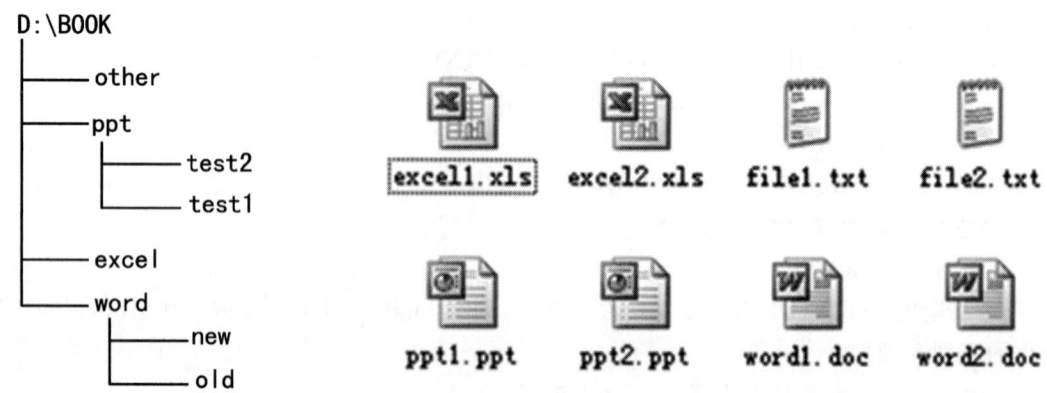

实验图 1.22　创建目录结构　　　　　　　　　实验图 1.23　需要创建文件

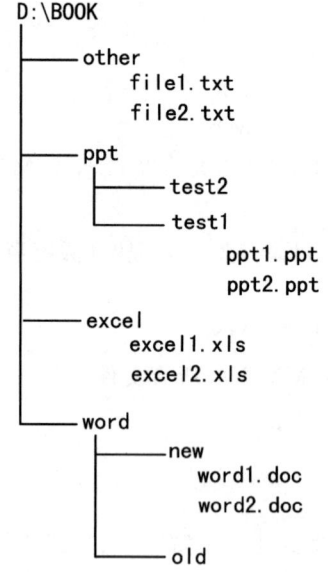

实验图 1.24　最终目录结构

实验 2 Word 使用

一、实验目的

(1) 掌握文本的录入与文本的选定、复制、移动、删除、剪切和粘贴。
(2) 掌握文本的查找与替换。
(3) 熟练掌握 Word 图文混排功能。
(4) 掌握表格在 Word 中起两个作用:数据整理与版式编排,熟练掌握 Word 表格制作与修饰功能。

二、实验内容及要求

(一) 认识 Word 2010 基本结构

在桌面空白处点击鼠标右键,选择"新建(W)"→"Microsoft Word 文档",然后给 word 文档命名为文档 1,鼠标左键双击文档 1,Word 2010 界面如实验图 2.1 所示。

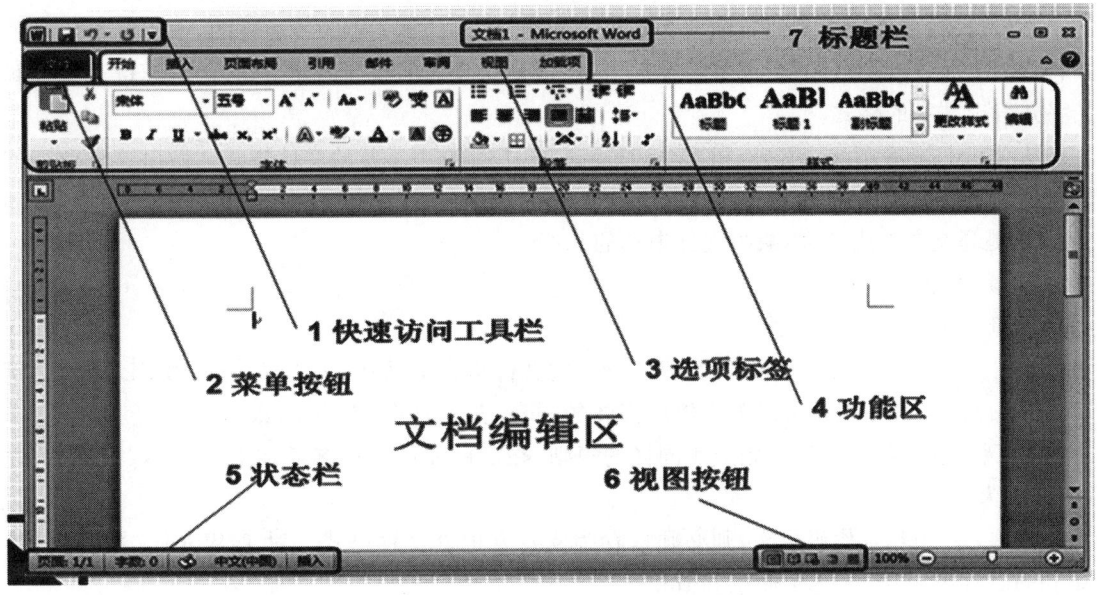

实验图 2.1 Word 2010 界面

切换视图方式:
选择"视图"选项卡,在"文档视图"组中单击需要的视图模式按钮,如实验图 2.2 所示。

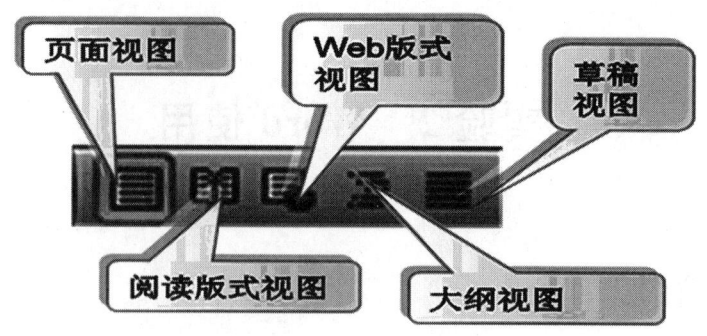

实验图 2.2　文档视图

分别单击视图栏视图快捷方式图标,即可选择相应的视图模式。

Word 2010 的视图方式:

页面视图:按照文档的打印效果显示文档,具有"所见即所得"的效果,在页面视图中,可以直接看到文档的外观、图形、文字、页眉、页脚等在页面的位置,这样,在屏幕上就可以看到文档打印在纸上的样子,常用于对文本、段落、版面或者文档的外观进行修改。

阅读版式视图:适合用户查阅文档,用模拟书本阅读的方式让人感觉在翻阅书籍。

大纲视图:用于显示、修改或创建文档的大纲,它将所有的标题分级显示出来,层次分明,特别适合多层次文档,使得查看文档的结构变得很容易。

Web 版式视图:以网页的形式来显示文档中内容。

草稿视图:草稿视图类似之前的 Word 2010 或 Word 2007 中的普通视图,该图只显示了字体、字号、字形、段落及行间距等最基本的格式,但是将页面的布局简化,适合于快速键入或编辑文字并编排文字的格式。

从 Word 2007、Excel 2007 和 PowerPoint 2007 都采用了新的文件格式。做出这种改变的原因有很多,其主要原因有:

① 提高文件的安全性,减少文件损坏的几率。

② 减小文件大小。

③ 新功能。

现在,对于文档、工作簿和演示文稿,默认的文件格式末尾有一个"x",表示 XML 格式。例如,在 Word 中,现在默认情况下文档用扩展名.docx 进行保存,而不是.doc。

如果将文件保存为模板,则应用同样的规则:在旧的模板扩展名后加上一个"x"。例如,在 Word 中为.dotx。

如果文件中包含代码或宏,则必须保存为支持宏的新文件格式。对于 Word 文档,将转换为.docm;对于 Word 模板,则为.dotm。

保存与关闭文档操作:

保存:文件→保存;Ctrl+S(快捷键)。

关闭:文件→退出;单击"关闭"按钮。

在文档中输入文字和符号方法:

① 使用输入法输入文本。

② 插入,改写。

③ 插入符号:插入→符号→其他符号,进入插入符号对话框,如实验图 2.3 所示。

实验图 2.3　插入符号对话框

选定文本方法：

① 利用鼠标选定文本。

② 利用选定栏选定文本。

③ 用扩展选定方式选定文本。

移动、删除和复制文本方法：

① 删除文本。Backspace 退格键，Delete 键，剪切。

② 移动文本。选中内容后，直接拖动或剪切→粘贴。

③ 复制文本。选中内容后，按下 Ctrl 直接拖动或剪切→粘贴。

撤销与恢复操作方法：

如果不小心删除了一段不该删除的文本，可通过单击"自定义快速访问工具栏"中的"撤销"按钮，把刚刚删除的内容恢复过来。如果又要删除该段文本，则可以单击"自定义快速访问工具栏"中的"恢复"按钮。

Office 2010 八大新增功能介绍：

1. 自定义功能区

文件→选项→自定义功能区，如实验图 2.4 所示。

实验图 2.4　自定义功能区

2. 导航窗格

开始→查找，就可以打开导航窗格，如实验图 2.5 所示。

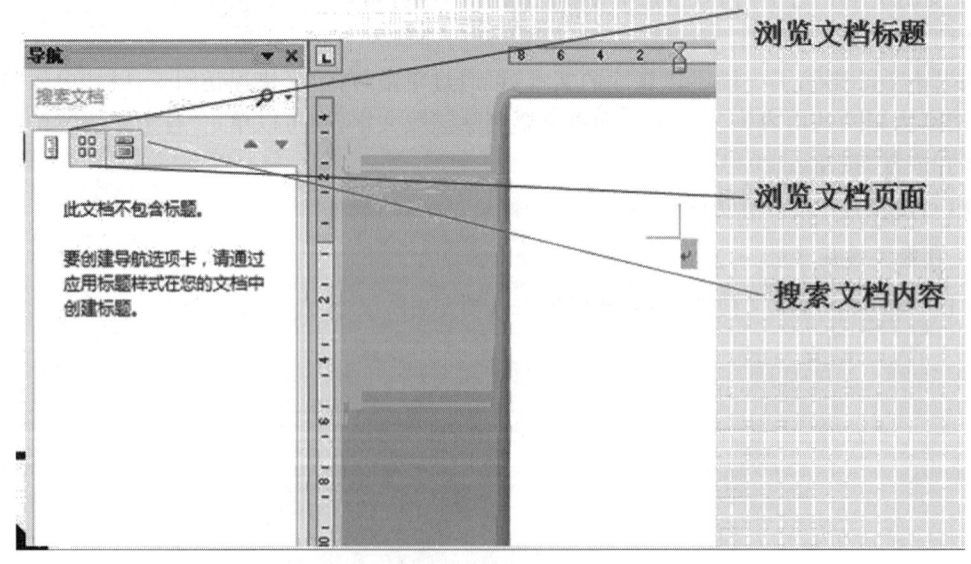

实验图 2.5　导航窗格

3. 设置文本格式和文本样式

设置字体方法：

① 在"字体"下拉列表框中设置字体。

② 通过菜单命令设置字体和字号,如实验图 2.6 所示。

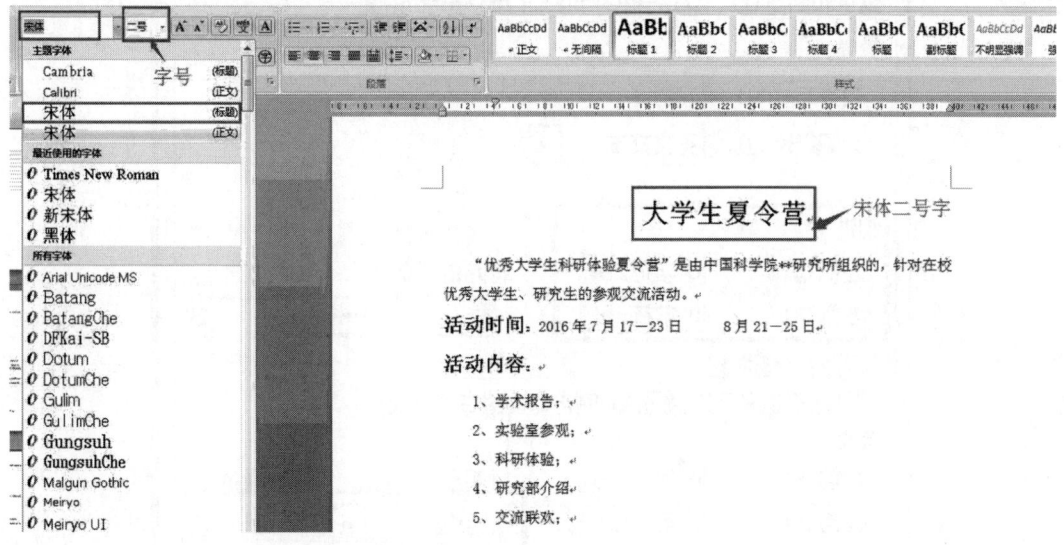

实验图 2.6 设置字体和字号

4．设置字形和对齐方式

4 种字形：常规,倾斜,加粗,倾斜 加粗,如实验图 2.7 所示。

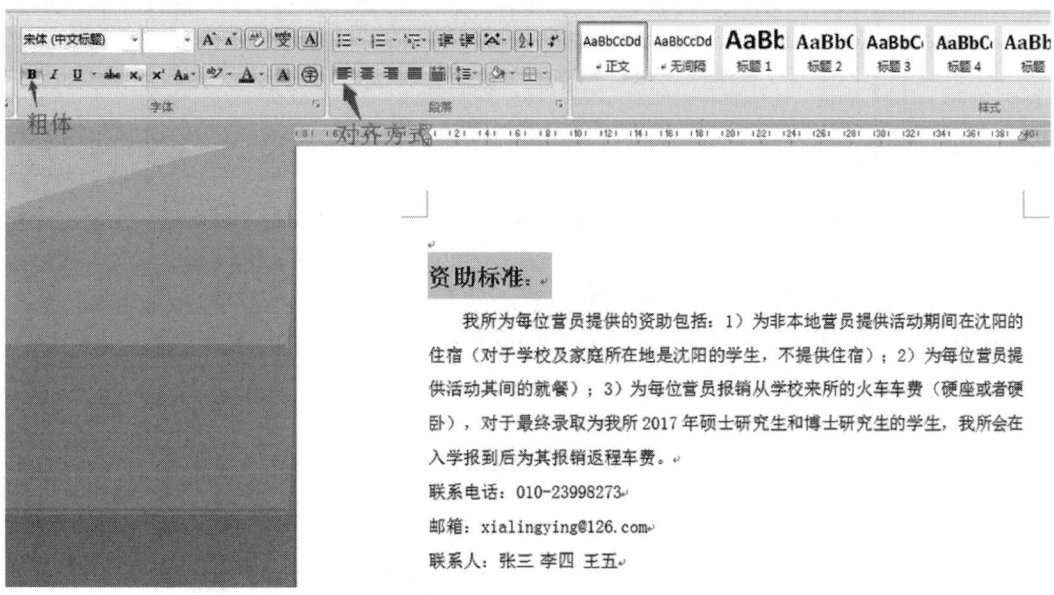

实验图 2.7 设置字形和对齐方式

5．段落缩进

① 使用标尺设置缩进。

② 使用"段落"对话框设置缩进,首先选中一段文本,点击右键,在弹出菜单中选择"段落(p)..."选项。打开"段落"设置界面,可以设置段落对齐方式、大纲级别、缩进、段间距、行距等,同时可以在下方预览设置的效果,如实验图 2.8 所示。

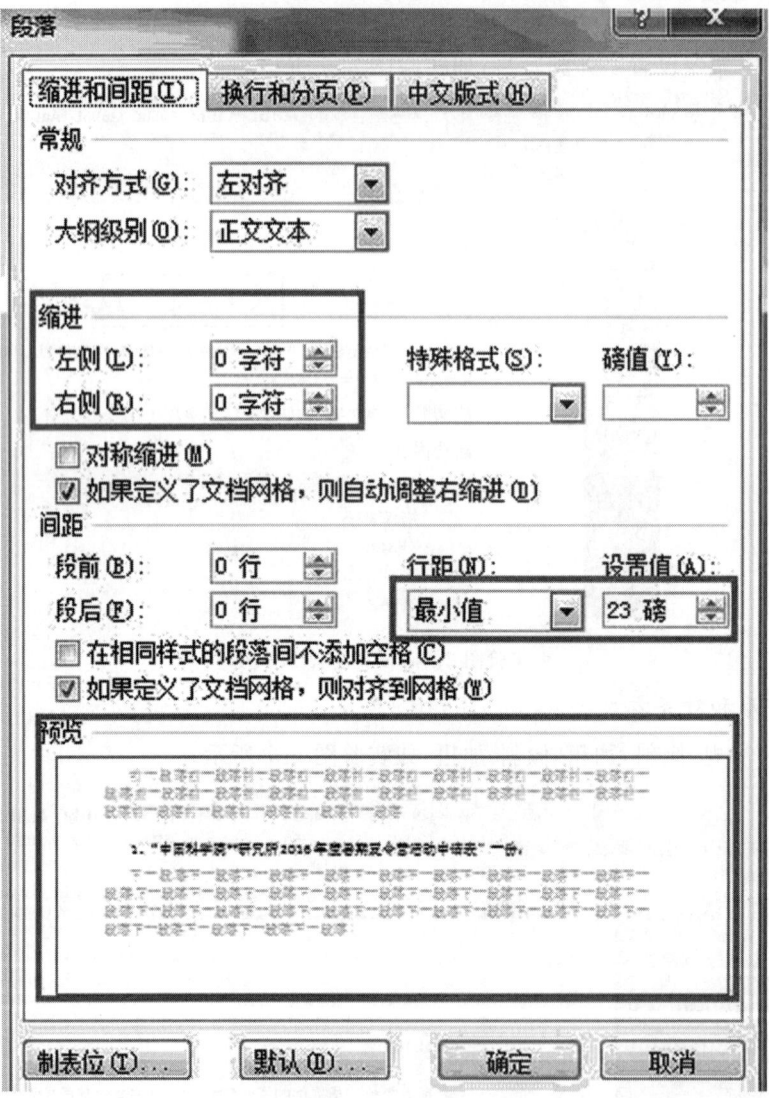

实验图 2.8　段落设置界面

6. 设置段落对齐方式

① 段落水平对齐方式。

② 段落垂直对齐方式，如实验图 2.9 所示。

实验图 2.9　段落对齐方式

中文版式文本对齐方式及其含义如实验图 2.10 所示。

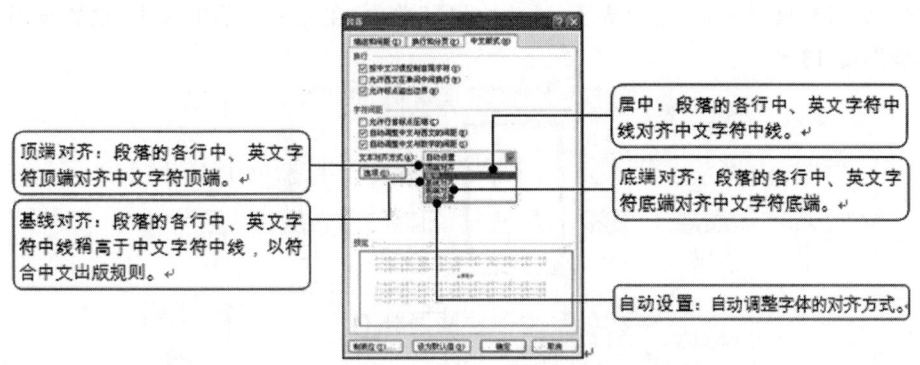

实验图 2.10 "中文版式"选项卡

7. 设置页眉和页脚方式

① 通过工具栏"插入"菜单下的"页眉和页脚"选项可以对页眉和页脚和页码格式进行设置,如实验图 2.11 所示。

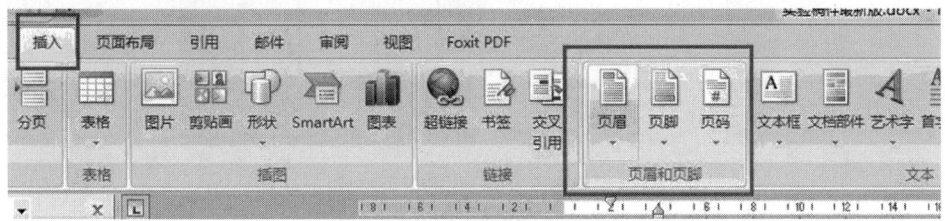

实验图 2.11 页眉和页脚操作

② 在每页的顶部或底部直接左键双击,打开"页眉和页脚工具设计"界面进行操作,如实验图 2.12 所示。

实验图 2.12 页眉和页脚工具设计

③ 在"页眉和页脚工具设计"界面,选中"页码"选项,在出现菜单中选中"设置页码格式"选项,如实验图 2.13 所示。

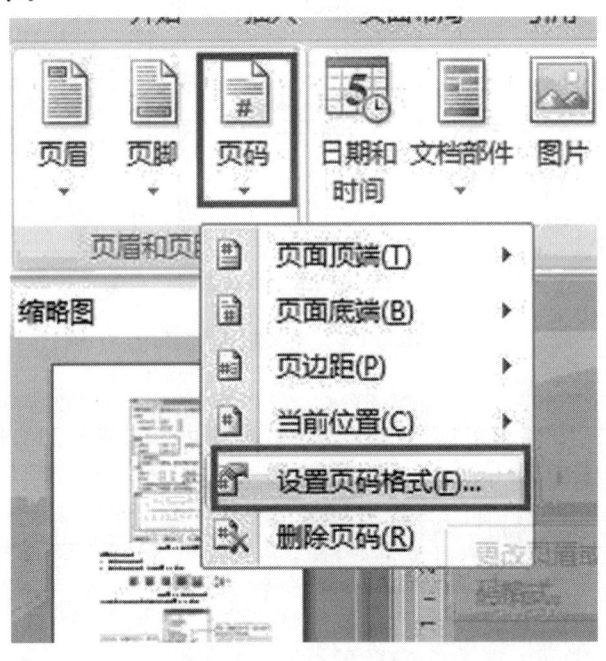

实验图 2.13　设置页码格式

④ 在"页眉和页脚工具设计"界面,选中"页码"选项,在出现菜单中选中"设置页码格式"选项,可以更改页眉或页脚中使用的页码格式,如实验图 2.14 所示。默认编码格式是数字字符"1,2,3,…",另外一种比较常用的编码格式是罗马字符"Ⅰ,Ⅱ,Ⅲ,…",这个主要应用在毕业论文排版中目录、中文摘要、英文摘要页脚编码中。页码编号可以有两种选择:续前节表示页码编号和前节连续编号;起始页码表示页码编号从新开始,具体显示什么以选择的编码格式为准,如实验图 2.15 所示。

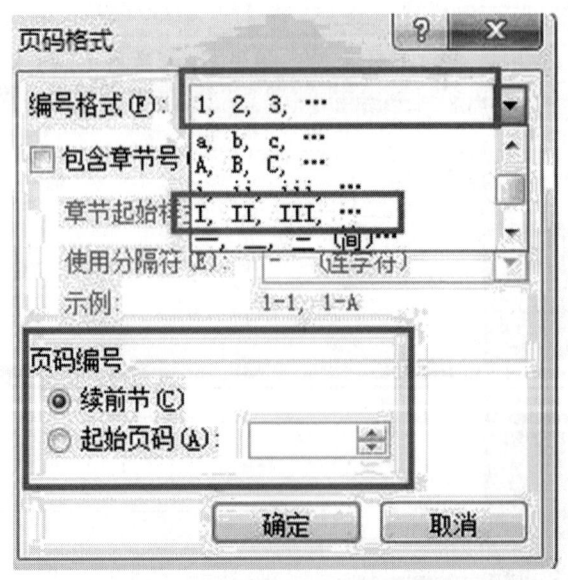

实验图 2.14　设置页码格式界面

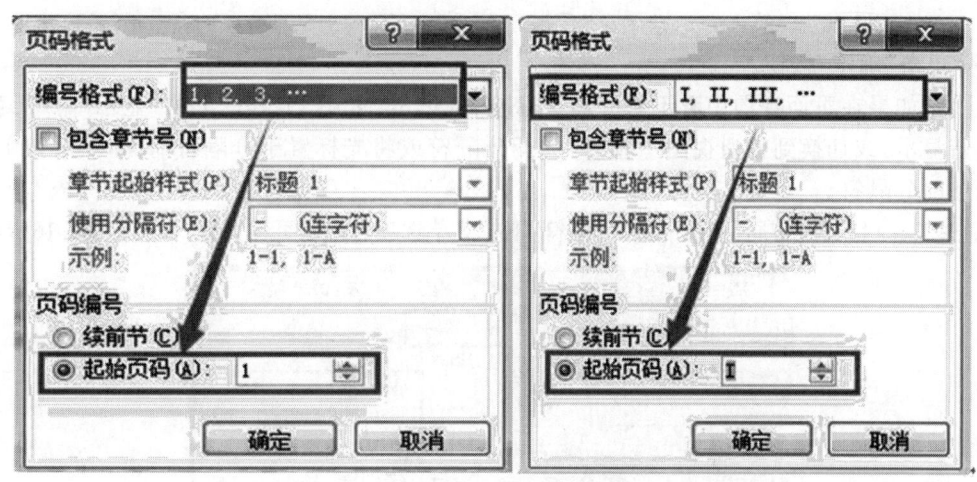

实验图 2.15　页码格式不同操作对比

8. 分节符和分页符

（1）分页符

当文本或图形等内容填满一页时，Word 会插入一个自动分页符并开始新的一页。如果要在某个特定位置强制分页，可插入"手动"分页符，这样可以确保章节标题总在新的一页开始。首先，将插入点置于要插入分页符的位置，然后执行"页面布局"→"分隔符"，打开"分隔符"对话框，单击"分页符"，确定。

（2）分栏符

对文档（或某些段落）进行分栏后，Word 文档会在适当的位置自动分栏，若希望某一内容出现在下栏的顶部，则可用插入分栏符的方法实现，具体步骤为（为呈现效果，先将被操作段落分为两栏）：

① 在页面视图中，将插入点置于另起新栏的位置。

② 执行"页面布局"→"分隔符"，打开"分隔符"对话框。

③ 在"分隔符"框中选择"分栏符"项，单击"确定"按钮。

（3）换行符

通常情况下，文本到达文档页面右边距时，Word 自动将换行。在"分隔符"对话框中选择"换行符"，单击"确定"，在插入点位置可强制断行（换行符显示为灰色"↓"形）。与直接按回车键不同，这种方法产生的新行仍将作为当前段的一部分。

（4）分节符

节是文档的一部分。插入分节符之前，Word 将整篇文档视为一节。在需要改变行号、分栏数或页面页脚、页边距等特性时，需要创建新的节。插入分节符步骤如下：

① 将插入点定位到新节的开始位置。

② 执行"页面布局"→"分隔符"，打开"分隔符"对话框。

③ 在"分节符类型"中，选择下面的一种。

下一页：选择此项，光标当前位置后的全部内容将移到下一页面上。

连续：选择此项，Word 将在插入点位置添加一个分节符，新节从当前页开始。

偶数页：光标当前位置后的内容将转至下一个偶数页上，Word 自动在偶数页之间空出一页。

奇数页：光标当前位置后的内容将转至下一个奇数页上，Word 自动在奇数页之间空出一页。

④ 单击"确定"按钮。

注意：如果在页面视图中看不到分隔符标志，可单击"常用"工具栏上的"显示/隐藏编辑标记"进行显示，或切换到普通视图中查看，选择分隔符或将光标置于分隔符前面，然后按 Delete 键，可删除分隔符。

通过工具栏"页面布局"菜单下的"分隔符"下拉菜单选项可以对页面设置，如实验图2.16所示。

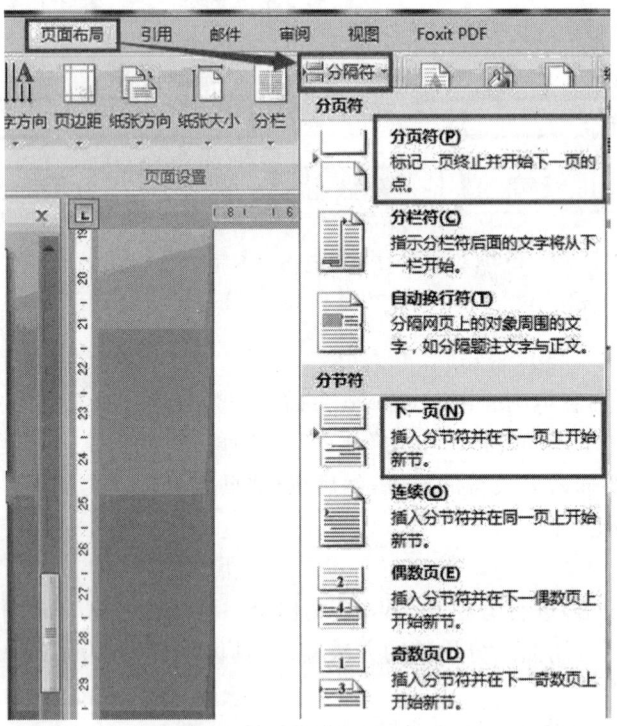

实验图 2.16 分页符和分节符

（二）依照范文进行文本录入

启动 Microsoft Office Word 2010 应用程序，在当前自动生成的文档中输入如下的内容，并按范文进行排版。

大学生夏令营

"优秀大学生科研体验夏令营"是由中国科学院＊＊研究所组织的，针对在校优秀大学生、研究生的参观交流活动。

活动时间：

2016 年 7 月 17—23 日　　8 月 21—25 日

活动内容：

1. 学术报告；

2. 实验室参观；

3. 科研体验；

4. 研究部介绍；

5. 交流联欢；

6. 沈阳游览。

申请资格：

1. 营员招收对象：全国各高校2017年毕业的在校本科生和硕士研究生。
2. 有志于科学研究事业，有较好的科研潜力，道德品质良好，遵纪守法。
3. 申请人学习成绩优异，在学期间无重修科目或补考记录，在校期间没有受过纪律处分。
4. 具有较强的外语听、说、读、写应用能力。一般应通过大学英语国家六级考试，对专业成绩优异的考生，可放宽到通过大学英语四级考试。改革后的四、六级考试成绩标准分一般不得低于425分。
5. 具有较强的调查研究、综合分析问题、解决问题能力。
6. 身心健康，身体健康符合规定的体检标准。

申请材料：

一、必须提供材料

1. "中国科学院＊＊研究所2016年度暑期夏令营活动申请表"一份；
2. 大学本科最新成绩单（原件），硕士生需要提交本科和硕士期间的成绩单（原件）；
3. 大学本科成绩排名证明（原件，可用所在学校模板）；
4. 国家英语四、六级及其他英语等级证书复印件；
5. 在学期间的获奖证书复印件；
6. 身份证复印件。

二、自愿提供材料

1. 在公开发行的学术刊物或全国性学术会议上发表的学术论文、所获专利或其他原创性工作成果的复印件或证明；
2. GPA排名证明；
3. 对申请有参考价值的其他材料。

申请方式：

申请人于6月17日前登陆中国科学院大学科教协同育人行动计划网站http://kjxt.ucas.ac.cn，进行网上报名，同时将填好的报名表及有关获奖、论文等材料按时邮寄至中科院＊＊研究所研究生部，邮寄至如下地址：

＊＊省＊＊市＊＊区＊＊路＊＊号

中国科学院＊＊研究所研究生部，邮政编码：123456。

邮寄材料截止日期：2016年6月20日（以本地邮戳为准）。

重要提示：未提交纸质打印版材料者，申请将不予受理。请尽早寄出申请材料，过期将不接受申请。请必须在申请表内说明申请夏令营的批次。

材料审核及接收：

材料审核和接收工作由研究生部负责。接收名单将在中国科学院＊＊研究所研究生部网站上公布，看到通知的学生请再回复邮件确认，届时未接到接收通知的同学皆为未入选者，不再另行通知。

招收规模：

拟定招收300人（两次）

资助标准：

我所为每位营员提供的资助包括：（1）为非本地营员提供活动期间在沈阳的住宿（对于学校

及家庭所在地是沈阳的学生,不提供住宿);(2)为每位营员提供活动其间的就餐);(3)为每位营员报销从学校来所的火车车费(硬座或者硬卧),对于最终录取为我所 2017 年硕士研究生和博士研究生的学生,我所会在入学报到后为其报销返程车费。

联系电话:010－23998273
邮箱:xialingying@126.com
联系人:张三　李四　王五

(三) 练习字符、段落格式的设置

字符设置

(1) 选定 Example1.docx 文档中要设置文字格式的内容,即"客户编号(　　)"。

(2) 在"开始"选项中单击"字体"选项组中的命令,实现"宋体"和"小五"的设置。

(3) 在"开始"选项只能怪单击"段落"选项组中的的"右对齐"命令。

(4) 选定 Example.docx 文档中要设置文字格式的内容,即"尊敬的"。

(5) 在"开始"选项中单击"字体"选项组中的命令,实现"宋体""五号"和"加粗"。

(6) 单击"下划线"命令,按空格键,绘制出一条直线。

段落格式设置

(1) 把插入点放在"客户编号(　　)"后面。

(2) 在"开始"选项中单击"段落"选项组的右下角"对话框启动"按钮,打开"段落"对话框。

(3) 在"段落"对话框中实现段后为"1 行"、行距为"单倍行距"的设置。

(4) 选中正文中的前三段。

(5) 在"开始"选项中单击"段落"选项组的右下角"对话框启动"按钮,打开"段落"对话框。

(6) 将"段落"对话框重点恶"特殊格式"设置为"首行缩进"。

(四) 练习分栏版式的设置

(1) 在文档中选中要分栏排版的段落。

(2) 单击"格式→分栏"命令,打开"分栏"对话框。在"预设"选项中选择分栏的具体设置数,如两栏。

(3) 在"宽度和间距"中可以调整栏与栏之间的间距,也可使用默认值作为分栏间距。若要想栏与栏之间使用"分隔线"隔开,选中"分隔线"复选栏。

(4) 设置完成后,单击"确定"按钮即可,效果如下。

(五) 练习项目符号、编号的设置

项目符号

切换到功能区中"开始"选项卡,在"段落"选项组中单击"项目符号"按钮右侧的向下箭头,从弹出的菜单中选择一种项目符号。

编号

然后切换到功能区中"开始"选项卡,在"段落"选项组中单击"项目符号"按钮右侧的向下箭头,从弹出的菜单中选择一种编号。

(六) 练习边框、底纹的设置

边框

切换到功能区中"开始"选项卡,单击"段落"选项组的"下框线"钮,设置边框。

底纹

切换到功能区中"开始"选项卡,单击"段落"选项组的"底纹"钮,设置底纹。

(七)练习页面设置、页眉/页脚的设置

页面设置

(1)切换到功能区中的"页面布局"选项卡,在"页面设置"选项组中单击"页边距"按钮,从弹出的菜单中选择页边距的格式。

(2)如果选择"自定义边距"命令,将启动"页面设置"对话框。

(3)在"页边距"命令中,对页边距参数惊醒相应的设置。

页眉页脚的设置

(1)切换到功能区中的"插入"选项卡,在"页眉和页脚"选项组中单击"页眉"按钮,从弹出的菜单中选择页眉的格式。

(2)选择所需的格式后,即可在页眉区添加相应的格式,同时功能区中显示"页眉和页脚工具"选项卡。

(3)输入页眉的内容或者单击"页眉和页脚工具"选项卡来插入一些特殊的信息。

(4)单击"页眉和页脚工具"选项卡上的"转到页脚"按钮,切换到页脚区中,页脚的设置方法与页眉相同。

(5)单击"设计"选项卡上的"关闭页眉和页脚"按钮,返回到正文编辑状态。

(八)表格的建立和单元格内容的输入

表格的创建

自动创建表格:

(1)切换到功能区中的"插入"选项卡,在"表格"选项组中选择"表格"命令,弹出菜单。

(2)用鼠标在任意表格中拖动,以选择表格的行数和列数,同时在任意表格的上方显示相应的行列数,`10×7 表格`注意前面数字表示列,后面数字表示行。如实验图 2.17 所示。

(3)选定所需的行列数后,释放鼠标,即可得到所需行数和列数的空白表格,同时功能区出现"表格工具"选项卡。

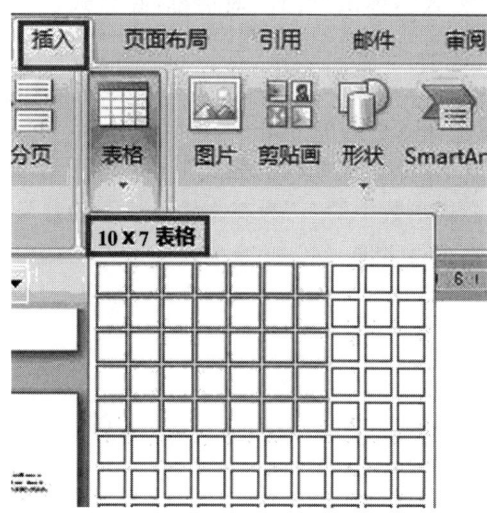

实验图 2.17　插入表格

对于word中插入的表格,需要了解表格的结构,主要是列编号和行编号,这些是对单元格插入公式进行计算的基础。表格每一列按英文字母顺序编号,第一列为A(或a),第二列为B(或b),后面依次类推。表格每一行按数字编号,第一行为1,第二行为2,后面依次类推。表格结构如实验图2.18所示。

	A	B	C	D	E	F	G
1	A1	B1	C1	D1	E1	F1	G1
2	A2	B2	C2	D2	E2	F2	G2
3	A3	B3	C3	D3	E3	F3	G3
4	A4	B4	C4	D4	E4	F4	G4
5	A5	B5	C5	D5	E5	F5	G5

实验图2.18 表格结构

制作如实验表2.1的学生成绩表,并自动计算每个学生的总分和平均分,各个科目的总分和平均分。

实验表2.1 学生高考成绩

姓名	语文	数学	外语	综合	总分	平均分
张三	120	140	140	280		
李四	135	138	145	285		
王五	96	100	90	249		
赵六	72	90	86	196		
总分						
平均分						

求总分步骤:

首先将光标移到到"张三"所在行,"总分"所在列上,也即对应的单元格F2上,选中表格工具"布局"选项,点击最右侧"公式",弹出"公式"对话框,在公式(F):输入相应公式,点击确定,则在光标所在单元格自动计算总分。如实验图2.19所示。

需要注意:上面公式(F):的公式是系统自动添加的"=SUM(LEFT)"表示求该单元格左侧的总和。当然也可以指定求左侧某些列的方法:求连续列公式"=SUM(B2:E2)"表示求B2单元格到E2连续单元格的总和,求指定某些列的公式"=SUM(B2,D2,E2)"表示求B2、D2和E2三个单元格的总和。注意:公式参数中的":"为英文输入法下的冒号,而不能是中文输入法输入的;另外大写字母可以修改为小写字母。

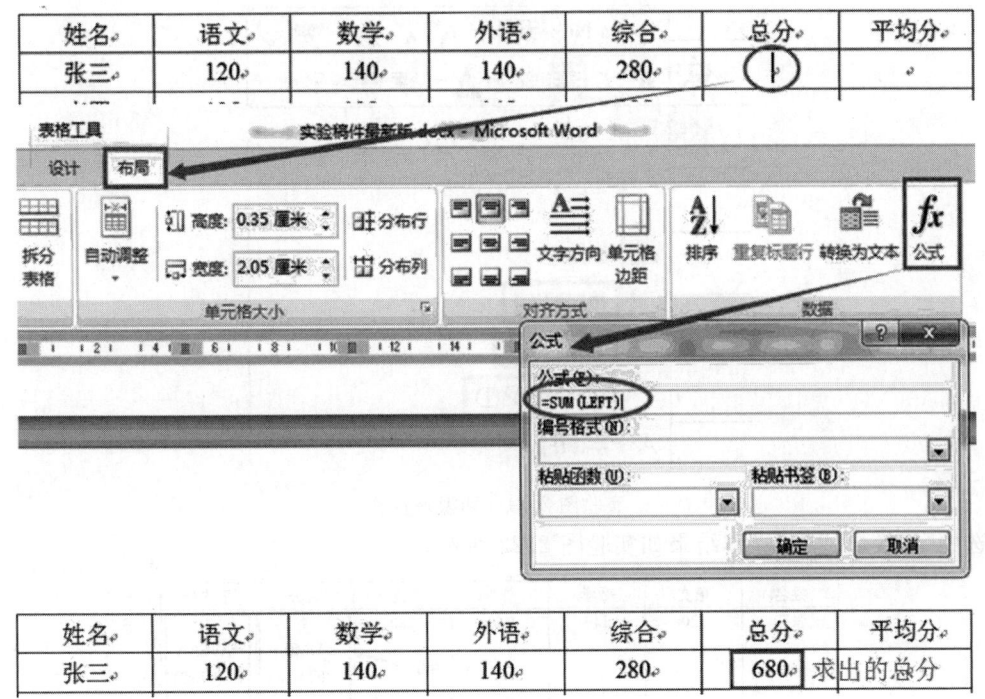

实验图 2.19　求单元格总和

求平均分步骤：

　　首先将光标移到到"张三"所在行，"平均分"所在列上，也即对应的单元格 G2 上，选中表格工具"布局"选项，点击最右侧"公式"，弹出"公式"对话框，在公式（F）：输入相应公式，点击确定，则在光标所在单元格自动计算平均分。如实验图 2.20 所示。

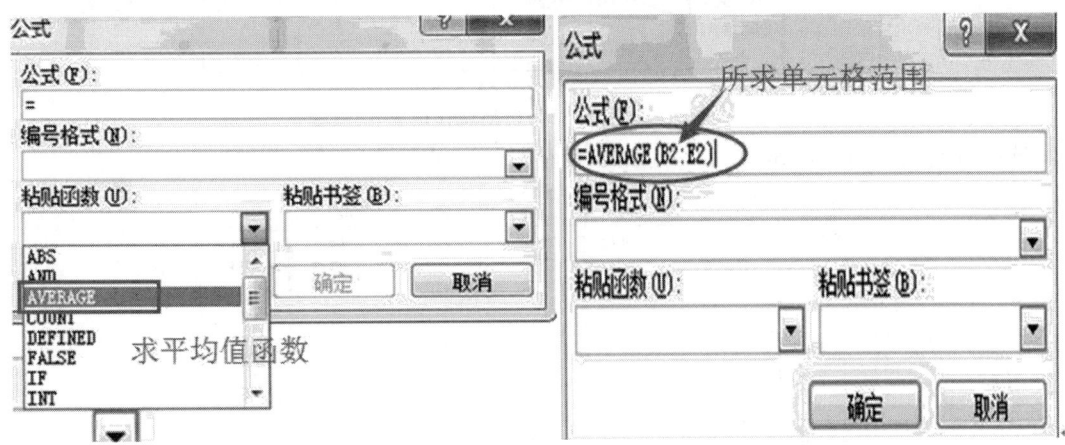

实验图 2.20　求单元格总和

切换域

　　将光标放到插入公式的单元格上，点击右键弹出如实验图 2.21 所示菜单，选中"切换域代码"，就能看到插入的公式，选中"编辑域"就看对公式进行编辑，选中"更新域"就看公式执行结果。

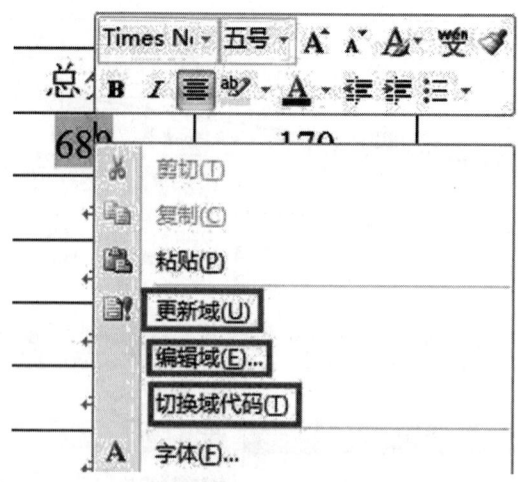

实验图 2.21　切换域操作

选中"切换域代码"操作结果如实验图 2.22 所示。

姓名	语文	数学	外语	综合	总分	平均分
张三	120	140	140	280	{ =SUM(LEFT) }	{ =AVERAGE(b2:e2) }
李四	135	138	145	285		
王五	96	100	90	249		
赵六	72	90	86	196		
总分	{ =SUM(ABOVE) }					
平均分	{ =AVERAGE(B2:B5) }					

实验图 2.22　切换域代码

选中"切换域代码"操作，大小写对比如实验图 2.23 所示。

张三	120	140	140	280	680	170
李四	135	138	145	285	703	{ =AVERAGE(b3:e3) }
王五	96	100	90	249	535	{ =AVERAGE(B4:E4) }
赵六	72	90	86	196	444	111
总分	{ =SUM(ABOVE) }	468	461	1010	2362	590.5
平均分	{ =AVERAGE(B2:B5) }	117				

实验图 2.23　参数大小写对比

其他表格操作依次类推,最终表格如实验表 2.2 所示。

实验表 2.2　求总分和平均分最终结果

姓名	语文	数学	外语	综合	总分	平均分
张三	120	140	140	280	680	170
李四	135	138	145	285	703	175.75
王五	96	100	90	249	535	133.75
赵六	72	90	86	196	444	111
总分	423	468	461	1010	2362	590.5
平均分	105.75	117	115.25	252.5	590.5	147.63

手动创建表格：

(1) 切换到功能区中的"插入"选项卡,在"表格"选项组中选择"表格"命令,弹出快捷菜单。

(2) 选择"插入表格"命令,打开"插入表格"对话框。

(3) 在列数和行数文本框中输入要创建的表格包含的列数和行数,单击"确定"按钮,即可得到所需的空白表格。

(九) 表格的编辑和格式化

行或列的添加：

(1) 强插入点定位到与要插入的行或列想临近的单元格。

(2) 切换到功能区的"布局"页中,单击"行或列"选项组,如实验图 2.24 所示.

实验图 2.24　插入单元格位置

(3) 根据需要选择相应的命令实现行或列的添加。

单元格的合并

(1) 选定表格中将要合并的单元格。

(2) 切换到功能区的"布局"页中,选择"合并"选项组中的"合并单元格"命令。

手工绘制表格

(1) 选定表格

(2) 切换到功能区的"设计"页中,选择"绘图边框"选项组中的"绘制表格"的命令,鼠标变成笔形。

(3) 按住鼠标左键拖动,在需要绘制斜线的单元格中画线。

(十) 表格排序

表格数据的排序

(1) 选定要排序的所有行。

(2) 切换到功能区的"布局"页中,选择"数据"选项组的"排序"命令。

(3) 在"排序"对话框中设置相关内容。如主要关键字的选择、次要关键字的选择、升序或降序的选择等。

(4) 单击"确定"按钮,如实验图 2.25 所示。

实验图 2.25　表格数据排序

(十一) 表格和边框工具栏的使用

边框的设置：

（1）选中表格。

（2）切换到功能区"设计"页中，单击"表格样式"选项组中的"边框"按钮，弹出快捷菜单，如实验图 2.26 所示：

实验图 2.26　表格样式界面

实验 3　Excel 使用

一、实验目的

（1）学习 Excel 电子表格的基本制作过程，掌握表格制作的基本方法。
（2）学会使用简单公式计算。
（3）学会工作表的基本操作——工作表的插入、删除、重命名、保存等。

二、实验要求

（1）首先按照要求完成数据输入，进行简单的运算。
（2）练习工作表的基本操作（重命名、删除等）。
（3）对已建工作表进行适当修饰（图）。
（4）保存文件。

（一）输入数据

步骤 1：启动 Excel 2010，进入其工作窗口，如实验图 3.1 所示。

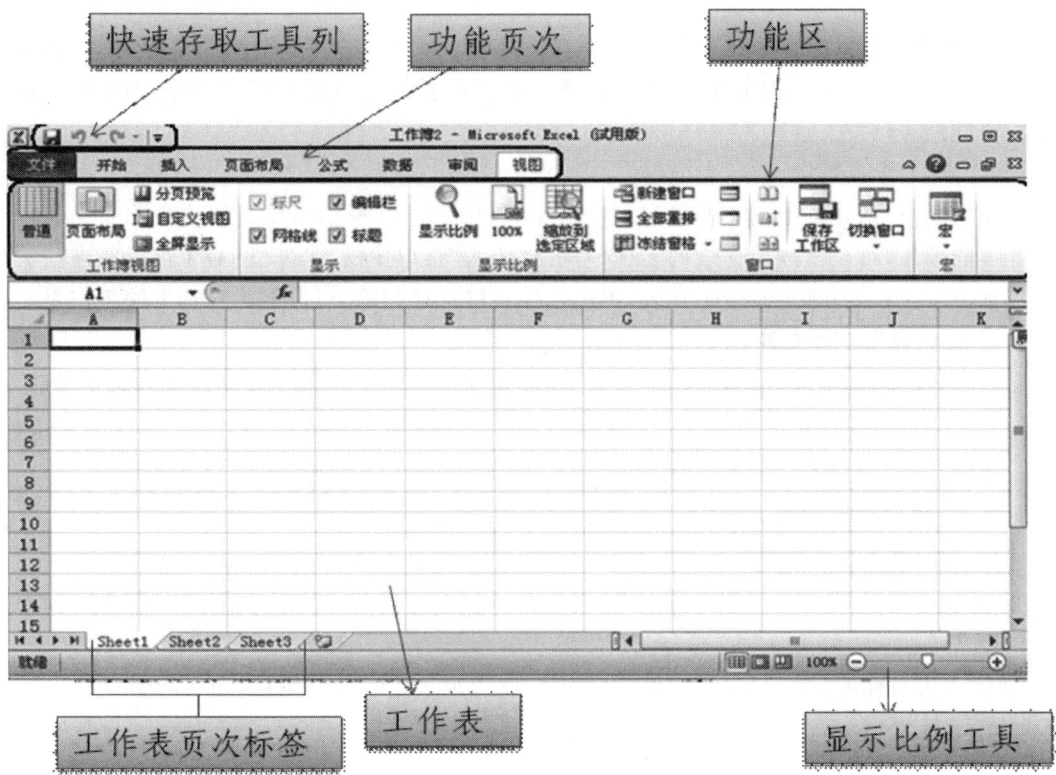

实验图 3.1　Excel2010 工作窗口

说明：Excel 2010 工作窗口主要由 Excel 应用程序窗口和 Excel 工作簿窗口两大部分组成。由按行和列排列的单元格组成的工作表格是真正工作的场所，用以输入数据和编辑表格。

(1) 单元格

工作区是一张表格，称为工作表，表中每行由数字 1、2、3 等行名标识，每列由 A、B、C 等列名标识，行与列交叉的方格称为单元格。单元格以单元格地址标识，单元格地址由列号和行号组成，如地址 C6 表示第 C 列第 6 行的单元格。形式"C6"称为相对地址；在列号和行号前加入"＄"符号便构成绝对地址，如"＄C＄6"，"＄C6"或"C＄6"称为相对地址。

(2) 单元格区域

若干个连续的单元格组成的矩形形状的区域称为单元格区域。

(3) 工作表与工作簿

工作表用于存储和处理数据，也称为电子表格，由排列成行或列的单元格组成。窗口下面的标签栏上标有"Sheet1"、"Sheet2"、"Sheet3"，表示有三张工作表，具有下划线且白底的工作表名称为当前工作表，单击工作表名称可选择工作表。多个工作表组成一个工作簿，工作簿以文件形式存储在磁盘上，其扩展名为.xlsx。在 Excel 中，处理数据的任务都是工作簿、工作表和单元格完成的。

(4) 退出 Excel

退出 Excel 的方法有多种，常用的方法是使用 Excel 工作窗口"文件"菜单的"退出"命令，或直接单击 Excel 工作窗口标题栏右端的关闭按钮。关闭 Excel 前，系统会检测当前编辑的工作簿是否保存，如未保存则弹出对话框供用户选择是否保存后退出或直接退出。

(5) 创建工作簿

启动 Excel 后，系统会新建一个工作簿，名为 Sheet1。Excel 在新建一个工作簿时，同时在该工作簿中新建了三个空的工作表，选择其中一张工作表作为当前工作表，可向表中输入数据或是编辑数据。

(6) 更改工作表数量

默认情况下，新建的空白工作簿有三个工作表，用户可以根据需要添加或删除工作表。双击工作表的标签，可以修改工作表的名称。执行"插入"菜单中的"工作表"命令可以在当前工作簿下添加一个工作表；选定某个工作表，单击鼠标右键选择删除，可以删除被选定的工作表。

步骤 2：保存工作簿文件

执行"文件"菜单中的"保存"命令（或单击"常用工具栏"中的 图标），将文件保存到 E 盘 Homework 文件夹中以你的班级和您的姓名命名的子文件夹中（如：E:\Homework\计算机类＿张三），文件命名为"基础.xlsx"，注意检查文档类型应为"Excel 工作簿"。

步骤 3：表格标题的输入

① 检查当前工作表是否为"Sheet1"，鼠标单击选中"Sheet1"工作表中的 A1 单元格。

② 通过按下 Ctrl＋Shift 组合键命令，切换到一种您常用的中文输入法，如"搜狗拼音输入法"等。

③ 输入表格标题"第一季度个人财政预算"，注意观察此时的编辑栏，如实验图 3.2 所示。

实验图 3.2　输入表格标题

说明：编辑栏上多出的三个工具按钮：

① "取消"按钮 ✗ 。

② "确认"按钮 ✓ 。

③ "公式输入"按钮 f_x 。

按下 Enter 键,或用鼠标单击"确认"按钮 ✓ ,中文"第一季度个人财政预算"即输入到 A1 单元格中。

步骤 4：原始数据的输入

仿照步骤 2,按实验图 3.3 输入余下的文字和数字。

实验图 3.3　实验数据

① A2 单元格中输入"(食品开销除外)"。

② C4 单元格中输入"每月净收入"。

③ E4 单元格输入数据"1475"。

说明：Excel 中文本内容对齐方式的默认设置为左对齐,数值数据内容对齐方式的默认设置为右对齐。

默认状态下,在完成某单元格的数据输入后,按回车键活动单元格会切换到下一行;按 Tab 键活动单元格会沿同行向右移动一列。

④ 在 B7 至 B13 区域中,依照上图完成各项开支名称的输入。

⑤ 在 C7 至 E13 区域中,依照上图完成具体数据的输入。

⑥ F6 单元格输入"季度总和",B15 单元格输入"每月支出",B17 单元格输入"节余"。

步骤 5:自动"填充"有规律的数据

① 在 C6 单元格中输入"一月"。

② 将鼠标指向该单元格的右下角填充柄处,鼠标形状变为黑色实心"瘦"加号。

③ 按住鼠标左键并拖动鼠标至 E6 单元格,释放鼠标,Excel 便会自动输入"二月"和"三月",如实验图 3.4 所示。

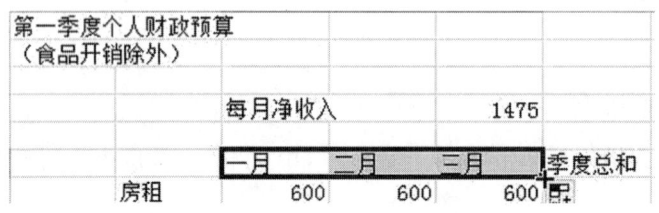

实验图 3.4　自动填充

说明:数据的"规律"体现在两个方面:

(a) 数据内容的规律。

(b) 数据存放位置的相邻性。

只有满足了这两点才能借助"瘦"加号"＋"的拖动实现数据的自动填充。

步骤 6:利用绘图工具"输入"特殊内容

① 将工具面板切换到"插入"选项卡,单击"插图"工具组中 形状 按钮,在线条列表中选取"箭头"工具 ,如实验图 3.5 所示。

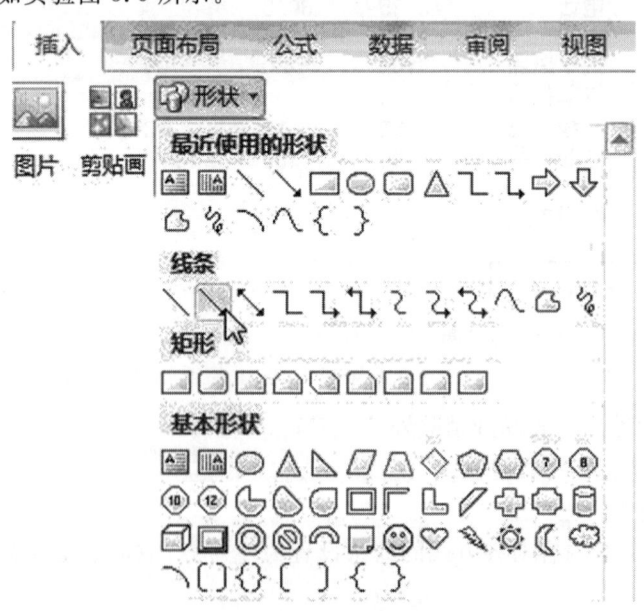

实验图 3.5　插入箭头

② 把鼠标指向 D4 单元格,同时按住 Shift 键,拖动鼠标,在 D4 单元格区域内绘制一带箭头的指示线,如实验图 3.6 所示。

每月净收入 ○━━━○ 1475

实验图 3.6 插入箭头实例

步骤 7：单击 ■ 按钮，保存文件。

说明：可根据实际情况在工作表中的不同单元格中输入不同类型的数据，比如，普通文本的表格标题或表中的数值数据等，这些信息被称为常量信息，除非重新输入或人为修改这些信息，否则，它们不会发生变化。

（二）使用公式进行计算

步骤 1：计算房租的季度总支出

单击 F7 单元格，输入公式"＝600＋600＋600"，按下 Enter 键或单击"确定"按钮 ✓，公式结果值 1800 出现在 F7 单元格中，如实验图 3.7 所示。

实验图 3.7 计算单元格总和

步骤 2：观察公式的工作特点

① 单击 C7 单元格，重新输入一月房租的数值"675"，C7 单元格的数据便从原来的 600 更改为 675。

② 观察此时的 F7 单元格中的结果值，发现 F7 的值并未发生变化，仍是 1800 元，如实验图 3.8 所示。

实验图 3.8 更改某个单元格值

步骤 3：删除单元格的公式

① 用鼠标选中 F7 单元格。

② 单击鼠标右键，在弹出的快捷菜单中选择"删除"（或按 Delete 键），删除 F7 单元格的公式。

步骤 4：比较公式的工作特点

重新输入 F7 单元格中的公式，采用另一种形式"＝C7＋D7＋E7"，确认后 F7 为该算式的结果 1875，如实验图 3.9 所示。

实验图 3.9　公式另一种输入

步骤 5：观察公式自动重算的特点

将"一月"的房租重新修改为 600，确认后 F7 单元格中的结果值就会通过公式的自动重算功能，给出最新变化的结果值 1800 元，如实验图 3.10 所示。

实验图 3.10　自动更新

步骤 6：使用函数创建公式

① 选中 F7 单元格，按键盘上的 Delete 键，直接删除单元格中的内容。

② 将工具面板切换到"插入"选项卡，单击"编辑"工具组上 Σ ▼ 按钮右侧的小箭头，在下拉列表中选择求和，如实验图 3.11 所示。

③ Excel 将自动为 F7 单元格创建求和公式"＝SUM（C7：E7）"，参见下图，虚线框为 Excel 自动识别的数据范围，产生公式的单元格下方出现公式使用提示，按下 Enter 键或单击"确定"按钮 ✓，完成求和公式的创建，如实验图 3.12 所示。

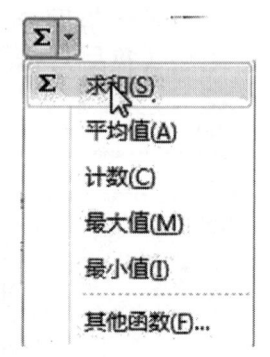

实验图 3.11　插入函数列表

实验图 3.12　自动创建求和公式

步骤 7：使用"填充"功能，复制公式计算电话、电费、汽车燃油、汽车保险、有线电视、零散花费的季度支出

单击选中 F7 单元格，鼠标指向 F7 单元格右下角的细十字，按住鼠标拖动到 F13 单元格后释放鼠标。

此时 Excel 自动计算出电话、电费、汽车燃油、汽车保险、有线电视、零散花费的季度支出。

步骤 8：使用公式计算一月累计支出

选中 C15 单元格，输入公式"＝SUM(C7:C13)"后，按 Enter 键确认。此时 Excel 计算出了 1 月累计支出。

步骤 9：使用"填充"功能，复制公式计算二月、三月，以及一季度的累计支出

参照步骤 7 的方法复制公式计算二月、三月，以及一季度的累计支出。

步骤 10：单击 ■ 保存文件

思考

"＝SUM(C7:E7)"与"＝C7＋D7＋E7"这两个等式所实现的功能是否相同？

C7:E7 表示从 C7 开始的连续单元格直到单元格 E7，即 C7,D7,E7。

说明：公式是利用单元格的地址对存放在其中的数值数据进行计算的等式。算式"＝600＋600＋600"和"＝C7＋D7＋E7"的本质区别在于：前者是具体的数值参与运算，后者则是这些数值的具体存放单元格参与运算，所以一旦修改某一单元格中的数值，公式中对应的单元格所代表的具体值也就发生变化，算式中的等号"＝"自动实现重算，以保持等式运算结果的正确性。

（三）工作表的基本操作

步骤 1：重命名工作表

① 用鼠标右键单击工作表标签 Sheet1，从弹出的快捷菜单中选择"重命名"命令，如实验图 3.13 所示。

② 此时，工作默认名称"Sheet1"被选中，直接输入"个人收支情况表"。

实验图3.13 工作表重命名

③ 按 Enter 键,完成重新命名操作,"个人收支情况表"成为当前工作表的标签名称,见实验图3.14。

实验图3.14 工作表重命名结果

步骤2:删除工作表

① 用鼠标右键单击工作表标签 Sheet2,从弹出的快捷菜单中选择"删除"命令,即可将 Sheet2 工作删除,见实验图3.15。

实验图3.15 删除工作表

② 用同样的方法将 Sheet3 工作表删除,最终仅保留"个人收支情况表"工作表,见实验图3.16。

实验图 3.16　删除 Sheet3 后结果

（四）编辑工作表

步骤 1：选取相邻的区域

单击 C7 单元格，按住鼠标左键并拖至 F15 单元格。释放鼠标，屏幕上出现一片被选中的相邻区域(C7:F15)。如实验图 3.17 所示。

实验图 3.17　选取相邻区域

步骤 2：选取不相邻的区域

选取区域(C7:F13)后，再按住 Ctrl 键，拖动鼠标选取区域(C15:F15)，这两块不相邻的区域同时被选中，如实验图 3.18 所示。

实验图 3.18　选取不同区域

步骤 3：修饰文本内容

① 对于一般的简单修饰，可以直接通过"格式"工具栏上的快捷工具按钮或列表框进行快速修饰。

② 选取表格行标题(C7:F7)区域。

将工具面板切换到"开始"选项卡，单击字体工具组中 宋体 按钮右侧的箭头，在打开的字体列表中选择"华文新魏"；

单击 11 右侧箭头，下拉列表中选择 14 像素。

单击 *I* 设置字形为向右倾斜；

单击 ≡ 按钮，设置文字为右对齐方式。

设置完成的标题行效果如实验图 3.19 所示。

实验图 3.19　标题行修改效果

③ 选择表格标题(A1:F1)区域，单击"合并及居中"按钮，使标题内容在此区域居中，如实验图 3.20 所示。

实验图 3.20　合并及居中效果

④ 同样的操作方法，在(A2:F2)区域中合并居中表格副标题，见实验图 3.21 所示。

实验图 3.21　合并并居中副标题

步骤 4:设置数值数据的格式

① 选择区域(C7:F17)。

② 在"开始"选项中的"数字"工具集中单击 常规 按钮右侧的箭头,下拉列表中选择"数字"如实验图 3.22 所示。

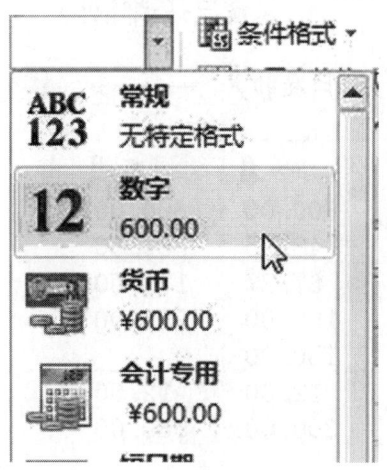

实验图 3.22　设置数据格式

③ 单击"确定"按钮,观察工作表中被选中的数据区域均被设置为保留两位小数的数据格式,见实验图 3.23 所示。

实验图 3.23　设置数据格式实例

④ 配合 Ctrl 键,同时选中 E4 以及区域(F7:F13)单元格,此时观察开始选项卡中 常规 按钮外观变成了 数值 ,单击右侧的小箭头,在下拉列表中选择"会计专用",

· 323 ·

则选中的单元格数字格式添加上货币符号,如实验图 3.24 所示。

	A	B	C	D	E	F
1		第一季度个人财政预算				
2		(食品开销除外)				
3						
4			每月净收入 →		¥ 1,475.00	
5						
6			一月	二月	三月	季度总和
7		房租	600.00	600.00	600.00	¥ 1,800.00
8		电话	48.25	89.50		¥ 137.75
9		电费	67.27	132.50	76.00	¥ 275.77
10		汽车燃油	100.00	250.00	90.00	¥ 440.00
11		汽车保险	150.00			¥ 150.00
12		有线电视	12.00	12.00	12.00	¥ 36.00
13		零散花费	300.00	580.00	110.00	¥ 990.00
14						
15		每月支出	1277.52	1664.00	888.00	¥ 3,829.52

实验图 3.24 添加货币符号效果

步骤 5:单击 按钮,执行保存操作

说明:一个 Excel 文件就是一个工作簿。一个工作簿可以由多张工作表组成,新建一个 Excel 文件时默认包含 3 张工作表(Sheet1、Sheet2、Sheet3)。工作表由单元格组成。工作表内可以包括字符串、数字、公式、图表等丰富信息。

(五) 上机习题

创建工作簿文件,依照样文按下列要求操作,样文如实验图 3.25 所示。

	民生大楼四季销售计划				
商品种类	春季	夏季	秋季	冬季	合计
服装	¥75,000	¥81,500	¥68,000	¥75,500	¥300,000
鞋帽	¥22,500	¥22,800	¥24,000	¥38,400	¥107,700
家电	¥686,020	¥886,000	¥562,000	¥749,000	¥2,883,020
百货	¥18,900	¥12,800	¥14,400	¥15,500	¥61,600
化妆品	¥293,980	¥223,900	¥191,550	¥289,000	¥998,430
总计	¥1,096,400	¥1,227,000	¥859,950	¥1,167,400	

实验图 3.25 样文图

(1) 格式编排

① 设置工作表的行、列：在标题下插入一空行；在"商品种类"列下面(A9)中填入"总计"。

② 设置标题单元格(A1)格式：黑体、加粗、20 磅，跨列合并居中，酸橙色底纹。

③ 更改表格对齐方式：所有数据数值列居右，会计专用货币样式，其他单元格居中。

④ 设置表格边框线：按样文为表格设置相应的边框格式。

(2) 公式计算(需严格遵照题目要求)

① 求每个季节各类商品的销售总额填入"总计"。

② 在"合计"一栏求每种商品的全年销售总额，格式同样文。

实验 4 PowerPoint 使用

一、实验目的

（1）学会 PowerPoint 演示文稿软件的基本制作过程，掌握演示文稿软件制作的基本方法。
（2）掌握修饰幻灯片的常用方法及设置演示文稿外观与风格的技巧。
（3）掌握为幻灯片设置多媒体播放效果和交互功能的方法。

二、实验内容

中文 PowerPoint 是用于制作、维护和播放幻灯片的应用软件。它将文字、表格、图像、声音或视频等对象组织在幻灯片中，能够以形状各异、缤纷多彩的效果播放幻灯片，广泛应用于广告、教学、会议等场所。

（一）PowerPoint 的启动及其窗口

执行"开始"菜单→"程序"→"Microsoft office"→"Microsoft office PowerPoint 2010"命令，或双击桌面上的 PowerPoint 快捷图标，打开 PowerPoint 应用程序窗口如实验图 4.1 所示。

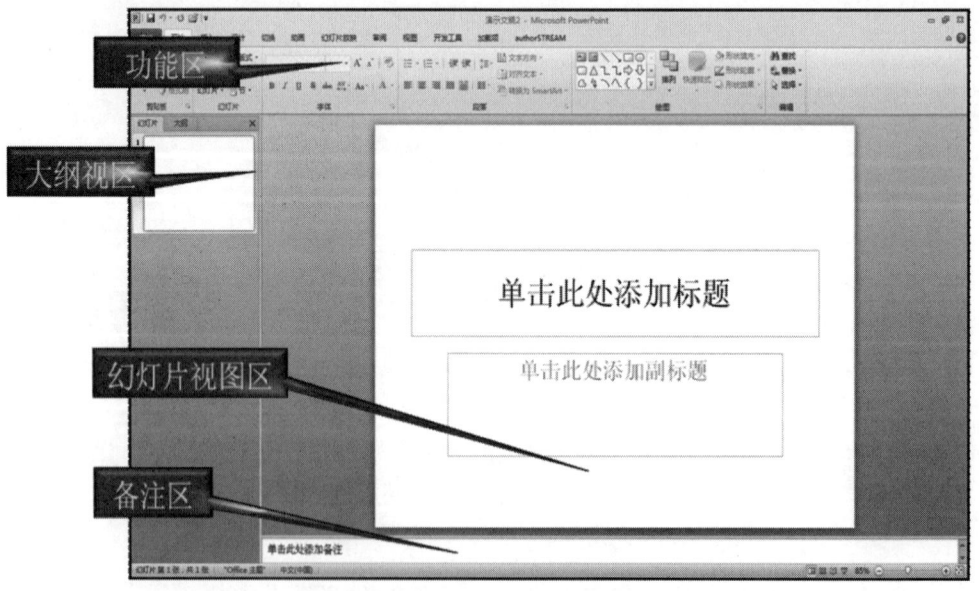

实验图 4.1 PowerPoint 工作窗口

PowerPoint 的工作窗口主要由大纲窗格、演示文稿编辑区和备注区三部分组成。

1. 大纲窗格

在大纲窗格中，每张幻灯片以微型方式顺序列出，单击某张可使其成为当前编辑幻灯片，并显示在演示文稿编辑区。

2. 演示文稿编辑区

可编辑当前幻灯片的文本外观,添加多媒体元素,创建超级链接,设置播放方式等。

3. 备注区

可添加演讲者备注或信息等。

(二) 演示文稿的创建、保存与打开

1. 演示文稿的创建

我们以实验图 4.2 的两张演示文稿为例,说明建立演示文稿的过程。

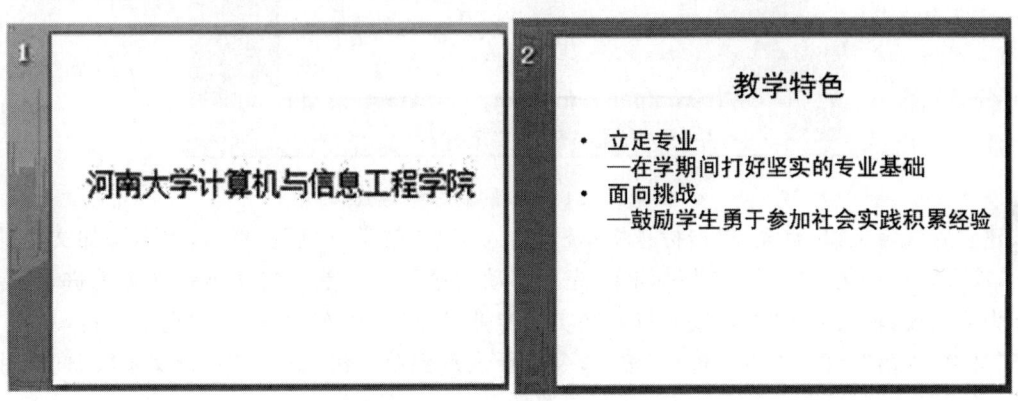

实验图 4.2　样图

(1) 建立第一张文稿

启动 PowerPoint 后,演示文稿编辑区显示一张空白的幻灯片如实验图 4.3 左图所示。用户可以先单击标题文本框,输入文本"河南大学计算机与信息工程学院",如实验图 4.3 右图所示。

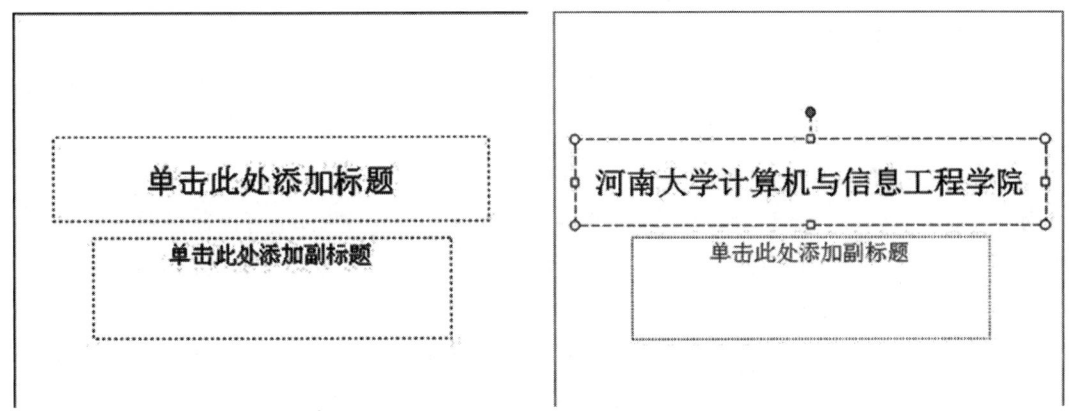

实验图 4.3　空白幻灯片

(2) 建立第二张文稿

执行"插入"菜单的"新幻灯片"命令,PowerPoint 会自动增加一张版式为"标题和文本"的新幻灯片,或者在大纲窗格中选中第一张文稿,然后按下键盘上的 Enter 键也可建立。如实验图 4.4 所示。

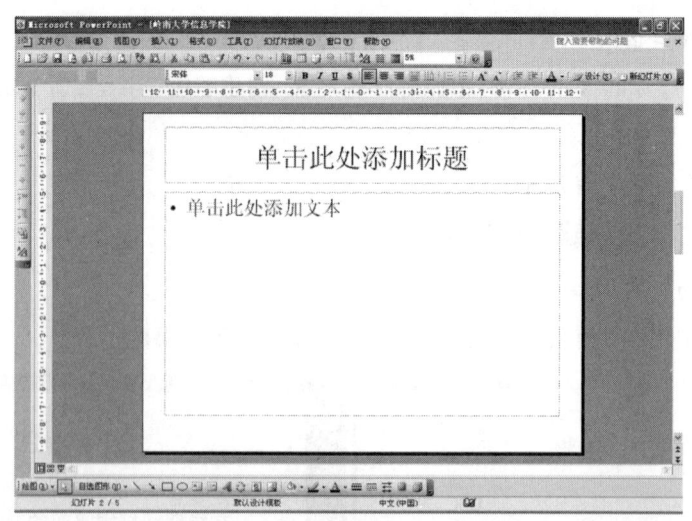

实验图 4.4 "标题和文本"版式

建立后编辑文稿,首先,单击标题文本框,输入文本"教学特色"。然后,单击添加文本的文本框,输入第一行文本"立足专业",回车,光标移动到第二行行首。按 Tab 键增加缩进量,令目录降为第二级,输入文本"在学期间打好坚实的专业基础"。回车,光标移动到第三行,单击"开始"工具栏"段落"上的"减少缩进量"按钮,令目录恢复到第一级,输入第三行文本"面向挑战"。回车,光标移动到第四行,按 Tab 键,该目录降为第二级,输入第四行文本。

2. 演示文稿的保存

演示文稿建立完毕,使用"文件"菜单的"保存"命令保存文稿。首次保存会出现"另存为"对话框,可以选择保存的位置、类型、文件名,再次保存则不再出现"另存为"对话框;也可以按下键盘上的 Ctrl+S 键执行保存。若希望改变某些保存选项,可使用"文件"菜单的"另存为"命令,即可弹出"另存为"对话框,可改变保存选项。演示文稿存盘后,其文件扩展名为.pptx。

3. 演示文稿的关闭

使用"文件"菜单的"关闭"命令可关闭暂时不再使用的演示文稿,也可以单击菜单栏最右端的关闭按钮关闭当前文稿。

4. 演示文稿的打开

使用"文件"菜单的"打开"命令可以打开一个已存在的演示文稿,也可以通过单击工具栏中的打开按钮弹出打开对话框,然后选择需要打开的演示文稿,或者双击文稿的图标直接打开。

(三) 演示文稿视图

PowerPoint 提供了普通视图、幻灯片浏览视图、幻灯片放映三种视图方式,方便用户创建、编辑和浏览演示文稿。可以使用"视图"菜单的"普通"、"幻灯片浏览"、"幻灯片放映"命令切换三种视图,或者直接使用"大纲窗格"底部的视图切换按钮切换视图。

1. 普通视图

普通视图包括幻灯片视图和大纲视图,适合于演示文稿的编辑。实验图 4.5 左图为普通视图。

左边窗格以缩略图的形式显示演示文稿中的幻灯片,以便观看幻灯片的设计效果,也可以通过拖动来重排幻灯片的次序。

单击窗格顶部的"大纲"标签后,则左边窗格内以大纲的方式显示幻灯片文本,如实验图4.5右图所示,用户可以方便地使用它进行组织和编辑文稿中的内容。

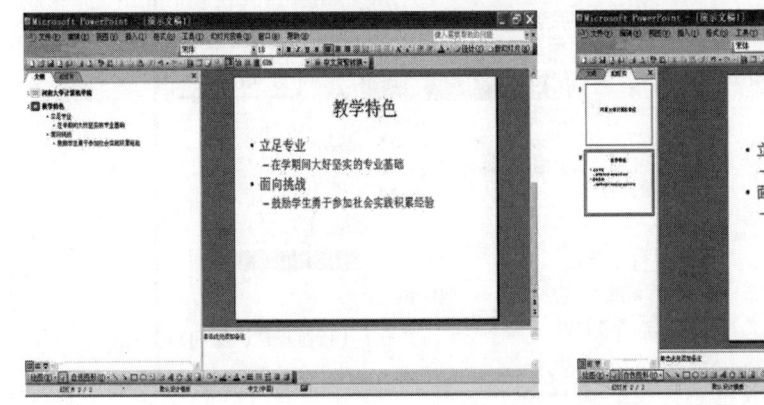
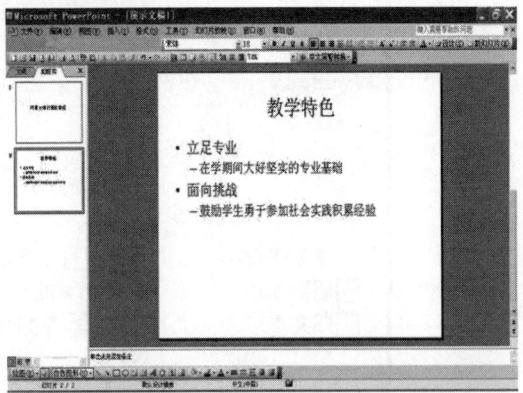

实验图4.5　幻灯片视图和大纲视图

2. 幻灯片浏览视图

在实验图4.6中左图为幻灯片浏览视图,用户可在屏幕上同时看到所有的幻灯片,方便用户移动、插入和删除幻灯片。

3. 幻灯片放映视图

实验图4.6中右图为幻灯片放映视图,每张幻灯片以全屏显示的方式进行放映。

实验图4.6　幻灯片浏览视图和幻灯片放映图

(四) 格式化幻灯片

格式化幻灯片,包括了文本的格式化,以及使用 PowerPoint 提供的格式化工具,如更改背景、使用版式与模板等。

1. 文本格式化

选中需要格式化的文本,使用"格式"菜单的"字体"命令,出现"字体"对话框,可以设置文本的字体、字形、字号、颜色以及效果,如实验图4.7所示。

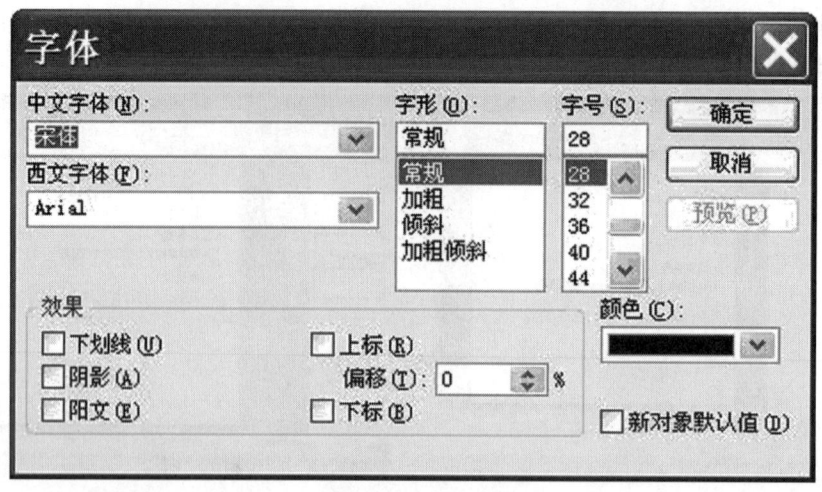

实验图 4.7 字体对话框

使用"格式"菜单的"行距"命令,可以设置行间、段前、段后的距离。使用"格式"菜单的"项目符号与编号"命令,出现"项目符号与编号"对话框,如实验图 4.8 所示,可以选择需要的项目符号和编号。

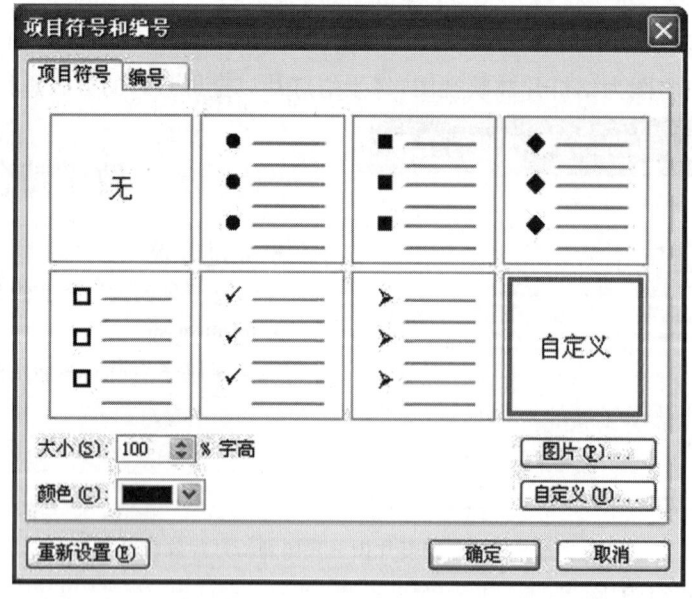

实验图 4.8 项目符号和编号对话框

2. 修饰幻灯片背景

用户可通过对幻灯片的颜色、填充效果的更改,使幻灯片的背景样式得到不同的改变。PowerPoint 提供了渐变背景、纹理背景、图案背景,或者以图片作为背景,但每张幻灯片上只能使用一种背景。设置背景时,可将该项改变只应用于当前幻灯片或所有幻灯片。

使用"格式"菜单的"背景"命令,出现"背景"对话框,如实验图 4.9 所示。

实验图 4.9　背景对话框

单击"其他颜色",可为幻灯片选择其他的背景颜色。单击"填充效果",出现"填充效果"对话框,分别有"渐变"、"纹理"、"图案"、"图片"若干种效果供用户使用。实验图 4.10 是"水滴"纹理的效果。

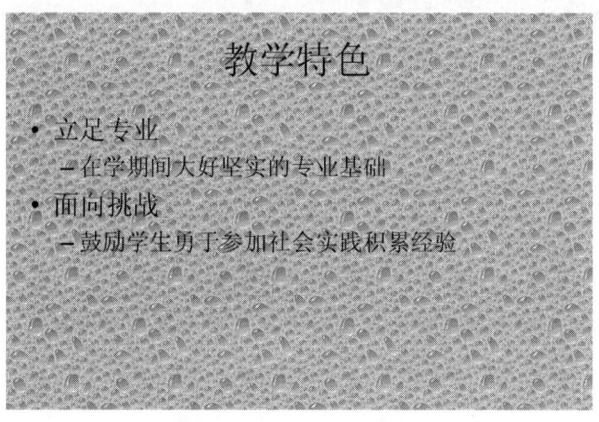

实验图 4.10　水滴纹理效果图

3. 使用配色方案

使用"格式"菜单的"幻灯片设计"命令,任务窗格的标题切换为"幻灯片设计",单击其下方的"配色方案",出现"应用配色方案"任务窗格,单击需要的方案即可改变幻灯片的配色。

4. 修改母版

母版是指一张已设置了特殊格式的占位符,这些占位符是为标题、主要文本及所在幻灯片中出现的对象而设置的。当修改了幻灯片母版的样式,将会影响所有基于该母版的演示文稿的样式。通常,使用某一母版建立一篇演示文稿时,演示文稿中的所有幻灯片都采用该母版的特征,能使演示文稿的风格更为统一。

打开演示文稿后,使用"视图"菜单的"母版"→"幻灯片母版"命令,出现"标题与文本"版式的母版,如实验图 4.11 所示。直接在母版上按需要进行修改,关闭母版后,母版将按修改后的样式保存。

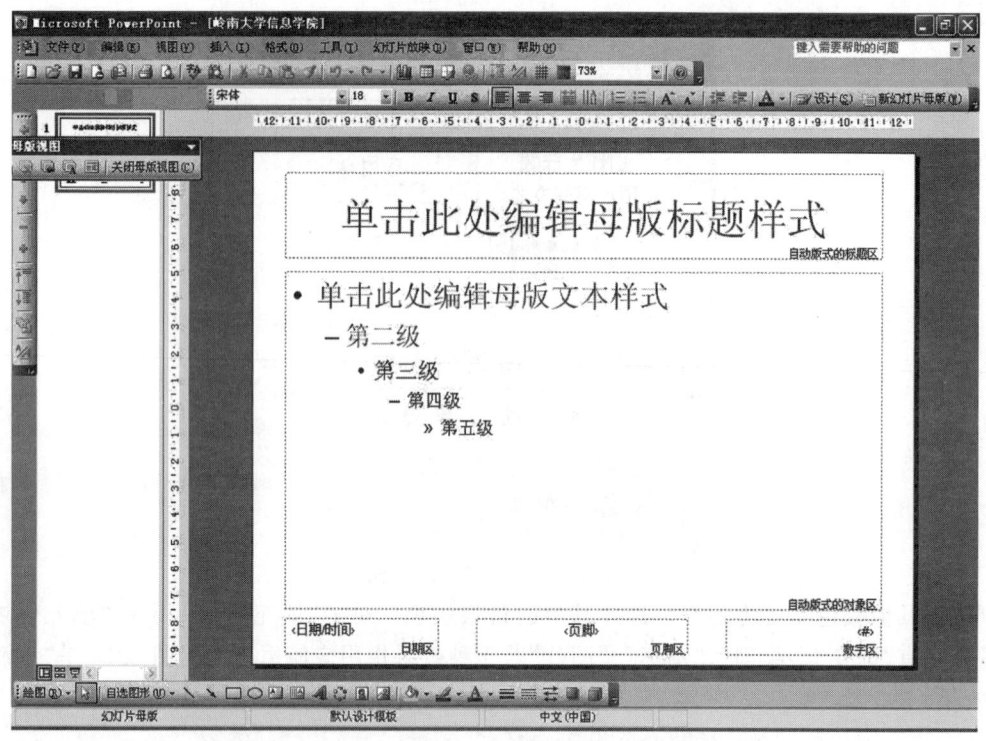

实验图 4.11　幻灯片母版

5．应用版式

所谓版式,指的是幻灯片内容在幻灯片上的排列方式。版式由占位符组成,而占位符可放置文字(如标题和项目符号列表)和幻灯片内容(如表格、图表、图片、形状和剪贴画)。实验图 4.12 中①为"标题与文本"版式,可放置标题与文本;②为"标题、文本与内容"版式,可放置标题、文本及内容,内容即表格、图表、图片、形状或剪贴画。

使用"格式"菜单的"幻灯片版式"命令,出现"应用幻灯片版式"窗格,单击某个版式,可为当前幻灯片选择版式。

实验图 4.12　"标题与文本"和"标题、文本与内容"版式

如使用"标题和内容"版式,如实验图 4.13 所示,左图内容为"组织结构图"、右图内容为"图表"。

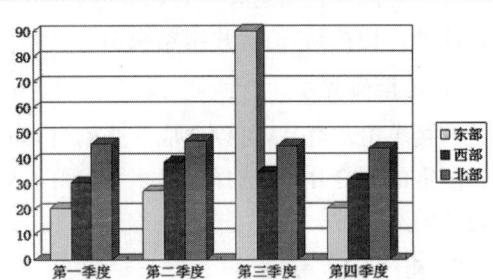

实验图 4.13　标题和内容版式

6．应用模板

所谓模板，是一个演示文稿的整体格式，它包含演示文稿中的幻灯片种类，每张幻灯片的特殊图形元素、颜色、字号，幻灯片背景及多种特殊效果。使用模板可以简化幻灯片编辑的复杂程度，使大量具有相同设置或者内容的幻灯片能够快速地编辑，并且能够统一幻灯片的设计风格。

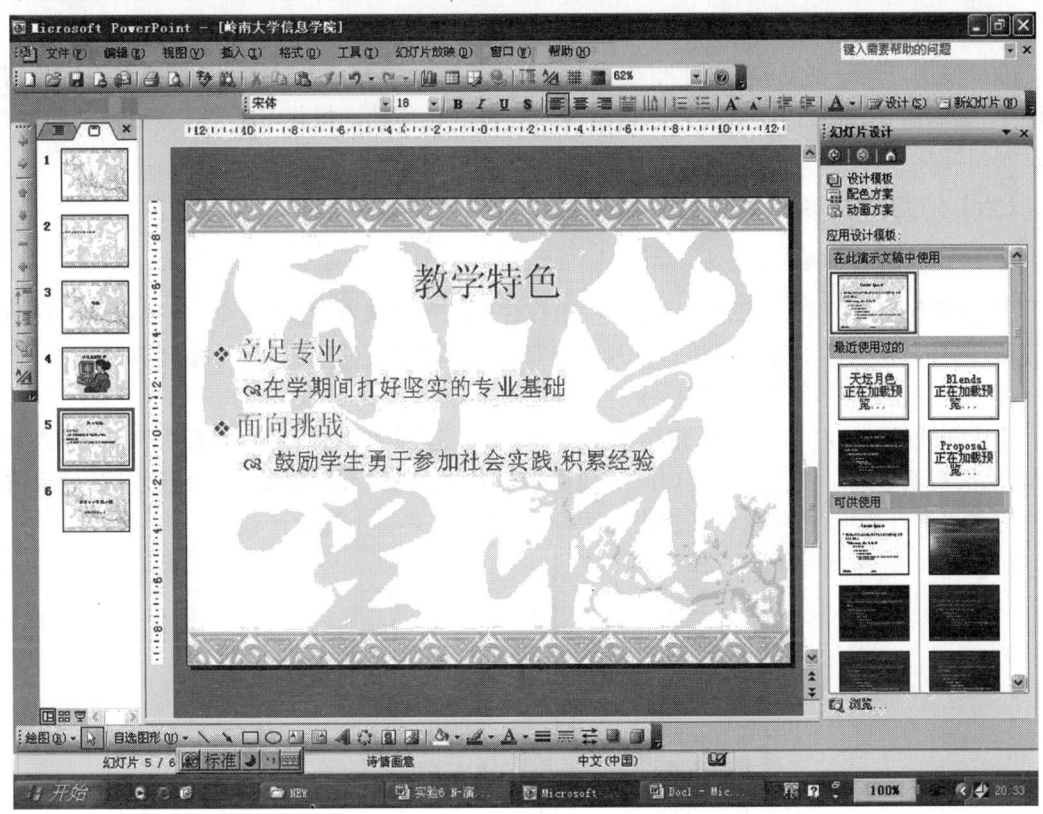

实验图 4.14　设计模板窗格

使用"格式"菜单的"幻灯片设计"命令，弹出"幻灯片设计"任务窗格，从中选择"设计模板"，弹出"应用设计模板"任务窗格，如实验图 4.14 所示。单击模板右边的下拉按钮，在弹出的菜单中选择"应用于所有幻灯片"或"应用于选定幻灯片"。

(五) 管理幻灯片

管理幻灯片包括选择、插入、删除、移动与复制幻灯片。在"幻灯片浏览视图"中进行操作是最方便的。切换到"幻灯片浏览视图"。

1. 选择幻灯片

直接单击幻灯片,可以选取一张幻灯片;单击首张所需的幻灯片,按下 Shift 键,再单击最后一张所需的幻灯片,可选择连续多张幻灯片;按下 Ctrl 键,然后单击所需的幻灯片,可选取多张不连续的幻灯片。

2. 删除幻灯片

选中某张幻灯片,然后执行"编辑"菜单的"删除幻灯片"命令,可直接删除该幻灯片。

3. 插入新幻灯片

选中某张幻灯片,使用"插入"菜单的"新幻灯片"命令,可在该幻灯片之后插入一张新的幻灯片,也可以在大纲窗格中选定一张幻灯片,然后按下键盘上的 Enter 键,即可在选定幻灯片的后边插入一个新的幻灯片。

4. 移动与复制幻灯片

除了使用"编辑"菜单的"剪切"、"粘贴"命令进行移动幻灯片外,还可以直接在幻灯片浏览视图中,选取需要的幻灯片,直接将它拖至新的位置进行移动。按住 Ctrl 键,然后拖动幻灯片,可复制幻灯片。

(六) 幻灯片放映

1. 默认的播放效果

① 切换到文稿的第一张幻灯片,执行"幻灯片放映"→"观看放映"命令,或直接单击视图切换按钮组中的"从当前幻灯片开始幻灯片放映(Shift+F5)"按钮,则界面切换到放映模式,单击鼠标可一张一张地依次播放幻灯片。

② 放映过程中,右击鼠标可弹出快捷菜单,如实验图 4.15 所示。使用"下一张"、"上一张"、"上次查看过的"、"定位至幻灯片"可切换幻灯片;"屏幕"可设置黑屏、白屏,以及显示演讲者的备注;"指针选项"可将鼠标转换为各种画笔,直接在屏幕上随意画线。

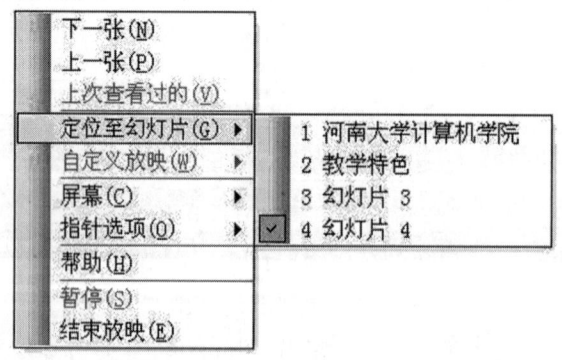

实验图 4.15　放映中定位幻灯片

2. 设置幻灯片切换方式

执行"幻灯片放映"的"幻灯片切换"命令,任务窗格显示为"幻灯片切换"窗格。

① 选中其底部的"自动预览"复选框,然后在"应用于所选幻灯片"列表框中选择各种切换方式,观察每种切换方式的效果。

② "修改切换效果"可以设置切换速度及切换时的声音。"换片方式"可设置是使用鼠标单击切换,或是按时间间隔切换。

③ 选中某个方案后,单击"应用于所选幻灯片"按钮,可为所有幻灯片设置切换方式。

3. 设置动画

PowerPoint 提供的动画方案,其动画设置只包含了母版中的标题和文本;要给内容即剪贴画、表格、艺术字、图表等元素设置动画,需要进行自定义动画。

(1) 使用动画方案

执行"幻灯片放映"→"动画方案"命令,任务窗格显示为"幻灯片设计"窗格,在"应用于所选幻灯片"列表框中选定一种,单击"应用于所有幻灯片"按钮。播放幻灯片,可观察其效果。

(2) 自定义动画

执行"幻灯片放映"→"自定义动画"命令,任务窗格显示为"自定义动画"窗格。

切换到包含对象的幻灯片,如剪贴画,选中剪贴画,单击"自定义动画"窗格中的"添加效果"按钮,显示出下拉菜单,设置"进入方式"为"飞入","强调方式"为"陀螺旋","退出方式"为"棋盘","动作路径"为"向上"。放映该张幻灯片,可观察设置的效果。

(七) 应用举例

操作要求:

创建一个演示文稿。第一张幻灯片:版式为"标题,文本与剪贴画"。其中,标题为"设置屏幕保护程序",字体设置为隶书,44 磅,加粗。文本框中为屏幕保护程序的设置步骤(叙述简明扼要,但至少包含 3 个步骤,),字体设置为宋体,24 磅。在剪贴画框中插入一个图片文件,并调整图片的位置与大小,使整个幻灯片布局合理。

第二张幻灯片:版式为"标题和文本"。其中,标题是"液晶显示器简介",字体设置为隶书,44 磅,加粗。文本框中的内容为根据从网上搜索到的信息,简述液晶显示器的特点、使用与保养、与 CRT 显示器的比较等。

将上述两张幻灯片的填充效果设置为"画布",其中图片动画效果为"中部向左右-展开",幻灯片的切换方式为"盒式展开"。

以学号为名称保存为自动放映演示文稿。幻灯片效果如实验图 4.16 所示。

 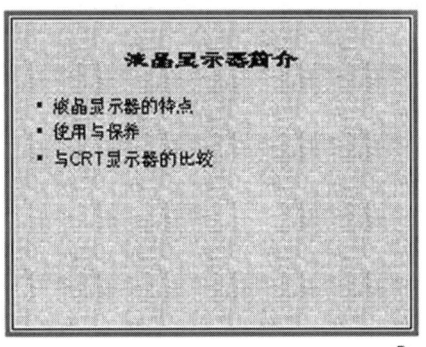

实验图 4.16 显示效果图

操作步骤：

启动 PowerPoint 应用程序，创建演示文稿。

第一张幻灯片：选择版式为"标题，文本与剪贴画"。在标题处输入"设置屏幕保护程序"，字体设置为隶书，44 磅，加粗。在文本框中输入屏幕保护程序的设置步骤，字体设置为宋体，24 磅。在剪贴画框中执行"插入"→"图片"→"来自文件"命令插入图片，并调整图片的位置与大小，使整个幻灯片布局合理。

第二张幻灯片：版式为"标题和内容"。在标题框中输入"液晶显示器简介"，字体设置为隶书，44 磅，加粗。打开 IE 浏览器，从网上搜索信息，简述液晶显示器的特点、使用与保养、与 CRT 显示器的比较等，输入或粘贴到文本框中。

执行"格式"→"背景"命令将上述两张幻灯片的填充效果设置为"画布"。

在第一张幻灯片中选择显示器图形，执行"幻灯片放映"→"自定义动画"将其动画效果设置为"中部向左右一展开"。

执行"幻灯片放映"→"幻灯片切换"命令，将幻灯片的切换方式为"盒式展开"。

生成的幻灯片如下图所示，以自己学号为文件名保存演示文稿。

（八）实验习题

创建一个演示文稿。

第一张幻灯片：版式为"标题，文本与内容"。内容为：标题是"哈利波特电影与作者"，字体设置为宋体，40 磅，加粗。文本框中内容为从网上搜索到的所有已公映的哈利波特电影的名称，同时内容框中插入一幅哈利波特的作者的照片。并请在文本框中指明图片的网址。字体设置为宋体，24 磅。

第二张幻灯片：版式为"标题和内容"，标题是"桌面外观"，字体设置为宋体，54 磅，加粗，然后在内容框中插入在一张图片。

为整个演示文稿应用模板"fireworks"，其中图片动画效果为"玩具风车"，幻灯片的切换方式为"顺时针旋转，两根轮辐"。

实验 5 程序设计初步

实验 5.1 认识 Visual C++6.0 开发环境

一、实验目的

(1) 了解和使用 Visual C++ 6.0 集成开发环境。
(2) 熟悉 Visual C++ 6.0 集成开发环境的基本编辑命令及功能键,学会常规窗口操作,熟悉常用的菜单命令。
(3) 学习完整的 C++程序开发过程(编辑、编译、连接、调试、运行及查看结果)。
(4) 理解简单的 C++程序结构。

二、实验内容

(一) 熟悉 VC++开发环境

编制一个简单的程序的过程如下:

1. 启动接口

Visual C++ 6.0 启动后的用户接口,选择菜单"开始/程序/Microsoft Visual Studio 6.0/Microsoft Visual C++ 6.0",得到 Visual C++ 6.0 启动后的用户接口,如实验图 5.1 所示。

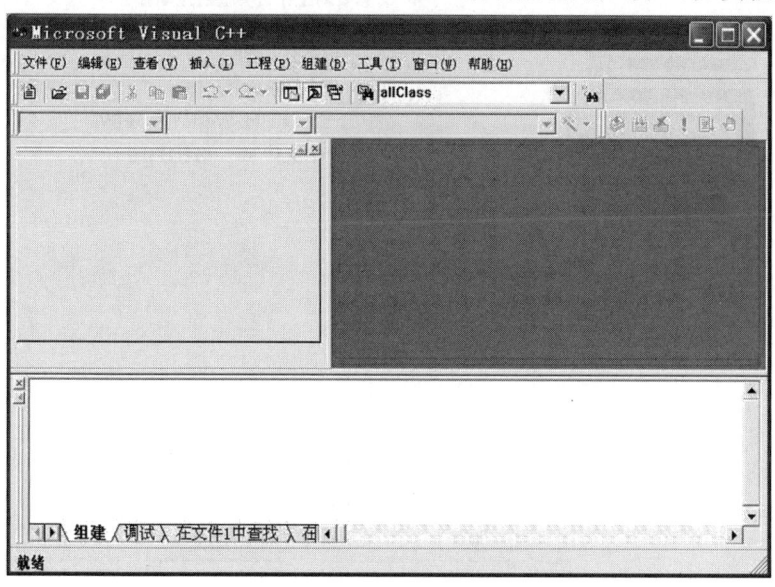

实验图 5.1 Visual C++ 6.0 界面

2. 创建新工程

(1) 单击菜单"文件/新建",显示"新建对话框",如实验图 5.2 所示。

(2) 在此对话框的列表栏中,选择"Win32 Console Application"(Win32 控制台应用程序)。在"工程"栏中输入一个工程名,如 pro1。在位置文本框中选择工程所在的路径,如图中所示 E:\C\pro1。单击"确定"按钮。

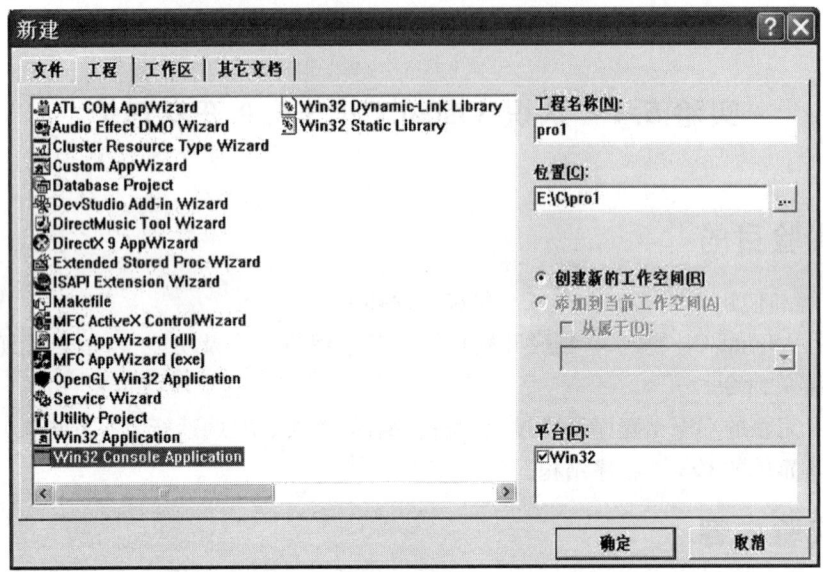

实验图 5.2 "新建"对话框

(3) 在弹击的"Win32 Consol Application-Step 1 of 1"对话框中选择空的工程(An empty project)单选项。然后单击"完成"按钮,如实验图 5.3 所示。

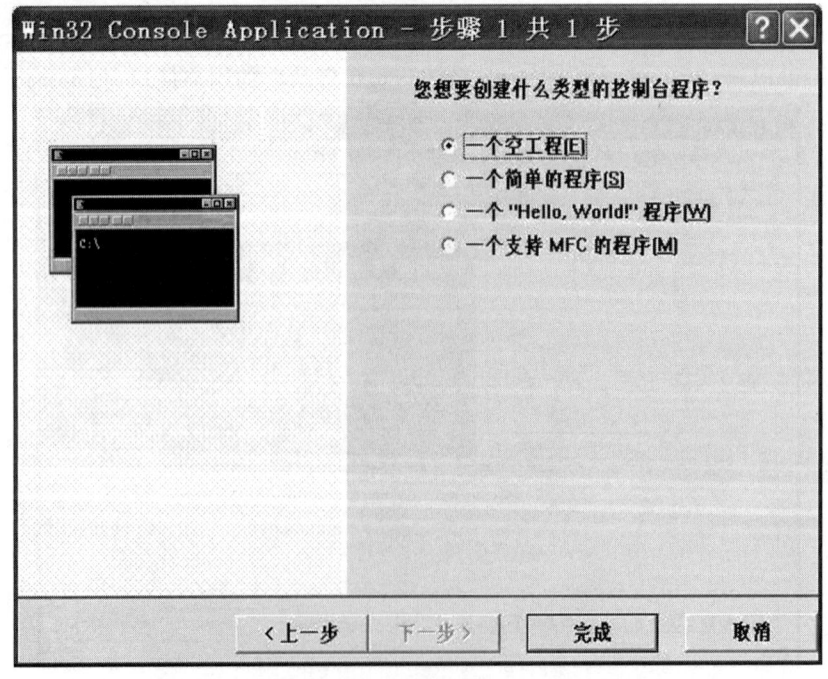

实验图 5.3 "Win32 Consol Application-Step 1 of 1"对话框

(4) 在"新建工程信息"对话框中单击"确认"按钮,完成工程创建过程。

3. 创建 C++源程序文件

(1) 编辑 C++源程序,单击菜单"文件/新建",显示"新建:对话框",如实验图 5.4 所示。

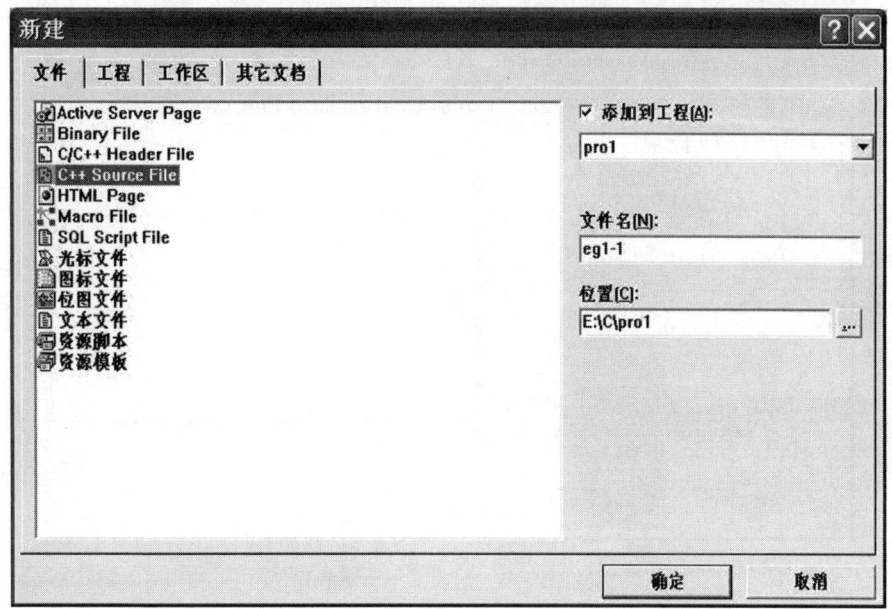

实验图 5.4 "新建"窗口

(2) 选择"文件"选项卡,在它的下拉列表框中选择"C++ Source File",并在"文件"文本框中输入源文件名,如:eg1-1;如实验图 5.4 所示,再按击"确定",出现编辑屏幕,如实验图 5.5 所示。

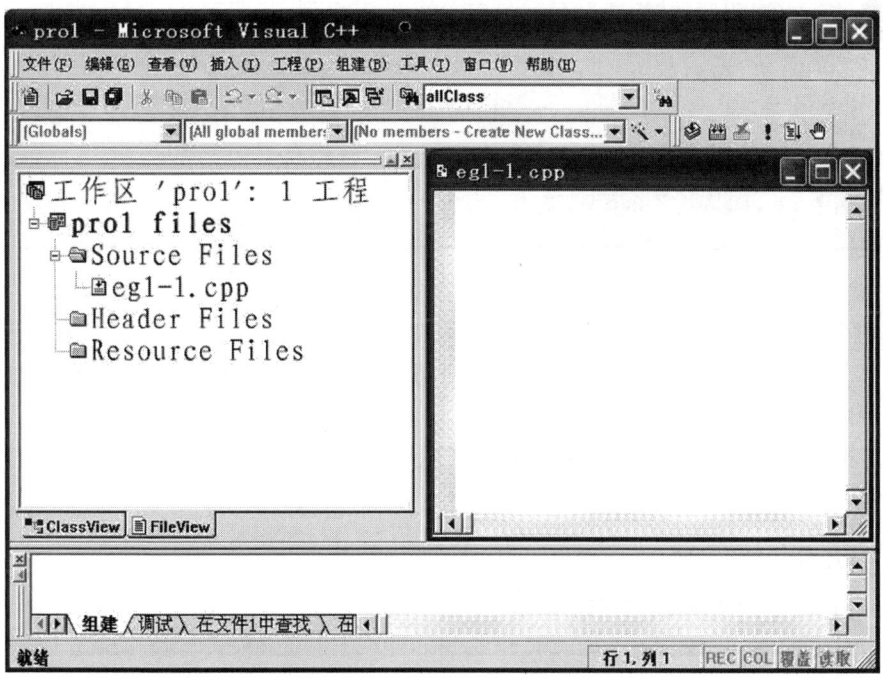

实验图 5.5 "C++"源程序编辑

(3) 在"C++源程序编辑"窗口下编辑C++源程序。在编辑窗口键入C++源程序。如实验图5.6所示,键入如下源程序:

实验图5.6　编辑C++源程序

4. 编译连接和运行源程序

(1) 选择菜单项"组建",出现下拉菜单,在该下拉式菜单中选择"编译eg1-1.cpp"菜单项,这时系统开始对当前的源程序进行编译,在编译过程中,将所发现的错误显示在屏幕下方的"组建"窗口中。所显示的错误信息中指出该错误所在行号和该错误的性质。用户可根据这些错误信息进行修改。上述程序的"组建"窗口,如实验图5.7所示。

实验图5.7　"编辑"窗口

(2) 编译无错误后,可进行连接生成可执行文件(.exe),这时选择"组建"下拉菜单中的"组建pro1.exe"选项。"组建"窗口出现如实验图5.8所示的信息说明编译连接成功,并生成以工程名为名字的可执行文件(pro1.exe)。

实验图5.8　编译连接信息

(3) 执行可执行文件的方法是选择"编译"菜单项中"执行 eg1-1.exe"选项。这时,运行该可执行文件,并将结果显示在另外一个显示执行文件输出结果的窗口中,如实验图 5.9 所示。

实验图 5.9　运行 C++程序结果

5. 关闭打开工作区、打开工作区

单击菜单"文件/关闭工作区",关闭工作区。

单击菜单"文件/打开工作区",在弹出的对话框中选定"E:\C \pro1\pro1.dsw",单击"打开"按钮,则可打开工作区,对已建立的工程文件进行修改。

6. 根据实验步骤 1—5,建立、编译并运行实验程序

注:在对程序进行编译的时候常常使用编译工具条,如下图所示:

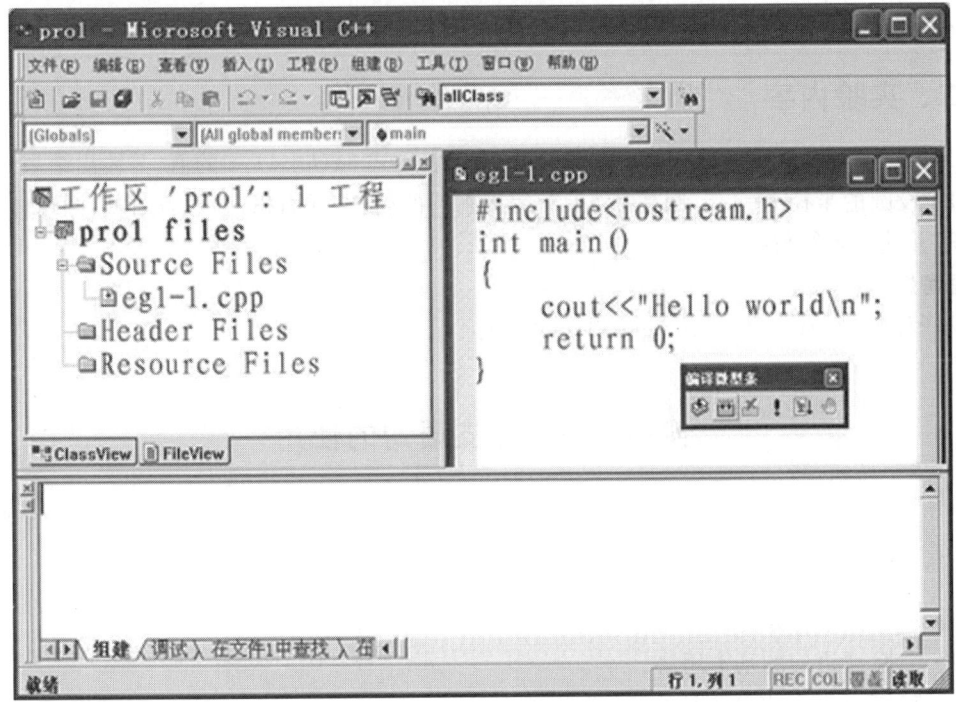

上图中的各个按钮从左到右依次为:

"编译"按钮,对当前源文件进行编译;

"组建(或称连接)"按钮,连接生产可执行程序;

"停止组建"按钮;

"组建并执行"按钮,连接并执行 exe 程序;

"调试"按钮,启动调试程序。

"插入\取消断点"按钮,设置或者取消一个断点。

(二)编写程序,在屏幕上输出如下信息

```
* * * * * * * * * * * *
    I  love  computer!
* * * * * * * * * * * *
```

思考题

(1) 程序中大小写用错了,如 main 写成了 Main 或 MAIN,结果会怎样?

(2) 一个程序文件中,能否存在两个以上的 main()函数?

(3) main 函数的作用是什么?

实验 5.2　简单的 C++程序

一、实验目的

(1) 掌握基本的输入输出方法。

(2) 理解简单的 C++程序结构。

(3) 熟悉 C++程序开发过程。

二、实验内容

(1) 编写程序,从键盘输入两个实数 a,b,计算表达式 $3a(b+4)/2$ 的值,并输出结果。

(2) 设圆的半径 $r=1.5$,圆柱高 $h=3$,编程求圆的周长,圆面积,圆球表面积,圆球体积,圆柱体积,并输出计算机结果。

思考题

编译程序时 error 和 warning 有什么区别?

实验 5.3　分支语句的使用

一、实验目的

(1) 理解程序的分支结构,能实现简单的条件判断程序。

(2) 掌握 if 语句的基本用法。

(3) 掌握 switch 多分支结构语句的基本用法。

二、实验内容

(1) 有一个函数：
$$y=\begin{cases}1-x & (x\leqslant-1)\\ 2x-1 & (-1<x<5)\\ 4x & (x\geqslant 5)\end{cases}$$
编写程序，输入 x 的值，输出 y 相应的值。

(2) 编写程序，输入一个整数 n，判断整数 n 能否同时被 3 和 5 整除，输出结果。

(3) 编写程序，让用户从键盘输入信息，当输入 1 时，请在屏幕上输出"＋"，当输入 2 时，输出"－"，当输入 3 是，输出"＊"，当输入 4 时，输出"/"，输入其他信息时输出"error"。

实验 5.4　循环语句的使用

一、实验目的

(1) 理解循环结构的特点，能够实现简单的循环结构程序。
(2) 掌握 while 和 do－while 循环的用法和区别。
(3) 掌握 for 循环的语法基本用法。

二、实验内容

(1) 编写程序，输出 50～100 之间的所有能被 9 整除的数。
(2) 编写程序，输出 50～100 之间的全部素数。
(3) 编写程序，在屏幕上显示如下信息：

　♯
　♯♯
　♯♯♯
　♯♯♯♯
　♯♯♯♯♯

思考题

你在编程时遇到什么困难，如何解决的？

实验 6　数据库应用初步

一、实验目的

通过掌握数据库的基本概念，熟悉对 SQL Server 2005 的基本操作，包括数据库、表的建立以及使用 T-SQL 进行简单的数据操作。

二、实验内容

（1）SQL Server2005 基础操作。
（2）数据库的创建。
（3）数据表的创建。
（4）数据操作。

三、实验步骤

（一）SQL Server 2005 基本操作

1. SQL Server 2005 的启动

在开始菜单中选择程序，选择 SQL Server2005，打开集成管理器 SQL Server Management Studio，即可启动 SQL Server 2005，也可以双击 SQL Server Management Studio 的快捷方式启动 SQL Server 2005。然后，通过 Windows 身份验证或 SQL Server 身份验证登陆 DBMS，登陆界面如实验图 6.1 所示，左图为 Windows 身份验证，右图为 SQL Server 身份验证。其中 Windows 身份验证不需要输入用户名和密码，而 SQL Server 身份验证需要输入用户名和密码。

 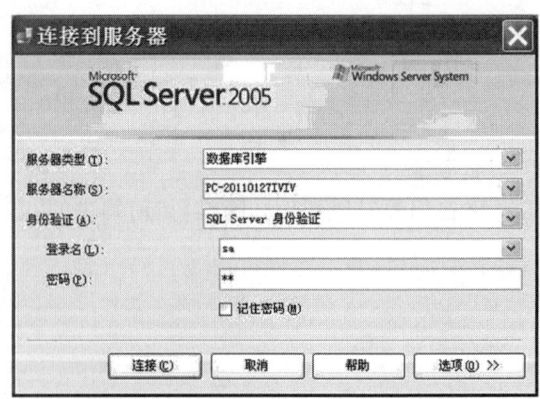

实验图 6.1 SQL Server 登陆界面

登陆后界面如实验图 6.2 所示，主要由标题栏、菜单栏、工具栏、对象资源管理器组件窗口以及文档组件窗口组成。其中，对象资源管理器是服务器中所有数据库对象的树形视图，此包括 SQL Server 数据库引擎、分析服务器、报表服务、集成服务和 SQL Server Mobile 等服务实例。文档窗口包含查询分析器与当前计算机上的数据库引擎实例连接的摘要页。

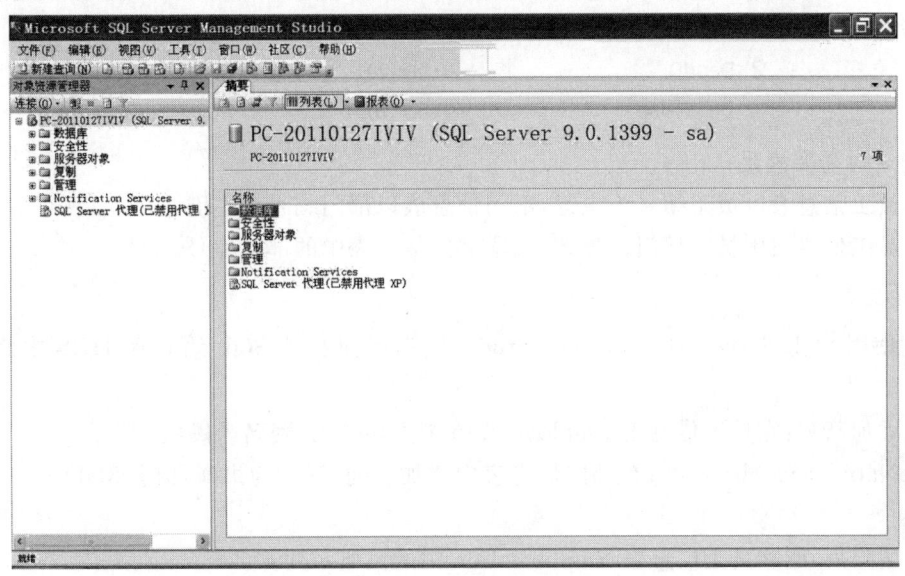

实验图 6.2　SQL Server Management Studio 界面

2. SQL Server 2005 的退出

执行"文件"菜单下的"退出"命令即可退出 SQL Server,也可以直接单击窗口的关闭按钮。

(二) 创建数据库

(1) 在集成管理器 SQL Server Management Studio 中,使用图形界面创建一个数据库 HRS,该数据库的主数据文件逻辑名称为 HRS_data,物理文件名 HRS.mdf,初始大小为 10MB,最大尺寸为无限大,增长速度为 10%;数据库的日志文件逻辑名称为 HRS_log,物理文件名为 HRS.ldf,初始大小为 1 MB,最大尺寸 10 MB,增长速度 1 MB。

(2) 在集成管理器 SQL Server Management Studio 中,使用图形界面修改数据库 HRS:

① 将 HRS 数据库的事务日志文件 HRS_log 的大小由原来的 10 MB 扩充为 20 MB,增长速度由原来的 1 MB 修改为 2 MB。

② 使用图形界面对数据库 HRS 进行分离和附加操作。

③ 删除数据库 HRS。

(三) 创建表

1. 分别使用图形界面和 T-SQL 语句创建数据表

员工信息表 EmployeeInfo(员工编号 EmpID,员工姓名 EmpName,出生日期 EmpBirthDay,员工部门 EmpDept,性别 EmpSex),如图所示:

列名	数据类型	允许空
EmpID	varchar(20)	□
EmpName	varchar(20)	☑
EmpBirthDay	datetime	☑
EmpDept	varchar(20)	☑
EmpSex	char(2)	☑

部门信息表 DeptInfo(部门编号 DeptID,部门名称 DeptName),如图所示：

列名	数据类型	允许空
🔑 DeptID	varchar(20)	☐
DeptName	varchar(20)	☐

创建表时需要满足：
（1）员工信息表以员工编号为主键,部门信息表以部门编号为主键。
（2）员工信息表中员工部门为外键,关联部门信息表中的部门编号。

2.修改表

分别使用 SQL Server Management Studio 图形界面和 T-SQL 语句在 HRS 中修改数据表：
（1）添加新列：在员工信息表 EmployeeInfo 中添加一列,列名为民族：
EmpNative varchar(20)；在部门信息表中添加一列：列名为隶属部门：MsDept varchar(20)。
（2）删除列：删除员工信息表 EmployeeInfo 中的民族一列。

（四）数据操作

1.数据更新

分别使用 SQL Server Management Studio 图形界面和 T-SQL 语句在 HRS 中更新数据。
（1）添加数据

在员工信息表 EmployeeInfo 中添加如下表所示的数据。

员工编号	姓名	性别	出生日期	部门
201001001	吴金华	男	1985.3.6	1010001
201002186	张成刚	男	1983.8.9	1010001
201002162	王婷	女	1977.6.5	1010002
201001198	高敬	女	1972.9.1	1020001

在部门信息表 DeptInfo 中添加如下表所示的数据：

部门编号	部门名称
1010001	人力资源部
1010002	科技信息部
1020001	河南办事处

（2）修改数据

将员工信息表 EmployeeInfo 中员工编号为 201001001 的部门改为科技信息部。

（3）删除数据

删除员工信息表 EmployeeInfo 中员工编号为 201001198 的一行信息。

2.数据查询

（1）简单查询

查询员工信息表 EmployeeInfo 中的所有男员工的信息。

查询员工信息表 EmployeeInfo 中出生日期在 1980.1.1 以后的员工信息。
查询员工姓名为张成刚的信息。

(2) 连接查询

查询所有员工的姓名、出生日期、部门名称。
查询部门为人力资源部的所有员工信息。

(五) 实验习题

(1) 在 SQL SERVER 2005 环境中创建"学生管理"数据库,在数据库中包含"学生信息"表、"课程信息"表和"选课"表,每个表的结构分别如下:

表 Student

列名	数据类型	说明
SNO	Char(9)	学号,主键
SName	Varchar(8)	姓名
Sex	CHAR(2)	性别
SBirth	datetime	出生日期
Age	int	年龄
Sdept	Varchar(20)	系别

表 Course

列名	数据类型	说明
CNO	Char(2)	课程号,主键
CName	Varchar(20)	课程名
CCredit	int	学分

表 SC

列　名	数据类型	说　明
SNO	Char(9)	学号,主键
CNO	Char(2)	课程号,主键
Grade	Int	成绩

要求为每张表定义主键。

(2) 对三个表建立以下基本的表更新操作

☞ 对每个表输入 10 条以上合理测试记录;

☞ 删除 Student 中的 Sdept 列;

☞ 修改所有 2 号课程的成绩为 60;

☞ 删除 Student 中年龄为 19 岁的学生信息;

(3) 对三个表建立以下表查询操作

☞ 查询所有女生的姓名;

☞ 查询每个学生选课情况;

☞ 查询所有 20 岁以下的学生的姓名和性别;

☞ 查询所有考试及格同学的学号、相应的课程号和成绩。

实验 7 TCP/IP 配置与常用网络命令

一、实验目的

(1) 理解 IP 地址及其子网掩码的作用。
(2) 理解 TCP/IP,掌握 IP 地址的配置方式。
(3) 掌握 IP 网络连通性测试方法。
(4) 熟练使用 Windows 7 常用网络命令。

二、实验环境

实验机房(对等局域网)、计算机安装 Windows 7 系统。

三、实验内容

1. TCP/IP 配置
2. 常用网络命令简介
3. 网络命令使用实验
- 利用 ipconfig 命令查看本机的网络配置信息
- 利用 ping 命令检测网络连通性
- 利用 arp 命令检验 MAC 地址解析
- 熟练使用 netstat、tracert 等网络命令

四、实验指导

(一) TCP/IP 配置

接入 Internet 中的每一台计算机都必须有一个唯一的 IP 地址,IP 地址的配置有用户指定和自动获取两种方式。IP 地址由网络地址和网内主机地址组成,同一网络中的主机可以直接通信,不同网络中的主机则需要通过三层交换设备或路由器才能通信。如果只是在局域网内使用,则可以使用专用地址(亦称为私有地址),在 RFC1918 中指明的专用地址为:

- 10.0.0.0 到 10.255.255.255(或记作 10/8)
- 172.16.0.0 到 172.31.255.255(或记作 172.16/12)
- 192.168.0.0 到 192.168.255.255(或记作 192.168/16)

操作方法如下:

(1) 选"控制面板→网络和 Internet→网络和共享中心→本地连接→属性"打开"本地连接属性"对话框;察看网络组件是否完整,若无则添加,同时删除 TCP/IP 协议以外的其他协议。如实验图 7.1 所示。

(2) 在"本地连接属性"对话框选中"Internet 协议(TCP/IP)"后点击"属性"按钮打开网络属性设置窗口;即"Internet 协议 TCP/IP 属性窗口",如实验图 7.2 所示。

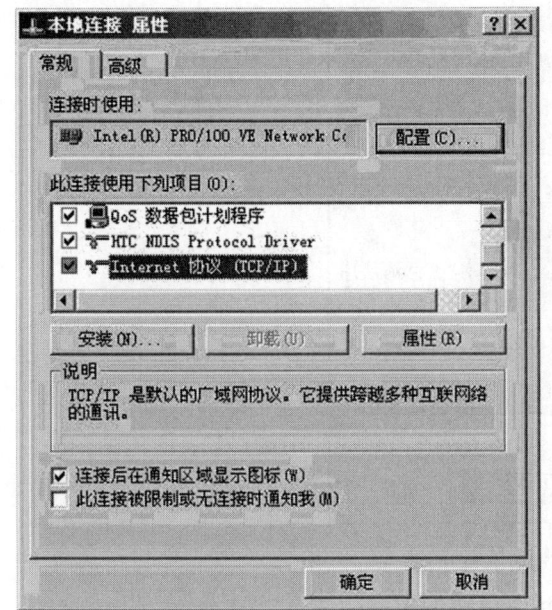
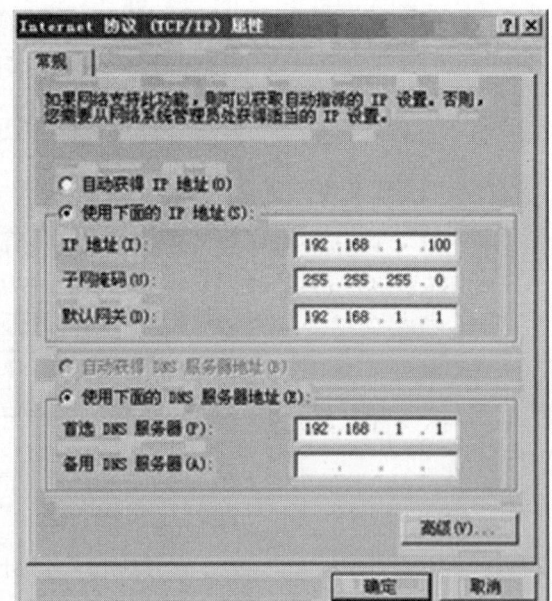

实验图 7.1　本地连接属性　　　　　　　　实验图 7.2　IP 地址

(3) 配置 IP 地址。在保留专用 IP 地址范围(192.168.x.y)中,任选 IP 地址指定给主机,选取原则是:x 为实验分组中的组别码,y 值是 1～254 之间的任意数值。

注意:同一实验分组的主机 IP 地址的网络 ID 应相同,主机 ID 应不同,子网掩码需相同。

(4) 全部设置完成后,不需重新启动,点"确定"按钮退出此网络属性设置窗口后,所设即生效。

(5) 标识计算机:

① 右键点击"我的电脑",在弹出的右键快捷菜单中选择"属性",打开"系统"对话框,如图实验 7.3 所示。

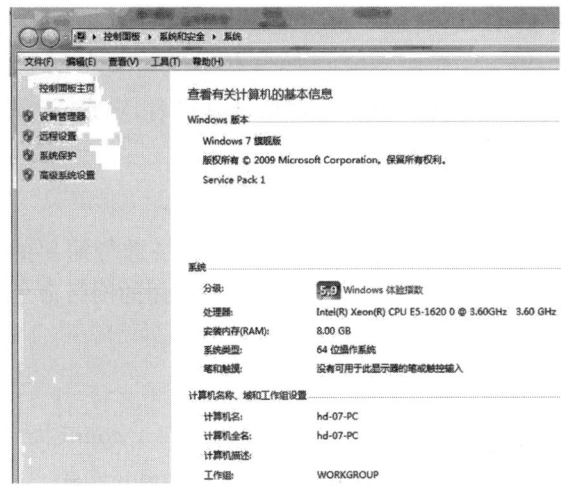
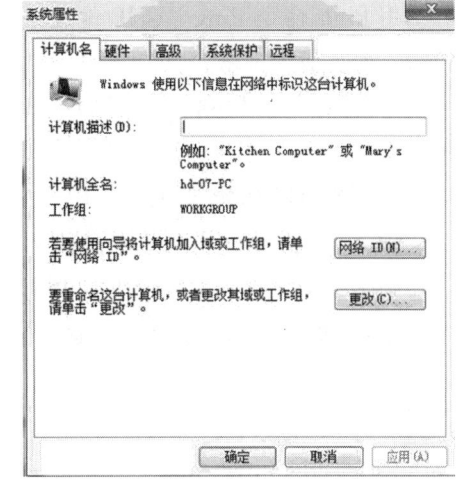

实验图 7.3　系统界面　　　　　　　　实验图 7.4　系统属性界面

② 在"系统"对话框中,单击"高级系统设置"选项卡,打开"系统属性"对话框,将显示"计算机名"与"工作组"名。同一实验组的计算机应有相同的"工作组"和不同的"计算机名"。如实验图 7.4 所示。

如要重新命名计算机或加入工作组(或加入域),单击"更改",如实验图 7.5 所示。

· 349 ·

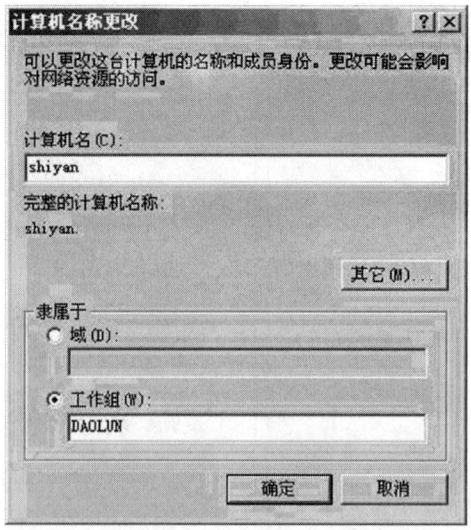

实验图 7.5　计算机名称更改

(6) 在"网上邻居"中察看能找到哪些主机,并记录结果。

(7) 测试同一网络中主机的连通性:

① 用 Ping 命令 Ping　127.0.0.1,检测本机网卡连通性,记录并分析显示结果。

注:ping 命令使用方法见"常用网络命令简介"。

② 用 Ping 命令 Ping　<IP 地址>,这里的 IP 地址是同一实验组中的某计算机的 IP 地址,观察、记录显示结果。

③ 用 Ping 命令 Ping　<主机名>,这里的主机名是同一实验组的计算机名,观察、记录显示结果。

(8) 测试不同网络中主机的连通性:

①用 Ping 命令 Ping　<IP 地址>,这里的 IP 地址是不同实验组中的某计算机的 IP 地址,观察、记录显示结果。

②用 Ping 命令 Ping　<主机名>,这里的主机名是不同实验组的计算机名,观察、记录显示结果。

(二) 常用网络命令简介

windows 操作系统本身带有多种网络命令,利用这些网络命令可以对网络进行简单的操作。需要注意是这些命令均是在 DOS 命令行下执行。本次实验学习 6 个最常用的网络命令。

1. Ping:验证与远程计算机的连接

① 命令格式:

ping [-t] [-a] [-n count] [-l length] [-f] [-i ttl] [-v tos] [-r count] [-s count] [[-j computer-list] | [-k computer-list]] [-w timeout] destination-list

查看 ping 的相关帮助信息"ping/?"。

② 参数含义:

-t Ping　指定的计算机直到中断。

-a　将地址解析为计算机名。

-n count　发送 count 指定的 ECHO 数据包数,默认值为 4。

—l length 发送包含由 length 指定的数据量的 ECHO 数据包。默认为 32 字节,最大值是 65,527。

—f 在数据包中发送"不要分段"标志。数据包就不会被路由上的网关分段。

—i ttl 将"生存时间"字段设置为 ttl 指定的值。

—v tos 将"服务类型"字段设置为 tos 指定的值。

—r count 在"记录路由"字段中记录传出和返回数据包的路由。count 可以指定最少 1 台,最多 9 台计算机。

—s count 指定 count 指定的跃点数的时间戳。

—j computer—list 利用 computer—list 指定的计算机列表路由数据包。连续计算机可以被中间网关分隔(路由稀疏源)IP 允许的最大数量为 9。

—k computer—list 利用 computer—list 指定的计算机列表路由数据包。连续计算机不能被中间网关分隔(路由严格源)IP 允许的最大数量为 9。

—w timeout 指定超时间隔,单位为毫秒。

destination—list 指定要 ping 的远程计算机。

③ 操作实例:

```
C:\>ping www.edu.cn

Pinging www.edu.cn [211.151.94.138] with 32 bytes of data:

Reply from 211.151.94.138: bytes=32 time=268ms TTL=47
Reply from 211.151.94.138: bytes=32 time=289ms TTL=47
Reply from 211.151.94.138: bytes=32 time=303ms TTL=47
Reply from 211.151.94.138: bytes=32 time=315ms TTL=47

Ping statistics for 211.151.94.138:
    Packets: Sent = 4, Received = 4, Lost = 0 (0% loss),
Approximate round trip times in milli-seconds:
    Minimum = 268ms, Maximum = 315ms, Average = 293ms

C:\>
```

2. ipconfig 命令

ipconfig 是 WINDOWS 操作系统中用于查看主机的 IP 配置命令,其显示信息中还包括主机网卡的 MAC 地址信息。该命令还可释放动态获得的 IP 地址并启动新一次的动态 IP 分配请求。

① 命令格式:

ipconfig [/? | /all | /renew [adapter] | /release [adapter] |
　　　　　　　/flushdns | /displaydns | /registerdns |
　　　　　　　/showclassid adapter |
　　　　　　　/setclassid adapter [classid]]where　adapter　Connection name

② 参数含义:

ipconfig /all:显示本机 TCP/IP 配置的详细信息。

ipconfig /release:DHCP 客户端手工释放 IP 地址。

ipconfig /renew:DHCP 客户端手工向服务器刷新请求。

ipconfig /flushdns:清除本地 DNS 缓存内容。

ipconfig /displaydns:显示本地 DNS 内容。

ipconfig /registerdns：DNS 客户端手工向服务器进行注册。

ipconfig /showclassid：显示网络适配器的 DHCP 类别信息。

ipconfig /setclassid：设置网络适配器的 DHCP 类别。

ipconfig /renew "Local Area Connection"：更新"本地连接"适配器的由 DHCP 分配 IP 地址的配置。

ipconfig /showclassid Local *：显示名称以 Local 开头的所有适配器的 DHCP 类别 ID。

ipconfig /setclassid "Local Area Connection" TEST：将"本地连接"适配器的 DHCP 类别 ID 设置为 TEST。

③ 操作实例：

利用 ipconfig 显示本机的 IP 地址、子网掩码和每个网卡的默认网关值。

```
C:\>ipconfig

Windows IP Configuration

Ethernet adapter 本地连接：

        Connection-specific DNS Suffix  . :
        IP Address. . . . . . . . . . . . : 192.168.1.100
        Subnet Mask . . . . . . . . . . . : 255.255.255.0
        Default Gateway . . . . . . . . . : 192.168.1.1

C:\>
```

利用 ipconfig/all 完整查目的地本地 IP 地址、子网掩码、网关、DNS 等。

```
C:\>ipconfig/all

Windows IP Configuration

        Host Name . . . . . . . . . . . . : Shiyan
        Primary Dns Suffix  . . . . . . . :
        Node Type . . . . . . . . . . . . : Unknown
        IP Routing Enabled. . . . . . . . : No
        WINS Proxy Enabled. . . . . . . . : No

Ethernet adapter 本地连接：

        Connection-specific DNS Suffix  . :
        Description . . . . . . . . . . . : Intel(R) PRO/100 VE Network Connection
        Physical Address. . . . . . . . . : 00-16-76-82-C3-58
        Dhcp Enabled. . . . . . . . . . . : No
        IP Address. . . . . . . . . . . . : 192.168.1.100
        Subnet Mask . . . . . . . . . . . : 255.255.255.0
        Default Gateway . . . . . . . . . : 192.168.1.1
        DNS Servers . . . . . . . . . . . : 192.168.1.1

C:\>
```

3. ARP 命令

显示和修改 IP 地址与物理地址之间的转换表

① 命令格式：

ARP －s inet_addr eth_addr [if_addr]

ARP －d inet_addr [if_addr]

ARP －a [inet_addr] [－N if_addr]

② 参数含义：

－a 显示当前的 ARP 信息，可以指定网络地址，不指定显示所有的表项。

－g 跟 －a 一样。

－d 删除由 inet_addr 指定的主机，可以使用 * 来删除所有主机。

－s 添加主机，并将网络地址跟物理地址相对应，这一项是永久生效的。

eth_addr 物理地址

if_addr 网卡的 IP 地址

inet_Addr 代表指定的 IP 地址

③ 操作实例：

比较 arp-a 与 apr-g 结果是否一致。

```
C:\>arp -a

Interface: 192.168.1.100 --- 0x2
  Internet Address      Physical Address      Type
  192.168.1.1           00-13-10-0b-04-2c     dynamic

C:\>arp -g

Interface: 192.168.1.100 --- 0x2
  Internet Address      Physical Address      Type
  192.168.1.1           00-13-10-0b-04-2c     dynamic
```

4. tracert 命令

判断数据包到达目的主机所经过的路径，显示数据包经过的中继节点的清单和到达时间。

① 命令格式：

tracert IP 地址或主机名 [－d][－h maximumhops][－j host_list] [－w timeout]

② 参数含义：

－d 不解析目标主机的名字；

－h maximum_hops 指定搜索到目标地址的最大跳跃数；

－j host_list 按照主机列表中的地址释放源路由；

－w timeout 指定超时时间间隔，程序默认的时间单位是毫秒。

③ 操作实例：

若想要了解自己的计算机与目标主机 www.163.com 之间详细的传输路径信息，可以在 MS-DOS 方式输入 tracert www.163.com 。

```
C:\>tracert www.163.com

Tracing route to 163.xdwscache.glb0.lxdns.com [222.88.93.169]
over a maximum of 30 hops:

  1     1 ms    <1 ms    <1 ms  KinKir [192.168.1.1]
  2    33 ms    94 ms    31 ms  123.55.150.1
  3    31 ms    33 ms    31 ms  219.150.193.217
  4    35 ms    91 ms    33 ms  219.147.49.149
  5    34 ms    77 ms   141 ms  219.147.49.73
  6    45 ms    37 ms    35 ms  219.150.119.106
  7    39 ms    37 ms    37 ms  219.150.119.234
  8    36 ms    35 ms    47 ms  219.150.119.158
  9     *        *        *     Request timed out.
 10    49 ms    35 ms    33 ms  222.88.93.169

Trace complete.
```

思考:如果加上-d 会有什么变化?

```
C:\>tracert www.163.com -d

Tracing route to 163.xdwscache.glb0.lxdns.com [222.88.93.169]
over a maximum of 30 hops:

  1    <1 ms    <1 ms    <1 ms  192.168.1.1
  2    35 ms    31 ms    31 ms  123.55.150.1
  3    31 ms   103 ms   111 ms  219.150.193.217
  4    34 ms    31 ms    35 ms  219.147.49.149
  5    34 ms    33 ms    41 ms  219.147.49.73
  6    34 ms    35 ms    35 ms  219.150.119.106
  7    37 ms    37 ms    37 ms  219.150.119.234
  8    37 ms    37 ms    38 ms  219.150.119.158
  9     *        *        *     Request timed out.
 10    78 ms    75 ms    35 ms  222.88.93.169

Trace complete.
```

5. netstat 命令

显示协议统计信息和当前 TCP/IP 网络连接。

① 命令格式:

netstat [-a][-b][-e][-n][-o][-p proto][-r][-s][-v][interval]

② 参数含义:

-a　　　显示所有连接和监听端口。

-b　　　显示包含于创建每个连接或监听端口的可执行组件。在某些情况下已知可执行组件拥有多个独立组件,并且在这些情况下包含于创建连接或监听端口的组件序列被显示。这种情况下,可执行组件名在底部的 [ ] 中,顶部是其调用的组件等,直到 TCP/IP 部分。注意此选项可能需要很长时间,如果没有足够权限可能失败。

-e　　　显示以太网统计信息。此选项可以与 -s 选项组合使用。

-n　　　以数字形式显示地址和端口号。

-o　　　显示与每个连接相关的所属进程 ID。

-p proto　显示 proto 指定的协议的连接;proto 可以是下列协议之一:TCP、UDP、TCPv6 或 UDPv6。如果与 -s 选项一起使用以显示按协议统计信息,proto 可以是下列协议之一:IP、IPv6、ICMP、ICMPv6、TCP、TCPv6、UDP 或 UDPv6。

-r　　　显示路由表。

-s　　　显示按协议统计信息。默认地,显示 IP、IPv6、ICMP、ICMPv6、TCP、TCPv6、UDP 和 UDPv6 的统计信息;-p 选项用于指定默认情况的子集。

-v　　　与-b 选项一起使用时将显示包含于为所有可执行组件创建连接或监听端口的组件。

interval　重新显示选定统计信息,每次显示之间暂停时间间隔(以秒计)。按 CTRL+C 停止重新显示统计信息。如果省略,netstat 显示当前配置信息(只显示一次)。

③ 操作实例:

netstat -s:本选项能够按照各个协议分别显示其统计数据。如果你的应用程序(如 Web 浏览器)运行速度比较慢,或者不能显示 Web 页之类的数据,那么你就可以用本选项来查看一下所显示的信息。需要仔细查看各行统计数据,找到出错的关键字,进而确定问题所在。

```
C:\>netstat -s

IPv4 Statistics

  Packets Received                   = 4453
  Received Header Errors             = 0
  Received Address Errors            = 175
  Datagrams Forwarded                = 0
  Unknown Protocols Received         = 0
  Received Packets Discarded         = 0
  Received Packets Delivered         = 4453
  Output Requests                    = 4204
  Routing Discards                   = 0
  Discarded Output Packets           = 0
  Output Packet No Route             = 0
  Reassembly Required                = 0
  Reassembly Successful              = 0
  Reassembly Failures                = 0
  Datagrams Successfully Fragmented  = 0
  Datagrams Failing Fragmentation    = 0
  Fragments Created                  = 0

ICMPv4 Statistics

                            Received    Sent
  Messages                  511         689
  Errors                    0           0
  Destination Unreachable   1           6
  Time Exceeded             482         0
  Parameter Problems        0           0
  Source Quenches           0           0
  Redirects                 0           0
  Echos                     0           684
  Echo Replies              28          0
  Timestamps                0           0
  Timestamp Replies         0           0
  Address Masks             0           0
  Address Mask Replies      0           0

TCP Statistics for IPv4

  Active Opens                       = 397
  Passive Opens                      = 31
  Failed Connection Attempts         = 4
  Reset Connections                  = 185
  Current Connections                = 2
  Segments Received                  = 3290
  Segments Sent                      = 3037
  Segments Retransmitted             = 0

UDP Statistics for IPv4

  Datagrams Received    = 643
  No Ports              = 523
  Receive Errors        = 0
  Datagrams Sent        = 476

C:\>
```

netstat – e:本选项用于显示关于以太网的统计数据。它列出的项目包括传送的数据报的总字节数、错误数、删除数、数据报的数量和广播的数量。这些统计数据既有发送的数据报数量,也有接收的数据报数量。这个选项可以用来统计一些基本的网络流量。

```
C:\>netstat -e
Interface Statistics

                           Received            Sent

Bytes                      2172137             528149
Unicast packets            4254                4208
Non-unicast packets        553                 73
Discards                   0                   0
Errors                     0                   2
Unknown protocols          21

C:\>
```

netstat – r:本选项可以显示关于路由表的信息,类似于后面所讲使用 route print 命令时看到的信息。除了显示有效路由外,还显示当前有效的连接。

```
C:\>netstat -r

Route Table
===========================================================================
Interface List
0x1 ........................... MS TCP Loopback interface
0x2 ...00 16 76 82 c3 58 ...... Intel(R) PRO/100 VE Network Connection - 数据包
计划程序微型端口
===========================================================================
===========================================================================
Active Routes:
Network Destination        Netmask          Gateway       Interface  Metric
          0.0.0.0          0.0.0.0      192.168.1.1   192.168.1.100     20
        127.0.0.0        255.0.0.0        127.0.0.1       127.0.0.1      1
      192.168.1.0    255.255.255.0    192.168.1.100   192.168.1.100     20
    192.168.1.100  255.255.255.255        127.0.0.1       127.0.0.1     20
    192.168.1.255  255.255.255.255    192.168.1.100   192.168.1.100     20
        224.0.0.0        240.0.0.0    192.168.1.100   192.168.1.100     20
  255.255.255.255  255.255.255.255    192.168.1.100   192.168.1.100      1
Default Gateway:       192.168.1.1
===========================================================================
Persistent Routes:
  None

C:\>
```

netstat – a:本选项显示一个所有的有效连接信息列表,包括已建立的连接(ESTABLISHED),也包括监听连接请求(LISTENING)的那些连接,断开连接(CLOSE_WAIT)或者处于联机等待状态的(TIME_WAIT)连接等。

```
C:\>netstat -a

Active Connections

  Proto  Local Address         Foreign Address            State
  TCP    Shiyan:epmap          20110310.biz5.sandai.net:0  LISTENING
  TCP    Shiyan:2869           20110310.biz5.sandai.net:0  LISTENING
  TCP    Shiyan:3389           20110310.biz5.sandai.net:0  LISTENING
  TCP    Shiyan:1025           20110310.biz5.sandai.net:0  LISTENING
  TCP    Shiyan:netbios-ssn    20110310.biz5.sandai.net:0  LISTENING
  TCP    Shiyan:1034           12.120.66.207:http          CLOSE_WAIT
  TCP    Shiyan:1202           119.161.218.75:http         CLOSE_WAIT
  TCP    Shiyan:1454           219.232.254.46:http         ESTABLISHED
  TCP    Shiyan:2869           KinKir:4819                 TIME_WAIT
  TCP    Shiyan:2869           KinKir:4820                 TIME_WAIT
  TCP    Shiyan:2869           KinKir:4821                 TIME_WAIT
  UDP    Shiyan:ntp            *:*
  UDP    Shiyan:1443           *:*
  UDP    Shiyan:1900           *:*
  UDP    Shiyan:ntp            *:*
  UDP    Shiyan:netbios-ns     *:*
  UDP    Shiyan:netbios-dgm    *:*
  UDP    Shiyan:1900           *:*

C:\>
```

netstat - n：显示所有已建立的有效连接。

```
C:\>netstat -n

Active Connections

  Proto  Local Address         Foreign Address       State
  TCP    192.168.1.100:1034    12.120.66.207:80      CLOSE_WAIT
  TCP    192.168.1.100:1202    119.161.218.75:80     CLOSE_WAIT
  TCP    192.168.1.100:2869    192.168.1.1:4819      TIME_WAIT
  TCP    192.168.1.100:2869    192.168.1.1:4820      TIME_WAIT
  TCP    192.168.1.100:2869    192.168.1.1:4821      TIME_WAIT

C:\>
```

6. Telnet 命令

功能强大的远程登录命令。

telnet [-a][-e escape char][-f log file][-l user][-t term][host [port]]
- -a 企图自动登录。除了用当前已登陆的用户名以外，与 -l 选项相同。
- -e 跳过字符来进入 telnet 客户提示。
- -f 客户端登录的文件名
- -l 指定远程系统上登录用的用户名称。
     要求远程系统支持 TELNET ENVIRON 选项。
- -t 指定终端类型。
     支持的终端类型仅是：vt100，vt52，ansi 和 vtnt。
- host 指定要连接的远程计算机的主机名或 IP 地址。
- port 指定端口号或服务名。

(三) 网络命令使用实验

实验操作步骤如下：

(1) 记录本机的主机名，MAC 地址，IP 地址，DNS，网关等信息。

ipconfig - all

（2）利用 ping 工具检测网络连通性。

① 当一台计算机不能和网络中其他计算机进行通信时，可以按照如下步骤进行检测。在 DOS 窗口下输入"ping 127.0.0.1"命令，此命令用于检查本机的 TCP/IP 协议安装是否正确。注：凡是以 127 开头的 IP 地址都代表本机。

在 DOS 窗口下输入"ping 本机 IP 地址"命令，此命令用于检查本机的服务和网络适配器的绑定是否正确。

注：这里的服务一般是指"Microsoft 网络客户端"和"Microsoft 网络的文件和打印机共享"。

接下来在 DOS 窗口下输入"ping 网关 IP 地址"命令，此命令用来检查本机和网关的连接是否正常。

最后在 DOS 窗口下输入"ping 远程主机 IP 地址"命令，此命令用来检查网关能否将数据包转发出去。

利用 ping 命令还可以来检测其他的一些配置是否正确。在 DOS 窗口下输入"ping 主机名"命令，此命令用来检测 DNS 服务器能否进行主机名称解析。

在 DOS 窗口下输入"ping 远程主机 IP 地址"命令，如果显示的信息为"Destination host unreachable"（目标主机不可达），说明这台计算机没有配置网关地址。运行"ipconfig /all"命令进行查看，网关地址为空。

在配置网关地址后再次运行同样命令，信息变为"Request timed out"（请求时间超时）。此信息表示网关已经接到请求，只是找不到 IP 地址为远程主机的这台计算机。

命令描述：_____

执行结果：_____

② Ping 命令的其他用法：

- 连续发送 ping 探测报文：如 ping -t 202.196.96.4（这个地址需要根据具体的实验环境来搭配）

```
C:\>ping 202.196.96.4 -t

Pinging 202.196.96.4 with 32 bytes of data:

Reply from 202.196.96.4: bytes=32 time=174ms TTL=108
Reply from 202.196.96.4: bytes=32 time=152ms TTL=108
Reply from 202.196.96.4: bytes=32 time=233ms TTL=108
Reply from 202.196.96.4: bytes=32 time=152ms TTL=108
Reply from 202.196.96.4: bytes=32 time=149ms TTL=108
Reply from 202.196.96.4: bytes=32 time=236ms TTL=108
Reply from 202.196.96.4: bytes=32 time=149ms TTL=108
Reply from 202.196.96.4: bytes=32 time=156ms TTL=108

Ping statistics for 202.196.96.4:
    Packets: Sent = 8, Received = 8, Lost = 0 (0% loss),
Approximate round trip times in milli-seconds:
    Minimum = 149ms, Maximum = 236ms, Average = 175ms
Control-Break
Reply from 202.196.96.4: bytes=32 time=153ms TTL=108
Reply from 202.196.96.4: bytes=32 time=160ms TTL=108
Reply from 202.196.96.4: bytes=32 time=149ms TTL=108
Reply from 202.196.96.4: bytes=32 time=158ms TTL=108
Reply from 202.196.96.4: bytes=32 time=173ms TTL=108
Reply from 202.196.96.4: bytes=32 time=170ms TTL=108

Ping statistics for 202.196.96.4:
    Packets: Sent = 14, Received = 14, Lost = 0 (0% loss),
Approximate round trip times in milli-seconds:
    Minimum = 149ms, Maximum = 236ms, Average = 168ms
Control-C
^C
C:\>
```

Ctrl+Break 查看统计信息,Ctrl+C 结束命令。

命令描述:_____

执行结果:_____

- 自选数据长度的 ping 探测报文：ping 目的主机 IP 地址 —l size

```
C:\>ping -l 2048 192.168.1.102

Pinging 192.168.1.102 with 2048 bytes of data:

Reply from 192.168.1.102: bytes=2048 time<1ms TTL=128
Reply from 192.168.1.102: bytes=2048 time<1ms TTL=128
Reply from 192.168.1.102: bytes=2048 time<1ms TTL=128
Reply from 192.168.1.102: bytes=2048 time<1ms TTL=128

Ping statistics for 192.168.1.102:
    Packets: Sent = 4, Received = 4, Lost = 0 (0% loss),
Approximate round trip times in milli-seconds:
    Minimum = 0ms, Maximum = 0ms, Average = 0ms

C:\>_
```

- 不允许对 ping 探测报分片：ping 目的主机 IP 地址 —f

```
C:\>ping -f -l 2048 192.168.1.102

Pinging 192.168.1.102 with 2048 bytes of data:

Packet needs to be fragmented but DF set.
Packet needs to be fragmented but DF set.
Packet needs to be fragmented but DF set.
Packet needs to be fragmented but DF set.

Ping statistics for 192.168.1.102:
    Packets: Sent = 4, Received = 0, Lost = 4 (100% loss),

C:\>_
```

在禁止分片的情况下,探测报文过长造成目的地不可达。

命令描述:_____

执行结果:_____

(3) 利用 Arp 工具检验 MAC 地址解析。

① 输入 "arp - a" 命令,可以查看本机的 arp 缓存内容。

命令描述:_____

执行结果:_____

② 如本机的 ARP 表是空的,则 ping 本组相邻机的 IP 地址(要能 PING 通),再查看本机的 arp 缓存内容,此时是否还是空的？

```
C:\>arp -a

Interface: 192.168.1.100 --- 0x2
  Internet Address      Physical Address      Type
  192.168.1.1           00-13-10-0b-04-2c     dynamic

C:\>ping 192.168.1.101

Pinging 192.168.1.101 with 32 bytes of data:

Reply from 192.168.1.101: bytes=32 time<1ms TTL=64
Reply from 192.168.1.101: bytes=32 time<1ms TTL=64
Reply from 192.168.1.101: bytes=32 time<1ms TTL=64
Reply from 192.168.1.101: bytes=32 time<1ms TTL=64

Ping statistics for 192.168.1.101:
    Packets: Sent = 4, Received = 4, Lost = 0 (0% loss),
Approximate round trip times in milli-seconds:
    Minimum = 0ms, Maximum = 0ms, Average = 0ms

C:\>arp -a

Interface: 192.168.1.100 --- 0x2
  Internet Address      Physical Address      Type
  192.168.1.1           00-13-10-0b-04-2c     dynamic
  192.168.1.101         00-1a-4d-f6-25-e9     dynamic

C:\>
```

③ 利用"ping"命令将一个站点的 IP 地址与 MAC 地址的映射关系加入 ARP 表。

命令描述：_____

执行结果：_____

命令描述：_____

执行结果：_____

④ 将相邻机在本机 ARP 表中的表项删除。arp －d ip 地址（删除由 ip 地址指定的项）。

```
C:\>arp -a

Interface: 192.168.1.100 --- 0x2
  Internet Address      Physical Address      Type
  192.168.1.1           00-13-10-0b-04-2c     dynamic
  192.168.1.101         00-1a-4d-f6-25-e9     dynamic

C:\>arp -d 192.168.1.101

C:\>arp -a

Interface: 192.168.1.100 --- 0x2
  Internet Address      Physical Address      Type
  192.168.1.1           00-13-10-0b-04-2c     dynamic

C:\>arp -d *

C:\>arp -a
No ARP Entries Found

C:\>
```

⑤ 利用"arp －d"命令删除 ARP 表项。

命令描述：_____

执行结果：_____

⑥ 给相邻机的 IP 添加一个静止的错误的 MAC 地址对应项，再 PING 相邻机，此时是否

能 PING 通？

arp －s ip 地址 MAC 地址 注:利用 arp － s 添加静态表项,将 IP 地址和物理地址关联。

注:192.168.1.1 对应的正确 MAC 是 00－13－10－0b－04－2c。

192.168.1.101 对应的正确 MAC 是 00－1a－4d－f6－25－e9。

例:添加错误的 MAC,测试其连通性:arp －s 192.168.1.101 00－00－00－00－00－00 添加 IP 为 192.168.1.101 与其对应的 MAC 为 00－00－00－00－00－00 表项 。

```
C:\>arp -a

Interface: 192.168.1.100 --- 0x2
  Internet Address      Physical Address    Type
  192.168.1.1           00-13-10-0b-04-2c   dynamic

C:\>arp -s 192.168.1.101 00-00-00-00-00-00

C:\>arp -a

Interface: 192.168.1.100 --- 0x2
  Internet Address      Physical Address    Type
  192.168.1.1           00-13-10-0b-04-2c   dynamic
  192.168.1.101         00-00-00-00-00-00   static

C:\>ping 192.168.1.101

Pinging 192.168.1.101 with 32 bytes of data:

Request timed out.
Request timed out.
Request timed out.
Request timed out.

Ping statistics for 192.168.1.101:
    Packets: Sent = 4, Received = 0, Lost = 4 (100% loss),

C:\>
```

例:添加正确的 MAC,测试其连通性:arp －s 192.168.1.101 00－1a－4d－f6－25－e9 添加 ip 为 192.168.1.101 与其对应的 MAC 为 00－1a－4d－f6－25－e9 表项。

```
C:\>arp -a

Interface: 192.168.1.100 --- 0x2
  Internet Address      Physical Address    Type
  192.168.1.1           00-13-10-0b-04-2c   dynamic

C:\>arp -s 192.168.1.101 00-1a-4d-f6-25-e9

C:\>arp -a

Interface: 192.168.1.100 --- 0x2
  Internet Address      Physical Address    Type
  192.168.1.1           00-13-10-0b-04-2c   dynamic
  192.168.1.101         00-1a-4d-f6-25-e9   static

C:\>ping 192.168.1.101

Pinging 192.168.1.101 with 32 bytes of data:

Reply from 192.168.1.101: bytes=32 time<1ms TTL=64
Reply from 192.168.1.101: bytes=32 time<1ms TTL=64
Reply from 192.168.1.101: bytes=32 time<1ms TTL=64
Reply from 192.168.1.101: bytes=32 time<1ms TTL=64

Ping statistics for 192.168.1.101:
    Packets: Sent = 4, Received = 4, Lost = 0 (0% loss),
Approximate round trip times in milli-seconds:
    Minimum = 0ms, Maximum = 0ms, Average = 0ms

C:\>
```

命令描述:_____

执行结果:_____

命令描述：_____

执行结果：_____

（4）熟练练习以下命令。

① 通过截图的形式记录实验结果：

netstat

netstat－r

netstat－s

netstat－n

netstat－a

通过截图的形式记录实验结果。

② tracert：

判断数据包到达目的主机所经过的路径，显示数据包经过的中继节点的清单和到达时间 。

```
C:\>tracert www.163.com

Tracing route to 163.xdwscache.glb0.lxdns.com [222.88.93.169]
over a maximum of 30 hops:

  1     1 ms    <1 ms    <1 ms  KinKir [192.168.1.1]
  2    33 ms    94 ms    31 ms  123.55.150.1
  3    31 ms    33 ms    31 ms  219.150.193.217
  4    35 ms    91 ms    33 ms  219.147.49.149
  5    34 ms    77 ms   141 ms  219.147.49.73
  6    45 ms    37 ms    35 ms  219.150.119.106
  7    39 ms    37 ms    37 ms  219.150.119.234
  8    36 ms    35 ms    47 ms  219.150.119.158
  9     *        *        *     Request timed out.
 10    49 ms    35 ms    33 ms  222.88.93.169

Trace complete.
```

通过截图的形式记录实验结果。

实验 8　网页制作

一、实验目的

（1）掌握 HTML 的基本标志的使用方法。
（2）掌握 Dreamweaver 的基本使用方法，并利用 Dreamweaver 工具制作一个比较完整的网页。
（3）掌握表格插入、修改、删除及应用，表单的制作和框架的建立及实际应用。
（4）熟悉 CSS 样式表的创建和应用。
（5）熟练掌握 Fireworks 图像文档的设置、文档的导入和输出；绘图工具和图像处理工具的使用；掌握图像优化及按指定格式（GIF、JPEG）的导出、掌握按钮、导航条的创建；掌握切片和热点的使用；掌握弹出菜单的制作；掌握图层操作，文字处理，蒙版的创建与编辑，GIF 动画的制作。
（6）熟练掌握 FLASH MX 的基本操作，逐帧动画的创建过程，补间动画和形状补间的创建，交互动画的创建。

二、实验器材

安装有 Windows xp /Windows 7；Dreamweaver MX，Flash MX，Fireworks MX；IE 浏览器，NetScape 浏览器，IIS5.0 等软件的计算机。

三、实验内容

（1）基本 HTML 标记符的使用。
（2）Dreamweaver 的使用。
（3）本地站点的创建。
（4）网页页面属性设置。
（5）利用表格布局网页。
（6）利用表单制作注册页面。
（7）层的使用。
（8）Fireworks MX 的基本应用。
（9）利用 Fireworks 制作 GIF 动画。
（10）利用 Flash 制作网页动画。

四、实验步骤

（一）使用 Windows 操作系统自带的记事本程序编写一个网页

要求窗体标题为"这是我的第一个网页"，使用＜title＞＊＊＊＊＊＊＊＊＊＜/title＞。HTML 文档由 head 和 body 两部分组成，使用＜head＞＊＊＊＜/head＞和＜body＞＊＊＊

</body>。用浏览器阅读时要看见 4 段文字,每段文字的 size 分别是 8、6、4、2,使用<font size="6">＊＊＊</font>,其中要求每段文字的颜色不同,分别为 ♯00ffff、♯882299、♯ff0088、♯55ccaa,使用<font color="♯00ffff">＊＊＊＊＊＊</font>,每段文字要求居中排列,使用 ＊＊＊＊＊＊ 。编写完成后用 HTML 为文件扩展名存盘。

使用浏览器浏览编写的 HTML 文档。

(二) 在 Dreamweaver 中建立本地站点

1. 打开站点

在 Dreamweaver 文档窗口中,依次单击"站点"菜单→"新建站点"命令或者是在"站点"面板中单击"站点"菜单→"新建站点"命令,打开"站点定义"对话框,如实验图 8.1 所示。选择"高级"选项卡建立站点(也可以按"基本"选项卡中的向导进行操作,但不如用"高级"选项卡方便)。

实验图 8.1 "站点定义"对话框

2. 管理本地站点

选择"站点"面板"文件"菜单中对应命令,即可对选取文件进行编辑操作。例如,选择文件后,在"站点"面板中选择"文件"菜单中的"打开"命令,则 Dreamweaver 在文档窗口中打开该文件(当然最简单的方法是在站点中双击相应的文件图标)。在对站点中的文件或文件夹进行操作时,合理地使用右键快捷菜单能大大加快操作速度。例如,在选中的文件夹上单击鼠标右键,然后选择"新建文件夹"命令,可以在相应文件夹中新建一个文件夹。

3. 编辑站点具体操作步骤

在站点面板中单击"站点名称"框右边的下拉列表按钮,在下拉列表中选择"编辑站点"命令,打开"编辑站点"对话框,如实验图 8.2 所示。

实验图 8.2 "编辑站点"对话框

(三) 使用超级链接实现站内网页的跳转

使用 Dreamweaver 建立一个 Web 站点,在站点内部新建 5 个 HTML 页面,分别为首页(index.html)、汽车(auto.html)、房产(house.html)、运动(sport.html)、游戏(game.html)。

要求在每个页面里分别添加对其他四个页面的链接,保证用户能够在五个页面中正常的跳转。

切换到代码视图认真观察超链接标记的使用方法,在浏览器中测试链接的有效性。

(四) 图像映射超链接

选中网页中插入的图片,打开属性控制面板,其面板的左下角区域即用于设置图片映像的区域。如实验图 8.3 所示。

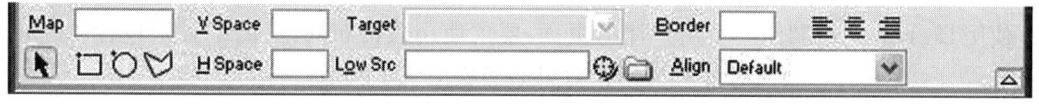

实验图 8.3 属性控制面板热区设置工具

选中图中绘制工具□矩形热区绘制工具○圆形热区绘制工具∨多边形热区绘制工具,其中一种,就可以在图片上绘制热区了。当绘制完热区后,属性控制面板中显示出热区的属性,在 link 栏内输入网址或网页文件名,或点击 link 栏右侧的文件夹按钮,在打开的对话框中选择一个网页文件作为链接地址。

(五) 利用 Dreamweaver 为修改网页的页面属性

打开 Dreamweaver,新建一个网页。打开页面属性面板,修改网页的字体、文本颜色、背景颜色,修改超级链接的颜色和样式,添加网页标题,设置网页跟踪图像。

预览修改后的页面。

1. 利用表格布局网页

用 Dreamweaver 创建一个 HTML 文件,在设计视图中用表格来进行一个"三字型"页面布局,要求表格的宽度设置为 800 px,高度为 600 px。表格内三个单元格的高度依次为 100 px、400 px、100 px,三个表格的背景使用不同的颜色(必须注意颜色的搭配)。表格的对齐方式均为水平垂直居中,表格的边框大小设置为 1,颜色设置为黑色。在表格里面输入适当的文本内容,并对文本内容进行修饰。

切换到代码视图认真观察文本标记和表格标记的使用方法,使用浏览器浏览设计的 HTML 文档结果。

2. 制作一个用户注册页面

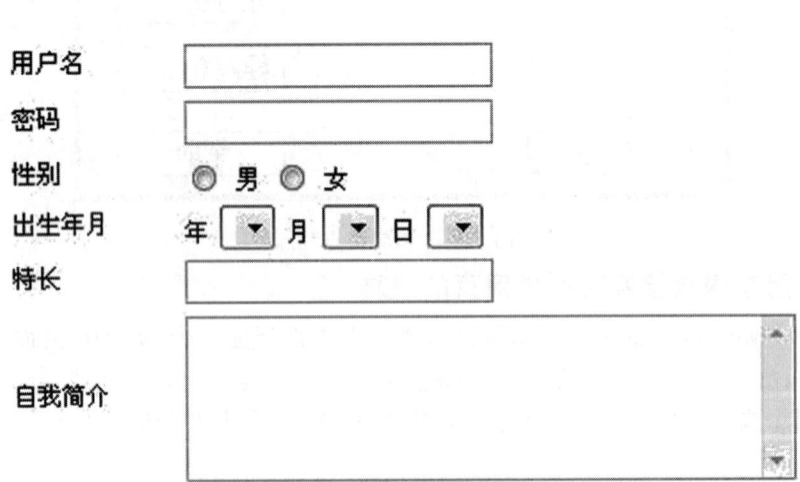

实验图 8.4　新用户注册页面

使用 Dreamweaver 制作一个用户注册页面,要求使用表格布局,页面中必须包含＜input＞、＜select＞、＜textarea＞等标记,页面制作效果如实验图 8.4 所示。

切换到代码视图认真观察表单标记的使用方法,使用浏览器浏览设计的 HTML 文档结果。

3. 创建一个框架网页

创建框架结构一般有两种方法:一是使用"新建文档"对话框中的"框架集"选项新建一个框架结构的页面文档;二是利用"插入栏"中的"框架"选项中提供的框架结构创建。

使用"新建文档"命令创建框架结构操作方法如下:

① 单击"文件"菜单,选择"新建"命令,弹出"新建文件"对话框。

② 在"新建文件"对话框中,选择"框架集"类别。

4．层的运用

制作下拉选单

（1）现在开始制作下拉出现的菜单,同样用层来制作。再次从 Objects 面板的布局栏中插入一个层到前面我们做好的导航条的下方,各项参数填为:"层编号"框填入 menu1,左、上、宽、高框分别填入 8、34、120、80,其中 L 和 T 两个参数是设置这个层距离窗口左边框和上边框的距离,一定不能填错,不然菜单将会错位,也将影响完成后的可用性。层属性设置如实验图 8.5 所示。

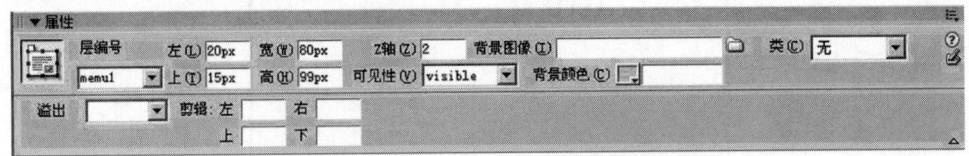

实验图 8.5　设置后层 memu1 的"属性检查器"

这时候,我们便可以在 menu1 这个层中输入我们所要的菜单内容。为了排版方便,我们在这还是使用表格来做菜单,这个层将作为"经典论坛"的下拉选单出现,填入你所需要的菜单链接,最终效果如实验图 8.6 所示。

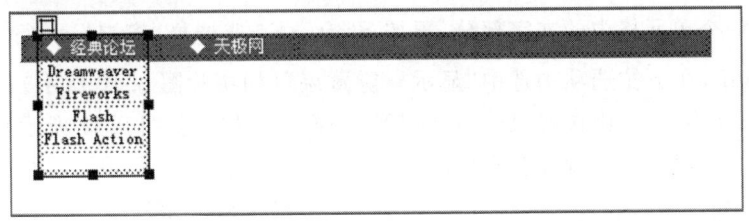

实验图 8.6　层 memu1 的设计效果

（2）同样的方法,再为"天极网"也做一个下拉选单(层 menu2),其层的属性设置和最终效果如实验图 8.7 和 图 8.8 所示。

实验图 8.7　设置后层 memu2 的"属性检查器"

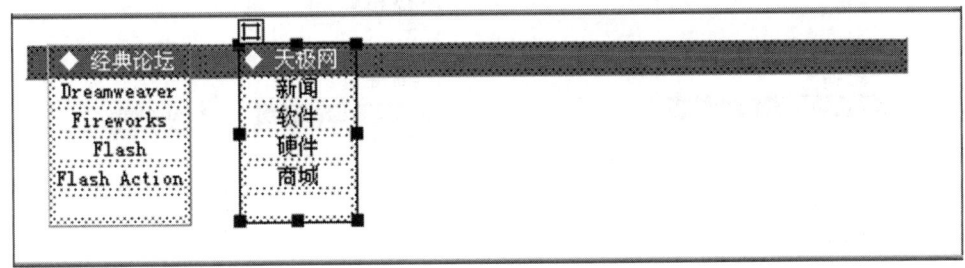

实验图 8.8　层 memu2 的设计效果

（3）按 F2 打开 LAYER(层)面板,其中列出了网页中的三个层,点 menu1 和 menu2 的前面一格,出现闭着的眼睛图标,这两个层便隐藏起来了。操作这一步是因为下拉菜单的初始状态是不可见的,如实验图 8.9 所示。

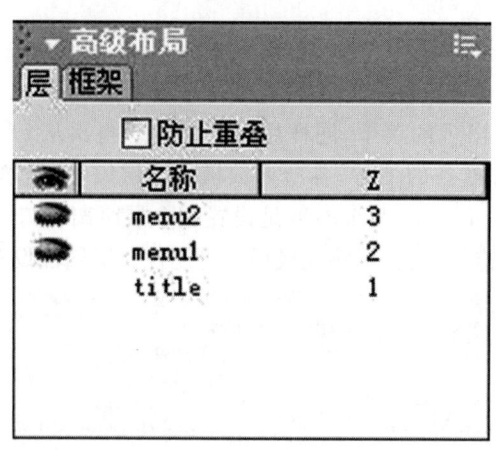

实验图 8.9 "层"面板

下面为下拉菜单添加显示和隐藏效果。

本步骤分为两部分：第一，对导航条中的主菜单添加控制显示隐藏的命令；第二，给下拉选单本身添加显示隐藏的命令。

(4)选择第一个单元格中的文字部分，再按 Shift＋F4 或选择"窗口"→"行为"命令打开行为面板，点 按钮，在下拉选项中选中"显示－隐藏层"(如实验图 8.10 所示)。如果选项中没有这一项或这一项不可用，则选择"显示事件"下的 IE 5.0(如实验图 8.11 所示)后，重新点击按钮，此时"显示－隐藏层"将出现或变为可用。

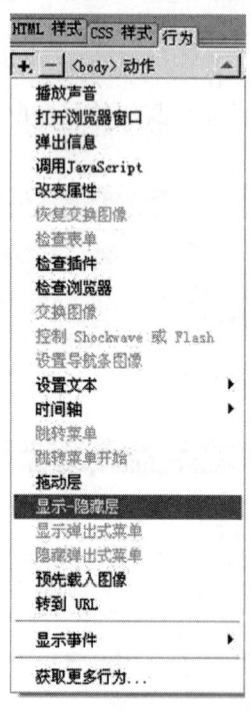

实验图 8.10 "显示－隐藏层"菜单图　　　实验图 8.11 "显示事件"菜单

(5)这时将会弹出"显示－隐藏层"对话框。在"命名的层"框中会列出当前网页所有的层，选中"层'menu1'"，因为我们想要 menu1 这个层对"经典论坛"响应。然后点下面的"显示"按钮，选中"层'menu2'"，然后点击下面的"隐藏"按钮，然后单击"确定"即可。如实验图 8.12 所示。

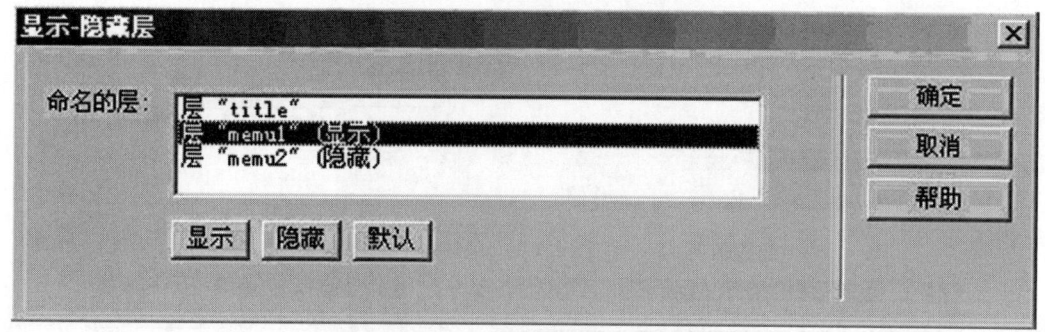

实验图 8.12 "显示－隐藏层"对话框

(6) 这时会回到行为面板中,面板中出现如实验图 8.13 所示字样,点击文字"onClick",会出现一个向下的小箭头,点击它,在下拉选项中选中 onMouseOver,如实验图 8.14 所示。这一步的作用是实现当鼠标移至第一个单元格时,下拉选单 menu1 的状态变为显示(Show)。

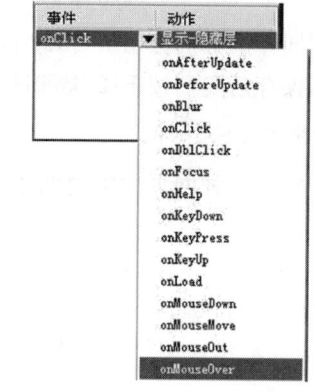

实验图 8.13 "行为"面板　　　　　　8.14 下拉选项中的行为动作

(7) 用同样的方法设置下拉选单 menu2,在鼠标移至第二个单元格的文字上时变为显示状态。只是选中"层'menu2'",然后点下面的"显示"按钮,选中"层'menu1'",然后点击下面的"隐藏"按钮,如实验图 8.15 所示。回到行为面板中,点击 onClick 向下的小箭头,在下拉选项中选中 onMouseOut。

实验图 8.15 "显示－隐藏层"对话框

(8) 选中层 menu1,用与导航条部分同样的方法在行为面板中为它添加显示与隐藏自己的命令。这样做的效果是当鼠标移出层 menu1 时,层 menu1 就自动隐藏。最后层 menu1 的 onMouseOut 行为的设置如实验图 8.16 所示,onMouseOver 行为的设置如实验图 8.17 所示。

实验图 8.16　层 memu1 的 onMouseOut 行为设置

实验图 8.17　层 memu1 的 onMouseOver 行为设置

（9）用同样的方法为层 memu2 添加显示与隐藏自己的命令。到此为止，这个下拉菜单已经制作完成，保存后我们按 F12 键测试。

5．自定义 CSS 样式表

要求：定义一种网页中常用的正文样式，效果为"字体为楷体，文字大小为 20 px，文字颜色为蓝色"，并应用于文档，预览页面效果。

实验步骤：

（1）打开一个包含段落文本的文档，打开"CSS 样式"面板，然后单击"新建 CSS 样式"按钮，在弹出的对话框中输入样式名称，在"类型"中选择"创建自定义样式"，选择"仅对该文档"，完成后单击"确定"。

（2）在打开的对话框中设置"字体为楷体，文字大小为 20 px，文字颜色为蓝色"，单击"确定"。

（3）在文档窗口中选取要应用样式的文本，在"CSS 样式"面板中选择"应用样式"单选按钮，最后在"CSS 样式"列表中单击要应用在样式，并按 F12 键预览页面效果。

6．重新定义 HTML 标签样式

要求：重新定义 BODY 的标签样式属性，效果为"华文行楷，大小为 20 px，文字颜色为白色，背景为深蓝色"，并应用于文档，预览页面效果。

实验步骤：

（1）打开一个包含段落文本的文档，打开"CSS 样式"面版，然后单击"新建 CSS 样式"按钮，在"类型"中选择"重定义 HTML 标签"，在"标签"下拉列表中选择 BODY，选择"仅对该文档"，完成后单击"确定"。

（2）在打开的对话框中设置"字体为华文行楷，文字大小为 20 px，文字颜色为白菜色"，在"分类"列表框中选择"背景"选取项，在"背景颜色"文本框中输入"♯333366"，单击"确定"。

（3）在文档窗口中选取要应用样式的文本，在"CSS 样式"面板中选择"应用样式"单选按钮，最后在"CSS 样式"列表中单击要应用在样式，并按 F12 键预览页面效果。

7．CSS 选择器样式的定义

要求：通过 CSS 选择器样式的设置，实现基于文字超链接的动态效果，链接正常显示

(a:link)效果为"字体为楷体,文字大小为18px,文字颜色为黑色";鼠标停留在链接文字上的样式(a:hover)效果为"字体为隶书,文字大小为18px,文字颜色为红色",并预览页面效果。

实验步骤：

（1）打开一个包含段落文本的文档,打开"CSS 样式"面板,然后单击"新建 CSS 样式"按钮,在"类型"中选择"使用 CSS 选择器",在"选择器"下拉列表中选择"a:link",选择"仅对该文档",完成后单击"确定"。

（2）在打开的对话框中设置"字体为楷体,文字大小为18px",在"修饰"选项区中选择"无",文字颜色文本框中输入"♯000000"",单击"确定"。

（3）再次单击"新建 CSS 样式"按钮,在"类型"中选择"使用 CSS 选择器",在"选择器"下拉列表中选择"a：hover",选择"仅对该文档",完成后单击"确定"。

（4）在打开的对话框中设置"字体为隶书,文字大小为 18 px,在"修饰"选项区中选择"下划线",文字颜色文本框中输入"♯0000FF"",单击"确定"。

（5）保存文件后,按 F12 键预览页面效果。

五、网页图像处理与动画制作

（一）Fireworks MX 的基本应用

1. 导入和导出文档

（1）导入文档。在编辑文档时,可以调入其他相应格式的文档。单击"文件"→"导入"菜单命令,可弹出"导入"对话框。利用该对话框,可以导入 BMP、WMF、TIFF、JPEG 和 GIF 等格式的图像文件,以及 HTML、ASCII 和 RTF 文本等格式的文件。

（2）导出文档。单击"文件"→"导出"菜单命令或单击主要工具栏中的"导出"按钮,弹出"导出"对话框。利用该对话框,可以选择文件夹、要保存的文件类型（可以保存为 JPEG、GIF 和 HTML 等格式文件）和输入文件名,单击"保存"按钮即可。

2. 优化文档

在导出文档前要对文档进行优化处理,可以单击"窗口"→"优化"菜单命令,打开"优化"面板,然后利用该面板设置文档格式、调色板类型和设置类型等参数。

单击"文件"→"导出预览"菜单命令,弹出"导出预览"对话框。利用该对话框可以对文档进行优化设置。

3. 几何图形和填充属性

工具箱中的几何绘图工具（绘制矩形、圆角矩形、椭圆和多边形）的使用方法基本一样。单击工具箱中的几何绘图工具按钮,在其属性栏中设置相应的属性,然后用鼠标在画布中拖曳,即可绘制出相应的几何图形。几何绘图工具的属性栏的特点如下。

"矩形"工具和"圆角矩形"工具的属性栏与实验图 8.3 基本相同。圆角矩形工具的"属性"栏增加了一个"矩形圆度"文本框,减少了"效果"栏。它们的属性栏中的第 2 栏用来设置选中对象的填充属性。

（1）"矩形圆度"文本框：用来设置圆角矩形四角的角度值。

（2）"填充类别"下拉列表框：用来选择各种填充方式,例如,实心填充、图案填充、线性填充、放射状填充、椭圆形填充和无填充等。如果选择"填充选项"选项,会弹出"填充选项"面板,如实验图 8.19 所示,利用它可以设置填充属性。

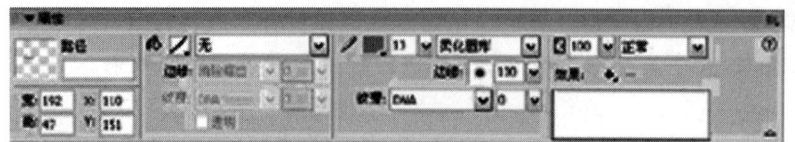 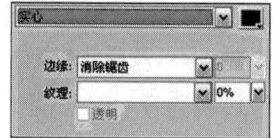

　　实验图 8.18　"路径"的属性栏　　　　　　　　　实验图 8.19　"填充选项"面板

　　(3) 填充颜色按钮:在"填充类别"下拉列表框中选择"实心"选项后,单击它可弹出"颜色"面板,它没有下边的列表框和复选框。利用该面板可以设置对象的填充属性。如果"填充类别"下拉列表框选择的是其他选项,则会弹出相应的面板,利用这些面板可以调整填充属性。

　　在给对象进行非单色的填充后,通常还可以进行填充效果的调整,只要用鼠标拖曳填充物中出现的控制柄,即可进行填充的中心点和填充方向调整,如实验图 8.20 中的第一个图形。

　　"多边形"工具、"椭圆"工具和其他形状工具的属性栏与实验图 8.3 所示基本相同,设置的方法也基本一样。

实验图 8.20　绘制的图形例子

　　4．增加切点

　　单击"滤镜"→"切点"→"新增切点"菜单命令,弹出"新增切点"对话框。在该对话框内的"数量"文本框中输入一个数值,或者单击按钮,调出一个滑杆,用拖曳的方法设置切点的数量,然后,单击"确定"按钮,即可为图像添加切点。

　　5．图像的负片效果

　　单击"滤镜"→"调整颜色"→"反转"菜单命令,即可将图像反相,获得图像的负片效果(像照片的底版),即对图像中的像素颜色值取其相反的值。

　　6．模糊图像

　　Fireworks MX 2004 系统对图像的模糊处理是使用"滤镜"→"模糊"→"××××"菜单命令实现的。模糊图像有 6 种:"放射状模糊"、"高斯模糊"、"进一步模糊"、"缩放模糊"、"运动模糊"和"模糊"。例如,单击"高斯模糊"菜单命令,可弹出"高斯模糊"对话框。调整该对话框中的"模糊范围"数值的大小,单击"确定"按钮,即可使图像模糊。

　　7．锐化图像

　　Fireworks MX 2004 系统对图像的锐化处理是使用"滤镜"→"锐化"→"××××"菜单命令实现的,系统会自动将所选对象进行锐化滤镜处理。Fireworks MX 2004 系统对图像的锐化处理有"钝化蒙版"、"进一步锐化"和"锐化"3 种方式。如果要设置图像的锐化程度,可单击"锐化蒙版"菜单命令,弹出"钝化蒙版"对话框,利用该对话框即可使图像锐化。

　　在"钝化蒙版"对话框中,"锐化量"用来设置锐化效果的强度;"像素半径"用来设置锐化过程中像素的半径值,半径值越大,锐化程度越强,半径值越小,锐化程度越弱;"阈值"用来设置对什么对比度以上的像素进行锐化,如果设置为 0,表示所有的像素都被锐化。

通过"锐化"滤镜可以处理那些不太清晰的图像,这样可以增大图像区域中像素边缘两侧之间的对比度,从而达到增强图像色彩及局部细节的效果。

8."转化为 Alpha"滤镜效果

"Alpha"通道是一种特殊的通道,它可以将图像中选中的区域转换成 8 位灰度图像并存放。利用 Fireworks MX 2004 的"转化为 Alpha"滤镜可以使图像透明。单击"滤镜"→"其他"→"转换为 Alpha"菜单命令,系统会自动地将所选对象进行滤镜处理。如果再绘制一个图形,放在经过该滤镜处理过的图像的后面,会看到经过滤镜处理的图像具有透明的效果。

9. 查找图像的边界

单击"滤镜"→"其他"→"查找边缘"菜单命令,可以取出一些颜色反差比较大的图像边界。

另外,Fireworks MX 2004 系统也可以挂接其他应用软件中的滤镜程序。单击"编辑"→"首选参数"菜单命令,可弹出"首选参数"对话框,在"文件夹"选项卡中设置相关的参数,可以完成 Photoshop 滤镜的插入与安装。

(二) 运用 Flash 制作网页动画

(1) 新建一个 Flash 文档,在"文档属性"对话框中,设置场景的"尺寸"为 500 px ×400 px,背景色为白色。

(2) 选择工具面板中的铅笔工具,在场景中的第一层第一帧中绘制出幼苗的形状,选择工具面板中的颜料桶工具,将其填充为绿色。

(3) 选中当前层中的第二帧,单击鼠标右键,在弹出的快捷菜单中选择"插入关键帧"命令(或按 F6 键),插入关键帧,其内容和第一个关键帧一样。

(4) 在舞台上对该帧的内容稍作修改,使幼苗看起来长大一些。

(5) 重复步骤 3 和步骤 4 继续创建动画后面的帧,直到第 10 帧开出花朵。

(6) 单击"时间轴"窗口中的"插入图层"按钮,插入图层 2。在第 1 帧中利用铅笔工具绘制一个花盆,然后选择颜料桶工具,将其填充。

(7) 按 F5 键在"图层 2"的第 10 帧插入一帧,以延长第 1 帧的效果。

(8) 按 CTRL+ENTER 组合键,测试影片效果。

(9) 按 CTRL+S 组合键,保存文件。

实验练习:

制作一个小球从桌子的一端滚到另一端并落下来的动画。

要求:通过在关键帧中改变小球的位置来创建补间动画。

实验步骤:

(1) 新建一个 Flash 文档,在"文档属性"对话框中,设置场景的尺寸为 500 px ×400 px,背景色为白色。

(2) 选择"工具"面板中的矩形工具,在场景中的第 1 层第 1 帧中绘制一张桌子。

(3) 选择"工具"面板中的颜料桶工具,将其填充。

(4) 选择"插入"→"新建元件"命令,打开"创建新元件"对话框,在"名称"文本框中输入"小球",在"行为"选项区中选择"图形"单选按钮。

(5) 进入"小球"编辑区,选择"工具"面板中的椭圆工具,在"属性"面板中设置"填充颜色"

为黑白放射渐变,无边线。然后在场景中描绘一个圆。

(6) 回到主场景,单击"时间轴"窗口中的"插入图层"按钮,插入"图层2"。选择"窗口"→"库"命令(或按F11键),打开"库"面板,从中拖动"小球"元件到工作区中。

(7) 选中"小球",调整好它的位置,拖动它到桌子的一端。

(8) 选中"图层1"中的第30帧,单击鼠标右键,在弹出的快捷菜单中选择"插入帧"命令(或按F5键),插入帧以延长桌子的效果。

(9) 选中"图层2"中的第30帧,单击鼠标右键,在弹出的快捷菜单中选择"插入关键帧"命令,插入关键帧,然后将小球拖动到桌子的另一端,调整好位置。

(10) 选中"图层2"中的第1帧,单击鼠标右键,在弹出的快捷菜单中选择"创建补间动画"命令。

(11) 按CTRL+ENTER组合键,测试影片效果。

参 考 文 献

[1] 王玉龙,付晓玲,方英兰. 计算机导论[M]. 电子工业出版社,2009.
[2] 郑逢斌,房彩丽,罗慧敏. 计算机导论[M]. 科学出版社,2011.
[3] 黄国兴,陶树平,丁岳伟. 计算机导论[M]. 清华大学出版社,2013.
[4] 杨月江. 计算机导论[M]. 清华大学出版社,2014.
[5] 陈德裕等. 计算机导论[M]. 清华大学出版社,2015.
[6] 张超等. 计算机导论[M]. 清华大学出版社,2015.
[7] 吴文虎. 程序设计基础[M]. 清华大学出版社,2010.
[8] 胡明,王红梅. 程序设计基础:从问题到程序[M]. 清华大学出版社,2011.
[9] 乔林. 计算机程序设计基础[M]. 高等教育出版社,2008.
[10] 张雷,周春燕,艾波. 计算机导论与程序设计基础[M]. 北京邮电大学出版社,2006.
[11] 周霭如,林伟健. C++程序设计基础(第3版)[M]. 电子工业出版社,2010.
[12] (美) Bruce Eckel. C++编程思想:全2册[M]. 机械工业出版社,2011.
[13] (美) Deitel, H. M. C++大学教程[M]. 电子工业出版社,2010.
[14] 王晓东. 计算机算法设计与分析(第3版)[M]. 电子工业出版社,2007.
[15] 陈慧南. 算法设计与分析:C++语言描述[M]. 电子工业出版社,2006.
[16] 李家同. 算法设计与分析导论[M]. 机械工业出版社,2008.
[17] 严蔚敏. 数据结构 第二版[M]. 清华大学出版社,2014.
[18] 邓俊辉. 数据结构:C++语言版[M]. 清华大学出版社,2012.
[19] (美)Sartaj Sahni. 数据结构算法与应用——C++语言描述[M]. 机械工业出版社,2006.
[20] 王珊,萨师煊. 数据库系统概论(第4版)[M]. 高等教育出版社,2006.
[21] (美)Raghu Ramakrishnan, Johannes Gehrke. 数据库管理系统原理与设计(第3版)[M]. 清华大学出版社,2004.
[22] 赵永霞. 数据库原理及应用技术[M]. 华中科技大学出版社,2013.
[23] 孙伟. 数据库应用技术:SQL Server 2008[M]. 高等教育出版社,2013.
[24] 王中生,陈国绍,高加琼. 计算机组装与维护(第三版)[M]. 清华大学出版社,2015.
[25] 王贺明,翟萍. 大学计算机基础(第4版)[M]. 清华大学出版社,2015.
[26] 陈国先,计算机维护与维修[M]. 机械工业出版社,2008.
[27] 甘岚,曾辉. 计算机导论[M]. 北京邮电大学出版社,2005.
[28] 蒋加伏,魏书堤. 大学计算机基础教程[M]. 北京邮电大学出版社,2007.
[29] 朱站立. 计算机导论[M]. 电子工业出版社 2005.
[30] 许骏. 计算机信息技术基础(第四版)[M]. 科学出版社 2005.
[31] 骆耀祖. 计算机导论[M]. 华南理工大学出版社,2003.

[32] 郑逢斌. 计算机导论[M]. 科学出版社,2011.

[33] 张新明,姜茸. 大学计算机基础教程[M]. 科学出版社 2008.

[34] 白中英. 计算机组成原理(第五版)[M]. 科学出版社 ,2013.

[35] 尤克滨,UML 应用建模实践过程[M]. 机械工业出版社,2003.

[36] 张海藩. 软件工程导论(第六版)[M]. 清华大学出版社,2013.

[37] 齐治昌,谭庆平,宁洪,软件工程,第3版[M]. 高等教育出版社,2012.

[38] 孟静. 操作系统教程——原理和实例分析(第二版)[M]. 高等教育出版社,2006.

[39] 郑逢斌. 软件工程[M]. 科学出版社,2012.

[40] 罗军舟,金嘉晖,宋爱波,东方. 云计算:体系架构与关键技术[J]. 通信学报,2011,32(7)3—21.

[41] 徐保民,倪旭光云计算发展态势与关键技术进展[J]. 中国科学院院刊 2015 年. 第 30 卷. 第 2 期,170—179.

[42] 雷万云. 云计算——技术、平台及应用案例[M]. 清华大学出版社,2011.

[43] 马建光,姜巍,大数据的概念、特征及其应用[J]. 国防科技,第 34 卷第 2 期,2013 年,10—17.

[44] 维克托。迈尔舍恩伯格,肯尼思。库克耶编著,盛杨燕,周涛翻译。大数据时代——生活、工作与思维的大变革[M]. 浙江人民出版社 2013.

[45] 李智超. 移动计算关键技术研究[D]. 天津大学,2006.

[46] 樊丽杰,杨会丽,张代立. 移动计算技术及其应用[J]. 河北省科学院学报,2010,27(4):21—25.

[47] 王成初. 物联网的发展及应用前景[J]. 中共太原市委党校学报,2011 年第四期,54—56.

[48] 张倩,张盛,林孝康,胡泽明. 物联网:发展、应用及关键技术[J]. 电讯技术,第 52 卷第 12 期,2012,1991—1997.

[49] 刘强,崔莉,陈海明. 物联网关键技术与应用[J]. 计算机科学,第 37 卷 第 6 期,2010,1—10.

[50] 李航,陈后金. 物联网的关键技术及其应用前景[J]. 中国科技论坛,2011 年第一期,81—85.

[51] http://news.mydrivers.com/1/183/183510.htm.

[52] http://davidjnfly.spaces.live.com/Blog/cns! 39360114F7657F15! 212.entry.

[53] http://news.mydrivers.com/1/190/190239.htm.

[54] http://baike.c114.net/view.asp? id=11586—D7CB1B50.

[55] http://blog.csdn.net/zmq5411/archive/2011/02/25/6208632.aspx.

[56] http://blog.sina.com.cn/s/blog_6207f8020100etog.html.

[57] http://blog.csdn.net/ecrown/archive/2005/03/10/316560.aspx.